COLLECTION

DES

PRINCIPAUX CARTULAIRES

DU DIOCÈSE DE TROYES

TOME IV

CARTULAIRE
DE L'ABBAYE DE LA CHAPELLE-AUX-PLANCHES

CHARTES DE MONTIERENDER
DE SAINT-ETIENNE ET DE TOUSSAINTS DE CHALONS
D'ANDECY, DE BEAULIEU ET DE RETHEL

PAR M. L'ABBÉ LALORE

Ancien Professeur de Théologie au Grand-Séminaire de Troyes

PARIS	TROYES
THORIN, RUE DE MÉDICIS, 7	LEOPOLD LACROIX
CHAMPION, QUAI MALAQUAIS, 15	RUE NOTRE-DAME, 83

1878

CARTULAIRE

DE L'ABBAYE DE LA CHAPELLE-AUX-PLANCHES

CHARTES DE MONTIÉRENDER, ETC.

INTRODUCTION

I. Documents renfermés dans ce volume. — II. Limites de l'ancien Diocèse de Ttoyes au nord-est. — III. La Chapelle-aux-Planches. — IV. Montierender. — V. Beaulieu.

I. Documents renfermés dans ce volume.

Ce quatrième volume de nos Cartulaires renferme trois cent neuf pièces, presque toutes inédites, tirées des Archives de l'Aube, de la Marne et de la Haute-Marne.

1. Nous publions intégralement le Cartulaire de l'abbaye de la Chapelle-aux-Planches, in-4° de 30 feuillets, en parchemin, appartenant aux Archives de la Haute-Marne. L'écriture est une très-belle minuscule gothique, de la même main jusqu'au folio 21 r°, de la première moitié du xiii° siècle ; après une lacune de quelques années viennent douze pièces de 1260 à 1312, de diverses écritures de l'époque même des actes qu'elles renferment. Si on retranche les pièces qui sont répétées, le Cartulaire manuscrit ne renfermerait que quarante-huit chartes : nous les avons revues sur les chartes originales, qui existent aux Archives de la

Haute-Marne, et nous avons ajouté au Cartulaire quarante-deux pièces originales conservées dans le même fonds. Notre édition comprend donc quatre-vingt-dix chartes, dont quarante du xiie siècle, trente-sept du xiiie, treize du xive ; dix-neuf pièces sont en français, huit de 1247 à 1297, et onze du xive siècle.

2. Nous avons tiré cent trente-cinq pièces du Cartulaire de Montierender (2 volumes sur parchemin), qui est aux Archives de la Haute-Marne. Le savant Bréquigny a dit de ce manuscrit : « C'est un des plus beaux Cartulaires du xiiie siècle que j'aie vus ; il m'a paru réunir tous les caractères qui font d'ordinaire regarder ces sortes de manuscrits comme revêtus de l'autorité dont ils sont susceptibles.. » (1)

Nous publions, en y comprenant le polyptyque de l'abbaye, cinquante-neuf pièces antérieures à 1200 ; trente-neuf du xiie siècle ; trente-six du xiiie, et une du xive. La plupart de ces pièces offrent un très-grand intérêt pour l'histoire du diocèse de Troyes ; presque toutes sont inédites, nous en avons reproduit quelques-unes déjà imprimées en partie ou intégralement par Mabillon dans ses *Annales ordinis S. Benedicti*, parce qu'elles appartiennent au cadre de notre travail.

3. Le Cartulaire de Saint-Etienne de Châlons, qui est aux Archives de la Marne, nous a fourni trois pièces, dont deux diplômes royaux, l'un de Charles le Chauve, du 12 août 859 ; et l'autre de Charles le Simple, du 20 septembre 921. Le Cartulaire de Saint-Etienne, petit in-4° en parchemin de 48 feuillets, est d'une très-belle minuscule du xiie siècle. Il est ainsi

---

(1) « Paris le 14 mai 1787 » Lettre à dom Dumay, à la fin du du t. Ier du Cartulaire.

intitulé : *Hic habentur precepta ecclesie Beati Stephani Cathalaunensis que dispersa et vetustate pene consumpta Warinus cantor collegit et propria manu conscripsit.*

4. Nous donnons vingt et une pièces tirées du fonds de l'abbaye de Toussaints, aux Archives de la Marne, dix-neuf appartiennent au xiie siècle, et deux au xiiie. La plupart de ces pièces existent en original, on en trouve la copie dans le cartulaire de l'abbaye, écrit sur parchemin, au xiiie siècle ; elles se rapportent en particulier à la chapelle de Bonnevoisine et aux paroisses de Lhuitre, Meixtiercelin et Viaspres.

5. Dix-huit pièces proviennent du fonds de l'abbaye d'Andecy (Marne), aux Archives de la Marne. Ces pièces, dont quatorze du xiie siècle et quatre du xiiie, existent soit en originaux, soit en copies dans le vieux Cartulaire en parchemin ; elles concernent des localités situées entre Andecy (Marne), et Chassericourt (Aube).

6. Les Archives de l'abbaye de Beaulieu (Aube) sont dispersées, nous avons pu réunir trente-huit pièces, dont seize du xiie siècle, et vingt-deux du xiiie, intéressant l'histoire de cette abbaye au moyen-âge.

7. Enfin nous avons emprunté au cartulaire de Rethel une charte qui concerne Chassericourt.

Tous ces documents se rapportent spécialement au nord-est de l'ancien diocèse de Troyes. Nous croyons donc qu'il est utile de rappeler les limites du *pagus Arsisius* et du *pagus Brionisius*, limites qui s'identifiaient à peu près avec les limites des archidiaconés d'Arcis, de Margerie et de Brienne, telles qu'elles sont déterminées par le Pouillé de 1407.

II. Limites de l'ancien diocèse de Troyes au nord-est.

M. de Torcy a exagéré démesurément l'étendue du *pagus Pertensis* (1) aux dépens du *pagus Arsisius* et du *pagus Brionisius*. M. Desnoyers, repoussant les exagérations de M. de Torcy, expose son propre sentiment en ces termes : « dans sa plus grande extension, le Pertois paraît avoir dépassé même les bornes du diocèse de Châlons vers l'ouest, et avoir compris momentanément, dans le diocèse de Troyes (2), la portion de l'archidiaconé et du doyenné de Margerie, située au sud de la Voire (*Vigera*) et à l'est du cours de l'Uystre (L'Huitrelle *Vistra*) et de son confluent dans l'Aube (3). »

Il nous semble que M. Desnoyers exagère encore les limites du *pagus Pertensis*. En effet, nous trouvons dans le *pagus Arsisius*, au nord et à l'est : *Malliacus* (Mailly, Aube), *Sancta Tanka* (Sainte-Tanche de Lhuitre, Aube), et *Insula* (Isle-sous-Ramerupt, Aube), d'après le diplôme de Charle le Chauve du 12 août 859 (4) ; et enfin *Cavanicas* (Chavanges), d'après la charte de Chélembert de 753 (5). D'un autre côté voici les limites du

---

(1) *Recherches chronolog. sur la Champagne et sur les villes du pays Partois*, t. I, p. 328.

(2) Voir les deux cartes jointes au très-bon travail de M. d'Arbois de Jubainville, sur le *Pouillé du diocèse de Troyes*, rédigé en 1407.

(3) *Topographie histor. de la France*, dans l'*Annuaire histor. pour l'année* 1859, p. 213.

(4) Voir plus loin p. 237.

(5) Il y avait dans l'ancien *pagus Arsisius* trois lieux principaux qui devinrent les chef-lieux des *pagi Arsisii tres*, dont il est question dans le *Missaticum* de l'an 853.

pagus Brionisius : 1° au nord, *Gengiacum in pago Brenensi* (Gigny-aux-Bois, Marne), d'après le diplôme de Charles le Chauve avant 854 (1) ; *Linonia in pago Breonensi* (Lignon, Marne), d'après le diplôme de Charles le Chauve du 12 août 859 (2). 2° Au nord-est, *Dreia in comitatu Breonensi* (Droyes, Haute-Marne), d'après une charte de 1125 au plus tard (3). 3° A l'est, *Gerulvillare in pago Breonensi* (Gervillers, commune de Puellemontier, Haute-Marne), d'après un diplôme de Charles le Chauve, dn 9 mai 856 (4) ; *Summa Vera in comitatu Brigonenense* (Sommevoire, Haute-Marne), d'après une charte du 6 septembre 971 (5) ; *Sanctus Brictius in pago Breonensi* (Saint-Brice ou Eclance, Aube), d'après un diplôme de Charles le Chauve du 9 mai 856 (6). 4° Au sud-est, *Villa Saura Terra in comitatu Brianensi* (Ville-sur-Terre, Aube), d'après une charte d'Adalacrus du 9 juillet 844 (7). 5° Au midi, *Jasant in pago Brionense* (Jessains, Aube), d'après une charte de l'an 980 (8). De ces textes il faut conclure que l'étendue du *pagus Pertensis* a été fort exagérée aux dépens du

---

(1) Voir plus loin, p. 107, n. XXXIV ; et D. Bouquet, t. VIII, p. 642. C'est à tort qu'on a traduit *Gengiacum* par Dienville.
(2) *Cartul. de Saint-Etienne de Châlons*, n. IX, aux Archiv. de Châlons-sur-Marne.
(3) Voir plus loin, p. 197. Nous mentionnons ici le *comitatus Breonensis* à cause de l'identité à peu près complète des comtes avec les *pagi*.
(4) Ibid., p. 134. *Gerulvillare* n'est pas Vernonvilliers (Aube) comme on l'a traduit.
(5) Ibid., p. 138.
(6) Ibid., p. 134.
(7) Ibid., p. 124.
(8) Bibliot. de Tonnerre : *Cartul. de Saint-Michel de Tonnerre*, vol. G. fol. II.

pagus Arsisius et du *pagus Brionisius*, au nord-est et à l'est du diocèse de Troyes.

Il y a plus, non-seulement le *pagus Pertensis* ne pénétrait pas dans l'ancien diocèse de Troyes à l'est, mais les limites de ce diocèse pénétraient à l'est dans le *pagus Pertensis* et le *Pagus Blesensis*. Ainsi dans une charte du 7 avril 1030, *Altare in honore S. Remigii* (Ceffonds, Haute-Marne), est désigné *in pago Pertensi* (1); et cependant la paroisse de Ceffonds appartenait au diocèse de Troyes. Ce n'est que vers l'an 1050 que les limites de l'ancien diocèse de Troyes, à l'orient, ont été complètement fixées, telles qu'on les retrouve marquées dans le Pouillé de 1407. D'un côté, la paroisse de Puellemontier (Haute-Marne), qui appartenait au diocèse de Châlons le 15 février 692 (2), est incorporée au diocèse de Troyes, comme le prouve une charte du 30 avril 1050 (3). D'une autre côté, antérieurement à cette dernière date, le diocèse de Troyes pénétrait dans le *pagus Blesensis* (4) et s'étendait jusqu'à la rivière de Blaise inclusivement; nous en donnons comme preuve certaine le jugement rendu par le concile de Troyes, en 1104, et confirmé par le pape Pascal II, le 31 janvier 1106. Nous rapportons le texte de ce jugement qui n'a pas été connu de nos écrivains locaux.

31 *janvier* 1106.

« Paschalis, episcopus, servus servorum Dei, Tul-

---

(1) Voir plus loin, p. 144.
(2) Voir plus loin, p. 116.
(3) Ibid., p. 162.
(4) Vers l'an 1027, Engelbert, comte de Brienne, tenait pour l'abbaye de Montierender « advocariam Blesensis pagi. » Ibid., p. 152.

lensis ecclesie episcopo Piboni, et canonicis, salutem. Pro archidiaconatu Blisiensi querelam adversus vos a Trecensibus clericis in concilio [Trecensi] motam, cui nimirum concilio frater noster Richardus, Albanensis episcopus, tunc temporis nostre auctoritatis vices gerens, presidebat, ceterum querelam ipsam judicantibus venerabilibus episcopis qui in eodem consilio consedebant, facile consopitam juste legaliterque cognovimus. Cum enim venerabilis frater Hugo, nunc Cathalaunensis episcopus, quondam vester canonicus Tullensis ecclesie, possessionem quadragenariam, et longe supra, canonice probare paratus affuerit, Trecenses interrnptionem legalem a se factam ostendere nullatenus potuerunt. Data igitur ex episcoali judicio sententia est, ut Blisiensis archidiaconatus, omni deinceps remota pulsatione Trecensium, omnino quiete et integre in jure Tullensis ecclesie permaneret. Quam profecto sententiam, et testium qui presentes affuerint relationibus intimatam, et litterarum que penes idem consilium conscripte sunt presentatione compertam, nos quoque, largiente Domino, litteris presentibus confirmamus, et Blisiensem archidiaconatum in Tullensis ecclesie jure ac possessione perpetuum tenendum servandumque sancimus. Data per manum Johannis, diaconi et bibliothecarii, II kalendas februarii indictionis XIV (1). »

A partir de ce jugement, rendu en vertu de la prescription canonique, le diocèse de Toul resta en pai-

(1) Bibliot. Nation. *Baluze*, 47, p. 17.

sible possession des paroisses de la Blaise qui formèrent l'*archidiaconatus Blisiensis* toulois (1).

Pour compléter cette note sur les limites orientales de l'ancien diocèse de Troyes, nous ajouterons encore un mot sur le *pagus Brionisius*.

Il y avait dans ce *pagus* ou *comitatus* deux principales localités *Breona* (Brienne) et *Ronascum* (Rosnay) : de là les *pagi Brionisi duo* marqués dans le *Missaticum* de l'an 853; le premier *pagus* ou *comitatus*, proprement dit *Brionisius*, chef-lieu Brienne; et le second *pagus* ou *comitatus* dit *Rosnacensis*, chef-lieu Rosnay (2). La circonscription civile des deux *pagi Brionisii* se retrouve dans la circonscription ecclésiastique des deux archidiaconés de Brienne et de Margerie. Le premier *pagus* ou *comitatus Brionisius* donna ses limites à l'archidiaconé de Brienne ; et le second donna ses limites à l'archidiaconé de Margerie.

Le village de Margerie était une des principales localités du *pagus* de Rosnay, il est désigné dans une charte de 1074 : *Sancta Margareta in pago Rosnacensi* (3). Ce village, voisin de Rosnay, a été choisi par l'administration ecclésiastique comme chef-lieu de l'archidiaconé renfermé dans les limites du *pagus Rosnacensis* parce qu'il occupait un point plus central. Ainsi la division ecclésiastique de l'ancien diocèse de Troyes, à l'est, vérifie le principe général prouvé par M. Guérard, à savoir, que les divisions territoriales

(1) La Blaise touloise formait une sorte de delta sur les diocèses de Châlons, Troyes et Langes ; le diocèse de Toul pénétrait dans ce delta par une gorge étroite entre Saucourt, appartenant à Châlons, et Doulaincourt, appartenant à Langres.

(2) Voir plus loin à la *Table* : Rosnay, *comitatus, comites*.

(3) Ibid., p. 177.

adoptées par l'Eglise correspondent aux divisions territoriales établies par l'autorité civile ; et en particulier l'*archidiaconatus* correspond au *pagus* et à la division dynastique connue sous le nom de *comitatus*.

III. La Chapelle-aux-Planches.

1. *Emplacement, origines et première dotation de l'abbaye; accroissement de la propriété au* XIIe *siècle.*

L'bbaye de la Chapelle-aux-Planches était située au milieu d'une grande prairie, près du bois de Montmorency (Aube), sur les bords de la Héronne, qui un peu plus bas se décharge dans la Voire. La Chapelle-aux-Planches était sur le finage de Puellemontier (Haute-Marne), dans l'archidiaconé et le doyenné de Margerie. Il ne reste plus maintenant des constructions de l'abbaye que l'ancienne grange de la basse-cour, dite maintenant la ferme de la Chapelle-aux-Planches.

Les origines de notre abbaye sont obscures. Primitivement cet établissement monastique consista en une chapelle dite *Aux-Planches* parce qu'elle s'élevait au milieu d'une contrée sillonnée par une multitude de petits ruisseaux et de fossés sur lesquels étaient jetées des planches pour la circulation des habitants. Cette chapelle appartenait à l'abbaye de Beaulieu et dès l'an 1139, Eudes, abbé de Beaulieu, avait transféré à la Chapelle-aux-Planches plusieurs religieux de sa communauté pour former un nouvel établissement régulier de l'Ordre de Prémontré ; en 1145, la Chapelle-aux-Planches était érigée en abbaye, car à cette même date, Gautier, en qualité d'*abbé de la Chapelle*, signe une charte de Haton, évêque de Troyes (1). Simon I de Broyes, seigneur de Beaufort, et Emeline, sa mère, donnèrent aux religieux installés à la Chapelle-aux-Planches l'emplacement de l'abbaye et le droit d'usage dans tout le bois de Montmorency (2). Tous les autres biens qui constituent la dotation primitive de l'abbaye sont énumérés dans la bulle d'Eugène III, en date du 14 mai 1147 (3).

Ces biens formèrent sous le nom de granges des centres de propriétés autour desquels se groupaient, au moyen-âge, les principales possessions de La Chapelle-aux-Planches :

1. La grange de l'abbaye ou de la basse-cour.

2. La grange de Sainte-Pétronille, maintenant Pernolle, sur le territoire de Joncreuil (Aube).

3. La grange de Saint-Ouen (Marne), appelée plus tard Laval-le-Comte (elle comprenait 500 arpents au XVIIIe siècle).

4. La grange de Meixéricourt-sur-Margerie (Marne).

5. Le moulin de Suzémont, et un autre plus bas, sur la Sois (maintenant le Meldançon), au finage de Balignicourt (Aube).

6. La grange d'Outines (Marne), appelée la Loye vers 1159. Plus tard, la Chapelle-aux-Planches posséda sur cette même commune le terrage de Brijon et le gagnage des Cuqueries.

7. La grange de La Chamoye avec un moulin et des dépendances sur Corbeil et Brébant (Marne).

8. La grange de la Vacherie à Longeville (Haute-Marne).

(1) Voir nos *Cartulaires*, t. III, p. 5.
(2) Voir plus loin, p. 9.
(3) Ibid.

9. La grange de Flassignies à Puellemontier (Haute-Marne), donnée en 1182 par Simon, seigneur de Beaufort.

10. La ferme des Touchettes, à Droyes (Haute-Marne), fut acquise en 1714.

11. Enfin la grange des Bourgeois, à Châtillon-sur-Broué (Marne), fut acquise en 1715.

D'après les documents contenus dans notre Cartulaire les huit premières de ces granges étaient constituées dès le milieu du xiie siècle ; et cette prospérité temporelle alla en croissant pendant un siècle environ.

2. *Dépérissement de la propriété de la Chapelle-aux-Planches.* — *Analyse des archives de l'abbaye du* xve *au* xviiie *siècle.*

Les revenus de la Chapelle-aux-Planches diminuèrent considérablement pendant les guerres du xive et du xve siècle, en sorte que dans le compte de l'aide accordée au roi Charles VI par le clergé de Troyes en 1381, notre abbaye est seulement imposée à vi l. (1); dans le Pouillé de 1407, la taxe officielle de l'abbaye n'est que de xviii livres (2); dans le rôle de la taxe *pro defensione fidei contra perfidos Turchos*, envoyé au doyen de la chrétienté de Margerie le 22 mars 1456 (v. st.), la Chapelle-aux-Planches est taxée à X sous, *propter paupertatem* (3). Tous ces chiffres accusent l'état de décadence du temporel de l'abbaye.

Au xvie siècle le mauvais état des affaires de la Chapelle-aux-Planches alla en augmentant au point que

(1) *Pouillé* de 1407, p. 225, n. 379.
(2) *Ibid.*, p. 186, n. 431.
(3) *Ibid.* p. 265, n. 1.

l'abbaye se vit forcée de solliciter du pape Léon X une bulle d'excommunication contre les envahisseurs et les détenteurs de ses biens (1) ; le mandement du pape, en date du 5 mars 1520, fut adressée à l'official de Troyes (*Datum Rome apud S. Petrum, anno Incarnationis Dominice M° D° XIX°, III° non. martii anno pontificatus.. VII°*). Dans la seconde moitié du même siècle, un inventaire de la sacristie, dressé en 1554, prouve que l'abbaye était déchue de son antique prospérité, ou que l'esprit de foi s'y était singulièrement affaibli (2). Un peu plus tard les abbés faisaient des aliénations de biens considérables (3) ; la dernière eut lieu sous l'administration de François Petit, abbé commendataire, qui, le 30 juin 1569, aliéna les prés de Hammetel, de Joncreuil et de Outines. Un seul acte d'acquisition parut interrompre cette période désastreuse, le 6 novembre 1521, Jean Vauthier, abbé de la Chapelle, acheta à Bar-sur-Aube, une maison en la rue d'Aube, au prix de 306 livres.

1589, 13 février. — Sentence du bailliage de Beaufort qui condamne Antoine de Vienne, nommé par le roi économe-administrateur de l'abbaye de la Chapelle-aux-Planches, et Zacharie de Bassan, fermier et admodiateur de ladite abbaye, à payer aux religieux, savoir : à chacun des cinq prêtres, par an, trois setiers huit boisseaux de froment, mesure de Beaufort ; quatre muids de bon vin, mesure de Bar-sur-Aube ; vingt écus au soleil pour leur pitance et dix écus pour leur vestiaire ; en outre le prieur aura pour ses gages seize écus deux tiers, et le sacristain trois écus un tiers.

(1) Cartul. n. 89.
(2) Archiv. de l'Aube, *liasse* G-627.
(3) Archiv. de la Haute-Marne.

A chacun des trois novices et au serviteur du couvent trois setiers huit boisseaux de froment, deux muids de vin, pour leur pitance et vestiaire quinze écus au soleil, et au serviteur pour ses gages six écus deux tiers. — Sera fourni pour le service divin un muid de bon vin, deux muids pour les étrangers, et pour les pauvres six setiers de froment. Il sera rendu dans le bûcher cinquante cordes de bois et deux milliers de fagots. Les religieux jouiront du colombier et de la rivière. Il sera fourni pour le maître des novices six écus deux tiers, pour le barbier et apothicaire pareille somme. Ces pensions seront payées par trimestre.

Nicolas Loste, abbé régulier, rachète en 1611 les prés de Hametel, Joncreuil et Outines.

En 1648 le revenu de l'abbaye est de 1200 l. (1).

Bulles accordées par le pape Clément IX, le 3 février (3 non. februarii, anno I°) 1668, à Guichard de Beureville.

Le 20 avril 1700, Louis-Antoine de Boursault de Viantais, abbé commendataire, abandonne sa part de revenu aux religieux, moyennant la somme de 2,000 l. par an. Les religieux sont au nombre de six.

En 1728 le revenu de l'abbé est de 2,610 l. et celui des religieux de 3004 l. (2);

En 1732 l'abbaye était en ruine. On trouve aux Archives de la Haute-Marne, sur une quinzaine de feuilles, des plans tracés par ordre de frère Lescot, prieur de l'abbaye, pour la reconstruction de la chapelle et des bâtiments conventuels ; mais ces projets ne furent pas exécutés (3).

(1) *Pouillé* d'Alliot, 1648.
(2) Archiv. de l'Aube, G-627.
(3) Archiv. de la Haute-Marne.

Claude-Henri de Fusée de Voisenon, nommé abbé commendataire en 1739, signa le 25 février un traité par lequel il s'engageait à céder aux religieux, aussitôt qu'il aurait reçu ses bulles, par bail à vie, les revenus de l'abbaye qui lui appartenaient, moyennant 2000 l., mais il se désista, et leur suscita un procès.

L'abbé J.-B. Noel Le Rouge (ses bulles ont été fulminées le 25 juin 1742) le 3 novembre 1742 et le 24 mars 1749, loua aux religieux sa part de revenu 3,000 livres. Ces deux derniers abbés laissèrent tomber en ruines tous les bâtiments qu'ils devaient entretenir (1).

De 1753 à 1781, le revenu de l'abbé Gouault est estimé 3,000 l.; de 1781 à 1789, le revenu de l'abbé de Rouault est estimé 4,000 livres.

1756, 28 mars. « Etat du revenu de la mense conventuelle. » Il monte à 3858 l. 13 s. 4 d. — Revenu net : 2617 l. 13 s. 4 d.

1756, 13 septembre. « Adjudication faite au rabais à Nicolas Bricaire, pour la somme de 15,900 l., de tous les fossés, déchargeoirs et ponts à faire le long des bois en vertu de l'arrest du Conseil d'Etat du Roi, du 5 août 1755. »

On trouve aux Archives de l'Aube (2) un état du revenu de l'abbaye montant au total de 5574 l. Il a été dressé le 16 juin 1781 par le prieur Cazin. Cet état diffère peu de celui de 1790 que nous donnons plus bas.

De 1774 à 1777 fut repris et terminé le procès relatif à la cure d'Arrembécourt et de Chassericourt. La Chapelle-aux-Planches perdit ce procès et en même

---

(1) Archiv. de la Haute-Marne, 46 pièces de procédures sur ce sujet.
(2) Archiv. de l'Aube, *liasse* G-622.

temps les droits qu'elle prétendait avoir à la présentation du curé de ces paroisses. La collation *pleno jure* du bénéfice curial fut adjugée à l'évêque qui fit remonter son droit jusqu'en 1199, alléguant en sa faveur l'acte du Cartulaire n. 37 (1).

En 1785, 3 septembre. « Visite et devis estimatif des réparations à faire aux bâtimens, fermes et ponts dépendans des menses abbatiale et conventuelle, montant à la somme de 28,093 l. » Le tout rédigé par ordre de M. Thiles d'Acostu, grand-maître des eaux et forêts de la province de Champagne (2).

1790. « Compte (3) que rend, en exécution des décrets de l'Assemblée nationale et pour se conformer au délibéré du Directoire du département de la Haute-Marne du 10 mars dernier, M. Claude Cazin, prieur et procureur de la ci-devant abbaye de la Chapelle-aux-Planches, ordre de Prémontré, tant de la recette des revenus de ladite abbaye à compter du 11 novembre 1789 jusqu'au 1er janvier dernier, que de la dépense par lui faite à compter dudit jour 11 novembre 1789, jusqu'au 31 décembre 1790. »

Les six chapitres de recette produisent : 13,078 l. 2 s.

Les neuf chapitres de dépense produisent : 14936 l. 17 s. 7 d.

Les principaux biens désignés avec le produit de recette sont :

La première ferme de Flassignies (sur Puellemontier .... 550 l.

---

(1) Voir plus loin, p. 37.
(2) Archiv. de la Haute-Marne.
(3) Ibid.

La seconde ferme de Flassignies (sur Puelmontier)....................................	550 l.
La première ferme de la Marnière (sur Longeville...................................	550
La seconde ferme de la Marnière (sur Longeville...................................	550
La ferme des Touchettes (sur Droyes)......	450
La ferme de Longeville...................	500
Le fermage des dîmes de Longeville.......	150
La ferme des Bourgeois (sur Châtillon-sur-Broué)...................................	700
Le fermage des dîmes de Saint-Chéron.....	260
Les dîmes de Poivre pour trois ans.........	64
La ferme de La Loye (sur Outines).........	800
Les dîmes de Labrau (sur Chavanges)......	80
La ferme de Hampigny...................	160
Les vignes de Voigny	80
A Soulaines 12 boisseaux d'avoine et 24 de froment..................................	48
Les bois	1500

Telle est l'analyse succinte des pièces du xiv° siècle au xviii°, constituant les archives de la Chapelle-aux-Planches, soit à Chaumont, soit à Troyes.

IV. Montierender.

1. *Fondation et principales propriétés de l'abbaye.*

L'abbaye de Montierender est désignée dans nos plus anciens documents : *in vasta, in saltu Dervensi, super Vigera et Alsmantia, in pago Pertense* (1). Nous lisons aussi dans une lettre adressée par le pape For-

(1) Voir plus loin, p. 116 et seqq.

mose, en 891, aux moines de Montierender, qui avaient émigré devant l'invasion normande : *audientes vos de Trecassino comitatu ex monasterio Dervo, a facie paganorum elapsos* (1)...

Un diplôme de Childéric II fixe l'époque à laquelle fut fondée l'abbaye de Montierender. Or ce diplôme, qui est daté du 4 juillet, « anno tertio regni Childerici regis. Actum Compendio palatio », se rapporterait à l'année 662 selon Bréquigny, dom Bouquet et Pagi (2). Nous donnons ici le texte du diplôme accordé par Childéric à saint Berchaire, c'est la charte de fondation de l'abbaye de Montierender.

4 juillet 662.

« Celsitudo regalis clementie religiosorum virorum petitionibus semper debet annuere, maxime gerentibus studium cure ecclesiastice, quatinus divinum cultum exhibentibus benigno affectu subveniat et opem sue devotionis impendat, ut eorum oratio apud Domini clementiam nobis succurrat, et pro pace et stabilitate regni nostri jugiter interveniat. Quapropter ad notitiam cunctorum pervenire jubemus, quoniam adiit serenitatem nostram venerandus ac religiosus abbas Bercharius, supplicans ut concederemus ei quemdam locum in foreste Dervi et in fine Wassiacinse, in quo sibi liceret construere mo-

---

(1) D. Bouquet, t. IX, p. 202.
(2) *Table chronol. des diplômes*, t. I, p. 63 ; *Recueil des Histor. de France*, t. IV, p. 645 ; *Critica in Annal. Baronii*, ad ann. 663 § VII. — Les Bollandistes avec Mabillon adoptent la date de 672 (*Acta SS.*, t. VII oct. *commentar. prev. de S. Berchario*, n. 46-59. Pardessus et Pertz mettent le *preceptum* de Childéric à l'an 673, à partir du commencement du règne de ce prince en Bourgogne.

nasterium, et ut daremus sumptus ac predia, per que ea que competerent monasterio vel locis cellarum compleret, et monachorum congregationem ibidem aptaret. Placuit igitur reverentie nostre summi viri supplicatio, et que postulaverat concessimus illi qui monasterium construens supra fluvium Vigore in honore BB. Petri et Pauli vel ceterorum sanctorum petiit altitudinem nostram ut pro rei totius firmitate integram immunitatem circa ipsum monasterium contraderemus. Nos igitur, celesti beneficio promoti, consensu episcoporum et optimatum nostrorum, precibus tanti viri aurem accommodantes, jubemus ut de omni facultate ipsius monasterii, tam quod ego ipse ibidem delegavi, quam etiam quod a reliquis xpistianis hominibus noscitur esse condonatum, quodque ad presens in quibuslibet locis, territoriis, et ex ejus heredidate vel studio, tam ultra Ligerim, in Herla scilicet et Saturiaco vel Domnofronte cum appenditiis suis, quam etiam citra Ligerim possidere videntur, seu quod ibidem adhuc in antea in Dei nomine a xpistianis hominibus juste et rationabiliter fuerit additum vel condonatum, pro quiete ipsius regni nostri integram immunitatem, pro reverentia ipsius regni nostri integram immunitatem, pro reverentia ipsius sancti loci concedimus, ut nullus judex publicus quolibet modo judiciaria accinctus potestate in curtes ipsius monasterii, ubicumque ad presens eorum maneat possessio vel dominatio, aut quod in antea, ut diximus, fuerit additum vel condonatum, nec ad causas audiendum, nec fidejussores tollendum, nec freda exigendum, nec mansiones faciendum, nec rotaticum infra urbes vel in mercatis extorquendum, nec ullas paratas aut quaslibet redibutiones exactare presumetur, sed in omni facultate ipsius monasterii, ut prefatum est, in omnibus locis et territoriis ubi aliquid possidere videntur, absque interdictu judicum, remotis et resecatis omnibus petitionibus de partibus fisci, usque super ripam fluvioli Magnentis, progrediente in directum termino ad locum qui Vallis Profunda nuncupatur, sub emmunitatis nomine, inconcusse tam nostris quam futuris temporibus valeant dominari vel possidere : quo fiat ut et nos de prestito beneficio ad mercedem pertineat, et ipsos servos Dei in ipso monasterio consistentes melius delectet, pro stabilitate regni nostri adtentius Domini misericordiam deprecari, et ut hec emmunitas firmior habeatur, et per tempora conservetur, manus nostre ac fidelium nostrorum tam episcoporum quam optimatum subscriptionibus subter eam decrevimus corroborari. S. Reoli, episcopi ; S. Leodegari, episcopi; S. Attelani, episcopi; S. Wulfaudi, majorisdomus ; S. Almarici. Data IV nonas julii, anno III regni Childerici regis. Actum Compendio palatio (1). »

Fondateur de l'abbaye de Montierender, saint Berchaire en fut le premier abbé. Il est né dans l'Aquitaine, aux environs de Poitiers, comme nous l'avons prouvé en donnant l'interprétation géographique de

(1) *Cartul. de Montierender*, t. I, fol. 1 r°.

son testament (1). La *Karta de alodiis S. Bercharii* est de l'an IV du règne de Childéric II, nous l'avons mise à l'an 663 conformément au système chronologique indiqué plus haut (2). Le saint fondateur de Montierender, d'après les annotations de la *Passio S. Bercharii* dans plusieurs manuscrits, mourut le 26 mars, jour de Pâques, probablement en 696 (3) ; un manuscrit de Troyes, XII° siècle, porte : *diutissime angore vulneris morbidus, tandem carne solutus, XVII kalendas octobris celestis vite gaudia exultanti speritu felix petivit* (4).

Deux documents officiels, tirés des archives de Montierender, le Polyptyque et le Pouillé, nous donnent une idée à peu près complète de la propriété de notre abbaye depuis son origine jusqu'à son extinction. Le Polyptyque, qu'on trouvera plus loin (p. 89-115), appartient presque intégralement par sa rédaction primitive à l'époque carolingienne (5). Ce document comprend l'énumération des principales propriétés rattachées à

(1) Voir notre *Polyptique de l'abbaye de Montierender*. Préface, p. XII.
(2) *Ibid*. Les années de Childéric sont comptées à partir de son règne en Austrasie. L'abbaye de Montierender, avec tout le diocèse de Châlons, se trouvant à l'époque du testament de saint Berchaire, dans le royaume d'Austrasie (Aug. Longnon, *Géographie de la Gaule au VI° siècle*), le chancelier qui écrivit à Reims le testament du saint a dû naturellement compter les années de Childéric à partir de son règne en Austrasie.
(3) Il vivait encore le 15 février 692 comme le prouve un document contemporain le privilège de Berthoendus (Voir plus loin, p. 116) ; après 692, il faut aller jusqu'en 696 pour trouver Pâques au 26 mars. Le P. Van Hecke dans les *Acta SS.*, t. VII *octobris* attaque à tort l'authenticité du privilège de Berthoendus (*commentar. prev. de S. Berchario*, n. 76-85).
(4) Bibliot. de Troyes, *ms*. 7, fol. 187 r° : *Incipit passio S. Bercharii, abbatis et martyris*.
(5) Voir notre *Polyptyque de l'abbaye de Montierender*, Préface, p. I-II.

des centres ou chefs-lieux. En dehors du siège de l'abbaye soixante-dix localités, chefs-lieux de propriétés plus ou moins disséminées, sont désignées dans le Polyptyque de Montierender. Ces biens représentent à peu près la dotation primitive de l'abbaye. Ils sont situés en majeure partie sur le territoire illustré par les courses apostoliques et les miracles de saint Berchaire, sur les bords de la Marne, de la Blaise et de la Voirie dans le *pagus Pertensis*, le *pagus Blesensis*, le *pagus Barrinsis* et le *pagus Breonensis*. Toutefois on remarquera qu'à l'époque de la rédaction du Polyptyque, les biens provenant de l'héritage de saint Berchaire ont presque totalement disparus (1). Presque tous les centres de propriétés désignés dans le Polyptique subsisteront jusqu'aux temps modernes, mais leur rayon s'étendra ; de nouveaux biens, provenant de donations, ou acquis à titre onéreux, développeront successivement la dotation première. En sorte que l'abbaye de Montierender possède au moyen-âge 9 prieurés, 6 chapelles fondées, 65 églises paroissiales ou annexes ; ses possessions s'étendent sur les finages de plus de 90 villages, et elle a droit de seigneurie sur 22 de ces villages.

Nous ferons connaître les principaux biens de Montierender, à partir du XII⁰ siècle, en publiant le Pouillé de l'abbaye, ce document complètera et éclairera le Polyptique. Il existe plusieurs copies du Pouillé : nous en possédons deux, dont l'écriture est du XVII⁰ siècle ; une troisième, du XVIII⁰ siècle, se trouve au commen-

---

(1) Berchaire par son testament, dont nous avons parlé plus haut, disposait en faveur de Montierender de grands domaines situés dans le département de la Vienne.

cement du *Cartulaire de Montierender* (1). La copie que nous publions, et qui nous paraît offrir le plus de garanties, a été dressée au mois de mars 1593, elle se trouve, à cette date, parmi les actes capitulaires de l'abbaye (2). Nous ajoutons au texte du pouillé l'*ancien revenu des prieurés et cures, charges faites et déduites* d'après un *Estat des bénéfices,* écrit au commencement du XVIIe siècle (3).

BENEFICIA ECCLESIASTICA

DEPENDENTIA DE MONASTERIO DERVENSI

OFFICIA

Primum Cameraria. Culinaria. Infirmaria. Prepositura. Cantoria. Thesauraria.

PRIORATUS

1. Prioratus de Vasseyo .... 1500 l.
2. Prioratus de Perta in dyocesi Cathalaunensi 700
3. Prioratus de Brena Castro........... 400
4. Prioratus de Belloforti.............. 150
5. Prioratus de Ronnasco............. 400
6. Prioratus de Sancto Leodegario in dyocesi Trecensi..................... 300

---

(1) Archiv. de la Haute-Marne, *F. Montierender*.
(2) Bibliot. de Chaumont, *manuscr.* n° 31, fol. 2, v°. *Actes capitulaires de Montierender depuis le 1er janvier 1595.*
(3) Cette pièce est en notre possession.

1. Vassy, Haute-Marne.
2. Perthes, Haute-Marne, a. Vassy, c. Saint-Dizier.
3. Brienne-le-Château, Aube, a. Bar-sur-Aube.
4. Montmorency-Beaufort, Aube, a. Arcis, c. Chavanges.
5. Rosnay, Aube, a. Bar-sur-Aube, c. Brienne-le-Château.
6. Saint-Léger-sous-Brienne, Aube, a. Bar-sur-Aube, c. Brienne-le-Château.

7. Prioratus de Villa Blesensi in dyocesi Tullensi.................................. 700 l.
8. Prioratus de Campicuria............... 700
9. Prioratus de Vanveyo in Lingonensi dyocesi...................... 100

CAPELLE SEU CAPELLANIE

10. Capella de Villari in Nemore in dyocesi Cathalaunensi.................... 150
11. Capella sancti Johannis Baptiste in ecclesia abbatie dicti Monasterii Dervensis. 300
12. Capella sancti Jacobi in ecclesia Nostre Domine de Summavera in dyocesi Trecensi 300
13. Capella sancti Mauricii de Pratis ejusdem Dervensis Monasterii............... 40
14. Capella leprosarie in loco de Puysia in eodem Dervensi Monasterio......... 100
15. Domus Dei de Brena Castro in Trecensi dyocesi..................... 150

ECCLESIE PAROCHIALES PLENO JURE AD DOMINUM ABBATEM DERVENSEM PERTINENTIA, ET IN OFFICIIS EJUSDEM MONASTERIO

16. Ecclesia beati Remigii ejusdem Dervensis oppidi......................... 600 l.
17. Ecclesia divi Bartholomei de Roberti Magnillo..................... 450

7. Ville-en-Blaisois, Haute-Marne, a. et c. Vassy.
8. Champcourt, Haute-Marne, a. Chaumont, c. Vignory.
9. Vanvey, Côte-d'Or, a. et c. Châtillon-sur-Seine.
10. Villiers-aux-Bois, Haute-Marne, a. et c. Vassy.
11. Montierender, Haute-Marne, a. Vassy.
12. Sommevoire, a. Vassy, c. Montierender.
13. Saint-Maurice-des-Prés, ermitage qui existait près de Billory, Haute-Marne, a. Vassy, c. Montierender, co. Robert-Magnil.
14. Puisy, Haute Marne, a. Vassy, c. et co. Montierender.
15. Brienne-le Château, Aube, a. Bar-sur-Aube.
16. Montierender, Haute-Marne, a. Vassy.
17. Robert-Magny, Haute-Marne, a. Vassy, c. Montierender.

18. Ecclesia beatorum Symonis et Jude de
    Planorivo...................... 150 l.
19. Ecclesia Beate Marie de Baudricuria et
    Francopassu..................... 300
20. Ecclesia beati Laurentii de Campo Auberti 400

ECCLESIE PAROCHIALES QUARUM PRESENTATIO PERTINET AD
DOMINUM ABBATEM DERVENSIS MONASTERII

In dyocesi Cathalaunensi.

21. Ecclesia de Arzilleriis................ 400
22. Ecclesia Santi Genesii et *La Folie* 200
23. Ecclesia de Arigneio et *Chantecoq* 300
24. Ecclesia de Alta Villa cum Blesa et Costis. 600
25. Ecclesia de Ambrieriis et Longocampo... 200
26. Ecclesia de Ambrieriis et Novavilla 600
27. Ecclesia de Sancto Desiderio........... 800
28. Ecclesia de Gourzonno et Novavilla 200
29. Ecclesia de Vasseyo................. 500

18. Planrupt, Haute-Marne, a. Vassy, c. Montierender.
19. Braucourt et Frampas, Haute-Marne, a. Vassy, c. Montierender.
20. Champaubert-aux-Bois, Marne, a. Vitry, c. Saint-Remy-en-Bouzemont.
21. Arzillières, Marne, a. Vitry, c. Saint-Remy-en-Bouzemont.
22. Saint-Genest et la Folie, Marne, a. Vitry, c. et co. Saint-Remy-en-Bouzemont.
23. Arigny et Chantecoq, Marne, a. Vitry, c. Saint-Remy-en-Bouzemont.
24. Hauteville, Blaise-sous-Hauteville, les Grandes-Côtes et les Petites-Côtes, Marne, a. Vitry, c. Saint-Remy-en-Bouzemont.
25. Perthes, Haute-Marne, a Vassy, c. Saint-Dizier. Longchamp, maintenant ferme dépendant de Perthes.
26. Ambrières, Marne, a. Vitry, c. Saint-Remy-en-Bouzemont. La Neuville-au Pont, Haute-Marne, a. Vassy, c. Saint-Dizier.
27. Saint-Dizier, Haute-Marne, a. Vassy.
28. Gourzon et La Neuville-à-Bayard, Haute-Marne, a. Vassy, c. Chevillon.
29. Vassy, Haute-Marne.

30. Ecclesia de Novisvillis et Baleio........	150 l.
31. Ecclesia de Vadocomitis..............	300
32. Ecclesia Sancti Lupentii et Villerii......	200
33. Ecclesia de Gigneyo.................	300

In episcopatu Lingonensi.

34. Ecclesia de Ambonisvilla (sub invocationem S. Benigni)..................	200
35. Ecclesia de Campicuria..............	200
36. Ecclesia de Gondricurte.............	200

In episcopatu Trecensi.

37. Ecclesia de Ronnasco................	100
38. Ecclesia de Brauco Comitis...........	200
39. Ecclesia de Brauco Sancti Petri........	100
40. Ecclesia de Alneto...................	300
41. Ecclesia de Junchereio, Autigneio et Baileyo..........................	800
42. Ecclesia de Belloforti, Villereyo et Lentilleyo........................	300

30. La Neuville-à-Remy *ou* aux-Forges, et Bailly-aux-Forges, Haute-Marne, a. et c. Vassy.
31. Voillecomte, Haute-Marne, a. et c. Vassy.
32. Doulevant, a. Vassy. — Villiers-aux-Chênes, a. Vassy, c. Doulevant.
33. Gigny, Haute-Marne, faubourg de Saint-Dizier.
34. Ambonville, Haute-Marne, a. Vassy, c. Doulevant.
35. Champcourt, Haute-Marne, a. Chaumont, c. Vignory.
36. Guindrecourt-sur-Blaise, Haute-Marne, a. Chaumont, c. Vignory. D'autres pouillés ajoutent : *Blaisa* Blaise, Haute-Marne, a. Chaumont, c. Vignory.
37. Rosnay, Aube, a. Bar-sur-Aube, c. Brienne-le-Château.
38-39. Braux, Aube, a. Arcis, c. Chavanges.
40. Aulnay, Aube, a. Arcis, c. Chavanges.
41. Joncreuil, Bailly-le-Franc, Aube, a. Arcis, c. Chavanges. Outines, Marne, a. Vitry, c. Saint-Remy-en-Bouzemont.
42. Montmorency-Beaufort, Villeret, Lentilles, Aube, a. Arcis, c. Chavanges.

43. Ecclesia de Droya et Puellari Monasterio. 600 l.
44. Ecclesia de Longavilla 600
45. Ecclesia de Silvestrimagnillo (sub invocationem S. Mathei) 150
46. Ecclesia de Sigisfonte et Tilleyo........ 600
47. Ecclesia Nostre Domine de Summavera.. 700
48. Ecclesia sancti Petri de Summavera 400
49. Ecclesia de Lutosis.................. 300
50. Ecclesia de Valentigneyo 300
51. Ecclesia Villeseroterre 300
52. Ecclesia Rancie..................... 200
53. Ecclesia de Sancto Christophoro et Novavilla......................... 200
54. Ecclesia Sancti Martini de Presseyo..... 400
55. Ecclesia de Hispania................. 300
56. Ecclesia de Sancto Leodegario......... 300
57. Ecclesia de Brena Castro 500
58. Ecclesia de Brena Veteri 200

43. Droyes et Puellemontier, Haute-Marne, a. Vassy, c. Montierender.
44. Longeville, Haute-Marne, a. Vassy, c. Montierender.
45. Sauvage-Magny, Haute-Marne, a. Vassy, c. Montierender.
46. Ceffonds et Thilleux, Haute-Marne, a. Vassy, c. Montierender.
47-48. Sommevoire, Haute-Marne, a. Vassy, c. Montierender.
49. Louze, Haute-Marne, a. Vassy, c. Montierender.
50. Valentigny, Aube, a. Bar-sur-Aube, c. Brienne-le-Château.
51. Ville-sur-Terre, Aube, a. Bar-sur-Aube, c. Brienne-le-Château.
52. Rances, Aube, a. Bar-sur-Aube, c. Brienne-le-Château.
53. Saint-Christophe, Aube, a. Bar-sur-Aube, c. Brienne-le-Château. *Novavilla*, lieu détruit, près de Saint-Christophe.
54. Précy-Saint-Martin, Aube, a. Bar-sur-Aube, c. Brienne-le-Château.
55. Epagne, Aube, a. Bar-sur-Aube, c. Brienne-le-Château.
56. Saint-Léger-sous-Brienne, Aube, a. Bar-sur-Aube, c. Brienne-le-Château.
57. Brienne-le-Château, Aube, a. Bar-sur-Aube.
58. Brienne-la-Vieille, Aube, a. Bar-sur-Aube, c. Brienne-le-Château.

59. Ecclesia de Trymylleio .... 300 l.

In episcopatu Tullensi.

60. Ecclesia de Dampno Martino Sancti Petri 200
61. Ecclesia de Charmis................ 200
62. Ecclesia de Multrudo 300
63. Ecclesia Dompno Martino Franco....... 300
64. Ecclesia de Villa Blesensi............ 150
65. Ecclesia de Ragecuria et Vallibus....... 200

Le Polyptyque, les Chartes et le Pouillé de Montierender, qu'on trouve dans ce volume, fournissent un état à peu près complet des biens de cette abbaye, principalement dans la partie orientale de l'ancien diocèse de Troyes. Ces biens provenaient en majeure partie de la munificence des évêques de Troyes et aussi des comtes de Champagne et de Brienne. Les documents que nous publions sont encore complétés : 1° par la *Passio S. Bercharii,* écrite par Adson dans le dernier

---

59. Trémilly, Haute-Marne, a. Vassy, c. Doulevant.
D'autres pouillés ajoutent :
Evra et *Corcella,* Yèvres et Courcelles, Aube, a. Bar-sur-Aube, *Hancuria* et *Capline,* Hancourt, maintenant réuni à Margerie, Marne, a. Vitry, c. Saint-Remy-en-Bouzemont ; et Chapelaines, Marne, a. Vitry, c. Sompuis.
60. Dommartin-le-Saint-Père, Haute-Marne, a.Vassy, c. Doulevant.
61. Charmes-en-l'Angle et Charmes-la-Grande, a.Vassy, c. Doulevant.
62. Mertrud, Haute-Marne, a. Vassy, c. Doulevant.
63. Dommartin-le-Franc, Haute-Marne, a. Vassy.
64. Ville-en-Blaisois, Haute-Marne, a. et c.Vassy.
65. Rachecourt-sur-Blaise et Vaux-sur-Blaise, Haute-Marne, a. et c. Vassy.
D'autres pouillés ajoutent :
Domnus Lupentius et *Suzanimons,* Doulevant-le-Petit et Suzémont, Haute-Marne, a. et c. Vassy.

tiers du xe siècle (1) ; 2° par le *Liber historiarum Monasterii Dervensis* écrit par un moine de Montierender sur la fin du xie siècle (2). Dans la *Passio* on suit pas à pas saint Berchaire parcourant la région orientale des archidiaconés de Margerie et de Brienne pour y fonder des étabissements monastiques. Nous le trouvons à *Mangisvillare*, plus tard Puellemontier (Haute-Marne), où il établit une communauté de vierges ; à *Lutose* (Louze, Haute-Marne), où il construit une chapelle en l'honneur de saint Martin ; sur la Voire *juxta viculum qui dicitur Tiliolus* (Thilleux, Haute-Marne), il élève un autel à saint Sulpice, autel qui fut transporté plus tard à *Villaris* (Villiers-aux-Chênes, Haute-Marne). D'après le *Liber historiarum*, dans la même région plusieurs localités ont été illustrées et plusieurs personnes ont été guéries ou converties par les miracles posthumes de saint Berchaire : le comte d'Arcis-sur-Aube, *Hilduinus*, frère de Manasses Ier, évêque de Troyes; des malades de *Barro super Albam* (Bar-sur-Aube); *Rainardus* de *Carceralicorte* (Chassericourt, Aube) ; un habitant de *Crispiacus* (Crespy, Aube) ; une aveugle de *Haraoth Mansionale* (Harromagnil, hameau de Louze, Haute-Marne) ; l'aveugle *Lanfrendis* du village de *Salex* (Saulcy, Aube) ; *Waimerus*, duc de Troyes, et *Heribertus* le Vieux, comte de Troyes. Dans le même document on voit que le comte Herbert, dont nous venons de parler, aida Adson, abbé de Montierender, à recouvrer « duas villas Dreias (Droyes, Haute-Marne) et

---

(1) Bibliot. de Troyes *ms.* 7, fol. 187 r°. Ce manuscrit fournit des variantes aux textes édités par Camusat, *Promptuar.* fol. 63 v°, et par Mabillon, *Acta SS. ordinis S. Benedicti*, Sæculum II, p. 832.

(2) Cfr. Camusat et Mabillon, *loc. supracitat.*

Puellaremonasterium (Puellemontier, Haute-Marne), priorum incuria amissas. »

2. *Reliques insignes de l'abbaye de Montierender.*

Parmi les richesses de notre abbaye nous devons compter les précieuses reliques, qui pendant tant de siècles attirèrent à Montierender les pieux pélerins de la Champagne, de la Lorraine et de la Bourgogne. Parmi les reliques insignes on distinguait : le corps et le chef de saint Berchaire, le corps de sainte Théodosie, et enfin le chef de l'impératrice sainte Hélène.

Dans les plus anciens privilèges de Montierender, ce monastère est ainsi désigné : *dicatum in honore S. Bercharii, cujus corpus ibidem requiescit — ubi sanctorum martyrum Bercharii et Theodosie corpora veneranter habentur humata — ubi beatus Bercharius, Xpisti martyr, et venerabilis Theodosia, Virgo Xpisti, habentur sepulti* (1).

La fête de sainte Théodosie était annoncée en ces termes dans le martyrologe de Montierender :

« Quarto nonas aprilis. Apud Cesaream Cappadocie, passio sancte Theodosie, virginis, que Diocletiani tempore ultro se confessoribus consocians, in custodia tenta et nichilominus in equleo cruciata Dei virtute est de vinculis, aquis, bestiis eruta, novissime martyrium capitis abcissione complevit : et post multum tempus, corpus ejus multa devotione deportatus est Dervo Monasterio a fratribus loci, et magno debitoque honore locatum ; et ibi-

---

(1) Voir plus loin, p. 122, 128, 130, 138, 140, 144, 146.

dem divina dispositione quiescit, pie petentibus adquiescens salutis suffragia (1). »

C'est à cette sainte que les moines de Montierender ont dédié le hameau de Sainte-Thuise (Aube, commune de Dommartin-le-Coq).

Un peu plus tard, nous ne savons à quelle époque, apparaît à Montierender le chef de l'impératrice sainte Hélène. Les Bollandistes (2) ont ignoré cette relique insigne ; nous rapporterons une translation qui eut lieu le 9 août 1343, à Montierender.

« Intus est repositum caput beate Elene, inventricis crucis Salvatoris nostri Domini Jhu Xpisti, translatum per reverendos in Xpisto patres ac dominos dominos Johannem Cathalaunensem et Johannem Trecensem episcopos, sub fratre Witero, abbate hujus monasterii [Dervensis], anno Domini millesimo trecentesimo quadragesimo tertio, nona die mensis augusti, pontificatus sanctissimi in Xpisto patris ac domini domini Clementis pape anno secundo, regnante illustrissimo principe domino Philippo Francorum rege, presentibus venerabilibus viris : domino Guillelmo de Manceyo, dicti domini Cathalaunensis penitenciario ; domino Guillelmo, curato de Valle Clara, dicti domini Cathalaunensis capellano ; magistro Emerico ecclesie Sancti Petri, domino Bertrando Sancti Stephani Trecensis ecclesie canonicis ;

---

(1) Camusat, *Promptuar.* fol. 112 r°.

(2) Voir le *Commentar. prævius de sancta Helena* du P: Jean Pien, § XIII, n. 129. — Bolland., *Acta SS.*, t. III aug. D'après le P. Pien, le chef de la sainte, présent à Trèves, au IV° siècle, y était encore vénéré en 1378.

magistro Adam de Bruillicuria, officiali Trecensi ; ac fratribus Jacobo elemosinario, Nicolao tezaurario, Johanne cellerario hujus monasterii (1). »

Le même jour eut lieu à Montierender, aussi par les mains de Jean, évêque de Châlons, et Jean V d'Auxois, évêque de Troyes, la translation solennelle du chef de saint Berchaire (2).

Ce chef, moins les os maxillaires, est vénéré maintenant dans l'église paroissiale de Montierender.

Quand les affaires de l'abbaye étaient en désarroi, les religieux confiaient les deux glorieux chefs de saint Berchaire et de sainte Hélèue à des *questains* qui parcouraient les villes et les campagnes implorant la charité publique pour l'abbaye, au nom de ses patrons. Les seigneurs temporels délivraient aux questains des lettres de sauvegarde, pour parcourir leurs états en toute sécurité ; et les évêques leur donnaient des lettres de *placet* autorisant la quête dans les paroisses. Nous rapporterons la lettre de sauvegarde accordée par Charles VII, le 6 février 1448, aux questains de Montierender.

« Charles par la grâce de Dieu, roy de France.

» A tous ceulx qui ces présentes lettres verront salut : savoir faisons que nous, qui désirons que les eglises, abbayes et monasteres de notre Royaume qui sont desolées et destruites puissent estre relevées et réparées, afin que le service divin y soit a

---

(1) Archiv. de la Haute-Marne, *origin. sur parchemin*. Le double se trouve dans les Archives de l'église de Montierender. Lucot, *Sainte Hélène, mère de l'empereur Constantin..*, p. 38 et 73.

(2) Apud Desguerrois, *La Saincteté chrestienne..*, fol. 371 v°.

tousjours fait à la louenge et honneur de Dieu notre créateur, et de toute la court célestiale de paradix et par especial pour la grant revérence, amour, dévotion et affection que nous avons aux eglises et monastere de Sainct Pierre de Monstierandel au diocese de Chaalons en Champaigne, en laquelle eglise gist et repose le précieux chief de sainct Bercaire, jadix abbé dudit lieu, et le chief de madame saincte Hélène, mere de l'empereur Constantin, celle qui trouva la saincte vraye croix ou Dieu receut mort pour nous tous, avec plusieurs saintes et dignes reliques de plusieurs corps saints et saintes qui gisent et reposent en ladite eglise, laquelle a grant necessité de faire queste et pourchaiz par le monde pour réparation d'icelle, de laquelle noz predecesseurs furent jadix fondeurs, nous avons prins et mis et par ces présentes prenons et mettons soubz notre protection et sauve garde especiale : frère Symon d'Yevre, frère Laurens le Gros, frère Jean de Poilly, frère Werry de Houdreville, frère Jehan Ladvocat, frère Perreçon Macart, frère Thomas Macart, frère Perrin le Breton, frère Arnoul Luillier, frère Robin Luillier et frère Drouet Mercier, religieux de la ditte abbaye, et Guy de Rolot, prestre séculier, et chacun d'eulx, procureurs et messagiers de la ditte eglise, et leurs serviteurs pour eulx et chacun deulx en tel nombre que mestier leur sera, ensemble lesdiz glorieux chiefz et autres saintes reliques, or, argent, chevaulx, harnois et autres biens quelzconques, et leurs avons donné et donnons seureté et sauve garde pour aller, venir, estre, demourer, sejourner, passer, repasser de jour de nuit, à pié, à cheval ou à harnois, sauvement et seurement en faisant la queste par tout notre Royaume ou bon leur semblera quérir, demander et recevoir les oblacions, confrairies, veuz, promesses, contrepoix, charitez, aumosnes et autres bienfaiz des bonnes gens, qui, par devotion ou autrement, seront faiz, donnez et offers ou aumosnez pour les réparations, nécessités et augmentacion de la ditte eglise, qui par fortune de la guerre, est chue en grant ruyne et désolation, et ne pourroit estre reparée ni relevée sans l'aide et confort des aumosnes, charitez et bienfaiz des bonnes et devotes créatures ; car leurs rentes, terres, revenues, possessions, dismes, terrages et autres biens sont comme tous adnichillez, perduz et destruitz par la fortune de la guerre, comme dit est, dont grant pitié et povreté est en la ditte eglise, pourquoy nous, meuz en pitié pour les choses dessus dittes et en faveur des dittes saintes reliques, prions et requerrons tous nos amez et feaulz arcevesques, evesques, abbez, abbeesses, prieurs, prieuses, doyens, chapitres, curez, chappellains, vicaires, secretains, marregliers, et à tous nos autres recteurs et gardes d'eglises, que aux dessusditz religieux, procureurs, messagiers et à chacun deulz qui ainsi seront envoyez avec les glorieux chiefz et sainctuaires pour exposer au peuple la ditte pitié et povreté dicelle, et les grans vertus et miracles qui sont faiz et demontrez de jour en jour en la ditte eglise, les notables indulgences, les par-

dons, le saint service divin et euvre de miséricorde
qui chacun jour continuellement est fait en la ditte
église et en dit hospital deppendans dicelle, eulz et
chacun d'eulz en leurs lieux et eglises donnent au-
diance, les reçoivent et fassent recevoir et oyr benignement sans aucun empeschement ou contradiction,
à exposer au peuple les choses dessus dittes, ad ce
que les bons et pieus soient esmeuz et plus enclins
a donner et distribuer de leurs biens et aumosnes à
la réparation dessus ditte, et afin que la chose soit
plus fructueuse et plus tost et mieux anoncée, facent
appeler, convenir et assembler leur peuple au jour,
lieu et heure que les dessus diz ou les aucuns d'eulx
leur requerront, pour les oyr déclairer et exposer
ce que dit est ; et avec ce mandons, commandons et
estroitement enjoingnons à tous baillifz, seneschaulx,
prevost, chastellains, capitaines de gens d'armes et
de trait, mayeurs, eschevins, gardes de bonnes villes,
citez, pons, pors, passages, juridictions et destroiz,
et à tous nos autres justiciers, officiers et subgectz
ou à leurs lieuxtenans et à chacun d'eulx en droit
soy que ainsi facent assembler et convenir le peuple
au jour, lieu et heure que les dessusdiz ou les aucuns d'eulx leur requerront en leur donnant par eulx
et chacun d'eulx en droit soy audience es villes,
citex, chasteaux et paroisses de notre royaume à
exposer ce que dit est, et quilz ne seuffrent meffaire
aucunement ausdits religieux, procureurs et messagiers, ne à leurs serviteurs, ne aux joyaulx et reliques de la ditte eglise, or, argent et biens quelzcon-

ques, afin que les dits biens et ausmones puissent estre portez, mis et emploiez au prouffit et utilité et reparation dessus ditte ; ainçois les gardent et deffendent de toutes injures, violences, grief, oppressions, molestacions quelzconques, en leur donnant conseil, confort, aide et secours se mestier en ont, et se leurs corps ou aucuns de leurs biens estoient arrestez ou empeschez, les mectent ou facent mectre à plaine délivrance en punissant griefment les empescheurs et faisans le contraire, tellement que ce soit exemple à tous autres, car ainsi nous plaist-il estre fait de grace espécial par ces présentes, lesquelles voulons estre et demourer en leur force et vertu jusques à ung an entier, et apres non valables. Donné à Tours, le vj^{me} jour de février l'an de grace mil CCCC quarante huit, et de notre règne le xxvij^{me} (1).

V. — BEAULIEU.

En 1112, trois prêtres, Osbert, Alard et Eudes, désirant mener la vie canoniale sous la règle de saint Augustin, s'adressèrent à Philippe de Pons, évêque de Troyes : ils lui communiquèrent leur dessein, et lui demandèrent à cet effet un église pour le service divin. Ces saints prêtres désiraient l'église paroissiale de *Beruilla,* sous le vocable du saint Sauveur et de saint Marc ; la paroisse était abandonnée dès le commencement du xiie siècle et l'église tombait en ruine.

(1) Archiv. de la Haute-Marne, *copie.*

L'évêque de Troyes obtempérant au pieux désir d'Osbert et de ses compagnons, leur accorda l'église qu'ils demandaient, avec la faculté de la reconstruire où ils voudraient sur le territoire de la même paroisse, leur permettant d'y faire le service divin, de recevoir les offrandes des fidèles, et de rechercher les biens qui appartenaient à l'ancienne église (1). « Voilà, dit le bon Desguerrois (2), les premiers fondements de ce monastère qui mérite justement ce nom de Beaulieu; car il est situé en bel air, belle place, et bon fond, tellement que tout y est beau et agréable à ceux qui le considèrent, en une belle plaine, non loin de la montagne et proche de la rivière d'Aulbe. » Les comtes de Brienne, Erard Ier et ses successeurs furent, avec les évêques de Troyes, les fondateurs de l'abbaye de Beaulieu (3). Le 14 février 1131, le pape Innocent II, par la bulle *Ad hoc universalis* rédigée à Châlons-sur-Marne, approuve, sur la demande de Haton, évêque de Troyes, tous les biens et droits que possédaient les chanoines de Beaulieu (4).

Vers 1140, l'abbaye de Beaulieu, par les soins de saint Bernard, abandonnant la règle de saint Augustin pour celle de saint Norbert, se transforma en abbaye de l'ordre de Prémontré. Elle fut mère, comme nous l'avons dit (5) de Chartreuve, dans le diocèse de Soissons, de Basse-Fontaine et de la Chapelle-aux-Planches dans le diocèse de Troyes.

La bulle d'Alexandre III, 7 avril 1175, nous repré-

(1) Voir plus loin, p. 272.
(2) *La Sainteté chrestienne..*, fol. 272 v°.
(3) Voir plus loin, p. 272-296.
(4) Ch. Louis Hugo, *Ordinis Premonstrat. annales*, t. I, *Pr.* p. 254.
(5) *Cartulaires*, t. III, *Introduct.* p. VII-X.

sente l'abbaye de Beaulieu au moment de sa plus grande prospérité temporelle (1).

Mais l'abbaye subsista habituellement dans un grand état de gêne financière. C'est à cet état, croyons-nous, qu'il faut attribuer l'acte d'indélicatesse qui vers 1140, attira à Eudes, abbé de Beaulieu, la lettre 104ᵉ de saint Bernard ; en 1192, eut lieu la vente de la grange de Taillebois, et en 1196 la vente de la grange de Blinfey ; en 1202, Garnier, évêque de Troyes, essaya de sauver le temporel de l'abbaye chargée de dettes (2); il le remit dans un état florissant pour un demi-siècle.

Dans le cours du xivᵉ siècle on ne trouve guère qu'une donation un peu importante faite à notre abbaye : Jeanne de Brienne, fille de Raoul, comte d'Eu, mariée à Gauthier VI, comte de Brienne et duc d'Athènes, donna à Beaulieu le 1ᵉʳ février 1364 (*v. st.*) les moulins de Juvanzé (Aube), à condition que les chanoines célébreraient tous les jours une messe pour le repos de l'âme de son mari, tué à la bataille de Poitiers le 19 septembre 1356 (3).

Un seul des biens de l'abbaye se trouve encore religieusement conservé à la fin du xvᵉ siècle, et il demeurera intact jusqu'à la Révolution, ce sont les saintes Reliques. Elles furent canoniquement *visitées* en 1491. Nous citons Desguerrois (4) : « En cette année 1490 (*v. st.*), Jacques Raguier nostre évesque, le 6 avril, s'achemina en l'abbaye de Beau-lieu, ordre de Prémontré, où estant, à la requête de l'abbé et des religieux il ouvrit des anciennes châsses, esquelles il trouva plusieurs reli-

(1) Voir plus loin p. 278.
(2) Ibid. p 283, 285, 288, 289.
(3) Desguerrois, *La Saincteté chrestienne..*, fol. 377 vº.
(4) *Ibid.*, fol. 408 vº.

ques de saincts marquées de leurs escriteaux et parchemins les spécifians, qui de tout temps ont été honorées des fidelles, il y trouva : de la vraye Croix de Nostre Seigneur Jesus-Christ; des cheveux de la Vierge Marie ; une partie du corps de sainct Bobin, évesque de Troyes ; une partie du cerveau de sainct Thomas, apostre ; des os de sainct Marc, sous le nom du quel l'église de Beau-lieu est dédiée et nommée ; du doigt de sainct André; une des costes de sainct Laurent ; un os de l'espaule de sainct Blaise ; une coste de sainct Vincent, martyr ; partie des doigts de sainct Cosme et sainct Damien ; une coste de saincte Barbe; une coste de saincte Marguerite, vierge et martyre ; une partie de la jambe de la B. Véronique ; une parcelle de saincte Marie-Magdeleine ; parcelle de saincte Sabine; du bras de saincte Claire ; des BB. Innocens et autres, dont il fist un procès-verbal sceellé de son sceel, et signé : Berelly. » D'après le même auteur le 4 mai suivant 1491 (1) « Hubert, abbé de Prémonstré, visitant la même ebbaye de Beau-lieu y trouva les mêmes sainctes reliques qui y reposoient, et en fist encore un acte public, et lui avec le chapitre général accorda des pardons à tous ceux qui les visiteroient, et redresseroient la confrairie qui par les guerres civiles avoient esté abolie. »

Les archives de Beaulieu étaient dans le même état que les affaires temporelles, les Bénédictins du *Gallia christiana* ne purent avoir entrée pour consulter ces archives, peut-être qu'à ce moment déjà elles étaient dispersées. Parmi les rares faits importants rappelés par les Bénédictins dans leur *Tabula abbatum* (2),

(1) *La Saincteté chrestienne..*, fol. 409 r°.
(2) *Gallia Christ*. t. XII, col. 614.

nous signalerons un acte d'autorité du pape Alexandre III : Jean Ier de Brienne, fils de Gauthier II, comte de Brienne, élu abbé de Beaulieu en 1158, fut nommé et provisoirement intronisé abbé de Prémontré vers le commencement de l'année 1171 ; mais le pape, par la bulle *Credibile fuerat,* du 10 mai de la même année, ne voulut pas confirmer cette élection, parce que, dit-il aux religieux de Prémontré (1), « accepimus ecclesiam vestram et scandalis fatigatam interius et exterius mole debitorum gravatam. Oportet autem eam super humeros diutius regularibus disciplinis attritos in statum pristinum relevari. »

De l'ancienne abbaye de Beaulieu il subsiste encore des bâtiments d'habitation et une portion du cloître du XVIIe siècle.

En terminant cette Introduction succincte, ou plutôt ce supplément à nos documents, nous remercions vivement M. L. Pigeotte, notre excellent ami, c'est à son concours si intelligent et si dévoué qu'il faut attribuer tout le mérite des Tables de ce volume.

(1) Bulle adressée « Canonicis Premonstratensibus.. Data Tusculi VI idus maii — Martène, *Veter. scriptor. amplis. collectio* », t. II, col. 929 et 930.

CARTULAIRE

DE LA CHAPELLE-AUX-PLANCHES

---

1. — 1139 au plus tard.

In nomine Sancte Trinitatis. Ego Guillelmus, gratia Dei Dervensis ecclesie abbas, notum facio omnibus presentes litteras inspecturis.... quod domnus Odo, abbas Belli Loci, humilitati nostre supplicavit pro quadam domo sua que Capella dicitur, que infra parrochiam nostre Puellarensis ecclesie sita est, ut decimas omnium quecumque fratres ibidem Deo servientes, vel homines sui, in parrochia supradicta laborarent, eis sub aliquo censu indulgeremus ; nos, consilio venerabilis Hatonis, Trecensis episcopi, et fratrum nostrorum, et hominum nostrorum, decimas hac conditione eis concessimus, ut annuatim pro ipsis decimis unam libram cere in festo sancti Bercharii ecclesie nostre persolverent. Si autem aliquando aliqui cum eis vel sub eis essent qui de communi eorum non viverent, neque communem vitam cum eis haberent, eorum decimas, sicut de parochianis nostris, ex integro acciperemus. Hoc in nobis invicem ordinatum, sub cirographo firmari et sigillo Trecensis episcopi muniri decrevimus. — *Cartul.* fol. 21 r°. — *Origin.*

2. — 1146 au plus tard.

In nomine Sancte et Individue Trinitatis. Hato, divina gratia Trecensis episcopus, universis Sancte Matris Ecclesie filiis in perpetuum. Certum teneat posteritas secutura fidelium, quod venerabilis Odo, abbas Belli Loci, multa precum instantia obtinuerit a nobis ut ei locum illum qui vocatur Sancta Petronilla in nemore, cum appendiciis ejus, concedere deberemus, pie igitur petitioni ipsius prebentes assensum, eidem abbati, consentientibus et laudantibus priore et fratribus Sancte Margarite, tradidimus eundem locum perpetuo possidendum. Ea tamen conditione et lege ut singulis annis censuale debitum ii solidorum in Nativitate Sancti Johannis Baptiste prefatis Sancte Margarite monachis persolvant. Hoc, ego Hato, Trecensis episcopus, quod per manum meam factum est, concedo et laudo, et ut perpetuo ratum maneat, sigilli impressionne mei confirmo testes inde legitimos adsignando : S. prioris Ascelini; S. Dagmarth, monachi ; S. Gibuini, archidiaconi ; S. Falconis, archidiaconi ; S. Hugonis, decani. — *Origin.*

3. — 1146, au plus tard. « Hato, Trecensis episcopus, concessit ecclesie B. Marie de Capella ad Plancas liberam electionem sacerdotis in ecclesia Chacericurtis. » — Cfr. n. 10. — *Pièce produite dans un procès au XVIIe siècle* (Archiv. de la Haute-Marne).

4. — Avant 1147.

Noverint Sancte Matris Ecclesie presentes ac posteri filii, quod donnus Gaufridus, abbas ecclesie Beati Quintini Belvacensis, capituli sui communi consensu, quidquid juris erat ecclesie Sancti Georgii apud Sanctum Audoenum et apud Sanctum Stephanum decimarum, terre et census, hoc idem ejusdem ecclesie canonicis Rogero priore scilicet et ceteris volentibus, ecclesie Sancte Genitricis Marie de Capella concesserunt; confirmavit igitur donum sigilli sui auctoritate, sigilli quoque Sancti Georgii adjunctione, adstipulantibus earumdem ecclesiarum fratribus : Odone, priore ; Roberto ; Hugone ; Radulpho; Girardo, scriptore ; Sancti Georgii Rogero, priore. Factum est hoc per manum comitis Theobaldi, sub Henrico, pontifice; Werrico, archidiacono. Si quis autem super hac re deinceps eos perturbaverit, anathematis sententia innodetur. Amen. — *Origin.*

5. — Avant 1147.

Ego Henricus, Dei gratia Trecensis episcopus, fidelibus Sancte Matris Ecclesie, salutem. Sciant tam presentes quam futuri, quod donnus Milo, et filius ejus Petrus ; Salo et Paganus, frater ejus ; et Apelinus ; et Walterus, bulbucus, de Donnipetro, cum filius suis, concesserunt ecclesie Dei Genitricis Marie de Capella terram de Masso Frutecti ubicumque sit, sive infra sive ultra ripam Maxenne, singulis annis, pro uno sextario frumenti et duobus siliginis et pro tribus avene ad mensuram Sancte Margarete sicut emitur et venditur. De his duo sextarii debebantur Saloni et Pagano, fratri ejus, quos postea concesserunt predicte ecclesie in eleemosyna. De hoc testes existunt : dominus Wido de Donnipetro, et uxor ejus E.; Petrus, abbas de Brena ; G., abbas de Cartovoro ; Petrus, miles de Blenicuria; Fredericus, miles de *Linun ;* Hugo, miles de Sancto Audoeno.

Ego H., Dei gratia Trecensis episcopus, fidelibus Sancte Matris Ecclesie, salutem. Sciant tam presentes quam futuri, quod donnus Wido de Sancto Audoeno, et Bonnellus de *Soldi,* et Radulphus de *Gini,* assensu et voluntate suorum conjugum, concesserunt ecclesie Sancte Marie de Capella terram illam quam insimul habebant inter *Braibant* et Sanctum Audoenum secus ripam Maxenne ; et unam agrum quem donnus Wido de Sancto Audoeno solus habebat, singulis annis, pro tribus sextariis et dimidio hiemalis annone, tribus et dimidio martialis. Ex his tres sextarios habebit Wido supradictus de Sancto Audoeno ; et Bonellus de *Soldi*, et Radulphus de *Ginni* ceteros quatuor, ad mensuram Sancte Margarete sicut emitur et venditur. Et ne ista pactio ulla refragatione violetur testes existunt : Wido, dominus de Donnipetro ; Albricus de *Braybant* ; Ancherus de *Curbeil* ; Hugo, miles de Sancto Audoeno ; Waraldus, miles, frater conjugis Radulphi de *Ginni* ; et Hugo, canonicus ejusdem ecclesie. — *Cartul.* fol. 17 r°. — *Origin.* avec *sceau pendant à un lemnisque de parchemin.*

6. — Avant 1147.

Ego Henricus, Dei gratia Trecensis episcopus, notum facio presentibus et futuris, quod Borserus de Sancto Medardo terram quam habet inter *Braibant* et Sanctum Stephanum, que est inter viam Salnariam et Maxennam fluvium, quam Bonellus de *Soicleu* tenet in feodo de eo, quam temporibus patris sui canonici de Capella ascensuerunt a Bonello pro quatuor sextariis annone, duobus hiemalis et duobus tremesialis, patre suo Borsero et Radulfo, fratre suo majore, laudantibus ; sed mortuo patre, idem Borserus, hereditario jure feodum Bonelli possidens, inde movit eis calumphiam, sed nunc eamdem terram nostris quoque temporibus, sicut canonici ascensuerunt a Bonello, idem Borserus, pro anima patris sui et antecessorum suorum, cum uxore sua et ceteris coheredibus suis, laudavit, donumque confirmari nostro sigillo impetravit. Insuper et aliam terram quam dominus Jocelinus de Donnopetro tenebat in feodo de domino Bovone, cujus uxorem idem Borserus duxit, de qua ipse movit eis calumpniam, canonicis testibus legitimis probaverunt ei quod dominus Bovo cum uxore sua in eleemosynam dedit, eis laudavit, et ipsa mulier recognovit, et nostro sigillo confirmari voluit. Testes sunt : Johannes, prior de Rameruco ; Mainardus, decanus ; Hoduinus, miles de *Valescurt* ; Varnerus de *Luistre* et filius ejus Evrardus ; Hugo de *Torci ;* Giroudus de *Torci ;* Hermannus de *Torci ;* Joibertus de Curbeto. — *Cartul.* fol. 16 v°.

7. — Avant 1147.

Litteram apicibus adnotari conveniens est quidquid a sapientibus viris sapienter constitutum est, idcirco, ego Henricus, filius comitis Theobaldi, litteris sigillo meo confirmatis, omnibus tam presentibus quam futuris notum fieri volo, quod miles Radulphus de Sancta Margareta, laudantibus fratribus Guidone et Milone, suisque proximis, molendinum de *Susainmont* cum terra sibi adjacente ecclesie Sancte Marie de Capella, pro anime sue remedio et parentum suorum, contulit, qui et nunc usque duas partes de patre meo tenuit in feodo, tertiam vero de Machario de *Maigneicort*, et Leobaudo Belfortis et Egidio, fratre suo, laudantibus eisdem ; et ipso Egidio non solum laudaute, sed etiam in presentia mea, pro anima Ogeri, patris sui, donante. Contulit etiam terram Carchericurti contiguam, quam in feodo movebat de Bosone *Pancei*, Bosone laudante, et filiis et filiabus, que ex utraque parte supra ripas fluvii Verze sita est. Testes sunt : Odo de *Montomeir* ; Renaudus, Rosnaii prepositus ; Simon, faber, de Sancta Margareta. — *Cartul.* fol. 13 r°.

8. — Avant 1147.

Ego Henricus, Dei gratia Trecensis episcopus, Sancte Matris Ecclesie filiis presentibus et futuris notum facio, quod Macharius de *Mainecurt* filiam suam *Aalez* conversam fecerit in ecclesia Sancte Marie de Capella, atque pro eadem in elemosina perpetua prefate ecclesie dederit in terragio suo apud Donnum Amandum, in tertio anno, quando videlicet pars sua venit ei, tres modios annone, medietatem frumenti et medietatem marcialis, hac scilicet conditione, quod tempore messis Macharius et canonici ministralem simul ponent, canonici vero prius suam partem accipient, quod superhabundaverit Macharii erit ; si defuerit, supplebit. In pace etiam dimisit querelam de molendino de *Susainmont*. Hoc Macharius, presente Hugone, filio suo, apud Donnum Amandum fide firmavit, testesque ibi fuerunt : Johannes, sacerdos ; et *Leibaz de Sentchenum* ; et alii plures. Hæc etiam omnia Hugo, filius Macharii, apud Trecas in curia nostra recognovit, testatus quod cum patre et matre et sororibus suis ipse laudavit, et nos in manu accepimus quod res ita tenebitur. Testes sunt hujus rei : Wiricus, monachus ; et magister Girardus, archidiaconus ; et alii plures. — *Cartul.* fol. 15 r°.

9. — Avant 1147.

In nomine Sancte et Individue Trinitatis. Ego Henricus, Dei gratia Trecensis episcopus, omnibus fidelibus in perpetuum. Omnia disponens Dei providentia ad hoc nos pastorem in ecclesia sua proposuit ut quieti fidelium congratulemur, et eorum bonis studiis coadjuvemur; notam ergo facimus benevolentiam nostram erga Galterum de Capella et fratres ejus qui nos deprecati sunt ut decimas suas vel de agricultura sua, vel de pecoribus suis, vel si qua alia habent, sigilli nostro confirmaremus, nosque petitioni eorum annuimus. Confirmamus igitur eis ipsius abbatie decimas liberas sicut usque nunc habuerunt ; tertiam partem decime Sancti Audoeni et Sancti Stephani quam habent de canonicis Sancte Genitricis Beivacensis, laudante eis archidiacono nostro Werrico, qui calumniam eis inde movebat; sed et duas partes decime Curcelle ; sextam partem decime de *Juncrei* ; quamdam partem decime de Cavengis ; quandam partem decime Longeville ; liberam electionem sacerdotis in ecclesia Charchereicurtis. Hujus rei testes sunt : Radulfus, de *Burlincurt* abbas; Radulfus, de Bello Loco abbas; Witerus, de Sancto Lupo abbas; Balduinus, de Basso Fonte abbas ; magister Girardus de Barro. Si quis deinceps eos perturbaverit, anathema sit. — *Cartul.* fol. 18 v°.

10. — 1147, 14 mai.

Eugenius, episcopus, servus servorum Dei, dilectis filiis Galtero, abbati Sancte Marie de Capella ad Plancas ejusque fratribus... Quotiens illud a nobis petitur quod ratione conveniens esse dinoscitur, animo nos decet libenti concedere et congrum impartiri suffragium, ut fidelis et pia devotio celerem consequatur effectum. Ea propter, dilecti in Domino filii, vestris justis postulationibus clementer annuimus et prefatam ecclesiam in quo divino estis mancipati obsequio, sub Beati Petri et nostra protectione suscipimus et presentis scripti privilegio communimus. Statuentes, ut quascumque possessiones, quecumque bona impresentiarum juste et canonice possidetis, aut in futurum concessione pontificum, largitione regum vel principum, oblatione fidelium, seu aliis justis modis, Deo propitio, poteritis adipisci, firma vobis vestrisque successoribus et illibata permaneant, in quibus hec propriis duximus exprimenda vocabulis. Territorium in quo ipsa ecclesia constructa est, datum a Simone, domino Belfortensi, et Emelina, matre ejus, cum usuario totius nemoris usque ad predictum castrum. Merchericurtem cum appenditiis suis, terramque circa ipsam curiam; est ex dono Rodulphi de Sancta Margareta. Molendinum de Suzannomonte cum terra que molendino adjacet, similiter ex dono predicti Rodulphi, fratribus suis concedentibus, et dominis de quorum feudo erat, comite videlicet Theobaldo,

Egidio cum fratre suo Lebaldo et Macario de Magnicurte. Curtem Sancte Petronille cum appenditiis suis. Terram de Altignis. Novam domum que sita est super Maxennam. Tertiam partem decime de villa Sancti Audoeni, quam habetis ab ecclesia Sancti Quintini Belvacensis, et quicquid ibidem ipsa Sancti Quintini ecclesia jure possidebat. Decimam totam de Curcellis, excepta parte presbiteri. Medietatem tertie partis decime Juncerii, salvo jure monachorum Rosnahici. Partem decime de Longavilla. In ecclesia Charcericurtis liberam electionem sacerdotis, ab Attone, Trecensi episcopo, vobis concessam. Sane laborum vestrorum quos propriis manibus aut sumptibus colitis, sive de nutrimentis vestrorum animalium, nullus a vobis decimam exigere presumat. Decernimus ergo ut nulli omnino hominum liceat prefatam ecclesiam temere perturbare, aut ejus possessiones auferre, vel ablatas retinere, minuere, aut aliquibus vexationibus fatigare; sed omnia integre conserventur, eorum pro quorum gubernatione et sustentatione concessa sunt usibus omnibus profutura, salva Sedis Apostolice auctoritate, et diocesani episcopi canonica justitia. Si qua igitur... Ego Eugenius, catholice Ecclesie episcopus. Ego Albericus, Ostiensis episcopus. Ego Odo, diaconus cardinalis Sancti Georgii, ad Velum Aureum. Ego Imarus, Tusculanus episcopus. Ego Joannes, diaconus cardinalis Sancte Marie Nove. Ego Iacinthus, diaconus Sancte Marie in Cosmedyn. Ego Guido, presbyter cardinalis Sancti Chrysogoni.

Datum Parisiis, per manum Hugonis, presbiteri cardinalis, agentis vicem D. Guidonis, Sancte Romane Ecclesie diaconi cardinalis et cancellarii, idibus maii, indictione X, Incarnationis Dominice anno M°C°XL°VII°, pontificatus anno III. — *Cartul.* fol. 1 r°. — *Origin*.

11. — 1152.

Notum sit omnibus Ecclesie Dei fidelibus tam presentibus quam futuris, quod ego Simon, dominus Belfortis, anno Verbi Incarnati M°C°L°II°, indictione XV, epacta XII, concurrente II cum bissexto, in presentia multorum, concessi et confirmavi ecclesie Sancte Dei Genitricis Marie de Capella, ob remedium anime mee et patris mei omniumque predecessorum meorum, omnia illa que ab eisdem predecessoribus ecclesie predicte fratribus, ibidem Deo servientibus, tradita sunt, Hugone, fratre meo, domino de Brecis, in presentia domini Wilermi, domini de Dampetra, et Milonis de Planceii, et quamplurimis aliis assistentibus, laudante ; videlicet : ipsam terram in qua ecclesia posita est cum appendiciis suis liberam, et per totum nemus et terram que ad me pertinet libera pascua, omnibus suis pecudibus tam porcis quam ceteris animalibus ; insuper sua usuaria in nemoribus usualibus, et pontem quem transportaverunt in locum transpositionis, esse concessi. Apud Merchereicurtem vineam et si quid aliud cultum vel incultum ante possessum est, liberum erit, excepta terra Gyrberti que terragium dabit. Apud Belfortem modius vini de vinea Hugonis, quisquis eam possiderit ; et eleemosyna pueri Radulphi, scilicet vinea et pars molendini de *Hermanchamp*, et cetera libera erunt ; ut vero breviter dicam, quidquid tenuerunt tam in terris quam in pratis et in aqua libera erunt ; ipsa etiam terra ultra metas divisionis extirpata, et cetera omnia libera erunt, salvo terragio apud Autignas et de quibusdam campis Sancte Petronille, et censu sex denariis terre et prati Ogis. Metas vero positas vel factas a veteri ponte juxta nemus usque ad viam que venit de novo ponte ipsemet fieri institui ; hec vero via tendens Flasengiis pro meta habetur. Hujus rei testes sunt : Radulfus, abbas de Bello Loco ; et Balduinus, abbas de Basso Fonte ; et Haybertus, decanus ; et Guido, capellanus ; et Lambertus, miles de Belloforte ; et Wilermus, dominus de Dampetra ; et Heleidis, mater ejus ; et Petrus, miles de *Montmirail ;* et Lambertus, filius Hugonis ; et Stephanus ; et Girardus, carpentarius. — *Cartul.* fol. 2 v°. — *Origin. scellé.*

12. — 1153.

In nomine Sancte et Individue Trinitatis. Ego Henricus, Trecensium comes palatinus, notum facio presentibus et futuris, quod Nevelo, miles, de Ramerocho, totam partem allodii sui quam habebat apud *Harembecorth*, sive in campis seu in pratis seu in nemoribus quidquid habebat illic, et nichil om-

nino retinens, ecclesie Sancte Dei Genitricis Marie de
Capella, uxore sua et filiis et filiabus fratris sui et
ceteris coheredibus suis laudantibus, ob remedium
anime sue et parentum suorum, dedit, et hoc sigilli
mei impressione confirmari petiit et impetravit. Verumtamen, abbas et conventus concessit ei secum
habere solam justitiam nemoris in parte sua de eis
qui extirpare vel excidere contra voluntatem eorum
nemus voluerint; et solam bigam sue domus proprie
solummodo in vita sua, post mortem vero ejus
redibit ad ecclesiam. Insuper quasdam terras et
quedam prata que Roricus, frater Nevelonis in curia
Brenensis comitis, de cujus feodo erant, salvo terragio vel censu suo, ecclesie jamdicte contulerat,
sicut ecelesia in vita Rorici tenuerat et finem quem
Roricus vivens erga ecclesiam fecerat idem Nevelo
et uxor ejusdem Rorici cum filiis et filiabus suis
laudavit, et confirmari meo sigillo impetravit. Hujus
rei testes sunt : Hugo, Brecensis dominus ; Simon,
dominus Belfortis ; Leobaldus de Sancto Carauno ;
Lembertus, prepositus ; Girardus, sacerdos de
Auneyo ; Petrus Asinarius ; Hugo de Villemauro ;
de parte abbatis : Lambertus, sacerdos ; Gibertus,
conversus : Radulphus, abbas de Bello Loco ; Hemolgerius, prior Sancti Lupi ; Oliverus de *Droenay;*
Macharius de *Mannichort*. Factum est hoc anno ab
Incarnatione Domini M°C°LIII°, Ludovico rege Francorum regnante, Henrico Trecensium episcopo existente. Tradita Trecis manu Guillermi, cancellarii.
— *Cartul.* fol. 10 v°. — *Origin.*

13. — 1155.

Ego Henricus, Trecensis episcopus, Sancte Ecclesie filiis presentibus et futuris notum facio, quod Stephanus de Grangia, uxore sua, filiis et filiabus laudantibus, nostro sigillo confirmari voluerit quod ante multos annos concesserat ecclesie Sancte Dei Genitricis Marie de Capella, videlicet quidquid sui juris esse clamabat in grangia, quam eadem ecclesia habet in finibus Longeville, sive in terris, sive in pratis et omnibus cultis et incultis; insuper usuaria per totum nemus supradicte ville et pascua libera omnibus pecoribus. Hujus rei testes sunt : Rainaldus Longeville ; Wiardus, prepositus Subvillane ; et Richerus frater ejus. Actum anno Domini M° C° L° V°. — *Cartul.* fol. 20 r°. — *Origin.*

14. — 1155.

Ego Henricus, Trecensis episcopus, presentibus et futuris notifico, quod odo de Montehomeri, uxore sua laudante, ecclesie Sancte Dei Genitricis Marie de Capella concesserit suam partem illius terre quam prefata ecclesia possidet in finibus Longeville, sicut ante tenuerat, salvo jure terragii et census pratorum ; insuper usuarium per totum nemus predicte ville, et pascua omnibus pecoribus libera, decimasque de campis quos fratres predicte ecclesie emerant deinceps liberas ; et curiam que ibi est infra septa, libera omnia deinceps habere concessit.

Hujus rei testes sunt : Willermus, nepos Odonis ; Gaucherus, prepositus ejus ; et Goherius, villicus ; Isembardus, prepositus. — *Cartul.* fol. 20 r°. — *Origin.*

15. — 1156.

Opere pretium est nobis, qui in sublimitate sumus, facile prebere assensum religiosorum petitionibus, quatinus eorum interventu suffulti secundum Apostoli preceptum, tranquillam vitam agamus. Unde ego Henricus, Trecensium palatinus comes, pactionem, quam cum Waltero, abbate, fratribusque de Capella pepigi, ne oblivioni daretur, litteris annotatam posteritati nostre transmittere curavi. In territorio siquidem ville que *Juncherei* dicitur, Rosniacensi comitatui appendentis, duas predicti fratres grangias Sanctam Petronillam videlicet et Autennis possidentes, terras tam ab incolis dimissas quam sumptibus et manibus suis excultas, usui et labori suo profuturas, ibidem apparavaverunt ; quarum terragium ministeriales predicte ville tempore messionis colligere consueverunt. Que scilicet consuetudo prefatos fratres quum molestavit, petitioni eorum annuens pacique et quieti eorumdem in posterum providens, partem terragii que me contingit sub terre censu XXX sextariorum annone, frumenti scilicet XV totidemque avene, relaxavi ; et ut decem sextarios, que de meo accipere soliti erant, jam deinceps non accipiant ; porro eumdem terre censum singulis annis fratres ex condicto nostro persolventes ad mensuram Sancte Margarete, possessiones illas ab omni vexatione et exactione immunes habeant, et de cetero ex liberalitate nostra omnimodis utilitatibus suis sub jure suo redigant. Quod ego Henricus comes impressionis mee sigillo confirmo. Hujus rei testes sunt : Johannes, abbas de Bello Loco ; Johannes, prior ejusdem ecclesie ; Walterus, canonicus et sacerdos ; Rainaldus, prepositus de Ronniaco ; Warnerus ; Hecelinus, frater ejus ; Herardus, villicus de Junchereio. Actum est hoc anno Incarnati Verbi M° C° L VI°. Tradita est apud Sanctam Margaretam per manum Guillermi, cancellarii. — *Cartul.* fol. 9 v°. — *Origin.*

16. — 1157 au plus tard.

Ego Henricus, Dei gratia Trecensium episcopus, notum facio tam presentibus quam futuris, quod Oliverus, dominus de *Droonay*, ecclesie Sancte Marie de Capella donavit in elemosinam, et propter filiam suam, quam ibidem, ut Deo serviret, posuit, duos sextarios frumenti et unum sextarium siliginis et tres tremesii, laudante uxore sua, et filiis et filiabus suis. Hanc videlicet annonam debebat ei grangia predicte ecclesie per singulos annos, que scilicet grangia sita est in finibus Sancti Audoeni. Quod si aliquando Oliverus sex libras sepe dicte ecclesie dare voluerit, annonam predictam rehabebit. S. Simonis, filii Pagani de *Larzeicurt*. S. Bernardi, filii Hugonis, prepositi de *Vitrei*. — *Origin.*

17. — 1157.

Ego Henricus, Trecensium comes palatinus, presentibus et futuris notum fieri volo, quod curiam Macherecurtis cum appendiciis suis, et vineam ibi plantatam, pro remedio anime mee et parentum meorum, abbati et fratribus de Capella Deo servientibus dedi, et libera et quieta concessi. Si quis autem in posterum inde eis calumpniam moverit, sciat prius quod ego eis super hoc garantiam feram. Sciant preterea presentes et futuri, quia Oliverus, miles de Drognaio, partem cujusdam terre in finibus Sancti Audoeni, quantum arari duabus carrucis potest per annum, singulis aracionis et seminacionis temporibus, predicte ecclesie, pro remedio anime sue parentumque suorum, et pro filia sua quam in ecclesia predicta Dei servitio mancipavit, sub hac conditione donavit, ut singulis annis dimidium modium annone, duo sextaria frumenti, duo siliginis et quatuor avene, ad mensuram Sancte Margarete, sicut solet emi et vendi, pro parte terragii monachorum Sancti Stephani et Sancte Margarete Olivero persolvant. Insuper in ipsa terra quantum spatii necesse esset ad curiam construendam. Hoc autem ut ratum esset, Oliverus et filius ejus Gaucherus, cum de feodo meo erant, manum suam devestiverunt meamque investiverunt, et ego manum abbatis investivi. Hec omnia laudaverunt uxor Oliveri et filii et filie. Hoc autem, ut inconcussum permaneret, sigillo meo confirmari precepi. Hujus rei testes sunt : Gaufridus Jovisville, Nevelo de *Alnei*, Philippus de *Waricult*, Renaudus de Rosniaco. Factum est hoc Verbi Incarnati anno M° C° L VII°. — *Cartul.* fol. 8 v°. — *Origin. scellé.*

18. — 1157.

Henricus, Trecensium episcopus, universis Matris Ecclesie filiis presentibus et futuris, salutem in perpetuum. Quum ventus est vita nostra et velut mollis aer cito dissolvitur et transit quasi nebula que a sole fugatur, idcirco que a principibus bene et utiliter gesta fuerint, ne oblivione deleantur providit auctoritas sanctorum predecessorum scripto mandare notitie posterorum. Ea de causa, aliorum exemplo commonitus, ego Henricus, Trecensium episcopus, omnibus notifico, quod Petrus de Pogeio unam suam filiam in ecclesia de Capella Dei servicio mancipavit, et quidquid census et terragii in duabus predicte ecclesie curiis, scilicet Sancta Petronilla et *Autignes*, sibi cedebat ; insuper per singulos annos tres sextarios annone, tres minas frumenti et tres annone in terragio de *Juncrey*, uxore sua, filiis et filiabus laudantibus, supradicte ecclesie pro eadem filia et pro animabus parentum suorum in elemosina dedit. Hujus rei testes sunt : Witerus, abbas Sancti Lupi ; Radulfus, abbas de *Bullencore* ; Ponzo, abbas de Cantumerula ; Reynaudus, prepositus de Rosniaco ; Lambertus de *Belfort*. Actum est hoc anno Verbi Incarnati M° C° L° VII°. — *Cartul.* fol. 20 v°. — *Origin.*

19. — 1157.

In nomine Sancte Trinitatis. Ego Petrus, monasterii Sancti Petri de Insula Germanica humilis minister, in posterum. Notum fieri volumus presentibus et futuris, quia nos querelam, quam adversus abbatem de Capella habebamus, laudante capitulo nostro, in pace dimisimus et totum quod possidebat et unde investitus erat in finagio de *Melkerecorth* eidem decetero sine omni reclamatione tenere concessimus. A quo tamen hanc retributionis vicissitudinem accepimus, ut nos illud pratum, quod predictus abbas a nobis per censum tenebat, in dominicatu nostro deinceps habeamus. Hujus rei testes et cooperatores fuerunt : dominus noster Henricus, episcopus ; Radulphus, abbas de *Bellancorth* ; Guiterus, abbas Sancti Lupi ; Jacobus, abbas Sancti Martini ; Balduinus, abbas de Basso Fonte ; Rogerius et Gilbertus, canonici de Bello Loco ; Guirricus, archidiaconus ; magister Girardus, Galterus de *Boi*, canonici Sancti Petri.

Actum publice, anno ab Incarnatione M° C° quinquagesimo VII°. — *Origin.*

20. — 1157.

Ex consuetudine veterum habemus ut quecumque pro communi utilitate temporibus principum agerentur, ad memorandam generationem que superventura erat, scripture commendarentur. Quapropter et ego Gaufridus, Jovisville dominus, comitis Henrici senescaldus, notum facio posteris, quod dominus Galterus, abbas, fratres que Capelle a me petierunt terras Longeville adjacentes, quas pater meus Rogerus eidem Capelle antiquitus contulerat, sibi collaudari tenoremque suum impressione sigilli mei informari. Quorum petitionibus libenter annuens pacique et quieti eorum in posterum providens, ego G., Felicitate uxore mea, et filio meo Gaufrido, filia quoque Gertrude, pariter collaudantibus, pro salute animarum nostrarum, terram, quam prefata Capella eatenus sive extirpaverat seu acquisierat, cum pratis et aquis, concessi liberam et absolutam ab omni redditu fratribus, sub jure suo possidendam, usibusque ipsorum et profectibus omnimodo profuturam. Cujus termini terre sunt secus sylvam descendentes ad Veriam fluvium et ascendentes secus eamdem firmam sylvam per salta Maiberti, Haiberti, Grimoldi ad Tassunerias, inde ad sartum Ugeri, ad campos de *Zochei* et campos de *Forchemont*, usque ad sartum Renodi. Hanc inquam terram, que arari potest infra predictas metas, cum omni profectu ecclesie laudo. Usuarium nichilominus nemoris quod a summitate sarti predicti Renodi descenditur in directum ad *Raisnourai*, quousque Veria et Sublena ad unum conveniunt, necessariis usibus eorum relaxo. Hujus siquidem libertatis donatio ne unquam valeat presumptione cujusquam immutari, minorari, temerari; presenti scripto et sigillo meo cum attestatione eorum qui interfuerunt, assignare curavi : Radulphus, abbas de *Borlancort*; Obertus, prior ejusdem loci; Isambardus, prepositus ; Gilbertus, villicus ; Goherus, villicus ; Rogerus, miles de *Ru*; Arnulphus, de *Lousa*; Robertus, de Longavilla, presbyteri. Actum anno ab Incarnatione Domini M°C°LVII°, regnante Ludovico Francorum rege, coram astantibus abbate Galtero et fratribus Capelle in eodem loco unde tractatum est. — *Cartul*. fol. 6 r°. — *Origin*.

21. — 1159.

Ego Henricus, Trecensium episcopus, omnibus presentibus et futuris notum fieri volo, quod Oliveirus de Drognayco ecclesie de Capella quoddam nemus apud *Agtignes*, sub certis metis denominatis, id est sicut Noa de Gardinis colligitur et cadit in *Brau*, et sicut Curta Noa colligitur et cadit in *Brau*, salvo terragio suo, ad exstirpandum concessit ; de quo etiam contra omnes calumpniam moventes garantiam ferre promisit. Sic autem statutum est, ut tempore messionis, antequam blavium de agro ducatur, ministrali Oliveiri semel nuntiabitur, quod si venerit, terragium accipiet ; si non venerit, conversus domus ei seorsum terragium suum separabit, quod super veritatem conversi erit, accipietque remota litis occasione. Porro a via Lacus versus Droyam, qua via de Bosonomonte itur ad *Agtignes*, in suo nemore omnibus tam porcis quam ceteris animalibus pascua libera habere concessit, excepto quod porci illuc non ibunt quandiu pasnagium duraverit. Dampnum vero, si sibi vel alicui suorum in pratis vel blaviis intulerint, sine lege aut occasione restituant. Concessit etiam ut equiciarius in nemore suo parcum equorum et logiam construat, et ad construendum vel operiendum logiam, quercum et cetera ligna accipiat, et ligna ad focum. Ultra Maxennam fluvium, versus *Povre*, ubicumque terre Oliveiri fuerit ; citra vero eumdem fluvium in finibus Sancti Stephani, ubique pascua omnibus pecoribus libera concessit ; et ut solum si fecerint dampnum, sine lege et occasione reddatur. Hec laudaverunt uxor Oliveiri, et Gaucherus filius ejus, ceterique filii et filie. Hujus rei testes sunt : Wyterus, abbas Sancti Lupi ; Stephanus, decanus Trecarum ; Radulfus, canonicus Sancti Petri, nepos Guerrici, monachi ; Josbertus, villicus Sancti Leonis ; Petrus, Martinus, famuli Sancti Lupi. Actum est hoc anno Verbi Incarnati M°C°L°VIIII°. — *Cartul.* fol. 19 v°. — *Origin.*

22. — 1173.

In nomine Sancte et Individue Trinitatis, ego Mattheus, Dei gratia Trecensis episcopus, dilecto fratri Rainaudo, venerabili abbati de Capella, totique ejusdem ecclesie conventui, eorumque successoribus imperpetuum. Suscepti debitum postulat officii et episcopalis sollicitudo requirit, ut non solum jura ecclesiarum in omni integritate conservare debeamus, verum etiam bona eorum qui religionis voto divinis se obligarunt obsequiis, studio pie devotionis augmentare, ne dum contemplationis officiis ad anteriora se extendunt, ex defectu victualium ad priora cogantur relabi. Ea propter, dilecte mi in domino Rainaude abbas, tibi tuisque successoribus, ecclesie tue atque utilitati fratrum tuorum, quidquid ex dono predecessorum nostrorum, venerande scilicet memorie Hatonis, episcopi, et digne recordationis Henrici, episcopi, vobis pie concessum est, pacifice perpetuo possidendum concedimus, maxime vero ecclesiam de *Charchericurt* cum omnibus appendiciis suis, videlicet *Arrembercurt, Orregmont,* et *Verzuol,* cum omnibus decimis juris sui tam majoribus quam minoribus, et si qui sunt ibi alii redditus, possesiones et proventus, vobis concedimus et perpetuo pacifice et quiete possidenda confirmamus, salvo jure episcopali, et censu LX solidorum subdenotatis terminis tribus, in festivitate Omnium Sanctorum XX solidos, in Purificatione XX solidos, in Pascha XX solidos. Addimus preterea quod aliquem de canonicis vestris, idoneum et honestum virum, in administratione ejusdem ecclesie liceat vobis, si volueritis, ordinare, qui curam animarum de manu episcopi suscipiat. Hoc autem totum, ne aliqua temporum vetustate, aut invidia succedentium personarum, quod absit, immutetur, presentis scripti patrocinio et sigilli nostri auctoritate, subnotatis etiam nominibus eorum qui interfuere, roborando confirmare curavimus. Testes sunt : Girardus, abbas de Cella ; Guiterus, abbas Sancti Lupi ;

Vitalis, abbas Sancti Martini ; Johannes, abbas Belli Loci ; Harduinus, abbas de Arripatorio ; Rainaudus de Pruvino, magister Bernardus, archidiaconi ; Alexander, episcopi capellanus ; magister Guiardus de *Belfort,* Petrus *Bugre,* canonici Beati Petri ; Everardus, de Dreea decanus ; Girardus, sacerdos de *Gigni* ; Poncius, Johannes, Christianus, canonici Sancti Lupi. Actum publice Trecis, in palatio pontificali, anno ab Incarnatione Domini M°C°LXX°III°. — *Origin.*

23. — 11 mai 1175.

Alexander, episcopus, servus servorum Dei, dilectis filiis abbati et fratribus de Capella, salutem et Apostolicam benedictionem. Pia desideria religiosorum virorum promovere nos convenit, et eorum justis postulationibus gratum impertiri favorem, ut facile se gaudeant adipisci quod previa ratione requirunt. Ea propter, dilecti in Domino filii, vestris justis postulationibus gratum impertientes assensum, ecclesiam de *Charcericort,* capellam Horreimontis, capellam Aramberticurie, et capellam de *Verzol,* cum earum pertinentiis et ceteris que legitime possidetis, vobis et ecclesie vestre, auctoritate Apostolica confirmamus, et presentis scripti patrocinio communimus, statuentes, ut nulli omnino hominum liceat hanc paginam nostre confirmationis infringere, vel ei aliquatenus contraire. Si quis autem hoc attemptare presumpserit, indignacionem Omnipotentis, et beatorum apostolorum ejus Petri et Pauli se noverit incursurum. Datum Ferentini, V idus maji. — *Cartul.* fol. 2 v°. — *Origin. scellé.*

24. — 1175.

Ego Girardus, Cellensis dictus abbas, notum facio presentibus et futuris, quod, assensu capituli nostri, Raynaudo, abbati de Capella, ecclesie sue et successoribus ipsius, in perpetuum concessimus quidquid juris apud *Horremont* et in appendiciis ejus tam in decima quam in terragio possidemus, sub annua pensione XXVI sextariorum annone ad mensuram Sancte Margarete, scilicet XIII sextaria frumenti et XIII avene, et XII denariorum, que omnia reddentur ad festum sancti Remigii apud Sanctam Petronillam. Preter hec omnia concessimus ut fratres predicte Capelle faciant secari et fenari prata nostra suis sumptibus, et facto feno, exinde medietatem sibi retineant, nos vero alteram partem habebimus. Sic retractatum est in capitulo nostro et concessum, et causa firmitatis, tam sigillo nostro quam subscriptarum personarum subnotatione confirmatum. Hujus rei testes sunt : Raynaudus, prior ; Jacobus, prepositus ; Guyterus, capellanus ; Theobaudus, subprior ; Theobaudus, cantor ; Petrus, cellerarius ; Nicholaus, thesaurarius ; Petrus, elemosynarius. Actum est hoc anno ab Incarnatione Domini M° C° LXX° V°. — *Origin.*

25. — 1176 au plus tard.

Ego H., Trecensium comes palatinus, presentibus et futuris in perpetuum. Notum sit omnibus, pacem inter R., abbatem de Capella, et Albertum, canonicum nostrum, sic esse compositam, quod quandiu scisma duraverit, vel post scisma quandiu abbas justitiam tenere volet ubi debuerit, ecclesia de Capella quecumque tenuerat de ecclesia Virdunensi, decimam scilicet et census hominum et quod clamabat altare et terram, in pace tenebit, eo tenore quo tenuisse per annos X vel amplius, capitulo Virdunensi testante, cognoscetur; sin autem cognoscere voluerit, super magistrum G. erit. Itaque nec Albertus interim eis nociturus est, et si ipse vel alius contra eos agere presumet, ut pote pacis medius, defensorem et auxiliatorem fratribus de Capella me esse spondeo, et hoc sigilli mei auctoritate ratum esse decerno. Hujus rei testes sunt : magister G. ; et Guilelmus, cancellarius ; et Lambertus, canonicus. — *Cartul.* fol. 13 r°.

26. — 1177.

Ego Mattheus, Dei gratia Trecensis episcopus, presentibus et futuris notum fieri volo, quod Waucherus, filius Oliveri de Drognaio, in presentia nostra concessit ecclesie Sancte Marie de Capella extirpare quoddam nemus apud *Autignes,* sub certis metis... (Cfr. *supra* n. 21) ejusque redditus prefate ecclesie in eleemosyna deinceps libere possidendos promisit, veniensque cum matre et uxore super sanctum altare posuit. Sciendum quod Oliverus quidquid predicti nemoris extirpatum fuerat, uxore, filiis et filiabus laudantibus, pro anima sua donaverat ; sed et pratum ibi adjacens Waucherus liberum contulit. Insuper et libera pascua in nemore suo et in omnibus planis campis, tam porcis quam ceteris animalibus, permisit, excepto quod porci non ibunt in nemus tempore pasnagii. In Campania quoque, in finibus Sancti Audoeni et Sancti Stephani, vel ubicumque potestas ejus est, sive in nemore sive in plano, libera pascua per omnia concessit, ita tamen ut si sibi vel alicui suorum dampnum in pratis vel blavis intulerint, sine lege vel occasione ad probationem fidelium testium restituatur. Concessit etiam ut equitarius in nemore suo parcum equorum et logiam construat, et ad construendum vel operiendum logiam quercum et cetera ligna accipiat et ligna ad focum. Scire vero licet, quod sub hac conditione hec fecit, ut anniversarius dies pro anima patris et matris et sua annuatim in prefata ecclesia celebretur. Hujus rei testes sunt : Girardus, abbas Sancti Petri de Cella ; Guiterus, abbas Sancti Lupi ; Girardus, decanus ; Evrardus, sacerdos de Droia ; Johannes, sacerdos de Dronnayo ; Achardus, frater ejusdem Waucheri qui hoc laudavit ; Galterus de Submuro, hospes ejus ; Johannes, miles de Brandovillari ; Wilelmus, miles de Chaplena ; Thebaldus, miles de Sancto Leodegario. Actum est hoc in pala-

tio Trecensi anno Verbi Incarnati M° C° LXX° VII°.
— *Cartul*. fol. 19 r°.

26. — 1178.

In nomine Sancte et Individue Trinitatis. Ego Regnaudus, Dei patientia dictus abbas, et ceteri fratres de Capella, presentibus et futuris notum fieri volumus, quod ad sopiendam inter ecclesias Capelle et Sancte Marie de Rameruco discordiam, predicte ecclesie monachis vel eorum ministerialibus, assensu nostri et eorumdem capituli, in octavis sancti Remigii, in grangia de Mercureicurte, annuatim XXXVII sextarios bladi, medietatem laudabilis avene et aliam medietatem idonei frumenti ad mensuram Sancte Margarete reddere concessimus, ita quod si forte de ejusdem bladi qualitate questio emerserit, sub fide et testimonio quatuor bone opinionis hominum de *Chalchericort* remeliorari curabimus, et si super his dissenserint potiori ipsorum parti acquiescemus. Monachi vero de Rameruco unanimiter, intuitu pietatis et bono pacis, quidquid proprii juris in ecclesia et decimis ecclesie de *Chalchericort* et de *Jonchere* et eorum finibus tunc temporibus habebant, fratribus de Capella perpetuo possidendum, et quidquid exinde ab ipsis sub eorum nomine acquire poterit, concesserunt. Cirographi nostri munimen adnotavimus et sigillum domini Johannis, abbatis Belli Loci, et nostrum sigillum, et capituli Majoris Monasterii, in memoriali futuro apponere curavimus.

Hujus rei testes sunt : Gerbertus, tunc prior ; Dudo, Ancherus, Lambertus, Jocelinus, Theobaldus, sacerdotes et canonici de Capella ; Hugo de Jassenes ; Johannes, Sancti Stephani prior ; Guilelmus, de Orticulo prior ; Johannes, prepositus Sancte Marie de Rameruco, Majoris Monasterii monachi. Theodericus, de *Jonchre*; Petrus, de *Donnement*; Paganus, de *Jassenes*, sacerdotes. Girardus de Clareio, miles ; Warnerus de *Jonchre*, Theobaldus de Baleinicurte, Wiardus de *Jassenes*, et Nicholaus, famulus monachorum. Acta sunt hec per manum Gaufridi, tunc prioris de Rameruco. Anno Verbi Incarnati M° C° LXX° VIII°. — *Cyrographe origin.*

28. — 1182.

Ego Symon, dominus Belfortis, notum fieri volo omnibus presentibus et futuris, quod ecclesie Sancte Marie de Capella, ob remedium anime mee et parentum meorum, concessi duos campos filiorum Girberti quos abstuleram ab eis, liberos et absque redditu ; et censum terre et prati Obgeri ; et aquam sicut tenuerat usque ad filum de *Hert*. Hujus rei testes sunt : Guido, capellanus ; Lebaudus, miles ; Lambertus, prepositus. Actum est hoc anno Incarnati Verbi M° C° LXXX° secundo. — *Cartul.* fol. 5 v°. — *Origin.*

29. — 1182.

Ego Symon, dominus Bellifortis, notum facio tam presentibus quam futuris, quod ob remedium anime mee et antecessorum meorum dedi in eleemosynam ecclesie Sancte Marie de Capella et fratribus ibidem Deo servientibus grangiam de Flaceniis cum terris, pratis et pascuis adjacentibus, sicut integre possidebam ; et censum et terragium quod a predictis fratribus ejusdem ecclesie singulis annis in grangia sua de Autingiis accipiebam. De his autem omnibus ei qui forte calumpniam moverit, ego et successores mei plenam garentiam portabimus. Hoc totum laudavit Agnes, uxor mea, et dominus Hugo Brecarum, frater meus, in presentia domini *Manassey,* Trecensis episcopi ; ut autem firmum et inconcussum omni tempore permaneat, sigilli mei impressione munivi. Hujus rei testes sunt : Petrus, abbas Clarevallis ; Johannes, BelliLoci ; Theodoricus, de *Bullancurt* ; Arnulfus, de Nigella, abbates ; Stephanus, presbyter de Rameruco ; Drogo, capellanus curie ; Erardus, comes Brenensis ; Galterus de Cubitis, Petrus de *Montmiral,* Sarracenus de Planceyo, Gilbertus de Belo, Renaudus de Pogeyo, Martinus de Belloforti, milites, et plures alii. Actum est hoc anno Incarnati Verbi M° C° LXXX° II°. — *Cartul.* fol. 5 r°. — *Origin.*

30. — 1182.

In nomine Sancte et Individue Trinitatis. Ego Symon, dominus Bellifortis, notum facio tam presentibus quam futuris, quod ob remedium anime mee patris et matris mee omniumque predecessorum meorum concessi, laudavi et confirmavi ecclesie Sancte Dei Genitricis Marie de Capella et fratribus ibidem Deo servientibus grangiam de Autingiis, que vulgariter appellatur *la Loye*, una cum terris pratis et pascuis illi grangie adjacentibus. Insuper dedi predictis fratribus plenam libertatem, et ipsi vel ipsius grangie admodiatores poterunt in grangia nutrire et possidere cuncta animalia trahentia sive non trahentia ad aratrum; et libere et sine ulla coactione terragium quod ibi accipiebam percipere. Dedi etiam sextam partem totius grosse decime de Junquereyo et Autingiis et de Baleyo cum tractu ejusdem partis. Hec autem et bona voluntate et bono animo libere possidenda donavi. Hoc ipsum laudante Hugone, fratre meo, domino de Brecis, et postea succedente tempore, Felicitate, filia mea. Ut autem hec rata et inconcussa permaneant, testibus annotatis, sigillo meo munivi. Hii vero sunt testes : Petrus, abbas Clarevallis ; Theodericus, de *Bulencurt* ; Johannes, Belliloci ; Lambertus, de Septemfontibus ; Arnulphus, de Nigella, abbates. Erardus, comes Brenensis ; Martinus de Belloforti, miles. Actum est hoc anno ab Incarnatione Domini M° C° LXXX° secundo, Philippo, rege Francorum regnante; Manasse, Trecensium episcopo existente. — *Faux original imitant l'écriture du* XII° *siècle.*

31. — 1182.

Ego Symon, dominus Bellifortis, notum facio tam presentibus quam futuris, quod ob remedium anime mee et antecessorum meorum dedi in eleemosynam ecclesie Sancte Marie de Capella et fratribus ibidem Deo servientibus grangiam de Vacharia, in finibus Longeville situatam, cum terris pratis et aquis adjacentibus, sicut integre possidebam, sub certis metis determinatis, videlicet, a grangia descendentes secus fluvium Verie, et inde usque ad pascua, et secus eadem pascua ascendentes secus sylvam que vocatur *le Bochet* per serta Mayberti Odonis ad Tassunerias; inde ad sartum Ugerii per campum David et campum de *Forchemont* descendentes per rivulum de *Sochet*, et inde ascendentes secus grandem viam usque ad Altum Gouletum et descendentes ad filum Verie. De hiis autem omnibus si quis forte calumpniam moverit, ego et successores mei plenam garantiam portabimus. Hoc totum laudavit uxor mea Agnes, et dominus Hugo Brecarum, frater meus, in presentia domini *Manassey*, Trecensis episcopi. Ut autem hoc firmum et inconcussum omni tempore permaneat sigilli nostri impressione munivi. Hujus rei testes sunt : Petrus, abbas Clarevallis ; Johannes, Belli Loci ; Theodericus, de *Borlancurt;* Arnulphus, de Nigella, abbates; Stephanus, presbyter de Rameruco ; Erardus, comes Brenensis, et plures alii. Actum est hoc anno Incarnati Verbi M° C° LXXX° secundo, regnante Philippo rege. — *Faux original imitant l'écriture du* XIIe *siècle.*

32. — 1184.

In nomine Sancte et Individue Trinitatis. Ego Symon, dominus Bellifortis, notum facio tam presentibus quam futuris, quod ob remedium anime mee patrisque et matris mee omnium quoque predecessorum meorum, concessi laudavi et confirmavi ecclesie Sancte Dei Genitricis Marie de Capella quecumque ab eisdem predecessoribus, ecclesie predicte tradita fuerunt, videlicet terram in qua ecclesia fundata est cum appendiciis suis liberam. Preterea quecumque accrevi eis, libera. Que etiam ad pacem fratrum futuram certis metis et terminis annotari et terminari volui, isti vero sunt termini : tota aqua Verie a summitate veteris gardini usque ad torrentem de *Hart* ubi cadit in Veriam ; et inde usque ad pontem ejusdem torrentis de *Hart ;* de ponte vero sicut grandis via per campum *Wiot* dirigitur ad Flacengiis : infra terminos istos usque ad rivum Verie quidquid continetur, sive nemus sive prata, omnia dedi libera, ita ut nullus infra terminos istos vel terram colere vel nemus extirpare vel incidere vel in aqua piscari sine abbatis vel fratrum licentia presumat. Usuaria quoque in omnibus nemoribus usualibus terre Belfortis ecclesie predicte et grangiis que ad terram Bellifortis pertinent, ad quecumque necessaria fuerint ; insuper usuaria, tam porcis quam aliis animalibus, dedi libera. Dedi etiam apud Sanctam Petronillam terragium quod ibi accipiebam. Apud *Mercuricurth* vineam et terram Girberti et ce-

teros campos quotquot possidebant. Dedi etiam ter
ragium de *Otinges*, quod michi predicta ecclesia reddere solebat. Die illo in quo eleemosynam illam feci
dedi etiam grangiam de Flaceniis cum appendiciis
suis, videlicet terram et prata, plenarie, sicut ego
illam tenebam in manu mea, die illa. Dedi etiam
census quos accipiebam tunc temporis in pratis grangie de Autingis. Dedi etiam aquam meam que est a
veteri gardino usque ad tertiam partem prati Regnodi. Hec omnia bona voluntate et bono animo
libere possidenda donavi, hoc ipsum laudante Hugone, fratre meo, domino de Brecis, et postea, succedente tempore, Felicitate, filia mea. Ut autem hec
rata et inconcussa permaneant, testibus annotatis,
sigillo meo munivi. Hii vero sunt testes : Lambertus, abbas de Septemfontibus ; Drogo, capellanus ;
Martinus, miles, filius Lamberti ; Hugo de Sartis ;
Paganus de Esclantia ; Temerus Asinus, Gubertus de
Chavangis. Notandum preterea quod renovata est
hec carta pro eo quod homines mei usuarium se habere in nemoribus predicte ecclesie dicebant. Actum
est hoc anno ab Incarnatione Domini M° C° LXXX°
IIII°, regnante Philippo rege, Manasse episcopo Trecensi. — *Cartul.* fol. 3 v°. — *Origin.*

33. — 1184.

Ego Manasses, Trecensis episcopus, dignum duxi
presentibus et futuris notum fieri, quod Hugo, miles
de *Manicurt,* assensu Hawidis, uxoris sue, Girardi

quoque et Witeri aliorumque liberorum ejus, ob remedium anime sue patris etiam et matris sue, quidquid habebat hereditario jure in terragiis de *Donomand* ecclesie de Capella libere et perpetuo possidendum in elemosinam contulit, et in presentia nostra, predicta conjuge sua et liberis suis astantibus et laudantibus, recognoscens se ubique debitam exhibiturum guarantiam compromisit. Quia vero officii nostri est jura ecclesiarum conservare, et eleemosynarum largitiones auctoritatis nostre munimine corroborare, hoc ipsum, ad utriusque partis petitionem, presenti scripto communimus, et in memoriale eternum sigilli nostri impressione confirmamus. Hujus rei testes sunt : Johannes, abbas Belli Loci; Garnerus, sacerdos Belli Loci; Galterus et Herbertus, archidiaconi ; Willelmus, capellanus noster; et Theobaldus, presbiter de *Mannicurt ;* Girardus quoque, tunc decanus Sancte Margarete ; Galgerus de *Droonai* et Achardus, frater ejus ; Theobaldus etiam de Pugeio, milites. Actum est hoc anno Incarnati Verbi M° C° LXXX° IIII°. — *Cartul.* fol. 14 v°. — *Origin.*

34. — 1189.

Notum sit tam presentibus quam futuris, quod ego Walterus, dominus *d'Arzillieres,* terragium quod habebam in grangia Beate Virginis Marie de Capella, que dicitur Bovaria, pro remedio anime mee et uxoris et parentum meorum in eleemosynam contuli, laudante hoc uxore mea Isabel, et fratribus meis Willermo et Henrico laudantibus. Hujus rei testes sunt : Girardus, sacerdos de Gigneio ; et Stephanus, sacerdos, natus de Junquereio ; et magister Adam *d'Arzillieres*; et Odo Prointellus, miles ; et Laurentius, prepositus *d'Arzillieres*. Actum est hoc anno Verbi Incarnati M° C° LXXX° VIIII°. — *Origin. scellé.*

35. — 1189.

Ego Manasses, Trecensis episcopus, dignum duxi presentibus et futuris notum fieri, quod Petrus, miles de Valentiniaco, assensu fratrum suorum et sororum suarum, scilicet Girardi, et Nevoli, et Emeline, et aliorum juniorum fratrum, scilicet Theobaldi et Wilelmi, dedit ecclesie Sancte Marie de Capella in elemosinam terragium, quod hereditario jure possidebat apud Sanctam Petronillam, et pro quadam sorore sua, facta ibi conversa. Quia vero officii nostri est ecclesiarum jura confirmare, et eleemosynarum largitiones auctoritatis nostre munimine corroborare, hoc ipsum, ad utriusque partis petitionem, presenti scripto communimus, et in memoriale eternum sigilli nostri impressione confirmamus. Hujus rei testes sunt : Nevolus, Theobaldus, et Achardus, et Guido, fratres, milites de Pineio, patrui ejusdem converse ; et Garnerus, archidiaconus ; et Gaucherus, dominus de *Droonai ;* et Achardus, frater ejus, de Sancto Audoeno ; et Petrus de *Joncherei.* Actum est hoc anno Incarnati Verbi M° C° LXXX° VIIII°.— *Origin.*

36. — Vers 1189.

Ego Hugo, Registensis comes et Bellifortis dominus, presentibus et futuris notum facio, quod Walterus, dominus de Ardilleriis, et *Elizabeth*, uxor ejus, et fratres ejusdem Walteri Villelmus *Seiliez* et Hanricus, ob remedium anime sue et predecessorum suorum, laudante illustri viro Symone, domino Bellifortis, ecclesie Beate Marie de Capella in eleemosynam contulerunt quidquid terragii habebant in grangia predicte abbacie que dicitur Bovaria. Quod, quia de feodo Bellifortis fuerat, ego et Felicitas, uxor mea, approbantes laudamus et impressione sigilli nostri in robur perpetuum confirmamus. Hujus rei testes sunt : Odardus, Martinus, Petrus de *Bore* et Galterus frater ejus, Galterus de *Pierrepont*, militis, et Poncius et Petrus Jaius. — *Origin.*

57. — 1193.

Garnerius, Dei permissione Trecensis episcopus, omnibus ad quos littere iste pervenerint, in Domino salutem. Noverit universitas vestra, quod nos abbati et fratribus in ecclesia de Capella Deo servientibus concedimus imperpetuum et pacifice possidendum quicquid predecessores nostri eisdem in ecclesiis de *Rambercort* et de *Chachericort* concesserunt. Addimus... Johannes in predictis ecclesiis percipere consueverat quamdam pansionem annuatim.. a pansione illa, de manu ipsius Johannis in manu nostra resignata, dictas ecclesias omnibus modis absolventes. Quod, ut ratum et immutabile perseveret, presentes litteras sigilli nostri patrocinio confirmamus. Datum Trecis, anno Domini M° C° XC° tertio. *Pièce produite dans un procès au XVII° siècle (Archiv. de la Haute-Marne).*

38. — 1194.

Ego Guido, dominus de Donno Petro, presentibus et futuris notum facio me ecclesie Beate Marie de Capella, ob remedium anime mee et predecessorum meorum, CC libras in perpetuam contulisse eleemosynam. Venerabilis dominus abbas de Capella et ejusdem ecclesie fratres pro collata sibi eleemosyna grangiam suam de Vallecomitis usque ad terminum vite mee habendam concesserunt, tali conditione, quod post decessum meum, ipsa grangia, cum rebus et possessionibus que ibi fuerint, vel que ibidem acquirere potero, ad ecclesiam prefatam libere revertentur. Concesserunt etiam michi, quod quandiu vita michi comes fuerit, in eadem ecclesia de Spiritu Sancto singulis diebus, et post decessum meum missa pro Fidelibus, celebrabitur. Et ne aliquis huic constitutioni contraire presumat, presentem paginam sigilli mei munimine roboravi. Auctum publice, Maria Campanie comitissa existente et laudante, anno Verbi Incarnati M° C° nonagesimo quarto. — *Origin.*

39. — 1194.

Ego Maria, Trecensis comitissa, notum facio presentibus et futuris, quod abbas et conventus Capelle grangiam suam de Vallecomitis cum omnibus ejus pertinentiis Guidoni de Dompetra, omnibus diebus vite ejusdem Guidonis tenendam, pacifice et libere concesserunt, tali conditione... (*ut supra*, n. 38). Quod ut notum permaneat, ad petitionem dictorum fratrum, sigilli mei testimonio confirmavi. Actum anno Incarnati Verbi M° C° nonagesimo quarto. Datum per manum Galteri, cancellarii. Nota Theoderici.. Barrensis. — *Origin.*

40. — Décembre 1199.

Petrus, permissione divina S. Marie in Via Lata diaconus cardinalis, Apostolice Sedis legatus, omnibus... Noverit universitas vestra, quod, cum inter Cluniacensis et Premonstratensis abbates super ecclesie de Capella grangiis et aliis pertinentiis ejus contentio verteretur, tandem, mediante sollicitudine venerabilis fratris nostri Anselmi, Meldensis episcopi; Petri, S. Benigni Divionensis; et Johannis, S. Bartholomei Noviomensis, abbatum, quos eis concesseramus auditores amicabiles, inter eos compositio et transactio intervenit. Forma autem compositionis et transactionis hec est : dominus siquidem Petrus, venerabilis abbas Premonstratensis, de voluntate et consilio fratrum et coabbatum suorum O., Sancti

Martini Laudunensis; Wilelmi, Cuissiaci ; et Johannis, Floreffie, abbatum, laude et assensu venerabilis fratris nostri Garnerii, Trecensis episcopi, dedit concessit et tradidit imperpetuum dicto monasterio grangiam S. Petronille cum omnibus pertinentiis suis rebus et ustensilibus que erant in ea ; ecclesiam parochialem de Aremberticurte et de Charchericurte, et quicquid domus de Capella habebat in eisdem villis tam in temporalibus quam in spiritualibus ; grangiam quoque de Mercuriicurte cum omnibus ad eam pertinentibus, de quibus omnibus idem Premonstratensis abbas fecit refutationem omnis cessionis et juris quod ipse vel successores ejus, vel aliquis alius nomine Capelle, Belli Loci, vel Premonstratensis ullo tempore habere possent in eis. Que omnia laudari et rata haberi faciet ab abbate et conventu Capelle, quando ibi fuerint, et a conventu, et a generali capitulo abbatum Premonstratensium ; et super his litteras ipsorum et suas, sigillatas, eidem monasterio Cluniacensi dari et instrumenta ei tradi et consignari, si qua domus de Capella habet, super predictis possessionibus et earum appenditiis Cluniacensi monasterio traditis et concessis. Dominus autem Hugo, Cluniacensis abbas, de consilio fratrum suorum qui cum eo erant fecit omnem refutationem de predicta Capella et residuis appenditiis ejus, rebus et ustensilibus earum, si qua tempore facte compositionis erant in eis, exceptis grangiis prefatis et earum pertinentiis, que idem Premonstratensis abbas Cluniacensi monasterio tradidit et concessit. Quam Capellam cum animalibus ejus, si qua in potestate Cluniaci tempore facte compositionis et transactionis erant, idem abbas Cluniacensis reddet Premonstratensi abbati liberam ab omni debito quod a fratribus suis priore et monachis S. Margarite requirebatur usque ad diem prefate compositionis, nomine Capelle vel grangiarum ejus, et remisit ei quicquid nomine expensarum que sui fecerant sive alio modo occasione Capelle vel grangiarum ejus. Ad multam quoque predictorum auditorum instantiam pro bono pacis recipiet in domibus Cluniacensibus omnes sorores prefate Capelle, licet hoc ei esse videretur grave admodum et molestum. Et hanc compositionem et transactionem autoritate legationis qua fungimur confirmamus et presentis scripti patrocinio communimus. Nulli ergo omnino hominum liceat hanc paginam nostram confirmationis infringere vel ei ausu temerario contraire. Si quis autem hoc attemptare presumpserit indignationem omnipotentis Dei et BB. Petri et Pauli, apostolorum ejus, se noverit incursurum. Datum apud Divionem, anno Incarnati Verbi M° C° XC° nono, IIII idus decembris. — *Pièce produite dans un procès au XVII° siècle (Archiv. de l'Aube, lias. G. 540).*

41. — 1205, 24 janvier.

« Innocentius... Archiepiscopis, episcopis... » en faveur des abbayes de l'Ordre de Prémontré. Le

Pape ordonne de mettre en interdit tous les lieux ou demeureront les violateurs et les envahisseurs des biens de l'Ordre, jusqu'à restitution ; il règle la manière de procéder contre ceux qui auront commis quelque violence contre les abbés ou les religieux. « Datum Rome, apud Sanctum Petrum, IX kal. februarii pontificatus nostri anno VII. » — *Origin. scellé.*

42. — 1206.

Ego Ogerus, dominus de Sancto Carauno, notum facio presentibus et futuris, quod cum venerabilis pater Giroudus, abbas Belli Loci, provisor ecclesie de Capella et omnes fratres ejusdem Capelle de communi eorum assensu et de voluntate domini Roberti, Premonstratensis abbatis, patris totius ordinis, de consilio etiam de Cartovoro et de Moncellis abbatum, ei in hoc assistentium, dedissent mihi et heredibus meis in perpetuum grangiam suam de Chamoya cum appendiciis suis : ego, de laudatione filii mei Ogeri, et filie mee in recompensationem, et etiam ob salutem anime mee et antecessorum meorum, concessi et donavi ecclesie de Capella in perpetuum quartam partem totius decime bladi de Sancto Carauno libere et sine exactione vel diminutione aliqua posidendam, ita quod fratres Capelle plenum habeant dominum in hac quarta parte, videlicet ut eam, si velint, trahant in suis evectionibus et expensis, et sibi omnia retineant bladum stramen et paleam ; vel quod eamdem partem, quando voluerint et sicut eis placuerit, trahi faciant et eam ammodient ad beneplacitum suum omnino cum integra et plenaria potestate dimittendi aliis vel sibi retinendi bladum stramen vel paleam, sicut eis placuerit. Hanc autem commutationem filii ejusdem, Ogerus nomine, et filia ipsius, laudantes gratam habuerunt et ratam. Ipsi autem fratres me ipsum tanquam familiarem Ordinis in suis orationibus receperunt. Ne autem in posterum questio oriatur, que sint appendicia grangie ea lucidius exprimere curavimus, videlicet molendinum, quod juris eorum esse dignoscebatur ; duo sextaria avene apud *Braibant* ; necnon et terras de *Corboil* ; et omnes terras cultas et incultas, admodiatas vel non, appendicia vocamus. Annectimus etiam quod predictus Ogerus quictabit universos redditus vel census quos sepedicta grangia debebat. In cujus rei testimonium presentes litteras eidem Capelle tradi volui, sigilli mei testimonio roboratas. Actum anno domini M°CC°VI°. — *Cartul*. fol. 7 v°. — *Origin*.

43. — 1206.

Girardus, Deo misericorditer sustinente Cathalaunensis episcopus, universis presentes litteras inspecturis notum facimus, quod nos, qui specialiter ordinem Premonstratensem diligimus et Capelle paupertati compatimur, ipsam concessionem dicte portionis decimarum (de S. Carauno, *cfr. supra n*. 42.) factam predicte ecclesie, gratam habentes et ratam, ipsam a manu laica sequestratam et ecclesie gaudemus esse collatam. — In cujus rei memoriam presentes litteras eidem Capelle tradi volui, sigilli mei testimonio roboratas. Actum anno Domini M° CC° sexto. — *Cartul.* fol. 8 r°. — *Origin.* — *Copie authentique, scellée du sceau de la prévôté de Soulaines le 20 octobre* 1477.

44. — 1219.

Ego Oliverus, dominus de Dronnayo, notum facio omnibus presentes litteras inspecturis, quod cum ego traherem in causam abbatem et conventum ecclesie Sancte Marie de Capella ad Planchas coram viris venerabilibus Willermo, priore Sancte Margarete, quondam abbate Cluniacensi; Albrico, priore de Ronnayo; et Nicholao, decano Sancte Margarete, judicibus a domino Papa delegatis, super dimidio modio bladi, quem dicta ecclesia debet michi et coheredibus meis annuatim pro domo de Vallecomitis, qui etiam, sicut asserebam, non fuit persolutus quandiu dominus Guido de Dompetra predictam domum de Vallecomitis tenuit in manu sua; et super mediate furni de Sancto Audoeno, que est de feodo et heredite mea, quam dictam medietatem prefatam ecclesiam occupasse sine assensu meo; et super terragio de Saltibus apud *Antignes*; et super dampnis ratione fructuum ex prelibatis omnibus perceptorum habitis. De prudentum virorum consilio, *Aaliz*, uxore mea, filiis et filiabus meis consentientibus et laudantibus, omnia suprapetita, excepto dicto modio bladi, supradicte ecclesie Beate Marie de Capella ad Planchas in eleemosinam tradidi liberaliter et concessi, et litteris super hoc a me a domino Papa impetratis penitus renunciavi. Quod ut ratum et firmum permaneat presentem paginam sigillo meo volui sigillari. Actum anno gratie M° CC° XIX. — *Cartul.* fol. 11 v°. — *Origin.*

45. — 1219.

Willermus, prior Sancte Margarete, quondam abbas Cluniacensis; Albricus, prior de Ronnaio; et Nicholaus, decanus Sancte Margarete, omnibus ad quos littere presentes pervenerint, salutem in Domino. Noverit universitas vestra, quod cum causa verteretur coram nobis auctoritate Apostolica inter abbatem Beate Marie de Capella ad Planchas ex una parte, et Oliverum, dominum de Dronnayo, ex altera : tandem de consilio virorum discretorum compositum est inter eos sub hac forma :

Ego Oliverus... (*ut supra n. 44*).

Nos autem, ad petitionem utrisque partis, compositionem istam sigillorum nostrorum munimine roborantes, auctoritate qua fungebamur in hac parte confirmavimus ; et quia ego Albricus, prior de Ronnayo, sigillum non habebam, sigillum abbatis monasterii Dervensis presentibus litteris apposui. — *Cartul.* fol. 12 r°. — *Origin.*

46. — Mai 1233.

Ego Gaufridus, dominus de Dawileio, notum facio omnibus presentes litteras inspecturis, quod cum ego peterem ab abbate et conventu de Capella ad Planchas octavam partem omnium possessionum pertinentium ad abbatiam de Capella, videlicet in terris, nemoribus, pratis, aquis, piscationibus, pascuis et rebus aliis, totamque grangiam ipsorum de Flacigneis cum omnibus pertinentiis suis et etiam tres partes omnium possessionum pertinentium ad grangiam ipsorum, que dicitur Vacheria, dicens hec omnia ad me jure hereditario pertinere : ego, laude et assensu *Alienor*, uxoris mee, et Guillelmi, filii mei, militis, dedi concessi et quictavi predictis abbati et conventui quidquid juris habebam vel habere poteram in predictis, ita quod omnia supradicta dicti abbas et conventus sine aliqua exactione, redditu, censu et consuetudine in perpetuum possidebunt pacifice, nec aliquis heredum meorum de cetero poterit in rebus supradictis aliquid reclamare. Preterea volui et concessi quod quecumque predicti abbas et conventus possident in castellaria Bellifortis et territorio Longeville ea de cetero possideam quiete. Omnia vero supradicta laudaverunt quictaverunt et concesserunt predictis abbati et conventui *Alienor*, uxor mea, et Guilermus, filius meus, miles. Promisimus etiam ego et prefati uxor mea et Guillermus, corporali prestito sacramento, quod nunquam de cetero super rebus predictis prefatos abbatem et conventum inquietabimus, et quod nunquam de cetero veniemus, nec aliquem venire faciemus contra predictum instrumentium. Ut autem omnia supra scripta firmiter et fideliter observentur, ego et *Alienor*, uxor mea, presentem paginam sigillorum nostrorum munimine fecimus roborari. Actum anno Domini M° CC° XXX° tertio, mense maio. — *Cartul.* fol. 6 v°. — *Origin.*

47. — 16 avril 1234.

Nos N., miseratione divina Trecensis ecclesie minister humilis, notum facimus presentibus et futuris, quod cum nos saisiri fecissemus decimas novalium sitorum infra fines parochie de Jonquereio, de *Otignes* et de *Bali,* quas dilecti in Xpristo filii fratres ecclesiarum de Bello Loco et de Capella ad Planchas, sicut intelleximus, colligi fecerant absque nostro aut predecessorum nostrorum assensu, tandem considerata paupertate dictarum ecclesiarum, decimas supradictas concessimus in perpetuum habendas ecclesiis memoratis, volentes ut dicti fratres eamdem decime portionem percipiant annuatim in novalibus jam factis et de cetero faciendis quam in alia decima perceperunt et percipiunt ab antiquo. Quod ut ratum permaneat atque firmum presentes litteras sigilli nostri patrocinio duximus roborandas. Actum anno Domini M° CC° XXXIV°, die dominica in Ramis Palmarum. — *Cartul.* fol. 26 r°. — *Origin.*

48. — Décembre 1240.

N., miseratione divina Trecensis ecclesie minister humilis, omnibus presentes litteras inspecturis, in Domino salutem. Noverint universi quod cum ecclesia Belli Loci et ecclesia de Capella ad Planchas, Premonstratensis Ordinis, nostre diocesis, perciperent et haberent et adhuc habeant tertiam partem in grossa decima de Junquereio, de *Ottignes* et de Baaliaco ; et Jacobus, presbiter dictarum villarum, moveret questionem contra abbates et conventus dictarum ecclesiarum super decimis novalium et reportagiis dictarum villarum ; tandem pro bono pacis super premissis fuit in nos a partibus compromissum, nos autem, rationibus utriusque partis auditis, de bonorum virorum consilio, super premissis de consensu partium statuimus et ordinamus in hunc modum, videlicet, quod predicte ecclesie in novalibus tam factis quam in perpetuum faciendis in finagiis predictarum villarum, et etiam in reportagiis, tertiam partem in perpetuum omnino percipient et habebunt. Insuper statuimus et ordinamus, quod abbas et conventus de Capella de omnibus terris, quas usque ad diem confectionis presentium litterarum in finagiis dictarum villarum acquisierant, presbitero ipsarum villarum vel ejus successoribus nullam decimam solvere tenebuntur ; hoc salvo, quod de terris de cetero acquirendis in finagiis supradictis persolvent debitam decimam presbitero memorato et successoribus ejusdem. Predictus vero presbiter et successores ipsius, in recompensationem predictorum, in perpetuum percipient annuatim in parte decime ecclesiarum predictarum in grangia decimaria apud *Otignes* IV sextarios frumenti et totidem avene ad mensuram de *Otignes*. In cujus rei testimonium presentes litteras sigilli nostri munimine fecimus communiri. Actum anno Domini M° CC° XL°, mense decembri. — *Cartul.* fol. 28 v°. — *Origin.*

49. — Juillet 1243.

Ego Felicitas, domina Bellifortis, dicta comitissa Regitestensis, notum facio universis presentes litteras inspecturis, quod cum discordia moveretur inter me ex una parte, et abbatem et fratres de Capella ex altera, super quadam haia, que dicitur Haia de *Cretiel*, quam dicebant dicti abbas et fratres esse sitam infra terminos suos super usuariis nemorum usualium terre Bellifortis, et pasturis porcorum in tempore pasnagii : tandem de consilio bonorum, consensu mutuo, pro bono pacis, ita convenit inter nos, quod supradicti abbas et fratres dictam haiam de cetero libere habebunt, ita quod eamdem haiam extirpare poterunt et ad terram arabilem reducere, vel ad nemus retinere, vel de ea facere quicquid sibi melius viderit expedire. Habebunt etiam dicti fratres usuaria in omnibus nemoribus usualibus terre Bellifortis, excepta quercu. In qua post decessum meum idem jus habebunt quod habebant tempore confectionis presentium litterarum ; in tempore pasnagii, quolibet anno, libere habebunt quinquaginta porcos, videlicet a festo sancti Remigii usque ad Purificationem Beate Marie Virginis. Ut hec rata et firma permaneant in perpetuum, presentes litteras sigilli mei munimine roboravi. Actum anno Domini M° CC° XL° tercio, mense julii. — *Cartul.* fol. 4 v°. — *Origin.; sceau brisé.* — *Copie authentique du 24 novembre* 1494..

50. — Février 1244 (*v. st.*).

Ego Oliverus, dominus de Drosnaio, notum facio universis presentes litteras inspecturis, quod ego ob remedium anime mee parentumque meorum do et confirmo in puram et perpetuam eleemosynam fratribus ecclesie de Capella ad Planchas usuarium in toto nemore meo quod dicitur *Vieleprée*, pro grangia ipsorum que dicitur Loia juxta *Autignes*, quantum et quotiens singulis diebus unius quadrige vel unius currus vectura advehere poterunt in eadem, hoc excepto, quod quercubus non utentur. Et hoc ipsum laudaverunt Henricus et Guillermus, filii mei, qui mecum in dicta ecclesia sepulturam suam devote et humiliter elegerunt. In cujus rei testimonium presentes litteras eis tradidi, sigilli mei munimine roboratas. Actum est hoc anno Domini M° CC° XL° IIII°, mense februarii. — *Cartul.* fol. 11 r°. — *Origin. scellé.*— *Copie authent. du* 29 *décembre* 1506.

51. — 9 juillet 1246.

Omnibus presentes litteras inspecturis magister Johannes, officialis Trecensis, salutem in Domino. Noveritis quod in nostra presentia constitutus Martinus, clericus, dictus Pelliparius, spontanea voluntate sua quitavit coram nobis in perpetuum et absolvit viros religiosos abbatem et conventum de Capella ad Planchas de omnibus debitis querelis et actionibus quibuscumque, in quibus dicti abbas et conventus eidem Martino tenebantur et quas actiones vel querellas ipse Martinus erga ipsos habebat et habere poterat omnibus modis et commodis a retroactis temporibus usque ad diem confectionis presentium litterarum ; promittens idem Martinus per sacramentum suum quod contra hec nunquam per se vel per alium veniet in futurum aliquo modo, seu aliqua ratione, vel occasione. Dictus vero abbas coram nobis pro dicta quictatione dedit dicto Martino viginti solidos Pruvinensium in pecunia numerata. In cujus rei testimonium presentibus litteris, ad petitionem dicti Martini, sigillum curie Trecensis duximus apponendum. Actum anno Domini M° CC° XL° sexto, die lune post quindenam Nativitatis beati Johannis Baptiste. — *Origin*.

52. — Mai 1247.

Nicholaus, miseratione divina Trecensis ecclesie minister humilis, omnibus presentes litteras inspecturis, salutem in Domino sempiternam. Noverit universitas vestra quod in nostra presentia constitutus Johannes de Belloforti, armiger, dictus *Blanche Coile*, anime sue saluti cupiens salubriter providere, dedit et concessit, laude et assensu Ermengardis, ejus uxoris, ob remedium anime sue et antecessorum suorum in puram et perpetuam elemosinam abbati et conventui de Capella ad Planchas quidquid habebat et habere poterat et debebat, quocumque modo, in grossis decimis de Tasneriis et de *Labrau;* et decem sextaria bladi annui redditus, videlicet septem sextaria frumenti et tria ordei ad mensuram Belfortis, que decem sextaria bladi dominus Johannes percipere ab antiquo consueverat in grossa decima de Chavaingiis. Promiserunt etiam dicti Johannes et Ermengardis, fide sua in manu nostra corporaliter prestita, quod contra dictam donationem et concessionem per se vel per alium non venient in futurum, concedentes quod nos excommunicemus ipsos, ubicumque fuerint, si contra predicta in aliquo venire presumpserint, se quantum ad hoc nostre jurisdictioni supponentes spontanea voluntate. Nos autem, donationem predictam approbantes, presentes litteras abbati dicti loci, ad requisitionem predictorum Johannis et Ermengardis, tradidimus sigilli nostri munimine roboratas, sine prejudicio juris alieni. Actum anno Domini M° CC° XL° VII°, mense maio. — *Cartul.* fol. 14 r°. — *Origin.*

53. — 22 juillet 1247.

Nos Guillaumes, cuens de Flandres, sires de Dampierre, faisons savoir a touz ces qui ces presantes lettres verront, que Jehans, escuiers de Biaufort, appelez au sorenon Blainchecoil, fu establiz an notre presence et donna an aumone à l'eiglise de la Chapelle aux Plainches la quarte partie dou gros deime de Tainieres ; et la quarte partie dou gros deime de Labrau ; et dis sentiers de blé, ce est asavoir set setiers de fromant et trois setiers d'orge qui sunt ou gros deime de Chavanges a la mesure de Biaufort, lesquelles choses il tenait de notre fié. Et comme il ne puisse ices choses donneir an aumone a la devandite eiglise sanz notre consantement, nos regardanz la povrete de l'église, otroiames la devant dite aumone, se li rois de Navarre l'octroie, la quel chose si il ne l'octroie, nos vouriens que la devant dite aumone fut nule. Et por ce que cete chose soit ferme et establie nos avons confermé cete chartre de notre séel. Et ce fu fait en l'an de l'Incarnation Nostre Seignor mil et II canz et quarante VII. La quex chose fu donnée a Saint Dizier le jor de la Madeleine ou mois de juilet. — *Cartul.* fol. 13 v°. — *Origin.*

54. — Février 1247. — Septembre 1287.

Omnibus presentes litteras inspecturis, frater Guillelmus, divina permissione monasterii Dervensis, Cathalaunensis diocesis, abbas humilis, et Johannes, decanus xpistianitatis Sancte Margarete, Trecensis diocesis, salutem in Domino. Noverint universi nos vidisse litteras religiosorum virorum fratris H., abbatis de Bullencuria, totiusque conventus ejusdem loci non abolitas, non cancellatas nec in aliqua sui parte viciatas et legisse in hec verba :

Universis Xpisti fidelibus presentes litteras inspecturis frater H., dictus abbas, et conventus Bullencurie, salutem in Domino. Noveritis quod nos, utilitate domus nostre pensata, benigne concessimus viris religiosis abbati et conventui de Capella ad Planchas quidquid habebamus in terragiis de Junquereio et in terragio quod dicitur Beate Marie ; insuper unum sextarium avene super oschiam que dicitur *La Vougelle.* In quorum omnium recompensationem prefati abbas et conventus de Capella concorditer et unanimi voluntate nobis concesserunt et dederunt portionem illam quam habebant in molendino sito super fluvium de Sublanis, que vulgariter appellatur molendinum Evrardi, jure perpetuo possidendum. Hoc adjuncto, quod nos quatuor denarios censuales, quos nobis annuatim debebant prefati abbas et conventus de Capella ratione supradicti molendini, eisdem remittimus et quittamus. In cujus rei testimonium presentes litteras sigilli nostri munimine duximus roborandas. Actum anno Domini M° CC° XL° septimo, mense februario. Nos vero predicti abbas de monasterio Dervensi, et Johannes, decanus xpistianitatis predicte, in hujus inspectionis testimonium, huic presenti transcripto sigille nostra duximus apponenda. Datum anno Domini M° CC° LXXX° septimo, mense septembri. — *Cartul.* fol. 10 r°. — *Origin.*

55. — 15 avril 1257.

Nous Thiebauz, par la grâce de Dieu roy de Navarre, de Champaigne et de Brie cuens palazins, faisons a savoir a touz ceus qui sont et seront que cum Jehanz de Biaufort, escuiers, diz Blanchecoille, eust donné ca an arriers an aumosne à l'eglise de la Chapele au Planches la quarte partie dou gros deimes de Chavanges à la mesure de Biaufort, les queus choses il tenoit de fié dou comte de Flandres, et Guillaumes, cuens de Flandres ca an arriers, otroiat à cele eglise le doin de ces choses se nous l'otroiens ; si com nous avons vueus ces choses es letres que la dite eglise a dou dit comte Guillaumes, nous, en remission de nos meffaiz et de nos devanciers seignors de Champaigne a la dite eglise, pour don e an aumosne loons et octroions à la dite eglise le doin des choses devan dites. Au tesmoien et an confermament de ces choses nous avons fait séeler ces présentes lettres de notre séel. Ce fut fait par nous à Dameri le jour de Paques Closes an lan Notre Seigneor M° CC° L° set. — *Origin.*

56. — 21 avril 1254. — Appointement par l'official de Troyes. L'Abbaye de la Chapelle-aux-Planches, décimatrice pour un tiers sur le territoire de Saint-Ouen, prétendait avoir droit de nommer un batteur pour veiller à ses intérêts dans

la grange aux dîmes et recevoir le serment des deux autres batteurs nommés par le prieur de Bailly ; ledit prieur niant ce droit, l'official donne jour pour entendre les parties, le mardi après le dimanche *Misericordia.* — « Actum anno Domini M° CC° L° quarto, die martis precedentis. » — *Origin.*

57. — Avril 1258.

Je Jehans, chastelains de Noion et de Torote, faiz savoir a taus chaus qui verront ces presentes lettres, que Jehans de Torote, sire de Biaufort, mes frex, en remède de s'ame et de ses ancessors, a la fin de sa vie laissa et donna en aumosne perpetuaument au couvent de la Chapele as Planches chinquante sols de provenisiens fors, à panre chascun an perpetualment en non de pitance au jour de son anniversaire, a la feste de la Nativité de Saint-Jehan Bautiste, au paaige de Val Bainstor. Et se il avenoit en aucun tans que li dis paaiges ne vausist la dite aumosne on les penroit es autres issues de la devant dite vile. Et pour ce que ce soit ferme chose et estable je ai ces presentes lettres séellées de mon séel, lesquelles furent faites en l'an de grâce mil deus cens et chinquante huit, ou mois d'avril. — *Origin.*

58. — 16 mai 1257. — Foulques, abbé, et le couvent de la Chapelle-aux-Planches, reconnaissent qu'ils doivent chaque année célébrer le 7 juin une messe solennelle de *Requiem*, pour le repos de l'âme de Thibaut IV. Ils célébreront pour Thibaut, son fils, une messe du Saint-Esprit le 6 décembre de chaque année, pendant la vie dudit Thibaut ;

et après sa mort une messe de *Requiem*, le jour de son anniversaire, à perpétuité. — Bibliot. Nation. *Lat.* 5993-A, *Liber pontific.* fol 378 r°.

59. — Décembre 1259.

Universis presentes litteras inspecturis, N., miseratione divina Trecensis ecclesie minister humilis, salutem in Domino. Notum facimus quod cum inter Belli Loci et de Capella abbates pro se et ecclesiis suis ex una parte, et magistrum Radulfum, rectorem ecclesie de Junkereio, ex altera, contentio mota est super refectione seu reparatione grangiarum decimariarum de Othigniis, de Baaliaco et de Junkereio, ad quam dicebat dictos abbates teneri secundum estimationem portionum decime bladi villarum ipsarum ipsos abbates et eorum ecclesias contingentium, quam dictus rector collocat annuatim in grangiis supradictis ; item super eo quod dicebant ipsi abbates eumdem rectorem retinuisse per duos annos minus juste, causa refectionis seu reparationis hujusmodi, portiones bladi decime supradicte ipsos et eorum ecclesias contingentes, nec non super injuriis hinc inde illatis, prout partes ipse dicebant, et etiam super vexationibus per litteras Apostolicas coram diversis judicibus attemptatis : tandem partes ipse pro se et ecclesiis suis in nos super premissis omnibus compromiserunt sub pena XX librarum quod tenerent firmiter et inviolabiliter observarent concordiam. Nos igitur ordinamus quod de cetero presbiteri parrochiales qui pro tempore fuerunt in predictis villis teneantur collocare in grangiis presbiterii villarum ipsarum annuatim portiones decime bladi ad ipsos abbates et ecclesias eorum in dictis villis spectantes, et si forte presbiter parrochialis grangiam non haberet in aliqua villarum ipsarum, teneretur portiones ipsas collocare in aliis grangiis competenter. Habebunt autem presbiteri parrochiales stramen et paleam decime supradicte, prout hactenus habuerunt. Ordinamus etiam quod presbiteri parrochiales villarum supradictarum percipiant de cetero annuatim in portionibus decime supradicte pertinentibus ad ipsos abbates et eorum ecclesias, ratione refectionis seu reparationis grangiarum ipsarum, V sextarios bladi ad antiquam mensuram Sancte Margarete, videlicet apud Otingnias III sextarios avene, apud Baaliacum I sextarium waini, et apud Junkereium I sextarium waini, et per hoc non teneantur in posterum abbates Belli Loci et de Capella aliquid ponere pro refectione grangiarum ipsarum, etiam si ipsas de novo refici oporteret. Verum quia nondum nobis facta fuerat fides plena quantum de blado ipsius decime retinuerat idem Radulfus, prout ipsi abbates dicebant, retinuimus nobis de consensu partium pronuntiandi et ordinandi quod nobis videbitur expedire. In cujus rei testimonium presentes litteras sigillo nostro fecimus roborari. Datum anno Domini M° CC° L° nono, mense decembri. — *Origin.*

60. — Mai 1260.

Ge Manessiers de Retel, chevaliers, sires de Bourc et de Biaufort, fais savoir a touz ceus qui cez lettres verront et orront, que com Ogiers de Noueroie, clers et chenoines de Saint Estenne de Troies, aust doné en aumosne perpetue as freres de la Chapele as Planches tele porcion et tele partie com il avoit en la grosse deime de Longevile, ce est a savoir de douze setiers trois quarterons, mes sires Jehanz de Noueroie, frere a ce devant dit Ogier, par devant nous en nostre présence establiz, otroia ce don et cele aumosne devant dite, en tele maniere, que se mes sires li rois de Navarre et cuens de Champaigne n'avoit estable cele aumosne et ce don, cel troi quarteron, si com il sont doné et otroié as frères de la Chapelle devant diz, revanroient a ce devant dit Jehan de Noueroie se li devant diz freres ne pooient avoir l'otroi le roi de Navarre. Et je Manessiers, de cui fié muet ce que cil Jehans et Ogiers avoient et pooient avoir en cele deime devant dite, otroiai et loai ce don et cele aumosne devant dite. Et en tesmoignage de cez choses je ai mis mon séel en ces presentes lettres qui furent faites en l'an de grace MCCLX, ou mois de mai. — *Cartul.* fol. 23 r°. — *Origin.*

61. — Avril 1264.

Je Manessiers, cuens de Restel, fais a savoir a tous ceux qui ces présentes letres verront et orront, comme je ai entendut ke Garins, escuiers, ki fu flex mon signeur Rainnier de Villerez, chevalier, ait vendut et doneit en aumone de sa propre volonté toute l'iaue que il avoit en Voire, entre l'iaue de Boulaincourt deseur le moulin de Morcies et la Chapele as Planches, as frères de la Chapele deseur nomée, et li diz Garins tenit celle iaue deseur nommée de mon foable mon signeur Renaut de Villerez, chevalier, en fié, si comme je ai entendut et cil Renaut deseur diz la tenoit de moi en fié. Et je, pour Dieu et en aumone, loe et grée ce vendage et celle aumone que cil Garins deseur diz a fait as freres deseur diz, et quite tout le droit que je avoie et pooie avoir en celle yaue deseur dite ; par si que cil frères deseur diz ne pourront mettre celle yaue en autre avouerie que en la moie, et en telle maniere lo je ces choses deseur dites, se mes chiers sires mes sires Henris de Champaigne loe et grée ce vendage et cele aumone deseur dite. Et en tesmoignage de ce je ai fait saeler ces letres de mon sael ; Lesquelles furent faites en l'an de grâce M. CC. soixante quatre, en mois d'avril. — *Cartul.* fol. 25 v°. — *Origin.*

62. — 1ᵉʳ mai 1264.

Universis presentes litteras inspecturis Johannes, decanus xpistianitatis Sancte Margarete, salutem in Domino. Notum facimus quod in nostra presencia constituti Garinus de *Vilers*, scutifer, filius defuncti

Reneri, quondam militis, et Odierna, ejus uxor, recognoverunt se vendidisse in perpetuum viris religiosis abbati et conventui de Capella ad Planchas totam aquam quam idem Garinus habebat *an Voire* inter aquam Burlencurie, desuper molendinum de Morceiis et Capellam predictam, pro LXX libris pruvinensium fortium, de quibus dicti Garinus et uxor ejus tenuerunt se plenius pro pagatis. De qua aqua in presentia mea devestiverunt se in manu Renaudi de Vilereto, militis, a quo dictam aquam tenebant in feodum, et dictus Renaudus dictos abbatem et conventum nomine ecclesie sue investivit de eadem. Et promiserunt dicti Garinus et uxor ejus, fide prestita in manu nostra, quod contradictam venditionem per se vel per alium non venient in futurum, et quod nunquam de dicta aqua de cetero reclamabunt ; sed eisdem abbati et conventui supra dicta venditione legitimam portabunt garenciam. In cujus rei testimonium presentibus litteris sigillum nostrum cum sigillo domini Renaudi, qui presens ratificavit, et dictos abbatem et conventum de dicta aqua investivit, ad petitionem dictorum Garini et ejus uxoris duximus apponendum. Actum anno Domini M° CC° LX° quarto, prima die maii. — *Cartul.* fol. 25 r°. — *Origin.*

63. — Janvier 1269 *(v. st.)*.

Je Hues de Restel, sires de Beaufort, fas a savoir a tous ces qui veront et orront ces presentes, que cum madame Marguerite, dame de Nourroie, aust donné en aumosne perpetuel aux freres de la Chapele as Planches tele portion et tele partie cum ele avait an la grosse deime de Longeville, cest a savoir, de douze setiers trois quarterons, messire Jehanz de Nouroie, fiz à cele devant dite dame, par devant nous an nostre présence establiz, otroia ce don et cele aumosne devant dite, en tele meniere, que se messire Hanriz de Champaigne n'avoit estable cele aumosne et ce don, cil trois quarterons, si cum il sunt donné et otroié aux frères de la Chapelle devant dis, revenroient au dit Jehan de Nouroie se li devant dis freres de la Chapele ne povoient avoir l'otroi du devant dit Hanri de Champaigne. Et je Hues, de cui fié muet ce que cil Jehanz avoit et povoit avoir an cele deime devant dite, otroiai et loai ce don et cele aumosne devant dite tant come des trois quarterons devanz diz an tele maniere que se mes sires Hanris de Champaigne ne loait ce don et cele aumosne devant dite li fiez revanroit an ma main ainsi cum devant. Et pour ce que ce soit ferme chose fait et estable jai saelées ces lettres de mon sael et furent faites en l'an de grace mil et deux cenz et soixante neuf, ou mois de janvier. — *Cartul.* fol. 23 r°. — *Origin.*

64. — Juillet 1273.

Nos frater Lambertus, dictus abbas Bullencurie ; Johannes, decanus xpistianitatis Sancte Margarete ;

et nos Theodoricus, curatus de Espoutemonte, omnibus presentes litteras inspecturis, salutem in Domino. Noveritis quod in nostra presentia constituta domicella Aelidis de Espouthemonte recognovit quod cum Galterus *Bochez*, miles, pater ipsius Aelidis, quamdam minam bladi waini ad veterem mensuram Brene legasset in perpetuum religiosis viris abbati et conventui de Capella ad Planchas, Ordinis Premonstratensis, percipienda annis singulis apud Valentignieum in redditibus suis, de qua mina erant in possessione percipiendi a tempore quo decessit dominus Galterus usque nunc : nolens quod dicta eleemosyna deperiret, dictam minam assignavit dictis abbati et conventui in minutis terragiis suis de Valentignieo singulis annis percipendam et habendam, que movebant, ut dicebat, ex proprio hereditagio dicti domini Galteri, patris sui. Voluit autem et concessit dicta domicella quod ipsam et heredes suos excommunicare possemus si contra dictam concessionem ipsius venire contingeret in futurum. In cujus rei testimonium, ad petitionem dicte domicelle, sigilla nostra presentibus litteris duximus apponenda. Datum anno Domini M° CC° LXX° tercio, mense julio. — *Origin*.

65. — Juin 1275.

Universis presentes litteras inspecturis, Johannes, miseratione divina Trecensis episcopus, salutem in Domino. Noverint universi quod cum defunctus

Ogerus de Nooraia, quondam canonicus Sancti Stephani Trecensis, in puram elemosinam dedit fratribus ecclesie de Capella ad Planchas, Trecensis diocesis, quidquid ipse habebat et habere poterat in grossa decima de Longavilla, videlicet tres quarteriones bladi super singulis duodecim sextariis ; et nobilis mulier Margareta, mater dicti Ogeri, quondam domina de Nooraia, totidem quarteriones, videlicet tres quarteriones super singulis sextariis, prout in litteris domini *Manassey de Retel*, militis, tunc domini de *Bourc* et de Belloforti, et Hugonis de *Retel*, tunc domini de Belloforti, super hoc confectis plenius vidimus contineri. Nos, presente Johanne de Molendinis, curato ejusdem ville ; decano Sancte Margarete laudante et in hoc consentiente, nomine ecclesie sue, prestita prius ab ipsis religiosis cautione et recepta, quod si ecclesia parrochialis dicti loci, ad quam de jure communi pertinent donationes predicte, aliquo tempore ad pinguiorem fortunam devenerit, valorem dictarum donationum eisdem religiosis reddat et donationes predictas recuperet, utrique donationi nostrum prebuimus assensum, et utramque ordinaria auctoritate confirmamus. In cujus rei testimonium et munimen sigillum nostrum presentibus litteris duximus apponendum. Actum anno Domini M° CC° LXX° et quinto, mense junio.
— *Cartul.* fol. 24 v° et 30 r°. — *Origin.*

66. — 22 Décembre 1276.

Nos Edmundus, filius inclite recordationis H., regis Anglie, campanie et Brie comes palatinus, notum facimus universis presentes litteras inspecturis, quod cum viri religiosi abbas et conventus de Capella ad Planchas acquisierunt in feodis, retrofeodis, allodiis, censivis, justiciis seu dominio nostris per emptionem, donacionem, elemosynam seu escambium res inferius annotatas, videlicet, a Garino de *Vilers*, armigero, aquam de super molendinum de *Morceys*, inter aquam dictorum religiosorum ex una parte, et aquam de Bullencuria ex altera ; ab Ogero vero, clerico, et ejus matre, domina Margareta, tres minas bladi percipiendas in grossa decima de Longavilla : Nos ob anime nostre salutem predicta acquisita, modis superius annotatis, dictis religiosis laudamus confirmamus et ab eisdem religiosis teneri haberi et possideri in manu mortua pacifice et quiete. In cujus rei testimonium dari fecimus has litteras sigillo nostro sigillatas. Datum per Vincentium de Petracastri, cancellarium nostrum Campanie, testibus: domino Philippo de *Sirre*, milite ; et magistro Guillelmo de Vitriaco, clerico nostro. Anno Domini M° CC° LXX° sexto, die martis ante Nativitatem Domini. — *Cartul.* fol. 23 v°. — *Original scellé.*

67. — Février 1276. (v. st.)

Je Renaus de Biaufort, chevalier, fais savoir à tous ceux qui ces lettres verront, car com cil de

Lantille fuscet ale au bois de la Chapelle con dit lou Raidon par le commandement Guillaume, le clers, le chancelier, qui disoit quil leur feroit avoir autel usaige an ce bois comme en l'autre grand bois de Biaufort outre Hort ; et cil de la dite Chapelle an fucet plaintif au gruiers de Champaigne de ce que cil ne pouvoient aler ne douvaient si com il disoient. A la parfin, par lou consoil de bones gens, il s'accordierent par devant moi, an tel manière que cil de Lantille recongnurent qu'il n'avoient point de droit an ce bois dessusdit ne point de usaige, ainsi rendirent à ceux de la dite Chapelle le bois qu'il an avoient mene et m'amenderent pour le chancelier ce qu'il i avoient esté et alé. Et pour ce qu'il n'an fut discorde un autre foiz j'ai fait sceller ces lettres de mon séel à la requestes des parties. Ce fut fait en l'an de grace mil deus cenz soissante et seze, ou mois de février. — *Origin.*

*

68. — Janvier 1291 (v. st.)

Universis presentes litteras inspecturis, frater Guido, Dei patientia humilis abbas monasterii de Bello Loco, Trecensis diocesis, totusque ejusdem

---

* Septembre 1279. Gauthier, abbé de la Chapelle-aux-Planches ; Gaucher, Châtelain de Noyon et sire de Thorote ; et Gaucher de Cornay, exécuteurs du testament de Raoul de Thorote, seigneur du Chastelier (sur Chassericourt) asseoint pour le couvent de Jardin, du diocèse de Troyes, 10 livres de tournois sur le charroi de « Otignes. »

Bibliot. Nation. *Collect. Champagne*, t. 151, *origin.* — Troyes, n° 26.

loci conventus, salutem in omnium Salvatore. Noveritis quod nos, communi assensu et pari voluntate omnium nostrum, et pro urgentissima necessitate ecclesie nostre, vendidimus et titulo venditionis concessimus et tradidimus viris religiosis abbati et conventui de Capella ad Planchas, nostri Ordinis, quidquid habemus in grossa decima de Jonquereio, de Otingneiis et de Bauleio, videlicet, sextam partem tocius grosse decime, cum tractu ejusdem partis ; item quinque solidos annui redditus apud *Chavenges*, quos percipere solemus super quodam prato sito sub *Taignieres,* pro ducentis libris turonensium parvorum, quam pecuniam recepimus a predictis abbate et conventu de Capella, et eam solvimus integraliter mercatoribus quibus eam debebamus, qui mercatores, nostram substantiam devorantes, bona nostra pro urgentissimis debitis cotidie consumebant. Instrumenta super his confecta eisdem abbati et conventui tradimus et concedimus, nichil dominii vel possessionis penes nos retinentes, sed in eos penitus transferentes omne jus et possessionen quas habemus et habere possumus in predictis, renunciantes penitus et expresse omnis juris auxilio cononici et civilis. In cujus rei testimonium et munimen sigilla nostra presentibus litteris duximus apponenda. Datum anno Domini M° CC° nonagesimo primo, mense januario. — *Cartul.* fol. 22 r°. — *Origin. scellé.*

69. — Guillermus, Dei patientia Premonstratensis abbas, universis presentes litteras inspecturis, salutem et in Domino caritatem. Noverit universitas vestra quod nos venditionem factam hic in littera ista annexam (*Cfr. supra*, *n.* 68), prout juste facta est, auctoritate paterna sub sigilli nostri munimine, cum sigillis abbatis et conventus de Bello Loco, monasterio Ordinis, prout superius est expressum, plenarie confirmamus ac etiam approbamus. — *Origin. scellé, attaché par lacs en soie à la pièce précédente.*

70. — 1er Octobre 1293.

Universis presentes litteras inspecturis frater Guido, Dei patientia humilis abbas monasterii Belli Loci, totusque ejusdem loci conventus, salutem in omnium Salvatore. Noverint universi tam presentes quam futuri, quod nos, communi consensu et pari voluntate omnium nostrum, et pro urgentissima necessitate ecclesie nostre vendimus et titulo venditionis concedimus et tradimus viris religiosis abbati et conventui de Capella ad Planchas, nostri Ordinis, diocesis Trecensis, quicquid habemus vel habere possumus in majori decima de Summavera, scilicet, viginti quinque sextaria bladi, medietatem frumenti et medietatem avene, ad mensuram veterem dicte ville, jure hereditario perpetuo possidenda quolibet anno, que percipere consuevimus in grangia ubi decima reponitur et in parte curati Sancti Petri de Summavera. Que vendicio facta est pro summa centum librarum parvorum turonensium, quam pecunie summam recepimus integraliter et habuimus a dictis religiosis et eam solvimus quibus illam debebamus. Quam parcionem decime percipient in perpetuum dicti abbas et conventus et eorum successores qui pro tempore erunt in dicta ecclesia de Capella sine reclamatione aliqua ex parte nostra vel successorum nostrorum. Litteras per quas jus et proprietatem in dicta decima habere dicebamus jam dictis religiosis tradidimus penes nos nichil possessionis seu dominii retinentes, sed in eos penitus transferentes. Promittentes bona fide, et ad hoc nos et ecclesiam nostram obligantes portare legitimam garantiam prefate ecclesié de Capella cum expensis nostris propriis. Ceterum quia in majoribus major debet adhiberi cautela, ne nos a juris tramite et observantia regulari declinare videremur, hanc presentem venditionem per decretum domini Premonstratensis abbatis (que venditio aliter fieri non poterat) fecimus confirmari. In cujus rei testimonium sigilla nostra presentibus litteris duximus apponenda. Datum anno Domini M° CC° XC° tercio, in capite octobris. — *Origin. scellé des sceaux des abbés de Prémontré et de Beaulieu.*

71. — Janvier 1295 (v. st) — « Philippus, Dei gratia Francorum rex. » Les receveurs des finances ayant constaté le dimanche avant l'Ascension 1295 que les religieux de la Chapelle-aux-Planches avaient acquis 1° des héritiers de Norroy une rente de 60 setiers de blé à la petite mesure sur les terrages de Longeville ; 2° la partie de la rivière de Voire

qui appartint à Garin de Villiers ; 3° 5 sous de rente sur un pré *ad Ruppas* qui venait de Macelin de Villiers. Les droits à payer au trésor montaient à 26 liv. Philippe-le-Bel et Jeanne, reine de France et de Navarre et comtesse palatine de Champagne et de Brie, font remise de cette somme à l'abbaye. « Actum Parisiis, anno Domini M° CC° nonagesimo quinto, mense januarii. » — *Origin. scellé.*

72. — 17 Mars 1296 (v. st.)

Pierre, chevalier, sire de Boucli et de Manencort, garde des marches de Basseigny et de la ballie de Chaumont, au prévost de Ronnay, salut. Comme messire Guillaume de Saint Oyen, chevalier, s'efforce, si come on nous a donné à entendre, a ce que li abbes et li couvent de la Chapele aux Planches, de l'ordre de Premonstré, li facent aveu de tenir en sa garde une leur maison qui est appelée La Val le Conte, qui est en la garde especial le Roy, pour raison de Champaigne si come on dit, et en est li roy et si devancier en bone saisine dou garder et justifier ; et seur ce li diz abbés et couvenz et li diz messire Guillaume en aient journée au dyemenche jour de miquaresme prochien à venir. Nous vous mandons et de par ledit roy vous commandons que vous alez au lieu a la dite journée pour oir et pour veoir les paroles et le maniere dou fait entre les parties dessuz dites et se le diz abbez avoue la dite maison estre de la garde dou dit chevalier prenez la dite maison et toutes les appartenances en la main le Roy et adjournez les parties par devant nous, seur et a notre prochiene assise de Ronnay, et cependant gardez et defendez les dis abbez et couvens de tort, de force, de injures et de violences manifestes. Donné a Troyes le dyemenche devant mi-quaresme l'an M. CC. quatrevinz et seze. — *Origin.*

73. — Février 1297.

Universis presentes litteras inspecturis frater Johannes, Dei patientia abbas monasterii Belli Loci, Trecensis diocesis, Premonstratensis Ordinis, totusque ejusdem loci conventus salutem in Domino sempiternam. Noverint universi quod cum nos pro urgenti et evidenti necessitate et utilitate monasterii nostri vendidimus viris religiosis abbati et conventui monasterii de Capella ad Planchas, nostri Ordinis, Trecensis diocesis, viginti quinque sextarios bladi medietatem avene, ad mensuram veterem de Summavera, quos nos habere dicebamus in majori decima de Summavera hereditarie, ab ipsis abbate et conventu de Capella in perpetuum et hereditarie possidendos et percipiendos annuatim in grangia in qua decima reponitur et in parte curati Sancti Petri de Summavera, fueritque facta dicta venditio mediantibus centum libris turonensium, quam summam pecunie recepimus et recognovimus ac etiam recognoscimus nobis solutam fuisse et pagatam et in utilitatem monasterii nostri conversam, et de quibus viginti quinque sextariis bladi promisimus monasterio de Capella bonam et legitimam portare garentiam ; nosque dictam garentiam dicto monasterio de Capella portare non possumus, nos vero abbas et conventus Belli Loci, tractatu habito inter nos in nostro capitulo diligenti pro dictis viginti quinque sextariis bladi annuis non garentisatis eisdem abbati et conventui de Capella, ipsis ac monasterio suo assignavimus molendinum nostrum quod habemus et habere debemus apud Balignicuriam situm super fluvium de *Sois*, subtus molendinum dicti monasterii de Capella dictum de *Susaymont*, cum terra que est ad summitatem escluse dicti molendini et cum omnibus appendiciis, pertinenciis, aqua, piscaturis et juribus dicti molendini, ab ipsis abbate et conventu monasterii de Capella in perpetuum tenendum habendum et possidendum, hoc salvo, quod nos ad opus et necessitatem grangie seu domus nostre de *Vendoil* tantummodo libere et perpetuo in dicto molendino molere seu molturam retinemus. Et cum dictum molendinum cum terra et appendiciis precii vel valoris majoris existent quam viginti quinque sextarii, predicti iidem abbas et conventus de Capella nobis dederunt, nosque nos recepisse recognovimus ab eis octies viginti et sex libras turonensium parvorum in pecunia numerata nobis tradita et in utilitatem monasterii nostri conversa. In quorum testimonium et munimen nos abbas et conventus Belli Loci predicti, pro urgenti et evidenti necessitate et utilitate monasterii nostri sigilla nostra presentibus litteris duximus apponenda. Actum et datum mense februarii anno Domini M° CC° XC° VII°. — *Origin. scellé*.

74. — 21 Juillet 1298.

Omnibus hec visituris Guillelmus, Dei patiencia Premonstratensis abbas, salutem in Domino. Noveritis quod nos vendicionem factam abbati et conventui de Capella ad Planchas ab abbate et conventu Belli Loci, nostri Ordinis, quantum in nobis est confirmavimus, prout in litteris hic annexis continetur. (*Cfr. supra n.* 73.) Datum anno Domini M° CC° XC° VIII°, feria secunda ante festum beate Marie Magdalene. — *Origin. scellé, attaché à la charte qui précède.*

75. — 25 Mars 1298. (v. st.)

Universis presentes litteras inspecturis G., Dei patiencia abbas de Capella ad Planchas totusque conventus ejusdem loci. Cum nos, pensata utilitate, pace, concordia et necessitate nostri et omnium animarum nostrarum et ecclesie nostre, de communi assensu et pari voluntate omnium nostrum, statuerimus et ordinaverimus firmumque et ratum esse voluerimus in perpetuum pro nobis et successoribus nostris proventus et exitus illorum acquisitorum que de novo acquisivimus ab ecclesia Belli Loci, matre nostra speciali, videlicet, sextam partem totius grosse decime de Junquereyo, de *Outignes* et de Baileyo ; item viginti quinque sextarios bladi, medietatem frumenti medietatem avene, ad valorem minagii, singulis annis percipiendos et habendos in grangia decimaria et in parte curati Sancti Petri de Summavera, in pitanciam nostri conventus converterentur. Unde hiis renunciamus et in manu nostri abbatis et successorum suorum, pro communi utilitate ecclesie nostre, centum solidos turonensium parvorum super decimam Longeville, quolibet anno percipiendos et habendos, abbati nostro et suis successoribus assignamus, videlicet infra rectum pagamentum nundinarum Barri super Albam ; item omnes eleemosine, restitutiones et legata facta vel facienda usque ad valorem viginti solidorum turonensium parvorum in pitanciam nostri conventus convertantur. Nichilominus digne duximus statuendum et ordinandum quod unus assumptus a nostro conventu hec omnia et singula recipiat, admodiet et custodiat, et in pitanciam interioris conventus nostri cum cotidiana convertat, quotiens a majori parte conventus nostri requisitus fuerit. Et nichilominus tenemur domino Guillermo, abbati nostro, quolibet anno, quamdiu vixerit, missam unam Sancti Spiritus in conventu celebrare et post decessum suum in quo statu obierit, quolibet anno, in die obitus sui, obsequium suum pro Defunctis solempniter in conventu celebrare. Ad majorem autem securitatem approbationem et confirmationem premissorum humiliter et devote supplicamus reverendo in Xpisto patri ac domino, Dei providencia abbati Belli Loci, ut ipse hiis presentibus decretum suum dignetur apponere et totam hanc confirmationem seu statutum ac ordinacionem approbare et confirmare. In cujus rei testimonium et munimen nos predictus abbas et conventus de Capella

presentibus litteris sigilla nostra digne duximus apponenda. Datum et actum anno Domini M° CC° nonagesimo octavo, in die Annunciacionis Dominice.
— *Origin.*

76. — Avril 1299.

Universis presentes litteras inspecturis Guillermus, Dei paciencia abbas de Capella ad Planchas, Premonstratensis Ordinis, Trecensis diocesis, salutem in omnium Salvatore. Notum facimus universis, quod nos debemus conventui nostro ecclesie nostre quindecim libras turonensium parvorum, quas quindecim libras, pitanciarius conventus nostri recipiet quolibet anno super exitus et proventus cujusdam grangie nostre que dicitur *Flacineys*, quoadusque omnis decima Longeville, quam vendidimus domino Bertrando, curato ac decano de Curia Dominici, ad nos et ad ecclesiam nostram revertatur, loco sexte partis tocius grosse decime de Jumquereyo, de *Ontignes* et de Bayleio, quam idem percipiebant, et loco viginti quinque sextariorum bladi, medietatem frumenti et medietatem avene, quos percipere debebant super quoddam molendinum situm juxta *Balignicourt*. Et hec promittimus tenere et firmiter observare bona fide et in verbo veritatis et sacerdocii, et hec omnia in pitanciam nostri conventus interioris cum pitanciis consuetis converti. In cujus rei testimonium et muninen nos predictus abbas ecclesie predicte sigillum nostrum duximus apponendum. Datum et actum anno Domini M° CC° nonagesimo nono, mense aprili. — *Origin*.

77. — Décembre 1308.

Omnibus presentes litteras inspecturis G., Dei patiencia abbas Belli Loci, salutem in Domino sempiternam. Notum facimus universis quod totam ordinacionem illam, quam fecerunt dilecti in Xpisto filii nostri abbas et conventus de Capella ad Planchas de portione illa decime Junquerii, de *Bailley* et de *Otignes*, quam convertebant semper in pitanciam conventus interioris cum cotidianis et assuetis pitanciis, permutante in totam portionem illam quam habebant in decima Longeville, sine diminutione aliqua, similiter in pitanciam conventus interioris convertendam cum pitanciis assuetis et cotidianis, laudamus approbamus et auctoritate paterna confirmamus. In cujus rei testimonium presentibus litteris sigillum nostrum duximus apponendum. Actum est hoc anno Domini M° CCC° octavo, mense decembri. — *Origin*.

78. — Juillet 1312.

En non dou Pere dou Fil et dou Saint Esperit. Jehans de Lancastre, sires de Biaufort, et Aalis de Joinville, dame de mesme lieu, sa loiaulx compaigne et espouse, faisons à savoir à tous ceux qui ces presentes lettres verront et orront, que nous, en notre bone memoire donnons et avons donné quicte et

otroié à tous jours et sans rappel à l'esglise de Notre
Dame de la Chapelle as Planches de les Biaufort,
de l'Ordre de Premontré, dou diocèse de Troies,
une nostre maison qu'on appelle Plain Chasnoy,
soienz en nos forels de Soubslaines, la vigne, le
jardin et le pourpris aussi come il se comporte clos
de fossés ; ensamble toutes les terres guaignables
qui appartiennent et puent appartenir a la dite maison ; et environ dis faucies de pré appartenant à la
dite maison ; et ensamble six moiton froment et douze
moitons avaine a panre chascun an sus la cure de
Soublaines et un grand setier de gayn a panre chascun
an sus la terre de Persey en la ville de Til ; et dix
et huit deniers d'ausmosne a panre chascun an sus
la maison des enfans Nicholet Ferron, et six autres
deniers sur la maison Haymard. Donnons encore a
la dite maison pastures vaigues que nos hommes et
femmes de Soublaines ont et puent avoir a grosses
bestes et a menues ; ensemble le paanaige de nos
forels, ou temps que la paisson des bois sera, à vint
pourciaux et non plus, sans paier paanaige. Et
donnons encore l'affouaige pour le four et pour leur
affouaige de la dite maison a panre dou mort bois
entour la dite maison, retenu a nous le fou, le chasne,
le prier et le pommier. En telle maniere et par telle
condicion que la dicte maisons ne les appartenances
ne pourront estre vendues ne alienées hors de la
main de la dicte esglise pour necessité quelle ait ne
puisse avoir. Et que il avera et demourra en la dicte
maison un certain chapelain qui chantera en la dicte

maison chascune semeine quatre messes, c'est à savoir, le lundi des Angres ; et le mescredi dou Saint Esperit pour nous tant come nous vivrons; le vendredi de *Requiem* à tous jours pour nos seigneurs nos dames et pour nos ancessours ; et le samedi à tous jours pour nous et pour nos hoirs de Nostre Dame. Et volons encor que li covent de la dite eglyse, et especialement cil qui pour nous chantera, facent chascun pour commémoracion et propre oreison pour nous et propre collecte pour que Diex nous doint grâce et entendement pour governer le pueple quil nous ha admenistré dessous nous, en telle maniere qu'il soit au sauvement de nos ames et de nos cors. Et volons que cil governeront la dicte maison de Plaing Chasnoy la mainteinent et les biens d'ycelle en bon point et sans nulle déchéance. Nous dessuz dis Jehans de Lancastre et Aalis de Jonville avons séelees ces présentes lettres de nos propres séels des quiex nous usons. Données et faites l'an de grace M. CCC. et douze, ou mois de Joignet. — *Cartul.* fol. 27 r°.

79. — Octobre 1312.

A tous ces li qui ces presentes lettres verront et orront, nous Jehans de Lancastre, sires de Biaufort, salut en Nostre Seignour. Saichent tuit que cum nous avons fait novellement un estant par nous et par nostre gent en lieu cum dit Hore, et nous pour l'aisance de nostre dit etant, pour la paelle dou dit etant cum pour l'aisance de la maison que nous avons fait sor le dit etant avons pris dou bois as religious de la Chapelle as Planches ansamble le fons de l'yretaige, com seignour de la justice, et nous avons mis en notre demoine pour les choses dessus dites quatre arpens et demy et douze perches, lequeil il tenoient franchement si cum lor autre bois de la fundacion de lor eglize. Nous pour loial eschange et en recumpensation des choses dessus dites, de l'assentement nostre amée et loial compaigne Aelips de Joinville, dame dou dit Biaufort, baillons et avons baillié as dis religious de la devant dite eglize, en hyretaige pour l'églize, de nos bois de Biaufort quatre arpens et demy et douze perches, adjoignant d'une part d'à les devant diz religious, et d'autre part d'à les nos autres bois de Biaufort. Et le sorpoil et la teneure dou dit bois, qui sus est, nous avons vendu as diz religious parmy vint et sept livres tournois petis, des queix vint et sept livres nous nous tenons pour bien paié, et en quittons et absolvons le couvent, et le fons dou dit bois et le demoine à tenir et à garder as diz religious à tous jours sans rapel de nous ne de nos successours, franchement et quitement en la maniere et en la fourme qui tiennent lor autres bois, salvée et retenue avons la justice et la garde ou dit bois et ou dit lieu. Nous Jehans dessus diz, sire de Biaufort, avons mis notre propre séel en ces presentes lettres et requis à notre amée et loial compaigne dessus dite mettre le sien séel ensamble le mien en ces presentes lettres. Et nous dessus dite Aleyps de Joinville, dame de Biaufort, otroions et aggreons et ratefions pour tant cum avons touché puet et doit touchier leschange et la recumpensacion dessus dite, et avons mis notre propre séel en ces presentes lettres avec le séel mon tres chier et loial seignour et compaignon Jehans de Lancastre, seignour dou dit lieu dessus dit. Ce fu fait l'an de l'Incarnation Nostre Seignour M. CCC. et douze, et donné le mercredi apres feste saint Remey ou mois d'octobre. — *Cartul.* fol. 29 r°. — *Origin. avec les deux sceaux pendants.*

81. — Février 1313. (v. st.)— Aubert de Torote, chevalier, seigneur du Châtelier, fait savoir que « Symonin le Pipat de Chalaite, escuier, reconut de sa bone volonté sans force, que li religious de la Chapelle as Planches prennent et ont pris un grand setier de froument, à tous jours perpetuellement chascun an, à Jonquerey ou terraige et sor le terraige con dist Sainte Marie séant ou finaige de Jonquerey et en nostre justice, et en sunt et ont este li diz religiouz en bone saisine, et par lonctemps, dou penre et dou lever paisiblement le dit grant setier de froument ou dessus dit terraige et sor le dessus dit terraige... Ce fut fait et accordé l'an de grace Nostre Seignour M. CCC. et treze le samedi devant la Saint Père en février. Présens : Mons. Gilles de Saint Florentin, chevalier ; Mons. Gui de Saint Leger, chevalier ; maistre Guarin, prious de Sainte Margerie ; Girart, bailli dou Chastelier ; Jehan le Druard de Charchericourt, clerc ; Lambert, de Chavenges, prévost du Chastelier ; Jehan le rous de Sainte Margerie, clerc. Et nous Aubert de Torote, chevalier, sire dou Chastelier, en confermant la vérité et à la requeste dou dit Symonin le Pipat de Chalaite, escuier, avons mis nostre séel en ces présentes lettres, lesquelles furent faites l'an de grace M. CCC. et quatorze ou mois de may. — *Origin. scellé.*

82. — 19 Avril 1336.

« Nous Aaliz de Jainville, dame de Biaufort et d'Arsis, faisons a savoir a touz, que comme descors fust meuz entre religieuses personnes et honnestes l'abbé de la Chapelle aus Planches d'une part, et le prieur de Biaufort d'autre part, pour cause d'une reprise d'yaue quon appelle les Pissettes, et nous, comme dame souveraine que nous sommes du lieu, avons appele les dictes parties par devant nous, aux quiex nous enjoinsimes quilz nous amenassent certaines personnes afin que par iceux nous nous peussions enfourmer du droit de chascune partie. A la requeste des parties nous hostames les soupeconnables de chascune partie. Nous appelames avec nous deux religieux de chascune deux abbaies : de la partie du prieur de Biaufort, l'aumonnier de Monstiérender ; de la partie de l'abbé de la Chapelle, frére Gieffroy, moine de Bassefontaine. Nous avons trouvé par la plus fort et meilleur partie que les dictes Pissettes d'entre les deux pastures doivent être reprises au livel des pastures et en milieu doivent être un peu plus basses, et que le prieur de Biaufort ne les doit faire repranre que de terre et de javelles ; et encore avons trouvé que depuis dis et sept ans en ca a on accoustumé d'y férir estos, et celle dicte novalité a este faite par le Boillon de Lentilles et Huytier de Fontenay, nous la feisme abatre. Item que les Pissettes par devers les prés doivent estre reprises plus basses assez des Pissettes devant dites, et en milieu doivent être encor plus basses, parquoi l'iaue ne regoule es prés de la dicte Chapelle. Ces dernières Pissettes ne se doivent repranre d'autre chose que les autres Pissettes se reprennent, c'est à savoir de terre et de javelles, par la relacion de la plus grande partie des tesmoins anciennement l'en n'y fesait que giter fagoz et javelles pour passer gens a pié a sec, ne autre forteresse ni avait et par la force de l'iaue cet amassement s'en alait aval touz les ans, li prieur de Biaufort ou li munier de son moulin, que on appelle li moulin de Mocé, les refesait touz les ans. Rien ne doit être changé à cet état de choses » de plus Alix ordonne de faire « ligner les Pissettes et meitre bonnes (*bornes*). Donné à Biaufort souz nostre séel duquel nous usons, le vendredi avant la Saint Georges l'an de grace mil trois cens trente sis. » — *Origin.*

83. — 14 Avril 1342. — Lettres de sentence données par Guillaume de Luisey, lieutenant du bailly de Chaumont, aux assises tenues a Rosnay. Les religieux de la Chapelle-aux-Planches au lieu de « percevoir de trois ans en trois ans les terraiges de la ville de Donnemens les transporteront a noble homme Ogiers de Saint Chéron, chevalier, seigneur de Gigny, et à ses hoirs et céderont de ci en avant, pour ce que annuellement et perpetuellement ils penront es diz terraiges, chascun an, deux grans setiers d'aveine par leur main, franchement. » — *Origin.*

84. — 29 Octobre 1342. — Renaud d'Yevre, garde du sceau de la prévôté de Rosnay, déclare que « noble damoysiaus Symon, sires d'Ainglus, escuiers, et damoiselle Jehanne, sa suers, enfant et hoir de feu noble homme mons. Gui d'Ainglus, jadis chevalier, ont comparu disant et affermant pour vérité que comme feu Guillaume de Ainglus, jadis escuiers, leur oncles, dou quel li dit messire Guys, leur pere, fu hoirs, eust doné en aumosne à l'esglise de la Chapelle aux Planches, ou li corps des dis chevalier et escuier gisent, nuef setiers de blef à la mesure de Troyes, blef de molture, trois setiers froment et sys setiers conceel, tel blef comme il vient aux molins que on dit dou Champ et dou Chasne, à panre et à recevoir chascun an à la Sainct Remy ou chief d'octobre : recognurent li dit escuiers et demoiselle de leur bone volontez que le don et aumosne dessus dis ils loent, ratiffent, ont et tiennent pour ferme et agréable. En tesmoing de ce je Renaux d'Yevre ay scellé ces lettres dou séel de la prévosté de Ronnay. Ce fut fait l'an mil trois cens quarente et deux le mardi devant la feste de Touz Saints. » — *Origin.*

85. — 14 Juillet 1345. — Renaud d'Yèvre, garde du sceau de la prevôté de Rosnay, déclare que « Thomas de Macey, prestres, demorant à Ottignes, considerant les tres grans et plusours bienfaits bontez, curialitez, hospitalitez, visitacions, dons profitables et services agréables quil ha ehus et receus de l'église de la Chapelle aux Planches » légue à l'abbaye une rente annuelle et perpetuelle de 20 sous, à prendre sur une pièce de pré contenant cinq fauchées située sur le finage d'Outines lieu dit *Le prei Bechin*. Cette rente est affectée a l'office de la pitance. « Ce fu fait l'an mil trois cens quarente et cinc, le jeudi devant feste saincte Marguerite. » – *Origin.*

86. — 5 Octobre 1357.

A tous ceux qui verront et orront ces présentes lettres Jehans de Thorete, chevalier, sire dou Chastelier et de Aillebaudier, salut. Comme notre amée compaigne Agnès de Vervins, qui Dieux pardoint, ait ete mise en terre en l'eglise de la Chapelle aux Planches, en laquelle elle fut receue benignement par les religieux d'icelle, qui ad ce firent plusieurs mises des queulx ils furent petitement satisfaiz, saichent tuit que, en recumpensacion des choses devant dites et pour ce que les dis religieux doivent célébrer au grand autel d'icelle eglise chascun an une messe à note de *Requiem*, pour le remede de l'ame de notre dicte compaigne, le jour de son obit, nous avons donné et donnons aus dis religieux perpetuelement la somme de quarente solz tournois à panre chascun an à Otignes sur nos charrois de la dite ville. En tesmoing de ce nous avons séelé cez lettres de nostre propre séel. Faites et données le jeudi après la Saint Remy ou chief d'octobre l'an mil trois cent cinquante et sept. — *Origin.*

87. — 16 Mars 1360. (v. st.)

A tous ceulx qui ces présentes lettres verront et orront, freres Aubri, li umble abbez de Boullencourt, lieutenant de mons. Guillaume de Boullemer, chevalier, gardein de Beauffort pour mons. le duc de Lanquastre, seignour du dit lieu, salut. Saichent tuit que come les religieux abbe et couvant de l'église de la Chapelle aux Planches disoient avoir sur les moulins du Champ et du Chasne, assis à Soublaines, certaine annuelle rente chascun an sur les diz molins, c'est assavoir nuef sextiers de bleis à la mesure de Troyes, trois setiers froment et sis setiers conceel, chascun an, selonc ce que les diz molins le gaaignent ; item disoient encore les diz religieux que es diz molins devoit avoir une huge pour mettre le gaaigy et moture des diz molins, en laquelle huge mons. le duc de Lancastre doit avoir une clef et les diz religieux une autre clef, et n'en doit aucun bleif sortir de la dicte huge sans appeler, et par la clef des diz religieux, jusque a tant qu'ils soient a plain paiez de leurs dix IX setiers de bleif. (Ces droits sont confirmés à l'abbaye par l'abbé Aubry) establi lieutenant en ceste partie du gardien de Beaufort. Faites et données au dit Soublaines le vi⁰ jour de mars l'an mil trois cens et sexante. — *Origin.*

88. — 28 Octobre 1364.

Jehans, fils au noble roy d'Engleterre, duc de Lanquastre, conte de Richemont, de Derby, de Nicol et de Leicestre, seigneur de Beauffort, sénéchal d'Engleterre, aux premiers sergens de nos terres de Beauffort et autres en France, sur ce requis, salut. Gie avons oui la complainte de nos amez les religieux abbé et couvent de l'eglise de la Chapelle aux Planches, les quielx sont de la fondacion et subjiet de nos predecesseurs seigneurs de Beauffort, et nostre à présent ; disens eulx estre en grant doubte qui ne leur soit meffait ou à leur famille en corps ou en bien par aucuns leurs mal willans : Nous, pour ce, à leur requeste et pour obvier à leurs dommaiges et injures, les avons prins et mis et par ces presentes les prenons et mettons en notre dicte salve protection et especial garde quant a la tuicion et deffence de leurs corps et conservacion de leur droit tant seulement. Si vous mandons et commettons que nostre dicte salve garde vous signifiez à tous ceulx dont requis serez par les diz religieux, que aux diz religieux abbé et couvant, à leur famille, maignies, maisons, granches, bois, rivieres, bestes et tous autres biens quelconques ne meffacent, ne attemptent en aucune maniere ou préjudice de notre dicte salve garde. Et s'aucune chose vous trouvez estre attemptée, occupée, prinse, si les remettez de fait en estat dehu et les en resaisissiez dehuement et avec ce les tenez et gardez en toutes leurs bonnes possessions, saisines, usaiges, franchises, libertez esquelles vous les trouverez. Et pour ce qu'aucun mal wilans des diz religieux ou de leurs biens ne puissent ignorer de notre dicte salve garde, prenez pénunciaux signez de nos armes et les mettez sur les maisons et tenement des diz religieux pour evidant signe de notre dicte salve garde. Donné soubs nostre séel en notre manoir de Savoie le vint huitiesme jour d'octobre l'an du règne de notre dit seigneur le roy et pere trente septiesme. — *Origin.*

89. — 24 Février 1373.

Saichent tuit comme nous Bertran Guasch, escuier, gouverneur du comté de Vertus, eussiens fait appeler par devant nous tous les gens d'église, nobles, et aucuns qui tiennent en fié, de mons. le conte de Vertus, quils apportent ou envoient leurs dénombrements, fiez, arrière fiez, garde à noblesse, et tout ce qu'ils ont acquesté depuis XL ans en ça tant par donnacion que autrement ; et par especial mons. l'abbé de la Chapelle aux Planches a tesmoigné que aucune chose na été acquis ne laissée en la dicte eglise, en la prévosté de Ronnay, depuis le temps dessus dit. Tesmoin nostre séel mis à ces lettres, faites à Ronnay le xxiiiie jour de fevrier l'an mil CCC LX et treize. — *Origin.*

90. — 9 Avril 1383. — « Henri de Mussi, escuier, gouverneur de la terre de Beaufort et de Soublaines pour Mgr le duc de Bourgoigne, seigneur de la dite terre. » Après une contestation entre « les enfants d'Anglus, Jehan et Erard d'une part, » et l'abbaye de la Chapelle-aux-Planches d'autre part, au sujet de la redevance des neuf setiers de blé sur les moulins du Champ et du Chasne à Soublaines, il est décidé « pour ce que les dits molins sont amanrris et ne sont mais en la value ne en l'estat quil ont esté ou temps passé, que les religieux à l'avenir recevront seulement trois sextiers froument et deux sextiers conseil, au terme de la Saint Remi ou chief d'ottobre. Faites et données en nos assises de Soublaines tenues par nous, commenciées le ixe jour d'avril l'an M. CCC. IIII XX et III. » — *Origin.*

CHARTES

DE MONTIÉRENDER

1. — *Habent fratres monasterii Dervi ad victum et vestimentum hanc summam villarum* (1).

I. — In Summa Vigra mansum indominicatum I, vestitum, cum terra arabili ubi possunt seri de annona modios CL inter duas sationes. Habent ibi silvam ubi possunt saginari porci M ; exeunt de ipsa silva : de avena modios L, pulli XL, securis I, saccus I. Est ibi ecclesia I, que solvit solidos V ; et caballi pastum aut solidos V. Habent ibi molendinum, quod solvit de annona modios LXXX, de bracio modios XX. Habet ibi cambaca, que solvit avene modios LXXX, et IIII^{or}. Aspiciunt ad ipsum mansum mansa ingenuilia XIII : solvit unusquisque in anno pro ambacciaco dimidium carrum aut denaria X ; lignarium unum aut denarium IIII ; de aratura antsinga II, corvada II ; boneficia, caropera atque manopera ;

(1) Ce document est le Polyptyque de l'abbaye.

pulli VI, ova XXX ; peditura in curtem perticas III, et in messem facit unusquisque dies XV, et XV in ipsa villa. Faciunt waitas ; et scindelas CC. Sunt ibi hospicia III : solvit unusquisque pullum I cum ovis ; facit dies VIIII de servitio et missaticum quocumque necesse fuerit. Habent ibi exartos unde recipitur XI^a garba. Solvunt inter totos de cavalitio solidos L. Possunt ibi collegi de vino modios XX, de feno carra XXX, de frumento modios XX. Gerlinus Hermodus et Angelbertus juraverunt et dictaverunt. Ducunt ad monasterium omnem decimam.

II. — Habent in Puellare Monasterium mansum indominicatum I, cum terra arabili ubi possunt seri inter duas sationes de annona modios C ; silvam ubi possunt saginari porci M., exit inde unoquoque anno securis I et dolatoria I. Habent ibi pratum ubi possunt collegi de feno carrada C. Est ibi ecclesia I, cum manso, que nichil solvit. Habent molendinum ad tertiam partem. Camba I, que solvit de annona modios C. Aspiciunt ibi mansa ingenilia XXXIII vestita et unus apsus : sunt de his XVI que reddit unus quisque duobus annis denarios V, in tertio anno reddit solidum I ; facit lignare I. Pro ambascatione dimidium carrum in leugis XL aut denarios X. Reddit unusquisque de umblone modium I ; scindelas L. De aratura facit ansinga II ; corvada II ; boneficia ; vuaitas ; carropera atque manopera. Solvit denarium I et... in tertio anno. Facit in ambasciatione de aratura jornalem I. Ceterum servitium facit ut supra. De aquatera, quando tempus est, exeunt solidi VIII.

Sunt ibi hospitia VII, que solvunt pullos cum ovis, et quartam partem modii de umblone. Faciunt corvadam, boneficia, vuaitas. Colligitur XI[a] garba de exartis. Solvunt de cavalatio solidos XXX. Ducunt ad monasterium omne decimum quicquid laborant ad opus dominicatum.

III. — Habent in Mortrigo mansum indominicatum I, cum terra arabili ubi potest seri de annona inter duas sationes modios CXC. Habent ibi silvam ubi possunt saginari porci mille : de qua colliguntur de annona modii II, pulli XX. Habet ibi pratum ubi colligi possunt de feno carra III. Aspicit ibi ecclesia in Guioldi corte, cum mansis VII et dimidium, que solvit solidos X, et parveredum ; et capellam, cum mansis II, que solvit solidos II. Habet ibi molendinum, qui reddit de annona modios XXX. Camba, que solvit de annona modios LXXXIIII. Aspiciunt ad ipsum mansum mansus ingeniles XVIIII : sunt ex ipsis XVII, qui solvit unusquisque in anno pro ambasciatico carrum et dimidium in leugis XL aut denarios X, lignare I aut denarios IIII, pullos VI cum ovis XXX, de aratura ansinga II, corvada II, boneficia II. Faciunt waitas, perticas III ; faciunt in corvada et in messe diebus XV in monasterio et XV in ipsa villa, carropera atque manopera, et scindelas CC. Cetera mansa ut supra solvunt, absque lignari et pullis. Reddunt quoque illa duo mansa unusquisque lignare 1 aut pullum I. Sunt ibi hospitia X, que solvit unusquisque III pullos cum ovis ; et faciunt dies III. Et de exartis exit XI[a] garba ; et exeunt de cavalitio solidi LX. Tebertus et Winemarus et Gobertus et Rainerus juraverunt et dictaverunt.

IV. — Habent in Villa et in Ragisi corte et Milperario mansum indominicatum I, cum terra arabili, ubi possunt seminari de annona modios CCC. Est ibi silva ubi possunt saginari porci mille, exeunt unde de annona modii XIIII, pulli XXVI. Possunt ibi colligi de vino modios L, de feno carra CXX. Aspiciunt ibi ecclesie III, que solvunt solidos VII. Molendini III, et camba I, que reddit de conquisto : de avena modios LXXX et IIII^{or}, et de captis et de bracio modios XXX. Aspiciunt ibi mansus ingeniles XXXII. Facit unusquisque lignare I aut solvit denarios IIII. Solvunt de umblone modios XII. Solvit unusquisque mansus pullos III cum ovis ; pro ambascatione carrum I aut denarios XX. Faciunt corvada III, beneficia ; scindelas C, facculas carrum I ; dies in monasterio XVI et XV in ipsa villa ; faciunt carropera et manopera, peditùras in curte et in messe et in prata. De cavalitio exeunt solidi CCC. De exartis colligitur XI^a garda. Adalgedus, Sarilo, Ebroinus juraverunt et dictaverunt.

V. — Habent in Tilio mansum indominicatum I, cum terra arabili ubi possunt seri de annona modios XXX ; silvam ubi possunt saginari porci DCCC ; pratum ubi possunt colligi de feno carra VIII. Aspiciunt ibi mansus ingeniles IIII, solvit unusquisque de aratura jornales III, corvadas III, beneficia III, lignare I, carropera atque manopera, pullos VI cum ovis XXX, scindelas C ; pro ambascatione carrum dimidium in leugis XL aut denarios X ; diebus XV in monasterio et XV in ipsa villa ; faciunt waitas. Colligitur de exartis XI[a] garba. Solvunt de cavalicio solidos XIIII. Sairfridus et Ragenardus juraverunt et dictaverunt.

VI. — Habent in Saura Terra mansum indominicatum I, cum terra arabili ubi possunt seri inter duas sationes de annona modios CC ; pratum ubi possunt colligi de feno carra VIII ; vineam ubi possunt colligi de vino modios... ; silvam desertam ; ecclesiam I, cum manso I qui solvit solidos X. Aspiciunt ad ipsum mansum mansus ingeniles XIIII : e quibus sunt VIII qui solvit unusquisque pro ambasco dimidium carrum in leugis XL aut denarios X ; facit lignare I, pedituram in curte et in prato. De aratura facit ansinga III ; corvada III, boneficia III, carropera atque manopera, vuaitas ; pullos III cum ovis XV ; scindelas CCC ; diebus XV in monasterio et XV in ipsa villa. Remanent mansa VI : sunt ex eis III qui solvit unusquisque pullos VI cum ovis ; et III qui solvit unusquisque pullos II cum ovis, et facit unusquisque III dies de servitio, de exartis colligitur XI[a] garba. Habent ibi prata unde exeunt denaria V. De cavalicio solvunt solidos XLII.

VII. — Habent in Brah mansum indominicatum I, cum terra arabili ad medietatem CCC modii ; prata ad carra de feno X. Ecclesia I cum mansis V : exeunt solidi V ; et caballi pastum aut solidos V. Molendinum I ad tertiam partem. Aspiciunt ibi mansus ingeniles XXVII et dimidium : e quibus VIII et dimidium qui solvit unusquisque in pastione de avena modium I, de lignare carrum I aut denarios IIII, in tertio anno pedituram in curte et in prato, scindelas L, carropera atque manopera, pullos III cum ovis XV ; pro ambascatiatico IIII partem carri in leugis XL aut denarios V. Facit dies XXX in monasterio et XXX in ipsa villa ; caplim VIII° diebus in curte ; de aratura jornales II, corvada II, beneficia II. Faciunt vuaitas. Reddunt ista VIII mansa et dimidium modios XLI et dimidium de ordeo. Cetera mansa solvunt ut supra absque ordeo. Est ibi sella I, unde exeunt denarii IIII et pulli IIII cum ovis ; solvunt de cavalitio solidos XXX.

VIII. — Habent in Prisciaco mansum indominicatum I, cum terra arabili ubi possunt seri annone modii LXXX. Vinea ubi possunt colligi de vino modii C. Ecclesia I, que solvit solidos II. Aspiciunt ibi mansus ingeniles IIII et dimidius, reddit unusquisque pro ambasciatico denarios III, pro lignario denarios II. Faciunt de aratura ansinga II, corvadas II, beneficia, carropera et manopera, pullos III cum ovis, scindelas C, et waitas, pedituram in curte et in messe, caplim diebus III. Habetur ibi ecclesia I, que solvit denarios VI. De cabalitio solidi X.

IX. — Habent in Dudiniacacorte mansum indominicatum I, cum terra arabili ad seminandum annone modios CC ; pratum ubi potest colligi de feno carra X ; molendinum ad tertiam partem. Camba, que solvit de annona modios XXVIII. Ecclesias III, cum mansis III et dimidium, solvunt solidos III et denarios X. Aspiciunt ibi mansus ingeniles VIII ; reddit unusquisque pro prandio de annona modios VI. De aratura ansinga II, corvada II, beneficia. Faciunt waitas, carropera atque manopera ; pullas III cum ovis ; In ambasciatico quartam partem carri aut denarios V; pro ligno denarios II ; scindelas C ; pedituram in curtem et in messem, diebus XV in monasterio et XV in ipsa villa. Sunt ibi hospicia III que solvunt pullas III cum ovis. Exeunt de cavalicio solidos X.

X. — Habent in Brais mansa III. Ecclesia I, que solvit solidos II. De feno carra VI. Facit unusquisque mansus jornales II de aratura, corvada II, beneficia II, pullos III cum ovis. De cavalitio solidi X. Pro ambasciata unusquisque mansus denarios V aut carropera in leugis XL.

XI. — Habent in Arnulfi corte mansum indominicatum I, cum terra arabili ubi potest seri inter duas sationes annone modios CCC ; silvam ubi possunt saginari porci D ; pratum ubi possunt colligi de feno carra II ; molendinum qui solvit annone modios LX, de bratio modios VIII. Camba I, que solvit de bratio modios XXX, et de avena modios CXX. Ecclesia I, cum mansis II et dimidium, que solvunt solidos V ; et caballi pastum aut solidos V. Aspiciunt ibi mansus ingeniles XXVIII : solvit unusquisque pro ambasciata IIII^{am} partem carri aut denarios V ; facit de aratura jornales II, ansinga II, corvada II, beneficia II, carropera atque manopera et waitas, pullas III cum ovis, lignare I aut denarios II; XV diebus in monasterio et XV in ipsa villa, aut inter duos homines denarios V; scindelas unusquisque C, pedituram in curte et in prato et in messe. Sunt ibi hospicia XXXIII : duo ex eis faciunt in tertio anno jornales II; ipsi et ceteri faciunt corvadas, vuaitas et beneficia, pedituram. Solvit unusquisque pullos II cum ovis. Faciunt noctes, carropera et manopera. Ducunt ad monasterium omnem decimam quicquid laborant ad opus dominicum.

XII. — Habent in Saturniaco mansum indominicatum vestitum I, cum terra arabili ubi possunt seri annone modios CL. Aspiciunt ibi mansa ingenilia vestita XXVI, apsa XI : solvit unusquisque pro pastione denarios VIII; pro lignari denarios IIII; in ambasciata IIII partem carri in leugis XL aut denarios V; unoquoque anno multonem I aut anniculum I, in tertio anno heredios; et unoquoque anno de conlaboratu suo decimam partem; de matram carrum I, de capronibus carrum I, de stramine carrum I. Facit de aratura ansinga II, corvadas V, carropera atque manopera, pullos III cum ovis. Sunt ibi mansa servilia VIII, apsa II : solvit unusquisque de pastione denarios IIII, de aratura ansinga II, corvadas II, denarios II. Faciunt vuaitas et pullos, pastum et bratios, carropera atque manopera. Pergunt in missaticum. Faciunt omnes de ipsa villa, post omne servitium, XV diebus in monasterio et XV in ipsa villa. Servi faciunt diebus VI. Sunt ibi acle unde exeunt solidi VI. De calciatico solidi III. Recipiunt herbaticos duobus vicibus in anno de alia potestate ; et conlaboratum de ipsis mansis colligitur ad opus dominicum. Exeunt de cavalitio solidi XII. Ducunt ad monasterium omnem decimam quicquid laborant ad opus dominicum.

XIII. — Habent in Villare mansum indominicatum I, cum terra arabili ad modios CCC ; de vinea ad modium I ; de prato ad carra C ; silvam ad porcos tria millia saginandos. Exeunt de silva in censu de annona modios XX, pullos XV. De aqua, quando tempus est, exeunt solidi XVI. Ecclesia I, cum manso, solvit solidos IIII ; et caballi pastum ; alia ecclesia solidos II. Aspiciunt ibi mansa ingenilia vestita XIII, apsa V : solvit unusquisque pro ambasciata dimidium carrum in leugis XL aut denarii X, lignare I aut denarios IIII, pedituram in curte in prato et in messe, scindelas L ; XV diebus in monasterio et XV in ipsa villa ; de aratura jornales II, corvadas II, beneficia, carropera, manopera, pullos III cum ovis, waitas. Sunt ibi hospicia III, que solvit unusquisque pullum I cum ovis. Debent colligere umblonem in silvam. De cavalitio solidi XXXV. Ducunt ad monasterium omnem decimam quicquid laborant ad opus dominicum.

XIV. — Habent in Luviniaca corte mansum indominicatum I, cum terra arabili ad modios XL ; silvam desertam unde exeunt de avena modios VI. Pulli VI cum ovis. Vinea ubi colligi possunt de vino modios XXX. De feno carra XXX. Ecclesia I, que solvit solidos II. Aspiciunt ibi mansa ingenuilia X : e quibus sunt V qui solvit unusquisque pro ambasciata dimidium carrum in leugis XL aut denar. X, lignaris carra IIII, carropera et manopera, pullos VI cum ovis, scindelas CCC, pedituram in curte et in prato et in vinea, in aratura jornales III, corvadas II, beneficia II, vuaitas. Habet ibi hospicium I qui solvit pullum I cum ovis et diem I. De exartis colligitur XI^a garba. De cavalitio solidi XXXVIII. Ducunt ad monasterium omnem decimam quicquid ad opus laborant indominicatum.

XV. — Habent in Teubodi monte mansum indominicatum I, cum terra arabili ad modios C. Sunt ibi vinee ubi possunt colligi de vino modios CXL. Est ibi ecclesia, que solvit solidos II. Aspiciunt ibi mansa ingenuilia VI : solvit unumquodque pro estellis solidos II, de lignari carra IIII, et ad vinee pascellos carra IIII, pullos VI cum ovis, carropera atque manopera. Cavacarii qui reddunt denarios XII. Claudit unusquisque in vinea perticas XII, in curte VI et in messe VI. In tertio anno scindelas CC. Debet ibi habere cambam. De exartis solvunt ut ceteri. Ducunt ad monasterium omnem decimam quicquid ad opus laborant indominicatum.

XVI. — Habent in Laderciaci curte mansum indominicatum I, cum terra arabili. Est ibi ecclesia I, que solvit solidos III. Aspiciunt ibi mansus ingeniles VII : reddunt cuncti pro hosterco solidos II, de lignari carra V, carropera et manopera, pullos V cum ovis. Faciunt dies XV pro ambascatione in leugis XL aut denarios VIII ; pedituram in curte et in messe. Solvunt scindelas C et vuaitas. De cavalitio solvunt solidos IIII. Est ibi ecclesia I, que solvit denarios IIII. Pullus I cum ovis. Ducunt ad monasterium omnem decimam quicquid ad opus laborant indominicatum.

XVII. — Habent in Godonis curte et in Gericorte mansum indominicatum I, cum terra arabili ad modios XL ; de feno ad carra IIII. Aspiciunt ibi mansa ingenuilia VI : reddunt pro hostatico sol. II, lignaris carra IIII, carropera et manopera, pullos VIII cum ovis, in ambascatione dimidium carrum in leugis XL aut denarii VIII. Faciunt diebus XV pediture, in curte III ; scindelas in tertio anno C aut denarius I. De herediis de annona modii II. Aclasii, qui reddunt denarios VII. Pullos cum ovis. De cavalitio solvunt denarios VIII. Ducunt ad monasterium ut supra.

XVIII. — Habent in Muriniaca mansum I indominicatum, cum terra arabili ad duas sationes modios C : possunt ibi colligi de vino modios VI. Ecclesias II, que solvunt solidos X. Molendinum ad duas partes. Aspiciunt ibi mansa ingenilia, vestita IIII et dimidium, apsa II : solvit unusquisque pro hostatico solidos II ; de lignari carrum I aut denarius, de aratura jornales VI, pro ambasciatico dimidium carrum in leugis XL aut denar. X, scindelas CCC aut denarii VII, carropera atque manopera, pullos VI cum ovis, ordei modios II, pedituram in tertio anno, waitas. Sunt ibi X manselli, qui reddunt unusquisque de avena modium I et denaria II, pullos cum ovis, jornales II de aratura, manopera et waitas. Aspiciunt ad ipsam villam mansus II : unus in Vuarembertiacacorte, qui solvit solidos V, et alius in Boviniacacorte qui solvit V solidos, de aratura jornales IIII. Sunt ibi cavacarii, qui solvunt solidos II. Acla que solvit solidum I ; acla alia denarium I, pullum cum ovis. Faciunt XV dies in monasterio et XV in ipsa villa ; ducunt ad monasterium ut supra.

XIX. — Habent in Caplinas mansum indominicatum I, cum terra arabili ad modios C, pratum ad feni carra VI. Ecclesia que solvit solidos X. Aspiciunt ibi mansus ingeniles XIIII : e quibus sunt VIII et dimidium vestiti : solvit unusquisque pro hostatico solidos II, araturam jornales II, corvadas II, lignaris carrum I aut denarios II, pro ambascatione dimidium carrum aut denarios X, carropera et manopera, pullos III cum ovis ; faciunt dies XV in monasterio et XV in silva aut denarios VI, waitas. Sunt ibi hospitia V, que reddunt denarios XII, pullos II cum ovis. De cavalitio exeunt solidi X. Ducunt ad monasterium ut supra.

XX. — Habent in Septem Fontes mansum indominicatum I, cum terra arabili ad modios C ; silvam ubi saginari possunt porci L ; pratum ad carra III. Ecclesia I, cum manso dimidio, que solvit solidum I. Aspiciunt ibi mansus ingeniles XXXIII et dimidium : facit unusquisque de aratura ansinga II, corvadas II, beneficia, carropera et manopera, in ambascatione IIII partem carri aut denarios V, XV diebus in monasterio et XV in ipsa villa, et waitas, et scindelas L ; absque tribus qui solvit unusquisque scindelas C, pullos III cum ovis. Aspiciunt ibi ecclesie II, cum manso I et dimidio : una solvit solidos V, et caballi pastum aut solidos V ; alia nichil solvit. Sunt ibi hospitia IIII, que solvunt unumquodque pullos II cum ovis et III dies, in caplim diem I, et in prato I, et in messe I. Exeunt de cavalitio solidi XLI. Ducunt ad monasterium ut supra.

XXI. — Habent in Rivo mansum indominicatum I, cum terra arabili ubi potest seri de annona modios mille. Habent ibi partem de silva ; vinea ubi potest colligi de vino modios VI ; pratum ad carra LX ; molendinum, qui solvit de annona modios LX ; camba deserta. Aspiciunt ibi ecclesie VII : una in ipsa villa, que solvit solidos II ; alia in Fronvilla, que solvit solidos V, et caballi pastum aut solidos V ; tertia in Piscionem, que solvit solidos V, et caballi pastum aut solidos V ; quarta in Florneio, que solvit solidos V, et caballi pastum aut solidos V ; .. sexta in Hasnonivilla, que solvit solidos VII. Habent in ipsa mansa ingenilia XXV, ex quibus XXIII vestita et V apsa : reddit unumquodque de aratura ansinga II, corvadas II, beneficia, waitas, pro ambasciatico dimidium carrum in leugis XL aut denarios X, carropera et manopera, pullos VI cum ovis, lignare I, scindelas L, pedituram in curte et in prato et in messe, XV diebus in monasterio et XV in ipsa villa. Sunt ibi hospitia IIII : solvit unumquodque pullum I cum ovis, et faciunt quodcumque necesse est. Solvit unusquisque mansus faculas C. De exartis colligitur XI^a garba, et pars conlaborati de apsa terra

recipitur. Exeunt de cavalitio solidi XXXV. Ducunt ad monasterium ut supra.

XXII. — Habent in Macerias mansum indominicatum I, [cum] terra arabili ad modios XL ; pratum ad carra de feno IIII. Aspiciunt ibi mansus ingeniles VIII : duo et dimidium vestiti, et ceteri apsi. Facit unusquisque de aratura ansinga II, corvada II, beneficia, in ambasciatico inter totos carrum I aut denarios XX, lignaris carrum I, faculas XL, waitas, scindelas C, pedituram in curte et in prato in tertio annorum, XV diebus in monasterio et XV in ipsa villa. Recipit partem de apsis terris. Solvunt de cavalitio solidos II. Ducunt ad monasterium omnem decimam quicquid ad opus laborant dominicum.

XXIII. — Habent in Cornaio mansum indominicatum I, cum terra arabili ad modios C ; pratum ad carra de feno XL. Ecclesia I, cum manso I, et de terra bonuaria LX, que solvunt solidos V. Aspiciunt ibi mansa ingenilia XI, vestita IIII cetera apsa : facit unusquisque de aratura ansinga II, corvadas II, beneficia, carropera et manopera, pullos III cum ovis, et inter totos faciunt carrum I et dimidium aut denarios XXV, scindelas C aut denarium I et dimidium, lignare I aut denarios II, faciunt vuaitas, XV diebus in monasterio et XV in ipsa villa. De exartis solvunt XI^a garba et partem de apsa terra. Solvunt de cavalitio solidos III. Ducunt ad monasterium ut supra.

XXIV. — Habent in Crispeio mansum indominicatum I, [cum] terra arabili ad seminandum modios C; silvam ad porcos CCC; pratum ad carra feni XX; ecclesias II, cum duobus mansis, que solvunt solidos V. Aspiciunt ibi mansus ingeniles XV, vestiti VIII, et apsi VII : faciunt de aratura ansinga II, corvadas II, beneficia, in ambasciatico unusquisque carrum I aut denarios XX, carropera et manopera, pullas VI cum ovis, waitas, lignaria II aut denarios IIII, scindelas CCC aut denarios IIII, XV dies in monasterio et XV in ipsa villa aut denarios XX, pedituram in curte et in messe et in prato. De exartis XI^a garba et pars conlaborati de apsa terra. Ducunt ad monasterium ut supra.

XXV. — Habent in Bracheio mansum indominicatum I, cum terra arabili ad modios XX ; silvam munitam ; pratum ad feni carra II. Ecclesia, que solvit solidos V ; et alia que solvit denarios XIII. Aspiciunt ibi mansus ingeniles II : facit unusquisque de aratura ansinga II, corvadas II, beneficia, lignaris carra IIII aut denarios III, pedituram in curte et in messe, XV dies in monasterio aut denarios X, waitas, carropera et manopera, unusquisque pullos III cum ovis. De cavalitio exeunt solidi III. Ducunt ad monasterium ut supra.

XXVI. — Habent in Badulfi curte mansum indominicatum I, cum terra arabili ad seminandum modios CC ; pratum ubi potest colligi feni carra XXX ; pro ambascatione IIII partem carri aut denarios V. Aspiciunt ab ipsum mansum mansa ingenilia VIII, unus est vestitus et alia apsa ; debent de aratura ansinga II, corvadas II, beneficia, lignare I aut denarios II, pullos VI cum ovis, pedituram in curte et in messe et in prato, carropera et manopera, XV diebus in monasterio et XV in ipsa villa; faciunt waitas, et pars conlaborati de apsa terra. De cavalitio exeunt denarii IIII. Ducunt ad monasterium ut supra.

XXVII. — Habent in Bitiniacacurte mansum indominicatum I, cum terra arabili ubi potest seri de annone modii CC; pratum ad carra III. Vinea ad modium I. Molendinum I. Est ibi ecclesia I, cum manso I, que solvit soldos V; et caballi pastum aut solidos V. Aspiciunt ibi mansus ingeniles XVI : sunt de ipsis vestiti V, ceteri apsi. De aratura reddunt ansinga II, corvadas II, beneficium, Pro ambasciatico carra III in leugis XL aut solidos V. Solvit unusquisque mansus pullos III cum ovis, scindelas C aut denarium I, pedituram in curte, XV dies in monasterio et XV in ipsa villa. Faciunt waitas. De prandio unusquisque mansus solvit de mixtura modios VI. Camba I, que solvit annone modios XXX. De cavalitio exeunt solidi XV. Ducunt ad monasterium omnem decimam quicquid ad opus laborant dominicum.

XXVIII. — Habent ad Sanctam Theodosiam mansum indominicatum I, cum terra arabili ad seminandum modios C. Est ibi ecclesia I, cum manso I, que solvit solidos V, et caballi pastum aut solidos V. Pratum ad carra X. Vinea ad modios XVI de vino. Molendinum ad duas partes. Aspiciunt ibi mansa ingenilia vestita XXIII apsa VI : solvit unusquisque pullos III cum ovis. De aratura ansinga II, corvadas II, beneficia. Unusquisque mansus solvit lignaris carrum I aut denarios III ; faciunt caplim diebus VIII aut denarii III. In ambasciatico IIII mansus solvunt carrum I in leugis XL aut denarios XX, de pastione unusquisque mansus de ordeo modium I, in tertio anno pedituram in curte aut denarios II, XV dies in monasterio et XV in ipsa villa, waitas. Hospitium I, quod solvit denarios IIII, pullos IIII cum ovis. De cavalitio solidi XVIIII et denarios V. Ducunt ad monasterium ut supra.

XXIX. — Habent in Tilio mansus III apsos, ad partem conlaborati.

XXX. — In Alsono habent mansum I indominicatum, cum terra arabili ad seminandum modios XL ; vineam ad modios XII ; pratum ad carra VIII. Aspiciunt ibi mansus ingeniles XII, vestiti VI, alii apsi. Pro ambasciatico carrus I aut denarii XXX, unusquisque mansus lignarii carrus I aut denarii II, in tertio anno peditura in curte aut denarii II, de aratura ansinga II, corvadas, beneficia, waitas, carropera et manopera, scindelas C aut denarium I. Solvit unusquisque mansus de pascellis carrum I. Faciunt dies VIII et dimidium aut denarios XII. Unusquisque mansus solvit pullas III cum ovis, de cavalitio solidos III. Ducunt ad monasterium omnem decimam quicquid ad opus laborant dominicum.

XXXI. — Habent in Malsona mansum I et dimidium, tenet presbiter, qui solvit solidos III. Aspiciunt ibi mansus I et dimidium. De aratura ansinga II, corvadas II, beneficia, de caplin diebus VIII, de lignari carrum I aut denarios II, in ambasciatico carrum in leuga XL, carropera et manopera. Unusquisque mansus solvit pullos III cum ovis. Est ibi mansus unus qui solvit pullos IIII cum ovis. De cavalitio solidi V. Ducunt ad monasterium ut supra.

XXXII. — Habent in Venuerias mansum indominicatum I, ubi adjacent mansa VII et dimidium. Unusquisque mansus debet in anno XVIII denarios, et III panes, et membra de uno porco, et II sextaria avene, et unum pullum cum ovis, et unam minutam. Debent carropera in leugis XVIII, et debent IIII jornales qui habent L perticas in longum et unam in latum, que pertica habet XV pedes. Debent arare et seminare, debent corvadam similiter arare et seminare, faciunt excussuram XXX sextaria, secant pratum indominicatum qui levat ad X carra feni, solvunt scindelas L. Et sunt III mansi : unus conjacet in Piliaca villa ; alius in Cambaca villa ; tertius in Venuerias, et solvunt denarios V. Et est silva ad CCC porcos saginandos. Et de cavalitio et de eulogiis exeunt III solidi, et VII panes, et VII spatule, et III sextaria avene. Inter totum exeunt XII solidi, excepto pane, et carne, et avena, et carropera, et excussura, et scindele, et jornales, et corvade.

XXXIII. — Habent in Bertini monte mansum indominicatum I, cum terra arabili ad seminandum modios XX ; pratum ad carra VI feni. Aspiciunt ibi mansa ingenilia II vestita. De aratura ansinga II, corvadas II, beneficia, carropera et manopera ;

faciunt vuaitas, in tertio anno pedituram in curte, scindelas CCCL. Solvit unusquisque mansus pullos III cum ovis. De cavalitio solidi VII. Ducunt ad monasterium quicquid ad opus laborant dominicum.

XXXIV. — Habent in Gegiaco mansum indominicatum I, cum terra arabili ad seminandum modios XXV. Vinea ubi potest colligi de vino modios III. De aratura ansinga II, corvadas II, beneficia. Aspiciunt ibi mansa vestita V et apsa I et dimidium. Pro ambasciatico unusquisque denarios XX; lignare I aut denarios IIII; pro hostalitio denarios X; faciunt diebus VIII aut solvunt denarios III; arietem I aut denarios VI; pullos III cum ovis. Habet ibi apsa terra unde exeunt denarii XII. De pastione solvit unusquisque ordei modius I, et decimas de illorum conlaboratu. De cavalitio exeunt solidi V. Ducunt ad monasterium ut supra.

XXXV. — Habent in Torciaco mansum indominicatum I, cum terra arabili ad seminandum modios XL. Aspiciunt ibi mansa ingenilia V et apsa II. Inter duas sationes ansinga II, corvadas II, beneficia. De pastione solvit unusquisque ordei modium I, decimam de illorum conlaboratu, de lignari carrum I aut denarios IIII; pullos III cum ovis; pro ambasciatico IIII partem carri aut denarios V. In tribus festis solvit unusquisque denarios II. De cavalitio exeunt solidi II. Ducunt ad monasterium ut supra.

XXXVI. — Habent in Rumenulfi curte mansum indominicatum I. Aspiciunt ibi mansa IIII, et manent ibi homines VIII qui faciunt in anno de aratura jornales XIIII, lignaris carri VIII, pullos XXVII cum ovis, scindelas DCCC, carropera in leugis XXX, caplim noctibus XV, pedituram unusquisque in curte et in messe et in prato. Exeunt de capilitio solidi XII, et de forasticis terris solidi III. Faciunt carropera et manopera.

XXXVII. — In Aliniacacorte habent terras indominicatas in quibus possunt seri modios LX, de feno carra XII. Aspiciunt ibi mansa II et dimidium, qui faciunt in anno de aratura jornales V, corvadas et beneficia, scindelas CC, lignaris carra IIII, pullos VIIII cum ovis, pedituram in sepe, carropera in leugis XX, in hostolitio solidos IIII et denarios IIII, carropera atque manopera. Airmirus et Vuarnevertus juraverunt et dictaverunt.

Sunt in summa (1) mansa VI et dimidium et de exartis jornales C, ac terre indominicate ; de argento solidi XVIIII, denarii IIII ; feni carra XII ; lignaris carra XII ; pullos XXXVI cum ovis ; scindelas mille et C.

XXXVIII. — Habent in Vulcenias XV mansa, in VII et dimidio nichil accipiet advocatus, in VII aliis et dimidio accipiet ista : in unoquoque I minam frumenti, et I minam avene. Et semel in anno I placitum, in quo de unoquoque homine in predictis mansis habitante IIII denarios accipiet. Et in festo sancti Remigii de unoquoque homine I minutam propter vuaitam. Si vero aliquis ullam torturam

(1) Ce total se rapporte aux n°⁸ XXXVI et XXXVII.

Sancti Petri homini cuiquam fecerit aut de homine, aut de terra, seu de silva, aut de aqua, si ministerialis Sanctorum per se justiciam adquisierit, nichil accipiet.

XXXIX (2). — Apud Sefonte sunt mansa CXIIII, que debent in unoquoque anno unumquodque sextarium I avene, II armos, II panes, II denarios, III gallinas cum XV ovis, de lignari II denarios, et dies bannales.

XL. — Apud Tilloicum sunt mansa XV, que eandem quantitatem debent que dicta est supra. Est ibi et alia terra exsomata, que debet in Natale Domini XI solidos et II denarios.

XLI. — Apud Summam Veram sunt mansa XXVI quadra minus, que debent oblationes integras. Est et alia terra, que debet de censu XL solidos minus II denarios.

XLII. Apud Lutosas sunt mansa LV, que debent oblationem integram. Alia terra ibi debet de censu XXII solidos.

XLIII. — Apud *Rimbert Masnil* sunt XXV mansa, que debent oblationes integras. Alia terra ibi debet de censu VII solidos et dimidium.

XLIV. — Apud Brilerium sunt XIIII mansa, que debent oblationes integras. Alia terra ibi debet de censu IIII solidos et X denarios. — (*Cartul.* t. I, fol. 120 r° 129. r°).

---

(2) Les nos XXXIX-XLIV, sont d'une main plus moderne.

In precariis quoque ista habentur.

XLV. — In summa Blesa et Gihini corte et Gundrici corte habet Rotlaus in sua precaria mansum indominicatum I, continentem jornales II. Aspiciunt ad ipsum mansum ancinga XVII, in quibus sunt jornales XC; aliam terram arabilem indominicatam, continentem jornales VIIII ; de terra ad pastum jornales V; molendinum I; mancipia CLXIII. Alia mansa XI et dimidium, continet unumquodque jornalem I ; manent ibi homines XX, solvunt solidos XXIII de terra servientibus dispertita. Habet in Gihini corte vel in finibus ejus jornales CCCXX, in contentione sunt jornales II ; et in Gundrici fine jornales CCCLXX, ac pratum. In Bosonis corte mansum I, continentem jornalem I; mansa apsa II, quemque continentem jornalem I ; et de terra indominicata jornales CIIII ; de terra servientium jornales VI. Pro quibus rebus dedit Rotlaus in Ebbonis villa mansum indominicatum I, continentem in longitudine perticas XX et pedes VII et in latitudine perticas X et pedes VIIII. Alia mansa vestita V, et apsa III, que continent jornales VIIII ; de prato jornales XIIII ; de terra arabili jornales CC ; mancipia XXXV. De ecclesia I ex medietate dedit quartam partem.

Sunt in summa : mansa XXV et dimidium, et farinarium I, ac mancipia CLXIII, et de argento libra I, solidi III.

XLVI. — In prestaria Girherii sunt mansus III :

primus continet jornalem I ; secundus in longitudine perticas XXIII et a fronte perticas XVI ; tertius in longitudine perticas XVI et a fronte perticas XIII. Aspiciunt ibi de terra arabili jornales CCCXCII ; de prato ubi possunt colligi feni carra XII ; de farinario I quartam partem ; et de ecclesia I, quartam partem ; mancipia XLIIII. Pro quibus dedit mansum I, habentem in longitudine perticas XXII et a fronte perticas III ; et de terra arabili jornales XXX ; de prato in quo possunt colligi feni carrra III.

Sunt in summa : mansa IIII et farinarium I, de feno carra XV, ac mancipia XLIIII.

XLVII. — In prestaria Ailonis et Merulfi est mansus I, continens in longum perticas XXX, in latitudine perticas XXIII ; de terra arabili jornales CCCXX ; de silva minuta jornales CCC ; mancipia XVIII.

Sunt in summa : mansus I, et mancipia XVIII.

XLVIII. — In Vulfini corte habet Venulfus in precaria mansus apsos II, continentes jornales V et de terra arabili jornales CXV ; quod vero postea extirpavit vel conquisivit sunt jornales LX, conjacentes in ipsa fine vel in ipsa villa ; de prato jornales VI. Pro quibus dedit in ipsa villa mansum I, habentem in longum perticas XX, in latitudine perticas VIIII ; de terra arabili jornales XXX. In ipsa fine conjacent quod postea conquisivit vel extirpavit jornales LX, et de prato jornales IIII. In Olonna habet ecclesiam I, ad quam aspiciunt de terra arabili jornales XXXIII, de prato jornales III. Aspicit ad eamdem ecclesiam mansum I, in quo habentur jornales X, et de prato jornalis I. Habet in beneficium mansum indominicatum I, continentem jornales II, et habet in ipso manso hospicia V, de terra arabili jornales XCIII, silvam communem. Alia mansa IIII : manent ibi homines VIII. Aspiciunt ad ipsa mansa de terra arabili jornales CXXIIII, de exartis jornales XXXVII et dimidium ; mancipia inter majores et minores C ; farinarium I. Solvit in anno de annona modios XII. Ex ponto exit de sale modios VIII, de denariis libra I. Propter hoc dedit in Oherecacurte mansum I, in quo manet homo I ; de terra arabili jornales XV ; mancipia XV.

Sunt in summa : mansa XI, et hospicia V, et ecclesia I, ac mancipia CXV, salis modii VIII, de argento sol. I.

XLIX. — In Maurini monte habet Harduinus in sua precaria mansa vestita II. Unus mansus indominicatus habet in longum perticas X et pedes VIII, in latitudine perticas VIII et pedes V ; de terra arabili jornales CXV ; de prato ad carra XV. Alter mansus habet in longum perticas XV et pedes VIII, in latitudine perticas VIII et dimidium ; manent ibi homines IIII. Habet de terra arabili jornales LXXX ; de prato ad carra V ; mancipia XX solvunt solidos II et denarios VIIII. Pro quibus dedit mansum I, habentem in longum perticam I et pedes VII, de una fronte pedes VII et de alia perticas II ; de terra arabili jornales LXIIII ; de prato ad carra IIII ; de silva ad porcos saginandos C ; solvit solidos X.

Sunt in summa : mansus III, de argento solidi XII, denarii VIIII, feni carra XXIIII, mancipia XX, silva ad porcos C.

L. — In Matiniacacorte habet Ragenarius in precariam mansum indominicatum I, continentem in longum perticas XIIII, in latitudine XIII ; mancipia XXVI ; de terra arabili jornales XLI ; terra in contentione jornalis I ; de prato carra LX ; farinarium I, solvit annone modios LX. Habetur ibi ecclesia que continetur in sella habentem in longum perticas XVII, a fronte perticas XI. Alia mansa VII : unus habet in longitudine perticas XV et et pedes VII, a fronte perticas III et pedes VI ; alius mansus in longum perticas XXII, in latitudine V et dimidium ; tercius in longum perticas XXXIII et pedes V, in latitudine perticas III ; quartus in longitudine perticas XXXVI in latitudine perticas IIII ; quintus in longitudine perticas XXVI, in latitudine VI ; sextus in longitudine perticas XIIII et pedes VI, in latitudine perticas X et pedes VII ; septimus in longitudine perticas XIIII, et in latitudine perticas VI. Hospitium I, manent ibi homines VI, et solvunt solidos XI ; faciunt corvadas, jornales et beneficia, lignare, noctes XV et manopera, pullos XVI cum ovis. Pro quibus dedit mansum I, habentem in longitudine perticas XXXII et pedes VI, et in latitudine perticas XVIIII et pedes VII ; de terra arabili jornales XII et dimidium.

Sunt in summa : mansa VIIII, hospitium I, ecclesia I, farinarium I, mancipia XXVI, de argento solidi XI, pullos XVI, de feno carra LXXV, annone modii LX.

LI. — In prestaria Herimanni est mansus indominicatus I, continens in longitudine perticas XII, in latitudine perticas IIII et dimidium ; de terra arabili jornales LV ; de prato jornales V. Propter hoc dedit mansellum I, continentem in longitudine perticas VI, in latitudine perticas II et dimidium ; de terra arabili jornales VI ; de prato jornale I.

Sunt in summa : mansa II.

LII. — In prestaria Lantboldi habetur de terra jornales XIIII ; de prato ad carra VI. Propter hoc dedit olcam I, continentem jornale I ; de alia terra jornales V ; de prato ad carra II.

LIII. — In prestaria Teotane est de terra arabili jornales XXX ; de prato ad carra XII.

LIV. — In prestaria Waldredane in Laderziaca corte est mansum I, habens in longitudine perticas XX, de una fronte perticas XVIII, et de alia fronte perticas XIII, dispertitum per VI partes. Aspiciunt ad ipsum mansum de terra arabili jornales CLXXXVIII ; mancipia VIIII. Solvunt pullos XVIII cum ovis, scindelas DC, frescingas VI de sex denariis, de lignari carra VIII, jornalia, corvadas, et beneficia. In villa Taria mansum I, continentem in longitudine perticas XIIII, de una fronte perticas VII, et de alia perticas VI ; alius mansus in longitudine perticas X, in latitudine perticas V, et pedes VI ; tertius mansus cum vinea in longum perticas VIIII, in latitudine perticas VII ; hospicium I ; de terra arabili jornales

CCII ; de prato ad carrum I ; solvunt agnos agniculos II. Propter hoc dedit in Laderziacacorte mansum I, habentem in longitudine perticas XXVIIII, in latitudine perticas VIII ; in Taria olcam I, habentem jornale I.

Sunt in summa : mansa V, hospitium I, mancipia VIIII, lignaris carra VIIII, pullos XVIII, scindelas DC, frescingas VI, et agniculi II.

LV. — In villa Rentia habet Artoisus de terra arabili jornales XXX ; de prato ad carra VIII.

LVI. — In Cataracta habet Emmo mansum I, quem ipse dedit ; et de terra arabili jornales XL.

LVII. — In Bosonis corte habet Folculfus de terra arabili jornales XX.

Sunt in summa de rebus ipsius ecclesie, que in precariis habentur :

Mansa LXI.

Hospicia VII.

Preter aliam terram arabilem, jornales CXLVIII.

Ecclesie II.

Farinarii III, quorum unus solvit de annona modios LX.

De argento libre II, solidi VII, denarii VIIII.

Frescinge VI.

Agniculi II.

Mancipia CCCXCV.

De feno carra CXXX, preter jornales XL de prato.

Lignaris carra VIIII.

Scindele DC.

Pulli XXXIIII.

(*Cartul.*, t. I, fol. 129 r° fol. 131 v°).

2. — 15 février 692. — *Privilegium Berthoendi.*

Dominis sanctis et summi culminis Apostolice Pontificalis cathedre speculis presidentibus, in Xpisto fratribus seu coepiscopis Rigoberto metropolitano, Basino, Stephano, Adalberto, Aloni, Madalgario, licet indignus in ordine, tamen Katalaunensium episcopus, supplex in Domino mitto salutem. Quamquam prisce regule decreta nos doceant, et que oportet perenniter custodire, et patrum consueta indiminute servare, attamen et nos super hec regulariter decernentes, vota supplicum et maxime orthodoxa fide fulgentium, ut illi provisione tractantes eorum petitionibus libentissimo animo volumus affectum mancipare. Quoniam igitur gloriosus domnus Clodoveus rex, et vir inlustris Pipinus major domus, pro religiosa sollicitudine perspicue nobis postulasse noscuntur, ut privilegium monasterio Puteolos in vasta Dervi, in honore beatorum apostolorum Petri et Pauli, et santi Johannis Baptiste, et sancti Johannis evangeliste, seu et omnium sanctorum, a viro religiosissimo sancto Berchario, ubi et ipse abbas preesse videtur, ex munificentia quondam Childerici regis constructo; seu et alio monasterio puellarum super fluvium Vigore etiam et Dria, in Dervo in fine Flaciniacense, quod Waimerus et conjux sua Waltidis, et domnus Bercharius abbas pariter construxerunt. In quo loco sacrata Waltidis mater esse videtur multarum virginum presenti tempore, et se cum eis multimode aggregationis agminibus pie devotionis paribus studiis sociaverunt in Dei laudibus, uno regule spiritu superna inspiratione commota ad laudes omnipotenti Deo concinendas pium exhibet famulatum, conferre deberemus.

Quod salubriter annuentes, hoc privilegium, quod plena devotione petierunt, perenni auctoritate servandum libenti animo prestitisse comperite. Nec enim nova postulantium vel indulgentium est auctoritas privilegium largiendi, dum profecto cunctis retro Apostolice Sedis presules, unde sacra propagatur auctoritas non solum in vicinis provinciis constitutis, sed etiam in ceteris longe regionibus procul sitis postulata semper indulgenda sanxerunt. Unde obscero domnos successores ecclesie prenotate pontifices, satis superque per omnipotentiam Trinitatis immense, Patris, et Filii, et Spiritus Sancti obtestare, immo conjurare presumo, ut commendatum prenominatum monasterium piis mentibus jubeant diligere, jubeant fovere, jubeant continere, jubeant conservare. Et ne succidua fraternitas sacerdotum hoc nos in regionibus proprie deliberationis instinctu, aut nova inventione estimet decreta fuisse, cum sub hujus constitutionis norma sanctorum Agaunensium locus, immoque et monasterium Lirinense, seu monasterium Luxoviense, multaque alia monasteria, necnon et basilica domni Marcelli, et innumera in Orientis partibus monasteria, propriis ex decreto pontificum servantur servilegiis.

Ego uno conspirationis consensu, Dei nutu, antedictorum patrum religionem pensantes, ita ab omnibus decretum est, ut nullam dominationem nos successoresque nostri in superscripta monasteria virorum seu puellarum virginum, ubi sunt congregati, quod pro salute animarum suarum predictus vir Bercharius et Waimerus seu et conjux sua Waltidis una pariter construxisse noscuntur habeamus : quatinus eis liberius liceat, Deo juvante, sine impedimento rei alicujus, contemplativam vivere vitam. Et cum pater monasterii fuerit de seculo evocatus, quem unanimiter omnis congregatio ipsorum servorum Dei undecumque sibi optime regulam compertam elegerunt, seniorem sibi abbatemque constituant : seu et cum mater Virginum de seculo fuerit evocata, quam unanimiter omnis congregatio ipsarum ancillarum Xpisti undecumque sibi optime regulam compertam elegerint, sibi seniorem matrem una cum consilio monachorum Dervensium fratrum abbatissam instituant ; et si eis opportunum fuerit abbatem benedicendi, aut chrisma consecrandi, vel sacros ordines percipiendi, hoc tantummodo nobis propter canonicam institutionem et prejudicium ecclesie nostre absque ullo motu reservamus.

Ceterum vero, ut superius continetur, nullam potestatem aut dominationem neque nos vel archidiaconus, successoresque nostri, vel quelibet persona habere non debeat, aut quamcumque de eodem monasterio vel cellulis ejus, et parochiis aut ceteris monasteriis causam audeat presumere vel auferre. Et si aliquid ipsa congregatio de earum religione tepide egerint, secundum regulam sancti Benedicti vel domni Columbani ab eorum abbate vel abbatissa, qui pro tempore spiritalis pater vel mater extiterint corrigantur. Nam nullum pontificium a nobis, neque a successoribus nostris in eodem monasterio pro causa cupiditatis, aut (quod absit) avaritie habeatur; sed proprio in Dei nomine fruantur privilegio. De rebus namque prefatis, constructoribus ejusdem sancti monasterii pro sustentatione predictorum sanctorum monachorum, puellarum virginum, victum quoque ac vestitum collatum, seu a ceteris Deum timentibus personis in antea collaturis vel a regia potestate fuerit concessum, nihil ex hoc neque pontificum, nec quarumlibet personarum distrahendi minuendive causa, potestas omnimodo non habeatur, nisi in matribus vel patribus ejusdem monasterii, suisque prepositis, gubernandi, regendi, dispensandique arbitrio seu dispensatione consistat. Ideo quoque prestitimus privilegium, quia nichil de canonica auctoritate convellitur, quicquid domesticis fidei et maxime contemplativam vitam ducentibus, pro quiete tranquillitatis tribuitur. Quod si quis calliditate aut cupiditate preventus, ausus fuerit ea que sunt superius comprehensa temerario spiritu violare, a divina ultione prostratus, reatui anathematis subjaceat, veniatque super eum lepra Naaman Syri, excommunicatusque a sancta efficiatur Ecclesia catholica. Et nichilominus hoc privilegium perpetuis temporibus maneat in corruptum. Que constitutio nostra ut firmius subsistat temporibus, manus nostre subscriptionibus est roborata. Et ut plenius confirmetur, ceteris fratribus et coepiscopis, qui ad presens non fuerunt, destinavimus insuper roborandam. — Actum Remis publice data quem fecit mensis Februarius die decimo quinto anno secundo gloriosi domini nostri Clodovei regis. — *Cartul.* I, fol. 4 v°.

3. — 801. — 814. — *Preceptum Karoli Magni.*

Karolus, Dei favente clementia imperator augustus, et triumphator perpetuus, Aledranno fideli nostro salutem. Mandamus atque precipimus, ut mansa, que satelles tuus Godo in Ledriacicurte et Targia injuste possidet, cum omni integritate reddi facias; et quod injuste commisit, legaliter emendet. Vide autem, ut hoc mandatum ita perficias, sicut de nostra gratia vis gaudere. — *Cartul.* I, fol. 20 v°.

4. — 22 Sept. 829. — *Testamentum Harduini, presbiteri.*

Domino Deo sacro sancta basilica S. Petri et S. Pauli est monasterium in Dervo constructum. quem donnus Bercharius construxit in pago Pertense super fluvium Vigere et Alsmantia, ubi Haudo abbas et sui monachi desserviunt. Ego in Dei nomine Harduinus, presbiter, cogitavi de Dei timore intuitus ad aliquid de peccatis meis minuendis, propterea dono ad monasterium S. Petri et S. Pauli res meas quas habeo in pago Barrense, et finis Lacgea, et in ipsa villa, et in fine Marimega, et in fine Waerea, hoc est mansis, et super ipsis mansis casis, campis, pratis, pascuis, silvis, aquis aquarumve decursibus, tam de propriis quam de comparatis, vel de qualicumque causa vel ingenio ad me legibus pervenit, omnes res meas quascumque, sicut superius diximus, totum ad integrum ad ipsum monasterium SS. Petri et Pauli Dervense vel Haudoni abbati dono, trado, transfundo, ita ut ab hac die ipse Haudo, abbas, vel agentes in ipso monasterio qui ibidem deserviunt de ipsis rebus sicut facere volunt vel dominari, liberam et firmissimam habeant in Dei nomine potestatem ad faciendum, nullo contradicente. Si quis vero de heredibus meis, quod fieri non credo, vel aliquis, qualibet opposita presumptione, contra testamentum istud venire voluerit, non liceat illi vindicare quod preripuit, sed inferat una cum socio fisco ecclesie auri libram 1 et argenti pondera II fisco multam sustineat, et ut testamentum istud firmum permaneat stipulatione subnixa. Actum Barrense castro sive ad *Morimunt*, ubi levatum est istud testamentum X Kal. octobris anno quinto decimo regnante donno nostro et piissimo imperatore Lucdowico. S. Harduini, presbiteri, qui testamentum istud fieri et confirmari rogavit; S. Arnulfi, germani sui; S. Archeri; S. Raimfridi ; S. Elbrant; S. Eldewalt; S. Gautfini; S. Floteri ; S. Flutgis; S. Fluderig ; S. Girouum ; S. Riculfi; S. Arieri; S. Teudalt; S. Giirari; S. Bertulfi; S. Ufonis; S. Rogeri; S. Emonis; S. Raimhardi, presbiteri, qui hec scripsit. Ego Harduinus, pres biter, cum tribus heredibus meis subscripsi. — *Cartul.* I, fol. 11 v° 12 v°.

5. — 19 Octobre 833. — *Privilegium Lucdowici regis.*

In nomine Domini et Salvatoris nostri Jhesu Xpisti, Lucdowicus divina ordinante providentia imperator augustus. Si locum, quo olim monasticus ordo viguerat, in edificiis relevari, et eamdem vitam monasticam reformari facimus, et liberalitatis nostre munere de beneficiis a Deo nobis conlatis eidem loco, unde servi Dei inibi consistentes in hanc mortalem vitam aliquod subsidium habere valeant, aliquid conferimus ; id nobis et ad hanc transitoriam vitam feliciter peragendam, et ad eternam perpetualiter optinendam profuturum liquido credimus. Idcirco nosse volumus omnium fidelium nostrorum tam presentium quam et futurorum industrie, qualiter Haudo venerabilis abbas monasterii, cujus vocabulum est *Ders*, quod constat esse constructum in pago Pertense super fluvium Viera, quod olim vocabatur Puteolus, et dicatum in honore S. Petri, principis apostolorum, ac S. Bercharii, cujus corpus ibidem requiescit ; quique idem ipsum monasterium a novo opere construxerat, et monachos sub regula S. Benedicti vitam degentes collocaverat ; nostram adiens serenitatem, innotuit mansuetudini nostre, quod eadem monastica vita penitus in eodem loco abolita esset et in canonicum ordinem transierat : petiitque ac supplici postulacione deprecatus est, ut nostra auctoritate eamdem monasticam vitam reformari, et habitabula ad hanc vitam congrua reficiendo aptari permitteremus. Cui, sicut dignum erat, gratias egimus, et ea que deprecabatur ei fieri permisimus. Insuper et ut hoc quod idem ipse deprecabatur melius peragere, et servi Dei, qui inibi degere constituti et constituendi erunt, aliquod subsidium ex nostra largitione habentes libentius Deo servire potuissent ; complacuit nobis pro mercedis nostre augmento et eterne retributionis fructu quasdam res nostre proprietatis, sitas in comitatu Breonense, id est villam ac beneficium illud, cujus vocabulum est Dodiniaca curtis, habentem mansus XII, quam hactenus wassalus noster nomine Hisembertus, nostra largitione in beneficium habuisse dinoscitur, cum omni integritate, id est cum mancipiis utriusque sexus, cum domibus, edificiis, ecclesiis, terris cultis et incultis, silvolis, pratis, pascuis, aquis aquarumve decursibus, molendino, vel quicquid ad denominatam villam juste et legaliter pertinere dinoscitur, et nostri juris ac possessionis in re proprietatis est, totum et ad integrum per hoc nostre auctoritatis conscriptum ad antedictum monasterium, quod, sicut diximus, *Ders* nuncupatur, sollempniter delegare, ea videlicet conditione, ut a prelatis et monachis Deo inibi militantibus perpetua possessione teneatur ac possideatur. Et ut hec nostre concessionis ac largitionis auctoritas inconvulsam et inviolabilem obtineat firmitatem, manu propria nostra subter eam firmavimus et anuli nostri impressione adsignari jussimus. S. Lucdowici serenissimi imperatoris. Data XIIII kal. novembr. anno Xpisto propicio XVIIII donni Lucdowici piissimi augusti, indictione X. Actum Aquisgrani palatio regio in Dei nomine feliciter. Amen. — *Cartul.* I, fol. 12 v°.

6. — 843. — *De Manso* I *in Villa Saura Terra.*

Si aliquid de facultatibus nostris ad loca sanctorum condonamus eternam procul dubio mercedem in futura retributione nos recipere confidimus. Idcirco notum sit omnibus sancte Dei Ecclesie fidelibus tam presentibus quam futuris, quod ego in Dei nomine Adalacrus, cogitans de salute mea et eterna retributione et peccatorum meorum remissione S. Petro dono mansum unum cum appendiciis suis in villa Saura Terra in comitatu Brianensi.. Sine conditione vel absque ullius contradictione et repetitione terram illam perpetualiter possideant, et quicquid exinde facere voluerint, tenendi, habendi, possidendi liberam in omnibus habeant facultatem, sicut per presentem ancillam meam nomine Rothildem legalem vestituram et traditionem, astantibus amicis meis, ad altare S. Petri pro remedio conjugis mee facere decrevi. Si quis vero, aut ego ipse, aut ullus de heredibus meis, aut aliqua suspecta persona contra hanc donationem venire voluerit, quod absit, aut eam quolibet modo infringere temptaverit, imprimitus iram Dei omnipotentis incurrat, et excommunicatus a consortio xpistianorum cum Dathan et Abiron penas inferni sustineat, insuper et fisco regio auri libras centum coactus exsolvat, et quod repetit evindicare non valeat; sed hec presens traditio stabilis et firma permaneat constipulatione subnixa. Datum II nonis julii anno IIII regnante Karolo rege feliciter. Actum in Dervo monasterio publice. S. Rohenci ; S. Runieri ; S. Bovonis ; S. Gislefredi ; S. Maddeverti ; S. Archenoldi ; ego Rotfridus hec scripsi. — *Cartul.* I, fol. 14 v°.

7. — 5 mai 845. — *Privilegium Karoli regis.*

In nomine Sancte et Individue Trinitatis Karolus gratia Dei rex. Si utilitatibus locorum divinis cultibus mancipatorum, servorumque Xpisti inibi Deo famulantium necessitatibus providemus, regie celsitudinis opera frequentamus, ac per hoc eterne beatitudinis gloriam facilius nos adepturos omnino confidimus. Itaque notum sit omnibus sancte Dei Ecclesie fidelibus, et nostris presentibus atque futuris, quia benignus Deumque timens ac noster fidelis et valde amabilis Altmarus, rector monasterii Dervensis, quod est constructum sub honore gloriosorum apostolorum Petri et Pauli, ubi etiam sanctorum martyrum Bercharii et Theodosie corpora veneranter habentur humata, necnon et monachi ejusdem loci culminis nostri adeuntes serenitatem, humiliter petierunt clementiam nostram, ut ob prefati loci utilitatem, et eorum commodorum successorumque illorum perpetuuam augmentationem, quasdam villas eidem loco jure pertinentes, et ab eodem Altmaro usibus eorumdem monachorum rationabiliter deputatas, per preceptum celsitudinis nostre eas confirmare illis non denegaremus. Nos igitur pro amore Dei et reverentia predictorum sanctorum, voto prenominati fidelis nostri Altmari, premissorumque monachorum precibus clementer annuimus ; et ita concessisse cunctis notum esse volumus. Quarum quoque omnium rerum sive villarum vocabula huic nostre auctoritati indere jussimus ; id est villam Summam Vigram, que habet XIIII mansa, et basilicam ejusdem ville cum suis appendiciis; villam Mortrium que habet mansa XX, cum sua basilica ; villam Tilium, que habet mansa V, cum basilica ; villam Sauram Terram cum mansis XXII et propria basilica ; Dudiniacam curtem cum mansis XVII et propriis basilicis ; villam *Brah* cum mansis XVIII et propria basilica; in villa Cappas mansum unum. Has denique villas et basilicas cum omni plenitudine, id est cum mancipiis et terris cultis et incultis, vineis, pratis, sylvis, pascuis, aquis, molendinis, aquarumque decursibus, exitibus et regressibus, et quicquid iidem monachi in jam dicto monasterio, seu in his locis vel villis, nutrimentis ad eorum sublevandam necessitatem facere possunt, simul etiam et omnem elemosynam, quam Dei fideles pro absolutione peccatorum eorum illis contulerint, veluti a supradicto fideli nostro Altmaro institutum et deputatum esse cognoscitur, per hanc precellentie nostre auctoritatem plenius confirmamus : videlicet ut nullus hominum, qualibet occasione, aut certe temeraria presumptione, a potestate et dominatione ejusdem loci monachorum de eisdem villis sive rebus aliquando aliquid subtrahere aut minuere, et in suos usus retorquere conetur ; sed, sicuti a nobis regali institutum est, liceat ipsis eorumque successoribus, nostris et futuris temporibus, easdem vilas, easdemque res tenere, et cum omni pace, ad honorem ejusdem monasterii, atque ad eorum sublevandam necessitatem disponere et ordinare ; et pro salute anime nostre ac totius xpistiani populi perpetua felicitate, piissimi judicis Domini nostri Jhesu Xpisti misericordiam assiduis precibus implorare. Ut autem hec celsitudinis nostre auctoritas pleniorem semper in Dei nomine obtineat firmitatem, manu nostra subter eam firmavimus, et de anulo nostro sigillari jussimus. S. Karoli gloriosissimi regis. Eneas notarius ad vicem Lucdowici recognovit. Data III nonas maii, indictione VIII anno V regni prestantissimi regis Karoli. Actum in Compendio palatio regio in Dei nomine feliciter. Amen. — *Cartul.* 1, fol. 15 v°.

8. — 6 fevrier 854. — *Privilegium Karoli regis.*

In nomine Sancte et Individue Trinitatis, Karolus gratia Dei rex. Si reverendorum servorum Dei justis et rationabilibus petitionibus altitudinis nostre aurem accomodamus, celsitudinis operibus exsequimur et ob id facilius nos divinam propitiationem adepturos omnino confidimus. Quapropter omnium sancte Dei Ecclesie, tam nostrorum presentium quam et futurorum sollertia, qualiter carissimus et veneranter recolendus nobis Pardulus, Lugdunensis episcopus atque memorabilis rector monasterii Dervensis, quod est fundatum in honore beatorum apostolorum Petri et Pauli, ubi etiam beatus Bercharius et venerabilis Xpisti martyr Theodosia virgo Xpisti veneranter habentur humata, ad nostram se colligens majestatem obtulit optutibus nostris preceptum jamdudum auctoritate nostra firmatum, suggerente celsitudini nostre Altmaro, illustri viro et memorati monasterii quondam rectore; in qua adnotate videbantur res et ville, unde prefati monasterii monachi necessarios usus percipere debebant : sed non hoc ad eorum suplendam necessitatem superius memorato dilecto nobis venerabili episcopo Pardulo sufficienter visum fuit. Ideoque et quasdam villas ipsis aliis rebus sua benevolentia addere voluit, et nostra quoque munificentia per adnotationem precepti roborari postulavit. Quarum utrarumque rerum integritas hic habetur inserta, id est villa Summa Vera, que habet XIIII mansa, cum basilica ejusdem ville, cum suis appendiciis ; villa Mortrium, que habet mansa XX, cum sua basilica ; villa Tillius que habet mansa V, cum basilica; villa Saura Terra cum mansis XXII, et propria basilica; villa Dudiniaci cortis cum mansis XVII cum propriis basilicis; villa Prisciacus cum mansis XII et propriis basilicis; villa *Brah* cum mansis XVIII; in villa Cappas mansum unum. Et hec sunt que superadjecit memoratus Pardulus episcopus, id est villam, que nuncupatur Villa, cum mansis XX et eorum appendiciis et ecclesiis; et in villa *Brais* mansa VII cum ecclesia, et pedituras de pratis, quas homines monachorum faciunt, qui de eorum villis ad hoc idem agendum more solito conveniunt; necnon et mancipia de Corniaco, quorum hec sunt vocabula : Gidiliana, cum infantibus suis; Huneriana, cum infantibus suis; simul etiam quicquid memorati fratrum famuli de jamdictis silvarum concisis extirpare poterint, totum in usus fratrum absque substractione alicujus permaneat. Has denique villas et basilicas cum omni plenitudine, id est cum mancipiis et terris cultis et incultis... (*ut supra* n° 7, veluti a supradicto venerabili episcopo Pardulo institutum.. implorare.) Simul etiam addidit capellam sancti Martini, que est ex villa Givoldicurte. Quicquid a Deum timentibus personis tam viris conversis ibidem ad monasticum ordinem eidem loco divina pietas voluerit conferre, solummodo in ibidem Deo militantium monachorum usus et necessitates redigatur, absque cujuslibet rectoris insultatione seu refragatione. Ut autem hec celsitudinis nostre auctoritas pleniorem semper in Dei nomine obtineat firmitatem, manu nostra subter eam firmavimus, et de anulo nostro sigillari jussimus. S. Karoli gloriosissimi regis. Gislebertus notarius ad vicem Lucdowici recognovit. Data VIII idus februarii, indict. II in anno XVII regnante Karolo gloriosissimo rege. Actum Carisiaco palatio regio, in Dei nomine feliciter. Amen. — *Cartul.* 1, fol. 17 v°. — Mabillon, *Annal. Bened.* III, 666.

9. — 6 février 854. — *De thesauro ecclesie.*

In nomine Sancte et Individue Trinitatis, Karolus gratia Dei rex. In hoc enim omnipotentis Dei approbamur veram habere dilectionem, si venerabilium servorum Dei justis et rationabilibus petitionibus assensum prebemus. Quapropter notum sit omnibus sancte Dei Ecclesie fidelibus nostrisque, tam presentibus quam futuris, quia merito amabilis et carissimus nobis Pardulus Lugdunensis ecclesie episcopus, necnon et rector monasterii Dervensis, quod est constructum in honore beatorum apostolorum Petri et Pauli, ubi veneranter beatus Bercharius, martyr Xpisti, et Theodosia, virgo, habentur sepulti, ad nostram accedens majestatem innotuit, qualiter memorati monasterii ecclesie ad concinnanda luminaria, vel ad ceteras fabricas ejusdem domus reficiendas, sua benivolentia, ob Dei amorem sanctorumque suorum reverentiam, et nostram dilectionem deputatas haberet. Quarum rerum seu villarum vocabula hec sunt : hoc est in Lutosa ecclesiam I, cum terris, sylvis et pratis circumquaque ex omni parte miliarium unum et medium ; inter Gihinicortem et Gundricicortem mansa XV, que in precaria visus fuit quondam accipere Bernefridus ; necnon et in villa Carma mansa II, que Agilus et

Merulfus in precaria habere visi fuerunt ; necnon in Carma et Badulficorte mansa IIII, que Gerheus in sua precaria visus fuit habere ; necnon et de precaria Artmanni in Carma mansum I vestitum ; et de Ragenarii precaria in Maliniacicorte mansa V ; et de Risi precaria in Tauro mansum I ; et de Hostoldi precaria in Olumna mansa VIII cum ecclesia et mansum I ; et de precaria Ave in Ledriacicurte mansa II, et in alio loco in villa Taria mansa III ; et de Madiani precaria in villa Pali, et in Absono mansa V ; et de precaria Genulfi in Axinvilla mansa II ; et de Harduini precaria in Maurinimonte mansa II ; et de Agifredi precaria in Brachonicorte mansa II et farinarium I ; et de Wilerici precaria in Ceccionovilla ecclesia 1 cum manso ; et de Hugonis precaria mansum I ; et de Fuculfi precaria in Bosoniscorte de terra arabili jornales XX ; et de Aremberti precaria in Gondelini fine de terra arabili jornales XX et de prato ad carra XXX ; et de precaria Artuisi in villa Rentia de terra arabili jornales XXX, de prato ad carra VIII ; et item de Wilerici precaria in villa Rivi mansum I ; et de precaria Gisle in villa *Braus* de terra arabili jornales XII ; et de precaria Blitharii in villa Carma jornales XXI, et de Lantboldi precaria in Ratgisicorte jornales X, et de prato ad carra XII ; et de Humrogi precaria in Baldulficorte jornales XXI, de prato ad carra II. Unde altitudinis nostre preceptum hoc fieri jussimus, per quod memoratas res cum omnium rerum summa integritate, cum vineis, silvis, pratis, pascuis, ecclesiis, molendinis, aquis aquarumve decursibus, exitibus et regressibus, mancipiis utriusque sexus desuper commanentibus vel ibidem aspicientibus, secundum prefati venerabilis episcopi ad nos humilem petitionem jam fate ecclesie luminaribus atque fabricis, seu aliarum necessitatum utilitatibus supplendis, jure perpetuo habendas confirmamus atque delegamus, absque per futura tempora alicujus jam fati monasterii rectoris minoratione seu subtractione. Ut autem hec nostre auctoritatis preceptio firma et imprevaricabilis omni tempore valeat perdurare, manu propria subter eam firmavimus, et de anulo nostro sigillari jussimus. S. Karoli gloriosissimi regis. Gislebertus notarius ad vicem Lucdowici recognovit. Data VIII idus febr. indict. II in anno XVII regnante Karolo gloriosissimo rege. Actum Carisiaco palatio regio, in Dei nomine feliciter. Amen. — *Cartul.* fol. 19 r°. — *Annal. Bened.* III, 667.

10. — 24 janvier 856. — *Preceptum Karoli regis.*

In nomine Sancte et Individue Trinitatis, Karolus gratia Dei rex. Si reverendorum Dei servorum... (*ut supra* n° 8, *post* in villa Cappas mansum unum *adde :*) territorium quoque quod adjacet intra fines Dudiniacicurtis et pertingit usque ad fines Lesmondi ville, colligens in capite duas regales vias, et campanidam usque ad fines de villa Prisciaco et pervenit usque ad fines Alnidi ville Breonensis ; in Trochiniacacurte mansum I, ubi ecclesia est ; in Larciacacurte VII mansi, cum ecclesia una, et territorium quod pertingit usque ad fines Alnidi ville et vadit per fines Cataracte, cadens usque ad viam publicam ; in villa quoque que dicitur Perta V mansi, cum ecclesia una et appendiciis suis ; in Torciaco mansi V cum appenditiis suis ; in Olonna VII mansi, cum ecclesia una in honore sancti Desiderii consecrata.. et quod quondam Boso, comes palatius noster, pro remedio anime sue S. Petro dedit, et nostra auctoritate regali coroborari petivit ; in Puellari autem Monasterio mansi III et dimidius cum appenditiis suis ad servitium Dei agendum sicut et in Dervo monasterio constituimus ; in Aliniacacorte terras indominicatas ubi conduma monachorum fieri debeat cum prato et mansis II et dimidio. Et hec sunt res que adjecit Pardulus... (*ut supra* n° 8, *adde*:). Super Maternam quoque fluvium in villa que Velcenias dicitur mansum indominicatum aliasque terras indominicatas, et silvam propriam, cum vineis ad modios CLX, quas videlicet vineas monachi in suo dominicatu teneant et in suos usus semper excolere studeant... concedimus etiam eisdem Dei servis in vico sessum unum indominicatum ad accipiendum salem, cum proprio, uti vulgo dicitur, stallone, et furca superposita, ut sine aliquo cantradictore moriam licenter habeant.. Ut autem hoc nostre auctoritatis decretum per succedentia tempora inviolabiliter conservetur inlesum manu nostra omniumque tam episcoporum quam fidelium nostrorum subter censuimus confirmadum. S. Karoli glorio sissimi regis. Data VIIII Kal. februarii indict. II in anno XVIII regnante Karolo gloriossissimo rege. Actum Karisiaco palatio regis in Dei nomine feliciter. Amen. — *Cartul.* I, fol. 22 r°.

11. — 10 mai 856. — *Preceptum de Gerulvillare.*

In nomine Sancte et Individue Trinitatis, Karolus gratia Dei rex. Quicumque regie dignitatis culmine efferri desiderat merito eum pre occulis semper habere debet cujus gratia prefertur. Igitur noverit omnium sancte Dei Ecclesie fidelium et nostrorum tam presentium quam futurorum solertia, quia nos ubicumque res ecclesiasticas evehere atque augmentari gaudemus. Quapropter libuit celsitudini nostre cuidam monasterio quod vocatur Dervus, et est in honore S. Petri, cui etiam preesse videtur Vulfaudus, karissimus nobis, abbas atque ministerialis, ad ipsius quoque deprecationem, quasdam res, que per violentium ab eodem loco abstracta esse noscuntur, restituere ; quasdam vero nostra munifica largitione contradere atque condonare. Hec autem que restituuntur sunt in pago Pertensi, in loco qui dicitur Pontunus, id est mansus unus cum mancipiis utriusque sexus et silvis ; que autem dantur sunt site in pago Breonense, in villa que dicitur Gerulvillare, id est mansus unus cum mancipiis et de terra arabili jornales XV, silva communis ; et in eodem pago in loco qui vocatur Sanctus Brictius de terra arabili jornales V. Unde hoc altitudinis nostre preceptum fieri atque ad emolumentum anime nostre prenotato loco sancto dari reddique jussimus... Et ut hec nostre largitionis ac restitutionis auctoritas pleniorem in Dei nomine per subvenientia tempora obtineat vigorem, manu propria subter eam firmavimus et anuli nostri impressione jussimus sigillari. S. Karoli gloriosissimi regis. Data VII idus maii, indict. IIII anno XVIIII regnante Karolo gloriosissimo rege. Actum Pontione palatio, in Dei nomine feliciter. Amen. — *Cartul.* I, fol. 25 r°.

12. — 8 octobre 876. — *De Bosone comite et Olonna.*

Domno sacro sancte basilice S. Petri, id est monasterio in Dervo constructo in pago Pertense super fluvium Vigera et Alismantia, quod donnus Bercharius edificavit, ego Boso in Dei nomine cogitans de casu hominum... [*dat omnia que possidet*] in pago Pertense, in fine Olonense, in fine Austrialziaco, in fine Tuncrense, in fine ad Doniaca, in fine Scuriacense, in fine Alineiscurtis... Actum Pertense ad basilicam S. Desiderii ubi vocabulum est Olunna vico publico. Datum est hoc testamentum VIII idus octobris anno XXXVI regnante donno Karolo rege sive imperatore. — *Cartul.* I, fol. 21 r°.

13. — 17 janvier 968. — *De Heriberto comite et Olumna.*

In nomine Sancte et Individue Trinitatis, Heribertus, gloriosus Francorum comes. Notum sit universis sancte Dei Ecclesie fidelibus tam presentibus quam etiam et futuris, quoniam Adso, abbas, et ceteri fratres ex monasterio sancti Petri et beati Bercharii, martyris pretiosi, in saltu Dervensi constituti, ubi ipse gloriosus martyr et sancta Theodosia corpore requiescunt, ante presentiam nostram venerunt, et causas sue necessitatis humiliter intimaverunt, reclamationem facientes de mercato scilicet et pontatico de villa que dicitur Olumna, dicentes videlicet ab antecedentibus Francorum principibus, Karolo, imperatore Augusto, et Bosone, quondam ejusdem Karoli, imperatoris, conspalatio, per regale preceptum sancto Petro et sancto Berchario fuisse concessum. Unde ipsius regalis precepti auctoritatem presentialiter michi ostenderunt in quo supradicta dicti mercati et pontatici traditio continebatur. Simul etiam hoc rationabiliter demonstraverunt, quod hec, que ab anterioribus regibus supradicto loco concessa fuerant, per incuriam et negligentiam temporum succedentium ab eo loco fuissent abstracta. Quam rem diligenter considerantes, simul et de salute nostra sollicite cogitantes, in primis pro Dei amore et beati Petri, apostolorum principis, necnon et pro remedio anime nostre, petitioni eorum libenter adsensum dedimus, et illud mercatum, quod petebant, cum pontatico et salnivo sancto Petro et fratribus reddidimus, ita ut iidem fratres medietatem in mercati districtione et pontatici acceptione possideant, et nos aliam medietatem in diebus nostris teneamus. Et hoc eo tenore facimus, ut quandiu vivimus, Domini misericordiam studeant exorare, et post discessum nostrum memoriam nostri faciant, et anniversarium nostrum celebrare non negligant.

Si quis autem, aut nos ipsi, aut aliquis successorum nostrorum, hanc nostre elemosyne largitatem iniqua presumptione temerare aut violare voluerit, imprimitus iram Dei omnipotentis incurrat, insuper et fisco regio L librarum mulctam... S. donni Heriberti, gloriosi comitis ; S. Adsonis, comitis ; S. Rodulfi ; S. Teoderici ; S. Richardi ; S. Lantberti. Data XVI kalendas februarii, anno XIIII regnante domno Lothario, rege Francorum. Actum monasterio Dervo publice. — *Cartul.* I, fol. 27 r°.

14. — Vers 968. — *De dono Adsonis comitis.*

Ego in Dei nomine Adso, Rosniacensis territorii, comes, presentibus et futuris fidelibus sancte Dei Ecclesie, et nostris, notificatum esse volo, quod alodium meum, quod est in pago Pertense, quod michi jure hereditario pervenit, decrevi dare ad locum S. Petri ubi sanctus Bercharius in corpore requiescit, scilicet, in Tribus Fontanis, et in Florneio, et ad Villare, et in loco qui dicitur *Maisnils,* super fluvium quoque Blesam in villa que dicitur Malignicortis, totum ad integrum, sicut est exterminatum, S. Petro dono, trado, transfundo : quicquid scilicet in illis locis visus sum habere in terris cultis et incultis, silvis, pratis, mancipiis. Si quis vero, aut ego ipse, aut aliquis de heredibus meis, aut quisquam successorum nostrorum, hoc testamentum infringere et quolibet modo ipsas res sibi usurpare ausus fuerit, a Deo et a S. Petro anathemate percussus intereat. Ut autem hec nostra traditio per succedentia tempora inviolabilis perseveret, testibus qui interfuerunt corroborandum tradidi. Ego Adso, qui hoc testamentum fieri jussi et confirmavi ; S. Ingelberti, comitis ; S. Ysvardi, comitis; S. Rodulfi ; S. Lantberti ; S. Vuiberti ; S. Sigiberti ; S. Vualteri ; S. Rimari. Actum Dervo monasterio publice. — *Cartul.* I, fol. 31 v°.

15. — 6 septembre 971. — *De Summa Vera et* Brah.

Ego in Dei nomine Gualo, sancte Trecassine ecclesie presul, omnibus sancte Dei Ecclesie fidelibus tam presentibus quam etiam et futuris notum esse volumus, quia Adso, ex monasterio Beati Petri, ubi corpus requiescit sancti Bercharii, venerabilis abbas, et ceteri monachi ibidem Deo servientes, venerunt ad nos obsecrantes similiter mansuetudinem nostram ut duarum ecclesiarum altaria, que sunt sita in comitatu Brigonenense, unum scilicet in villa que dicitur Summa Vera, alterum vero supra fluvium *Brah* in honore Sancte Marie sacratum, eis perpetualiter concedere dignaremur. Quorum petitionibus adsensum prebuimus, et supranominata altaria eis perpetualiter pro remedio anime mee atque episcoporum antecessorum et successorum nostrorum concessimus, atque hoc privilegium inde fieri jussimus. Ita ut, Deo presidente nostris et futuris temporibus, ea secundum Dei et sanctorum ejus honorificentiam possideant regant atque gubernent, salva tamen ordinatione episcopali, et post nostre mortis finem, anniversarium nostrum celebrent diem. Sacerdotes vero, qui in illis ecclesiis servire videbuntur, ad nostram veniant synodum, et synodalia non negligant solvere servitia. Si quis autem successor noster tactu invidie inflammatus, hoc opus pietatis et misericordie, quod a nobis constitutum est, destruere voluerit, sit alienus a Xpisto, et resurgens in judicio duplici contritione corporis conteratur et anime. Et ut hoc privilegium omni tempore firmum et stabile permaneat, manu propria subter firmavimus. Gualo, presul; Milo, archidiaconus; Giso, presbiter et claudus; Eldebertus, presbiter; Constantinus, presbiter; Aimoldus, levita; Agristius, levita; Robertus, levita; Ermenoldus, levita; Goduinus, levita, ad vicem Beroldi, sacerdotis, subscripsit. Actum Trecis civitate publice, sub die VIII id. septembris. Anno decimo septimo regnante domno nostro Lothario rege. — *Cartul.* 1, fol. 28 v°.

16. — 980. — *De villa Vulcenias.*

In nomine Sancte et Individue Trinitatis, Heribertus, Francorum comes inclitus. Si aliquid et propriis facultatibus nostris, dum adhuc vivimus, et in hoc corpore manemus, ad loca sanctorum, in usus scilicet ac stipendia servorum Dei condonamus, eternam exinde retributionem a Deo nos promereri procul dubio in futuro non dubitamus. Quapropter notum esse volumus omnibus sancte Dei Ecclesie, tam presentibus scilicet quam futuris, quia cum ad nostram notitiam pervenisset, quod monachi S. Petri Dervensis monasterii, ubi videlicet gloriosus martyr Bercharius, et beatissima virgo Xpisti Theodosia corpore requiescunt, vini penuriam sustinerent ; eorum angustie clementer compassi, tractare diligenter cepimus, quid ad supplementum indigentie ipsorum in hac parte eidem loco conferre deberemus. Quod cum sedulo animo volveremus, ad memoriam reduximus quoddam nostre proprietatis alodium, quod adjacet in villa, cui Velcianas nomen est, ut ipsum pro remedio anime nostre predicti loci fratribus Deo et sancto Berchario deservientibus traderemus. Quod et fecimus cum consilio videlicet Francorum procerum atque omnium fidelium nostrorum, tam clericorum, quam laïcorum. Res autem quas prefato monasterio tradidimus sitas videlicet in supradicta villa, Velcianas nomine, in comitatu Otminse, speciali denominatione designamus ; id est mansum unum indominicatum cum appendiciis suis, quicquid videlicet ibidem solida firmitate habere videbamur, id est vineas ad ipsum mansum aspicientes, terras cultas et incultas, prata, silvam unam. Et hec omnia sunt intra fines supradicte ville Velcianas adjacentia. Hec itaque ad honorem Dei sancto Petro sanctoque Berchario in usus monachorum sibi servientium, summa devotione et alacri volontate pro remedio anime nostre habenda, tenenda, possidenda contulimus, ut ipsis intercedentibus, a Deo et peccatorum nostrorum veniam et vitam consequamur eternam. Ea siquidem interposita conditione, ut monachi ibidem consistentes, presentes videlicet et futuri, memoriam mei in omnibus divinis officiis habeant, cotidie unam misse celebrationem pro me faciant, atque unum psalmum per singulas regulares horas persolvant; et cum septem specialibus psalmis memoriam meam adjungant, quandiu in hac vita mansero : post discessum autem meum anniversarium obitus mei diem per singulos annos faciant. Si quis vero postmodum, aut ego ipse, aut aliquis successorum meorum, vel quelibet suspecta persona contra hanc nostre donationis traditionem insurgere, et eam quodammodo infringere vel inmutare voluerit, imprimitus iram omnipotentis Dei et sancti Petri, sanctique Bercharii incurrat, et in die judicii a Dei misericordia alienatus, cum Dathan et Abiron perpetuas inferni penas sustineat; et insuper regio fisco quadraginta auri libras inferat, et quod repetit evindicare non valeat, sed hec presens traditio per succedentia tempora firma, stabilis et inconvulsa permaneat constipulatione subnixa. Ut autem hec nostre donationis auctoritas omni tempore vigeat et inviolabilem firmitatis observantiam habeat, manu propria omniumque fidelium et amicorum nostrorum, tam clericorum quam laicorum, subter firmari et corroborari fecimus. S. domni Heriberti, incliti Francorum comitis, qui hoc testamentum fieri et firmari jussit ; S. domni Odonis, comitis, filii sui ; S. Willelmi ; S. Ysvardi, comitis ; S. Nivardi ; S. Wuatsonis ; S. Richardi ; S. Wiberti ; S. Odonis, majoris ; S. Sigiberti ; S. Rimari ; S. Walteri ; S. Widonis ; S. Heriberti, decani Altivillaris ; S. Constantii ; S. Otgeri, monachi ipsius loci ; S. Gilduini. Isti sunt firmatores et testes, qui presentes fuerunt et hanc donationem cum aliis pluribus firmaverunt. Actum Velcianis villa. publice, regnante domno Lothario rege anno vicesimo septimo feliciter. — *Cartul.* I, fol. 28, v°. — *Annal. Bened.* III, 721.

17. — 980. — *Privilegium Lotharii regis.*

In nomine Sancte et Individue Trinitatis Lotharius, divina propitiante clementia Francorum rex.. Conjux nostra regina, nomine Emma, simul etiam Adalbero, sancte Laudunensis ecclesie, necnon et Gibuinus, Katalaunensis sedis, antistites reverendi, intimaverunt nobis, qualiter Heribertus, comes palatii nostri, nobis carus et fidelis in omnibus... quoddam sui juris alodium S. Petro devote tradidisset... adjacet vero alodium in Pago Otminse, intra fines ville, que Velcianas dicitur, notis ac legitimis terminis prefixum, supra videlicet et infra illius aque decursum ubi Vetus Materna nominatur...

Actum Lauduno Clavato, anno Dominice Incarnationis DCCCLXXX, regnante domno Lothario anno XXVII feliciter. — *Cartul.* I, fol. 30 r°. — *Annal. Bened.* III, 721.

18. — 9 avril 991. — *De Laderciacorte, Dodiniacacorte et Requiniacacorte.*

Ego in Dei nomine Manasses, sancte Auguste Trecorum ecclesie presul, notum esse volumus omnibus sancte Dei Ecclesie fidelibus, qualiter Adso, abbas Dervensis monasterii, adiit clementiam nostram deprecans, ut concederemus jam dicto loco tria altaria, videlicet, de Laderciacacorte, de Dodiniacacorte, et de Requiniacacorte. Cujus petitioni libenter annuentes concessimus ipsi loco hec eadem altaria ut habeat atque possideat, ea scilicet ratione, ut exinde vicarios nobis proferat, qui animas fideliter custodiant. Et si ipsi vicarii vita discesserint, alii iterum proferantur, salva tamen ordinatione episcopali. Ut autem eum nullus inquietare presumat, et hoc nostre authoritatis privilegium stabile permaneat, manibus propriis firmare curavimus. Actum Trecorum civitate publice sub die V id. aprilis, anno quarto regnante domno nostro Hugone rege. Manasses, humilis Trecorum episcopus ; Hadricus, archiclavus ; Adroldus, indignus archidiaconus ; Constantius, presbiter ; Fulco, presbiter ; Walerannus, presbiter ; Ermenardus, presbiter ; Teudo, presbiter ; Alegrecius, presbiter ; Auno, presbiter ; Elizierdus, levita ; Ermengaudus, levita ; Salo, levita ; Rotbertus, levita ; Rainerius, levita ; Letericus, levita ; Gauwinus, levita ; Odo, subdiaconus ; Eldricus, subdiaconus ; Mainerus, subdiaconus ; Gislaudus, subdiaconus ; Tebaudus, subdiaconus ; Ego Garnerius, levita, scripsi. — *Cartul.* I, fol. 32 v°.

19. — 7 avril 1030. — *De altare Sigisfontis.*

Ego in Dei nomine Fromundus, sancte Auguste Trecorum ecclesie presul, notum esse volumus omnibus Xpisti fidelibus, scilicet tam futuris quam presentibus, nos, propter nostrorum magnitudinem criminum diluendam, abbati et fratribus sanctorum apostolorum Petri et Pauli Dervensis monasterii, ubi requiescit sanctus martyr Bercharius et sancta Theodosia virgo, quoddam dedisse altare, scimus enim procul dubio minuenda crimina nostra si servorum Dei multiplicemus stipendia, quibus freti Domini sagacius frequentent servitia. Damus itaque eis, et in eternum datum volumus, altare in honore sancti Remigii sacratum de cappella que est sita in pago Pertensi juxta fluvium Vigere, prope monasterium jamdictum. Verum ea ratione, ut tam tempore vite nostre quam post solutionem carnis nostre pro nobis ad Dominum preces dignentur fundere. Sicque predictum altare ab omni servitio teneant liberum, excepto pontificali censu, videlicet quatuor denariorum in festivitate sancti Remigii ; nullusque successorum meorum hoc violare presumat donum, pro remedio salutis nostre Dei fidelibus collatum. Quod si quis successorum meorum vel quilibet hominum hoc infregerit donum, anathematis vinculo ex nomine Sancte Trinitatis dampnatur et omnium sanctorum Dei maledictionibus feriatur, nisi resipuerit et fratribus dictis satisfecerit. Et ut stabilius hoc largitatis haberetur munus, manibus propriis illud firmavimus et aliorum firmari auctoritatibus ecclesie mandavimus. Actum Trecorum civitate publice, sub die VII. id. aprilis, regnante Rotberto rege anno XXV. S. Frotmundi, episcopi; S. Heriberti, archidiaconi; S. Ratoldi, archidiaconi; S. Henrici, presbiteri; S. Ragenaldi, presbiteri; S. Constantii, presbiteri; S. Letaldi, diaconi; S. Johannis, diaconi. — *Cartul.* I, fol. 47 r°.

20. — 15 mai 1027. — *De septem ecclesiis.*

In nomine Domini Dei et Salvatoris nostri Jhesu-Xpisti, divina ordinante providentia Rotbertus rex. Si justis et rationabilibus servorum Dei petitionibus aurem clementie impendimus, procul dubio exinde eternam a Domino mercedem nos recepturos speramus. Quapropter universis sancte Dei Ecclesie fidelibus, tam presentibus quam futuris, notum fieri volumus, quoniam Dudo venerabilis abbas et ceteri fratres ex monasterio, quod vocatur Putiolos, quod est in Dervo constructum in honore beatorum apostolorum Petri et Pauli ac sancti Bercharii, qui ipsum monasterium a novo opere construxerat, ubi nunc ipse gloriosus martyr et sancta Theodosia corpore requiescunt, ante presentiam nostram venerunt, et causas sue necessitatis humiliter intimaverunt, reclamationem facientes de quibusdam rebus predicto monasterio ablatis ; scilicet de septem ecclesiis, de Ragisicorte, de Vallis, de Faia, de Tramiliaco, de Saura Terra, de Sancto Xpistophoro, de Laderciacacorte : quas quidam miles Stephanus de Juncivilla nuper sua fortitudine invaserat, videlicet predicti tempore abbatis. Hujus clementissime faventes petitioni, ostendimus eam fidelium nostrorum clarissime congregationi, scilicet archiepiscoporum, episcoporum, abbatum, monachorum, clericorum, comitum, ceterorumque multorum, qui ad benedictionem mee prolis Henrici, futuram in die sancto Pentecosten, convenerant. Igitur episcoporum sancta conventio, et procerum meorum amabilis multitudo hujus religiosi viri petitionem judicantes suscipere, tam pro remedio anime nostre, quam pro statu sancte Dei ecclesie, cui videbatur preesse, quoniam predictus miles aberat, qui Dei ecclesie res invaserat, et presentialiter aliam non poteramus facere justitiam, eum decrevere percuti gladio anathematis, quorum decreto libenter assensum prebentes, hoc solum predicto abbati suggessimus, ut illa die ab hac re desineret, dicentes, non esse voluntatis nostre, quemquam illa die maledici, qua filium meum statueramus benedici. In crastinum vero dilatam proclamationem jam dicto abbate ante presentiam nostram repetente, atque hoc idem pluribus in locis se fecisse, sed non profuisse sibi adserente, jussimus caterve episcoporum, cum laude, qui in presentia aderant, principum, ut eterne maledictioni memoratum militem, nisi resipisceret, supponerent, quod et factum est.

Auctoritate Dei Patris omnipotentis, et sancte Dei genitricis Marie et sancti Petri, et omnium apostolorum, et omnium electorum Dei excommunicamus, et omni genere maledictionis expugnamus predictum militem Stephanum, qui res sanctorum apostolorum Petri et Pauli, sanctique Bercharii martyris usurpando pervasit, nisi quod pervasit reddiderit, et per congruam satisfactionem penituerit. Istius anathematis vinculum nos pariter cum reliquis roborantes, jussimus ut usque ad satisfactionem haberet vigorem, et litteris que acta sunt denotarentur, et pontifices cum principibus, quorum judicio hec gesta sunt, subscriberentur. S. Rotberti, gloriosissimi Francorum regis ; S. Ebali, archiepiscopi [Remorum] ; S. Beroldi, episcopi [Suessionensis] ; S. Ascelini, episcopi [Laudunensis] ; S. Rogeri, episcopi [Cathalaunensis] ; S. Fulconis, episcopi [Ambianensis] ; S. Harduini, episcopi [Noviomensis] ; S. Warini, episcopi [Belvacensis] ; S. Lantberti, episcopi [Lingonensis]; S. Goffridi, episcopi [Cabilonensis] ; S. Fromundi, episcopi [Trecensis]; S. Odilonis, abbatis [Cluniacensis] ; S. Airardi, abbatis [S. Remigii Remensis] ; S. Richardi, abbatis [S. Medardi Suessionensis] ; S. Odonis, comitis; S. Guillelmi, comitis. — *Cartul.* I, fol. 34 v°.

21. — 17 novembre 1027. — *Donatio Hugonis.*

Sancte Trinitatis fidem ego gratia Dei miles Hugo sincera mente complectens, et sanctorum suffragiis attolli desiderans, adii monasterium in saltu situm Dervensi, constructum in honore beatissimorum apostolorum Petri et Pauli, sanctique Bercharii martyris, quo etiam corpore quiescit ; cui venerabilis pastor et abbas Dudo preesse dinoscitur ; ubi sanctorum habitationem considerans, et monachorum inibi degentium conversationem Deo dignam esse pertractans, profectum anime intelligens, si de meo proprio jure ibidem aliquid conferrem. Contuli eisdem fratribus, tum ob ausorum predictorum sanctorum, tum pro remedio anime mee, necnon et genitoris ac predecessorum successorumque meorum, partem quamdam ex foreste mea, quam solide et absque alicujus pervasoris contradictione usque ad presens visus sum possidere, centum perticas in longitudine, totidem in latitudine ; dimensionem autem pertice ipsius ad mensuram pedum viginti et septem protendere volui. Hanc igitur eis partem contrado ut exstirpare, et quodcumque voluerint, et cordis eorum appetitus fuerit, faciant, et agricultores ad excolendam terram illam constituant ; molendinum et cetera que suis usibus necessaria perspexerint, ibidem coaptent. Ecclesiam vero edificare, et omnem decimam annone, que infra prescriptum terminum provenerit, et omnium, que ecclesiastici juris esse poterunt, eis habere concedo.

Pascua animalium infra et extra per campestria et silvestria in meo proprio rure habeant; ligna ad succendendum et materiamen in diversos usus necessarium, ad domos videlicet construendas et cooperiendas, sine ullo ministrorum meorum xenio in perpetuum possideant. Et si pro tempore fertilitas silve occurrerit, et usus glandium vel fagine fuerit, et ipsi in predicta villula greges suillos enutrierint vel habuerint; liberum habeant per abdita ejusdem silve circumquaque exitum vel regressum. Et si incole loci illius porcos suos cum porcis indominicalibus miscuerint, ministeriales monachorum omnem decimationem absque aliqua meorum molestia accipiant. Quod si aliunde venerint, et forensium villarum nostra depasci pascua voluerint, secundum morem regionis consuetum saltus debitum persolvant. Denique precavens in futuro, et de venturis sollicitans temporibus, ne aliquis iniquorum pervasione sua, hoc sibi quasi pro salvamento usurpare voluerit; consultu meorum fidelium hoc decretum statui, ut prepositus monasterii, qui eidem ville prefuerit, per singulos annos, non infra, sed extra, mediis scilicet campis, vel silvarum recessibus, non villicus, non rusticorum aliquis, sed ipse presentialiter ad viginti homines mihi obsonium præbeat. Et hoc ideo ut cum pagenses circumpositi viderint recognoscant quod ego, qui hoc sancto loco pro remedio anime contuli, etiam defensionem mihi reservavi. Si quis autem successorum meorum tactu invidie inflammatus hoc opus pietatis, quod a nobis constitutum est, dissolvere voluerit, sit alienus a Xpisto, et ab omni cetu sanctorum, et duplici contritione conteratur, videlicet corporis et anime, sitque pars ejus cum Datan et Abiron rebellium Domini. Verum ut hec traditio mea stabilis et inconvulsa permaneat, constipulatione testium subnixa hanc firmare volui. S. Hugonis, qui hanc traditionis chartam fieri rogavit ; S. Helisabeth, uxoris ejus ; Warneri, Hugonis, filii ejus ; Teboldi, filii ejus ; Huneberti, filii ejus ; Mainfride, filie ejus ; Walteri ; Goberti. Data sub die XV kalendarum decembris, regnantibus piissimis Francorum regibus Rotberto et filio ejus Henrico. Actum Dervo monasterio publice, anno ab Incarnatione Domini millesimo vicesimo septimo, indictione decima. Deinde obiit millesimo trigesimo quinto, V nonas octobris, idem miles bonus et memorabilis. — *Cartul.* I, fol. 41 v°. — *Annal. Bened.* IV, 712.

22. — Vers 1027. — *De Duniacicorte*.

In nomine Sancte et Individue Trinitatis Patris et Filii et Spiritus Sancti Ingelbertus, gratia Dei comes. Divinis jussionibus nos parere credimus cum assuescimus horrere monimenta perversorum ac inlustrium virorum clarissima gesta corde condita indesinenter revolverimus.. Dervense monasterium sub nostra tuitione satum satis est notum. Quod quondam Ingelbertus comes predecessor noster variis infortunatum eventibus ob timorem et amorem Dei sublimissime relevavit, plura quoque pervasa restituit. Cujus nos intentionem, ob prelibata superius, nitentes subsequi, quum momento nequimus, eundem locum paulatim libertare atque sublimare Deo annuente molimur. Igitur notum sit omnibus... quod congregatio sancti Petri sanctique Bercharii nostram accedens presentiam petiit, ut villam Dudiniacicortis, quam dicunt etiam Sancti Xpristofori, immune ab omnibus redibutionibus, quas nobis per singulos annos persolvere cogebatur, redderemus. Quorum petitioni libenter annuentes, concessimus ut ab hodierna die et deinceps neque nos ipsi, vel successores nostri, aut aliqua potens persona, seu aliquis nostrorum ministerialium in eadem villa omnino aliquid auferat aut quasi pro usu vel consuetudine repetat; sed quicquid nobis tribuebatur totum S. Petro et S. Berchario concedimus ad usus fratrum ibidem Deo servientium, id est, carropera et opus ad castellum, illud etiam quod pro defensione exigebatur. Sintque omnia sub ditione abbatis et fratrum constituta. Quod si quis prophanus ausu nefario hec infringere decreta presumpserit, in primis iram Domini Sabaoth incurrat; deinde opprimatur indesinenter septeno morbo toties peccatis Cain, adjecta necne lepra Naaman Siri; sitque pars ejus cum Juda Anania et Saphira et scelestissimo Simone; finisque ejus sit finis rebellium Domini Datan et Abiron, nisi se veraciter recognoscat et ad perfectam emendationem veniat. Et ut hec karta a nobis, successoribusque nostris inconvulsa conservetur, manu nostra manibusque fidelium nostrorum fidelium roborari decrevimus. S. Ingelberti, comitis, qui hanc kartulam fieri jussit ; S. Adeledis, comitisse ; S. Wuarneri ; S. Gocelmi ; S. Guntardi ; S. Bernardi. Actum Breona castello, regnante Rotberto rege jubente Xpisto in regno Francorum. — *Cartul.* I, fol. 40 v°.

23. — Vers 1027. — *De advocaria Blesensi.*

Notum fieri volumus omnibus Xpisti fidelibus, quoniam ego Dudo, licet indignus abbas Dervensis, breviarium studui facere de territorio Blesensi, quod est SS. apostolorum Petri et Pauli et venerandi martyris Xpisti Bercharii, qualiter ad defendendum et bene ab hostibus custodiendum Stephano de Juncivilla commissum sit. Quapropter Engelbertus, comes Breonensis, habens quamdam sororem nullius adhuc juncta conubio, cupiensque eam tradere alicujus valentie potentieque viro, placitum inde habuit cum Stephano de Juncivilla, copulans eam illi vinculo maritali. Hac itaque ratione idem Stephanus preoptans ab ipso aliquid extorquere proficuum, sicut a tali ac tanto domino, quesivit et impetravit illud tantillum advocarie Blesensis pagi, quod commissum fuerat Engelberto prenominato comiti. Verum quia sibi parum proveniebat hec talis advocaria, venit ad me, ultro promittens.., se deinceps melius defensurum terram illam nostram, si sibi gratis aliquid concederemus. Cujus confisi promissionibus, annuimus ei per annum de pertinentiis ad eamdem advocariam XL arietes et totidem porcos, VI prandia, et carropera ad palos virgasque ferendas ad opus castri sui, hoc modo, ut mane euntia in vesperis reverterentur. Concessimus etiam sibi de operariis ad laudem suorum et nostrorum hominum. Eo tamen tenore hec omnia sibi injuximus, ut nichil aliud acciperet ibi ; si autem in aliqua levaret amplius, nullum ibi dominium ipse nec jus posteri haberent. S. Dudonis, abbatis ; S. Widonis, comitis ; S. Engelberti, comitis ; S. Engelberti ; S. Wandelgeri, monachi ; S. Milonis, monachi ; S. Richeri ; S. Tecelini. — *Cartul.* I, fol. 35 v°.

24. — Au plus tard 1035. — *De molendino super Albam.*

Ego Dudo, abbas, simulque tota congregatio fratrum ex cenobio S. Petri et S. Bercharii, notum fieri volumus omnibus Xpisti fidelibus tam presentibus quam futuris, qualiter quidam honorabilis vir Constantius nomine, veniens ante nostram presentiam, petiit sibi quemdam molendinum, situm super fluvium Albam cum terra trium dierum. Concessimus ergo ipsi et uxori ejus cum uno herede, acceptis ab eo libris denariorum duabus pro exenio, ea ratione, ut per succedentia tempora tam ipsi Constantius videlicet et uxor ejus Hildegardis nomine, quam eorum heres, teneant atque possideant ; tantum ut omni anno, festivitate sancti Bercharii, denarios XII persolvant. Quod si neglexerint, censum in duplum restituant tantum, legem vero aliam pro hoc non facient, sed habeant quiete sine ulla servitii redibitione. Salictum etiam in circuitu constitutum concessimus ut cetera. Et ut hec nostra traditio fixa permaneat, manibus nostris firmari atque roborari decrevimus. S. Dudonis, abbatis ; S. Rodulfi ; S. Walteri ; S. Rainoldi ; S. Deodati ; S. Nevelonis; S. Alberti ; S. Aremberti ; S. Seiardi, qui hanc cartam scripsit ; S. Stephani ; S. Bertranni ; S. Drogonis; S. Nocheri ; S. Hingonis ; S. Ingelberti, comitis, fratrisque ejus Widonis, qui hanc cartam fieri consenserunt ; S. Warneri ; S. Joscelmi. Actum Dervo publice, regnante Rotberto rege Francorum. *Cartul.* I, fol. 43 v° 44 r°.

25. — Au plus tard 1035. — *De villa Blungiscortis.*

Notum esse volumus tam presentibus quam futuris, quod ego Dudo, Dervensis cenobii gratia Dei abbas, quamdam feci prestariam illustri viro comiti videlicet Isembardo de quadam villa nostra, que Blungiscortis dicitur, in comitatu Breonensi sita, super fluvium Vigeram, quam olim ipse pro remedio anime dilectissime conjugis sue Helvidis nomine, sancto Petro sanctoque Berchario contulit, villam scilicet cum ecclesia, terris cultis et incultis, et pratis. Et nunc quia fidelis noster videtur existere et nostre promittit se defensorem esse familie, permitto, cum assensu fratrum nostrorum, eandem villam possidere sibi et duobus suis heredibus uxori scilicet et filio ejus Isembardo ; ea tamen conditione et respectu, ut per singulos annos in festivitate sancti Bercharii persolvat II solidos denariorum, ut si fortassis hodie aut cras aliquis suorum sequacium hoc infringere voluerit, census iste eum obmutescere faciat, et ecclesia Dei per hunc censum recuperare valeat. Testes vero qui huic conventioni interfuerunt subscribuntur : S. donni Dudonis, abbatis ; S. Wandelgeri ; S. Nocheri ; S. Hingonis ; S. Isembardi, comitis ; S. Isembardi, filii ejus ; S. Teubaudi ; S. Walteri de Ponte ; S. Herlaii. — *Cartul.* I, fol. 38 r°.

26. — 1035. — *Pro ecclesia B. M. de Rosnaico.*

In Dei nomine, ego Mainardus, Auguste ecclesie Trecorum episcopus, tam presentibus quam futuris notum esse cupimus, quia dominus comes Isambardus ad nos venit implorans nostram clementiam summis precum miserationibus, ut quoddam altare cum ecclesia in honore Sancte Marie dedicata cum omni redditione, que ad illud altare et ad ecclesiam pertinent, concederemus canonicis illic Deo servientibus, que est sita in castello quod vulgo Rosnaicum nuncupatur, cujus petitionem, quia cumulatam adminiculo presentis utilitatis et future retributionis percepimus, gratanter quod petivit, salvo ecelesiastico jure, ei indulsimus, ita tamen ut singulis annis, in anni renovatione, episcopo tres solidos denariorum canonici ejusdem ecclesie legaliter persolvant. Hoc autem scriptum mea sponte presens fieri jussi, a nemine subvertendum, verum Dei Ecclesie a cunctis amatoribus faciendum hujus conventionis monimentum, in quo scripto mei archidiaconi, secuti meum exemplum, utpote omnes imitantes pastorem suum, portionem sui juris pretitulatis canonicis tradiderunt, quibus ita actis, manibus illud firmavimus propriis, aliisque episcopis meis vicinis, ceterisque clericis corroborandum tradidimus; cujus integritatem si quis mei honoris futurus heres, vel aliquis Tricassine urbis comes infringere voluerit, eternaliter eterne jaceat subditus excommunicationi. Actum est hoc Trecas publice, regnante Henrico Francorum anno quinto rege. — *Cartul.* fol. 38 r°.

27. — 1035. — *De Manasse comite et ecclesia Rosnacensi.*

In nomine Sancte et Individue Trinitatis Patris et Filii et Spiritus Sancti. Notum sit cunctis Ecclesie filiis tam modo degentibus quam futuris, quod ego Manasses, consulatus Rosnacensis advocatus, filiusque meus Isembardus, desiderantes aliquam in resurrectione particulam cum sanctis ac fidelibus habere, quum fluxa terrene dignitatis fragilique potentia degravati, divinis cultibus libere vacare non possimus, nostrarum transgressionum maculas dignis orationum fructibus tergere cupientes juxta illud evangelicum *date elemosinam et ecce omnia munda sunt vobis*, ecclesiam, que in eodem castro sita est, majorum nostrorum facultatibus stabilitam, regularibusque canonicis ad serviendum Deo traditam, nunc autem a Vuidone apostata, qui monachali habitu relicto et clericali usurpato, eidem ecclesie preerat, repudiatam, ceterisque canonicis penitus desolatam, ad laudem et gloriam sancte Dei Genitricis Marie necnon et beatorum apostolorum Petri et Pauli et sancti Bercharii, Dervensis ecclesie monachis, favente Mainardo Trecassine ecclesie pontifice, suoque clero consentiente, cum universis appenditiis ad eamdem ecclesiam pertinentibus, eadem qua prius libertate canonicis data fuerat, tradimus atque in perpetuum concedimus. Ut autem traditio nostra stabilis et inconvulsa permaneat, presentium personarum subnixa stipulatione firmamus. S. Manasse ; S. Isembardi, filii ejus ; S. Teobaudi ; S. Hildradi ; S. Milonis ; S. Deodati ; S. Herlaii ; S. Dudonis, vicecomitis Rosnacensis ; S. Rotgerii ; S. Milonis ; S. Walterii ; S. item Wauterii de Ponte ; S. Ebroini ; S. Landrici. — *Cartul.* 1, fol. 37 v°.

28. — 28 décembre 1035. — *De altari Requiniacecurtis.*

In nomine Patris et Filii et Spiritus Sancti. Amen. Ego humilis Mainardus, Auguste Trecorum pontifex, ut ipse disposuit magnus et omnipotens Rex, presentibus et futuris notum esse cupimus, quod venerabilis comes Breonensium Gualterus, cum matre sua Petronilla nomine, ad nos venit, supplicans mansuetudini nostre, ut cuidam altari, quod ex me possidebat, largiremus libertatem. Est autem illud altare in quadam villa Requiniacecurtis ac in honore digni Deo martyris consecratum Leodegarii. Et idcirco maxime libertatem poposcit, ut inibi servientes Deo nulla turbare possit inquietudo. Horum ergo petitionem, quia Deo esse placitam credidimus, suscipere dignum duximus; et quod petiere, cum fidelium nostrorum clericorum et laïcorum consensu, libenter concessimus, ipsamque ecclesiam ab omni consuetudine liberam esse reddidimus, salva tamen ordinatione pontificali, eo tenore, ut unoquoque anno in festivitate sancti Leodegarii persolvant duos solidos michi et successoribus nostris. Que constitutio manibus est roborata nostris, eamque roborandam tradidimus archidiaconis nostris et clericis nostris. Actum Trecorum civitate, V kalendis januarii, regnante Henrico Francorum rege anno quinto. S. Mainardi, episcopi; S. Radulfi, archidiaconi; S. Fromundi, archidiaconi; S. Hugonis, archidiaconi; S. Wuidonis, archidiaconi; S. Raineri, prepositi; S. Henrici, presbyteri; S. Gisleberti, presbyteri; S. Otberti, presbyteri; S. Herberti, presbyteri; S. Alegricii, presbyteri; S. Rainaldi, presbyteri; S. Letaldi, diaconi; S. Odonis, diaconi et decani; S. Wualteri, diaconi; S. Raineri, subdiaconi; S. Wuarneri, subdiaconi; S. Arnulfi, subdiaconi. — *Cartul.* I, fol. 88 r°.

29. — 12 juin, au plus tard 1050. — *De Corcellis et Valentiniaco.*

Ego frater Milo, Dei gratia abbas, manifestum esse volo fidelibus universis, tam presentibus quam futuris, qualiter concessimus Bosoni juveni precariam, quam pater ejus Elbertus tenuit in villa Corcellas, sub eodem scilicet censu id est II sol., quem pater ejus inde solverat. Iste enim Boso nobis tribuit mansum unum sine ulla advocatione in villa scilicet Valentiniaco et ancillam unam cum duabus filiabus suis, deprecans ut ei societatem nostram annueremus. Dedimus vero ei predictam terram, tali conventione, ut solummodo tempore vite sue eam teneret et post finem suum ad S. Petrum solide ac quiete remaneret.. quod consilio fidelium nostrorum nobis placuit, et sicut petiit, has ei inde litteras fieri jussimus, manu nostra et fratrum firmatas. S. donni abbatis Milonis; S. Hingonis, decani ; S. Hingonis ; S. Wandelgeri ; S. Alberti ; S. Seiardi. Facta et tradita est hec cartula presente comite Waltero, et matre ejus Petronilla, II id. junii. — *Cartul.* I, fol. 51 v°.

30. — Au plus tard 1050. — *De alodiis fratris Kalonis.*

Ego gratia Dei abbas Milo, notificare volumus fidelibus Dei presentibus et futuris, qualiter operamur in ecclesia Dei, cui presidamus. Quidam juvenis, ex nomine Kalo, venit ad hanc Dei ecclesiam in sanctorum apostolorum Petri et Pauli, Xpistique martyris Bercharii honore consecratam, petens ut traderetur ei sacer habitus religionis ; et ipse hanc Dei ecclesiam totius hereditatis sue, que ex matre sua sibi contingebat, quoniam unicus exstitit ejus filius, faceret heredem. Cujus petitionem non spernere duximus, si pater ejus adveniret, et hujus rei laudator fieret. Hoc autem idcirco dicebamus, quia predictum juvenem sine patre suo ista petentem videbamus. Cum vero in hac petitione persisteret, detinuimus eum ab VIII kalendis martii, usque ad kalendas augusti, et oculis que postulabat preferentes, et pro modulo nostro ei omnem humanitatem exhibentes, ac ejus patris adventum prestolantes. Tunc pater advenit, quo modo res ejus erant, que tradebat ostendit, et quodam tenore laudavit. Hec sunt autem villarum nomina quo illius consistit hereditas, Macerias, Carus Locus, Absonno, Augias, Nogiacus, Mons Lutonis. Laudavit nempe hac conventione pater ejus Nevelo, ut quod Wernerus, socer suus, hujus filii sui avus, tam ex terris quam ex servis dederat in beneficio, ex se, dum viveret, sui tenerent homines, et post finem suum absque suorum aliorum filiorum contradictione ac militum qui presentialiter tenebant, hic possideret Dei et sanctorum locus. De illo quidem quod tenebat in dominio, hoc est ad Macerias et Carum Locum, medietatem omnium, tam de ecclesiis, quam de servis, terris et silvis, pratis et aquis, Deo et sanctis ad presens pro filio laudavit, ac post decessum suum, ut prediximus, aliam cum tota libertate consignavit. Predia etiam in Tornodorensi habebat, quorum medietatem, quam hic suus filius solidam possidebat, Deo presentialiter cum filio concessit, et ex alia medietate, quantum ab invasoribus redimeret, iterum sanctis medietatem tribuit, et post suum finem similiter totam. Hanc rationem ostendimus multis, et cuncti qui adfuerunt fieri statuerunt. Nos denique per hanc conventionem, fratre suscepto, decrevimus adsignare universa scripta. S. Walteri, comitis, qui hec ordinavit et statuit ; S. Petronille, matris ejus ; S. Nevolonis, patris fratris Kalonis ; S. Widonis, archidiaconi ; S. Raineri, clerici, etc. — *Cartul.* I, fol. 49 v°.

31. — Au plus tard 1050. — *De curte Torciaci.* — « Ego frater Milo, abbas... » il donne « prestaria vice, Wermundo, militi, et successori suo Machario et cuidam alteri » tout ce que l'abbaye possède « in Torciaci curte... S. donni Milonis, abbatis ; S. Deodati ; S. Nevolonis ; S. Wandelgeri ; S. Seiardi ; S. Witeri ; S. Nocheri. — *Cartul.* I, fol. 50 v°.

52. — Au plus tard 1050. — *De Salvatico Mansionali.* — « Milo, Dei ordinatione abbas » notifie que « Arnulfus de Sufflanna, vir fidelis » demande et obtient « tracticum et tertiam partem in decimis in viculo, qui dicitur Salvaticus Mansionalis » il fera fructifier ces biens au profit de l'abbaye et il n'en distraira rien sinon en deux cas « videlicet, pro famis necessitate, aut sui corporis captione. » Il avait demandé à être associé aux biens spirituels et temporels de l'abbaye. « S. donni abbatis Milonis ; S. Hingonis, decani ; S. Hingonis ; S. Wandelgeri ; S. Alberti ; S. Vuiteri. » — *Cartul.* I, fol. 52 r°.

33. — Vers 1050. — *De Rodulfo, comite Barri.* — « In nomine Sancte et Individue Trinitatis, ego comes Rodulfus » il abandonne à « Wandelgerus, qui cognominatur Bruno » abbé de Montiérender, les prétentions qu'il élevait sur un bois sis « super villam nomine Losam, ea conditione, ut unaquaque septimana, in feria secunda, celebretur missa pro sua heredumque salute, et unus pauper in monasterio victum et prebendam habeat perpetualiter... Ego manu mea firmavi (hanc donationem) et filius meus Walterus et Simon et ceteri mei heredes. S. Rodulfi, comitis; S. Walteri, filii ejus; S. Simonis, filii ejus; S. Wictonis; S. Ansculfi; S. Milonis; S. Rogeri; S. Drogonis; S. Walteri. — *Cartul.* I, fol. 76 v°.

34. — 30 avril 1050. — *De altari Puellarismonasterii.*

In nomine Sancte et Individue Trinitatis Patris et Filii et Spiritus Sancti, ego humilis Frotmundus Auguste Trecorum pontifex, ut ipse disposuit magnus et omnipotens rex, presentibus et futuris notum esse cupimus, quod venerabilis abbas Bruno ex sanctorum apostolorum Petri et Pauli sanctique Bercharii martyris monasterio, ad nos venit, supplicans mansuetudini nostre, ut cuidam altari quod est in villa, que dicitur Puellaremonasterium largiremur libertatem. Est autem illud altare in honore sancte et perpetue Virginis Dei Genitricis Marie, ubi quondam plurimorum extiterat congregatio virginum, in quorum loco monachos sub jugo abbatis predicti loci ordinandos esse constituit. Et idcirco maxime libertatem poscit, ut ibidem servientes Deo nulla turbare possit inquietudo. Hujus ergo petitionem, quia Deo placitam esse credidimus, suscipere dignum duximus, et quod petiit, cum fidelium nostrorum clericorum et laïcorum consensu, libenter concessimus, ipsamque ecclesiam cum altari ab omni consuetudine vel redibitione liberam esse reddidimus, salva tamen ordinatione pontificali, eo tenore, ut unoquoque anno in Sanctorum Omnium festivitate persolvant duos solidos michi successoribusque meis. S. Frotmundi, episcopi ; S. Rainerii, prepositi ; S. Anselli, archidiaconi ; S. Rainerii, archidiaconi ; S. Henrici, presbiteri ; S. Heriberti, presbiteri ; S. Rainoldi, presbiteri ; S. Otberti, presbiteri ; S. Arnulfi, cantoris ; S. Algretii, presbiteri ; S. Arnaldi, presbiteri ; S. Gosberti, presbiteri ; S. Gisleberti, presbiteri ; S. Walteri, levite ; S. Milonis, levite ; S. Odonis, levite ; S. David, levite ; S. Iterii, levite ; S. Letaudi, levite ; S. Giroldi, levite ; S. Bernardi, levite ; S. Drogonis, subdiaconi ; S. Arnulfi, subdiaconi ; S. Warneri, subdiaconi ; S. Bernerii, subdiaconi ; S. Constantini, subdiaconi. Actum Trecorum civitate publice, pridie kal. maii, regnante Henrico Francorum rege. — *Cartul.* I, fol. 22 r°.

35. — Mercredi 6 juin 1050, — *De villa S. Leodegarii Requiniacecortis.*

Notum esse volo fidelibus cunctis ego Walterus, comes Brenensis, quod pulsatus ex suggestione monachorum in Requiniacacurte degentium, atque animatus exhortamine fidelium meorum, pariterque amore loci ipsius Requiniacecurtis, quem vehementer obtabam sublimari, B. Leodegario, martyri et glorioso pontifici, cujus honori in predicto loco constructa habetur ecclesia, omnes consuetudines et justitias, quas in ejus terra accipiebam, hac diffinitione donavi, ut deinceps non ego neque quisquam heredum meorum in ipsius terra, tam in ea quam jam possident monachi quam in ea quam in futuro ab eis possessa fuerit, quandiu illo in loco desservient Deo eidemque martyri et pontifici glorioso, sub monastice religionis habitu, ullam justitiam faciat, aut consuetudinem accipiat, scilicet bannum, infracturam, corvadam, carroperam, opus ad castellum, vel aliam quamlibet consuetudinem, neque nos neque quisquam hominum accipiat; sed sint quieti et ipsi et homines eorum et terra cum habitatoribus ejus et potecti ab inquietudine mei comitatus. Si vero homines eorum, michi, vel alii cuipiam tortitudinem habuerint factam, primum fiat clamor ad ipsos nemoque ex ministris meis de eis faciat justitiam, nisi eis monachi refugerint facere eam. Ergo, ut semper sint memores nostri et antecessorum nostrorum monachi loci ipsius, ego et mater mea nomine Petronilla, ecclesiam Sancti Leodegarii ex servitute episcopi liberavimus, duobusque mansis quorum unum est retro eamdem ecclesiam, atrio inherens, alterum vero modicum longius ex altera parte ville, cum consuetudinibus donavimus; pratum de prope situm, quod *Putiolus* dicitur similiter adtribuimus.

Et ne aliquando hec traditio mea infringatur, litteris eam describi precepi et subnotatione nominis mei eorumque quibus presentibus gesta est, roboravi. Simulque anathema hoc modo subdi feci : Auctoritate Dei Patris et Spiritus Sancti et beate Marie virginis et sancti Petri apostoli et sancti Leodegarii martyris et omnium sanctorum Dei maledicimus ei qui hoc testamentum infregerit, ita ut in flammis inferni ardeat sine fine, nisi penituerit congrua satisfactione. S. Walteri, comitis ; S. Letaldi, comitis Cereiaci ; S. Joslemi ; S. Bosonis ; S. Beroardi ; S. Alulfi ; S. Constantii, prepositi ; S. Constantii, filii Himberti. Actum est hoc publice Requinace cortis, et positum super altari sancti Leodegarii per manum Walteri comitis, IIII feria Pentecostes, VIII idus junii, eodem anno quo papa Leo ecclesiam Sancti Remigii Remis Domino dedicavit, Henrico rege in regno Francorum regnante. — *Cartul.* I, fol. 43 v°.

36. — 1050-1082. — *De Valentiniaco.* « Bruno, gratia Dei abbas » notifie que « quidam honorabilis vir Vulfaudus » qui s'est fait moine à Montiérender avait donné à l'abbaye « partem hereditatis sue in villa que Valentiniacus dicitur, scilicet, II mansa cum terris adjacentibus, quas nos Sortes vocamus » mais « Boso, pronepos Vulfaudi » élève des prétentions sur un pré « quod Beliardis dicitur » et sur un champ « quod, a nomine possessoris, S. Petri vocatur » enfin il y renonce — *Cartul.* I, fol. 84 v°.

37. — 1050-1082. — *De Luviniaco villa.*

In nomine Patris et Filii et Spiritus Sancti, ego Bruno, gratia Dei abbas, volumus ut veniat ad notitiam hominum.. quia quidam clericus, Wido nomine, ex castello Breona, adiit presentiam nostram deprecans ut eum inseremus societati nostre, deditque S. Petro III mansa apud villam Luviniacum et tres servos, per hanc conventionem, ut ipse in vita sua eos teneret.. S. Widonis, clerici ; S. Walteri de Ciresio ; S. Witeri, prepositi ; S. Girardi, laici ; S. Huneberti, laici ; S. donnis Brunonis, abbatis. — *Cartul.* fol. 80 v°.

38. — *De bonis que tenet Witerus, prepositus Breonensis.* — « Bruno, abbas » notifie que « Witerus, prepositus Breonensis, et uxor ejus Helvidis » tiennent les biens de l'abbaye de Montierender « que sunt in Atelanicorte, sub censu XII denariorum. » — *Cartul.* I, fol. 94 r°.

39. — Probablement avant 1057. — *De molendino Rosnacensi.*

In nomine Sancte et Individue Trinitatis Patris et Filii et Spiritus Sancti. Ego comes Tebaudus, superne miserationis tactus respectu, enormitatem meorum pertimescens scelerum.. In ditione nostri principatus monasterium Dervense, ab infestationibus incursantium circumquaque malignantium et hostium bona ejus diripientium, eripui atque ab omni strepitu curiarum, ut decebat ordinem monachorum, Deo favente, liberum securumque reddidi.. Abbas Bruno obnixis precibus me accersivit, conventui fratrum me representavit, orationibus ipsorum muniendo sollempniter ditavit.. Preterea fratres prefati cenobii decernentes edificare duos molendinos sub tuitione nostre potestatis in predio suo, quod adjacet territorio Rosnacensi, super Vigeram fluvium, petierunt ut in hoc negotio, sicut in ceteris, defensor existerem, atque supplici voto coegerunt me ut tertiam partem redibitionis eorum in nostri juris possessione susciperem, eo tamen tenore, ut exinde nullatenus neque in vita neque in morte aliquando ullo modo alicui emisssionis manum inferrem, preter dominis ipsius fundi scilicet cenobio Dervensi. S. Dudonis, vicecomitis; S. Engelberti; S. Vuidonis ; S. Manasse ; S. Fulberti ; S. Bencelini, prepositi ; S. Erladii ; S. Stephani molendinarii ; S. abbatis Brunonis; S. Nocheri, cujus instinctu hoc peractum est opus ; S. Burdini ; S. Erfridi ; S. Albrici. — *Cartul.* I, fol. 79 v°.

40. — Au plus tard 1057. — *Epistola Victoris pape.* — « Victor, episcopus, servus servorum Dei, Theobaldo comiti Apostolicam benedictionem » sur le rapport qui lui a été fait par « Bruno, abbas ex SS. apostolorum Petri et Pauli et S. Bercharii martyris monasterio » le pape charge le comte palatin Thibaut Ier de veiller aux intérêts de l'abbaye de Montiérender. — *Cartul.* I, fol. 79 v°. — *Annal. Bened.* IV, 557.

41. — Au plus tard 1060-1061. — *De ecclesia Sancte Margarite.*

In nomine Sancte et Individue Trinitatis, ego Tecelinus, vicecomes Rosniacensis, tam presentibus quam futuris filiis Ecclesie. Considerans mecum vite qua vivimus cotidianos defectus et quo diutius putantur victuri eo celerius nonnullos rapi, dignum duxi consilium capere quo post mortem transitoriam mortem vitarem perpetuam. Unde me contuli ad sollertiores divini eloquii, quorum consilio nullum bonum potius quam elemosinam a Sacra Scriptura cognovi approbari ; hujus quoque deprehendi multa genera existere, eam tamen super excedere que confertur locis divino cultui mancipatis, ubi, quo magis contidiana perpetuatur oratio eo, ut ita dicam, cotidiana benefactoribus accressit recompensatio. Inito itaque consilio cum amicis meis, statui quemdam juris mei fundum Dervensibus cenobitis tradere, qui fundus ex uxoris mee parte ad me noscitur pervenisse, ac apud eos hoc pretio michi prebendam coemere, persolvendam abhinc michi, tali ratione, pauper inibi, mei vice, eadem stipe, sustentabitur donec michi filius a Domino detur, qui ibi, si michi Deus inspiraverit, sub monastico ordine perpetuo deserviat, et paupere absoluto, ipse recipiat. Ego etiam et conjux mea ibidem sepeliemur, nec quicquam ultra a nobis pro sepultura queretur, nisi forte sponte nostra aliquid addatur. Dicendum ergo precium quo tantum mercati sumus beneficium :

partem nostram in ecclesia Sancte Margarite in capitibus hominum et terris et in omnibus que ad eam pertinere videntur ab hodierna die sub S. Petri et S. Bercharii redigimus potestatem, sicut antecessores nostros et nos ipsos huc usque certum est tenuisse. Cui dono si quis, quod absit, vel ego, vel heres meus, vel quilibet alius refragari temptet, non solum quod cupit evendicet ; sed insuper convictus, XX libras auri persolvat, ut ecclesia Dei quiete jura sua deinceps possideat. — *Cartul.* I, fol. 36 v°.

42. — Au plus tard 1060-1061. — *De ecclesiis de* Belfort *et* Brecis.

Ego frater Bruno, gratia Dei abbas, notum esse volo omnibus presentibus et futuris, quod vir nobilis Hugo *Bardul* ad hanc ecclesiam SS. apostolorum Petri et Pauli et S. Bercharii venerit, plangens, lamentans et valde gemens, et confitens flagitia sua, que ipse vel sui in Deum commiserant et in sanctas ejus ecclesias a nativitate sua in pervasionibus terrarum, maxime hujus sancte ecclesie, in depredationibus pauperum, et quod gravius est, in eorum internetionibus, etiam in seditionibus seu in bellis, dicens pro his omnibus se penitentia ductum et ad emendationem paratum. Petiit itaque ut pro his malis, et maxime pro anima matris sue apud nos quiescentis, et aliorum antecessorum suorum similiter ibi jacentium, et quia etiam ipse in eo loco sepeliri vellet, si in hac regione obiret, apud Castellum suum *Belfort* construeremus ecclesiam, accepta terra ab eo, que et ecclesie sufficeret et habitationibus nostris vel nostrorum per circuitum construendis ; quibus etiam et terris arabilibus et pascualibus silva nichilominus uti laudavit sicut suis omnibus ; concessit quoque nobis uni carruce terram sufficientem ; ducentorum porcorum pastionem ; et quantum piscator unus piscari posset quousque aqua ejus durat piscationem, dans per omnia immunitatem quod neque bannum, nec corvadam, nec ullam ibi accipiet consuetudinem, vel justitiam, vel latronem, nisi forte, quod absit, castelli sui traditorem. Terram quoque Osamcurtis et Angelerii quercetum cum appenditiis eorum, que injuste calumpniabatur, recognita sua tortitudine, abdicavit huic sancte Dei ecclesie. Ad supplementum etiam horum apud castellum Breias dedit unum mansum, cum terris ad ipsum mansum pertinentibus et vineas simul. Et adhuc promisit ad adjutorium construende eccclesie se daturum ecclesiam, si eam posset aliquo modo exoccupare a suis militibus, ipsa vero ecclesia in honore beati Martini est consecrata. Quod litteris mandari in commune placuit.. S. Hugonis, qui hoc donum dedit ; S. Teobaldi, comitis ; S. Hilduini, comitis ; S. Burdini de *Belfort* ; S. Manasse, filii ejus ; S. Girardi ; S. Vuarneri ; S. Helpini ; S. Rainoldi ; S. Hingonis. Actum Dervo monasterio publice, Henrico rege in regno Francorum regnante. — *Cartul.* I, fol. 56 v°.

43. — Au plus tard 1060-1061. — *De Sufflana.* — « Donnus Gozfridus » abandonne les prétentions qu'il soulevait contre l'abbaye relativement à un moulin « quod dicunt Exclusam, in flumine Sufflanna » et sur un bois « qui vocatur Angelirii quercetus, supra dictam Sufflannam. » — *Cartul.* I, fol. 74 v°.

44. — Au plus tard 1060-1061. — *De Goffrido et ecclesiis.* — « In nomine Sancte et Individue Trinitatis, ego frater Bruno, S. Bercharii servus.. Gozfridus de novo castello petiit ut de ecclesiis, quas pater suus Stephanus abstulerat, quasdam ei daremus per quandam conventionem.. ecclesie autem, quas pater suus fortitudine sua possidebat, he sunt : ecclesia de Laderciacicurte, ecclesia de Dudiniacacurte, ecclesia de Trameleio, ecclesia Donni Martini, ecclesia de Ragisicurte, ecclesia de Faieto, et villa de Gurgione cum ecclesia. Ecclesie autem, quas a nobis petiit sibi et duobus herebibus dari, he sunt : ecclesia de Trameleio et de Ragisicorte, et de Faieto, et villa de Gurgione cum ecclesia, » Le premier héritier de Geoffroi de Joinville devra être son fils ou sa fille, et le second héritier son petit-fils ou sa petite-fille. — *Cartul.* I, fol. 57 r°.

45. — 3 mai 1061. — *Confirmatio Nicholai pape* II. — « Nicholaus, episcopus, servus servorum Dei omnibus.. » Il confirme les possessions de l'abbaye de Montiérender, entre autres « partem de ecclesia S. Margarite, quam vobis dedit Tecelinus, vicecomes Rosnacensis ; predia que vobis frater Kalo concessit ; alodium de suburbio castri *Belfors* ; conventionem quam fecit Gozfridus, gener comitis Breonensis.. Datum per manum Bernardi sancte Prenestine ecclesie, V non. maii anno ab Incarnatione Domini MLXI, anno III pontificatus Nicholai pape secundi, indict. XIIII. » — *Cartul.* I, fol. 64 r°.

46. — 1061 — 1065.

Alexander, episcopus, servus servorum Dei, notum facimus.. quod abbas Bruno nostram adiit presentiam querulus, qui nuper presumpserunt invadere tres ecclesias, quarum una sancto titulatur Xpistoforo ; altera B. Petro, que constituta habetur in Lertiacicurte; tertia, que dicitur apud Priscem, ut hos comminando terreremus ; atque terrendo revocare a sua malitia cupimus, quatinus quoque rapta ecclesie Dei restituant. Quod nisi fecerint, tam in presenti quam in futuro ab omni Ecclesia Dei anathematis se mucrone abscissos fore cognoscant. — *Cartul.* I, fol. 68 v°.

47. — Vers 1065.

Alexander, episcopus, servus servorum Dei, coepiscopis Richerio Senonensi, Hugoni Trecassino, Rogeri Cathalaunensi salutem et Apostolicam benedictionem. Quoniam quidem omnium ecclesiarum sollicitudinem nobis commisit dignatio divina.. Unde jam annis anterioribus fraternitati vestre precepisse meminimus super adversis ecclesie Dervensis, que sibi inferuntur a nonnullis minus Deum timentibus, auctoritate Apostolica precipientes vobis, ut ex adverso ascenderetis et murum pro defensione ejusdem ecclesie opponeretis, quod aliquandiu diligenter executi estis ; verum nunc aliquantulum intepescit fervor zeli prioris, proinde iterato dirigimus apices hujus nostre commonitionis.. valete. — *Cartul*. I, fol. 70 r°. — *Origin*. 2ᵉ liasse. — *Annal. Bened*. IV, 665.

48. — 1072. — *De Espulteimont*.

In nomine Sancte et Individue Trinitatis, omnibus hic presentialiter congregatis necnon et his qui in temporibus successuri sunt futuris, nec ob inanem jactantiam mundi, sed ad laudem Dei et nominis Xpisti et ad incitandos animos fidelium ad effectum caritatis in augmentum ecclesie, notum fieri decrevimus, qualiter ego Rainardus, Dei gratia Lingonensis episcopus, meorum fidelium consilio, et assensu venerandi abbatis Brunonis monasterii dicati in honore apostolorum Petri et Pauli, ubi sacratissimum corpus venerandi martyris Bercharii quiescit, precibus adquieverim ; multis namque et magnis supplicationibus frequenter nostram dilectionem expetiit, quatinus ad mensam fratrum in predicto monasterio Deo quotidie famulantium darem quoddam predium meum, cui nomen est *Espulteimunt*. Igitur ego, indignum judicans tam piis et tam justis efflagitationibus refragari, satisfaciens tanti viri desiderio, divino instinctu, Walteri, Breonensis comitis, heredis mei, et uxoris sue sororis mee, et infantium eorum nutu et adsensu, laude et consultu, dedi prelibate ecclesie fratribus omnem partem meam, scilicet medietatem prenotati allodii mei cum omnibus appenditiis, servis, ancillis, sylvis, pratis, aquis aquarumve decursibus. Quia vero aliquoties mali heredes, quod boni antecessores cum fide et devotione dant ecclesiis, diabolicis calliditatibus perturbare soliti sunt, ita omnino predictum alodium liberum dedi, ut nec aliquis heredum meorum ibi aliquid retinere, nec advocationem nec ullam consuetudinem, quia aliquando occasione diabolica mundanorum ardens cupiditas ecclesie possessionem invaderet et gregem Dominicum pro nostro dono inquietaret. Ut autem hec donatio rata haberetur, bannum nostrum cum anathemate super calumpniatorem imposuimus, si aliquando quis calumpniam inferret, quod minime credimus ; scriptumque, quoniam mortalium testimonia labilia sunt, inde fieri jussimus, quod ut firmius haberetur nostra manu firmavimus, firmandumque aliis tradidimus. S. donni Rainardi, episcopi ; S. Evrardi, decani ; S. Gibuini, archidiaconi ; S. Rogeri, archidiaconi ; S. Girardi, archidiaconi ; S. Warneri, archidiaconi ; S. Erlerii, archidiaconi ; S. Almarici, archidiaconi ; S. Adalberonis, abbatis ; S. Bosonis, abbatis ; S. Engelberti, abbatis ; S. Eustatie, comitisse ; S. Walteri, comitis Brinensis ; S. Engelberti, filii ejus ; S. Widonis, comitis ; S. Girardi, militis ; S. Widonis, militis ; S. Aldonis. Acta sunt hec Lingonis anno ab Incarnatione Domini M° LXXII° indict. X regnante Philippo rege Francorum anno XII. — *Cartul.* I, fol. 12 v°. — *Gallia Christ.* IV, *Instr.* col. 147.

49. — 1072-1081. — *De Altaribus in episcopatu Trecensi.*

Ego Hugo, quondam Katalaunensis canonicus, nunc vero Trecensis episcopus, volo omnibus notum fieri, videlicet, me sub pastorali cura voluisse providere pascua animarum et corporum agnis Dei et ovibus, sub tipo illius summi pastoris, qui Petro Petri quoque dicit successoribus *Pasce oves meas.* Igitur consilio clericorum, et assensu fidelium meorum, monitis quoque et precibus karissimi nostri Brunonis, abbatis Dervensis monasterii, ubi requiescit corpus reverendi Bercharii, tradimus quedam altaria eidem loco perpetualiter possidenda a fratribus qui ibi famulantur, in salutem predecessorum et successorum meorum. Et hec est traditionis conventio, ut moriente vicario, alius a monachis oblatus succedat sine aliqua muneris acceptione. Sacerdotes vero altaribus deservientes ad nostram sinodum concurrant, et sinodalia constituta persolvant, ne tamen alicui videatur onerosa hujus largitionis donatio, quasi insperate ac fortuitu nobis acciderit predicti cenobii familiaritas, dum antiqua est, quod hactenus liquido patet donis confirmationibusque litterarum datarum eidem cenobio ab ipsis videlicet Ansegiso, Wualone, Milone, Manasse, Fromundo, Mainardo, iterum Fromundo, et Hugone Parisius, cui ego successi. Quorum omnium exempla secuti, ego nosterque clerus domui Dei obtulimus, prout possibile fuit, fundamento ab ipsis locato. Nomina altarium hec sunt : Alneti, Donni Martini, Sancti Leodegarii, Sancti Augustini, Aremberticurtis, *Verceuls*, ad Orantem Montem, Carcereicurtis. Ad confirmandum vero hujus rei largitionem manu nostra suscribimus. S. Hugonis, episcopi ; S. Stephani, prepositi ; S. Josberti, archidiaconi ; S. Nocheri, archidiaconi ; S. Arnulfini, cantoris ; S. Joannis, camerarii. — *Cartul.* I, fol. 55 v°.

50. — 1072-1082. — *De furno de Alta Villa.*

Ego Bruno, gratia Dei abbas Dervensis cenobii, memorie presentium et futurorum relinquere curavi, qualiter furnus de Alta Villa in partes sancti Petri devenit. Domnus Hugo, episcopus Trecorum et frater ejus Thebaldus, filii Wuiteri de Meliano, et Odo, castellanus, dum presentie Rogeri, episcopi cathalaunensis, adessent, ego Bruno cepi conqueri de multis tribulationibus nostris.. compassus predictus episcopus Hugo cum fratre suo tribulationibus nostris dederunt sancto Petro et sancto Berchario furnum de Alta Villa pari voluntate, et consensu Rogeri, episcopi, ut a nobis et successoribus nostris per secula possideretur, et ut eorum memoria apud nos in conspectu Dei haberetur. Nomina testium hujus rei hec sunt : S. Rogeri, episcopi ; S. Hugonis, episcopi ; S. Tebaldi, fratris ejus ; S. Brunonis, abbatis ; S. Odonis, castellani ; S. Hincmari, archidiaconi ; S. Odonis, archidiaconi ; S. Warini, cantoris ; S. Rodulfi, prepositi. — *Cartul.* I, fol. 91 r°.

51. — 1074. — *De altari Sancte Margarite.*

Ego in Dei nomine Hugo, sancte Trecassine ecclesie presul, omnibus sancte Ecclesie fidelibus notificare volumus, quia domnus Bruno, abbas ex monasterio SS. apostolorum Petri et Pauli, ubi beatus martyr Bercharius requiescit, venit ad nos obsecrans humiliter, ut altare unum situm in pago Rosnacense, in honore sancte Margarite sacratum, sub persona cujusdam clerici nomine Hingonis ei perpetualiter concederemus, cujus petitioni juste adsensum prebuimus et idem altare eidem loco concessimus pro remedio anime nostre et episcoporum antecessorum et successorum nostrorum. Atque hoc privilegium inde fieri jussimus, ut illud secundum Dei et sanctorum ejus honorificentiam possideat regat atque gubernet, tam ipse quam omnes successores illius, salva tamen ordinatione episcopali. Si vero jam dictus vicarius vita decesserit, alius iterum ab abbate vel monachis electus proferatur et vicarius in prioris loco subrogetur. Actum Trecis civitate, in capitulo Beati Petri anno Dominice Incarnationis millesimo septuagesimo quarto, regnante Philippo Francorum rege anno VII regni sui. S. Hugonis, episcopi; S. Stephani, prepositi; S. Wuidonis, archidiaconi; S. Anselli, archidiaconi; S. Demetrii, archidiaconi; S. Raineri, archidiaconi; S. Gosberti, archidiaconi; S. Arnulfi, cantoris; S. Gosberti, presbiteri; S. Otberti, presbiteri; S. Josberti, presbiteri; S. Odonis,

diaconi ; S. Buchardi, diaconi ; S. Constantini, diaconi ; S. Giberti, diaconi ; S. Herfredi, subdiaconi.
— *Cartul.* I, fol. 54 v°.

52. — 1077-1081. — *Karta Theobaudi comitis.*

In nomine Sancte et Individue Trinitatis, ego Bruno, abbas Dervensis monasterii... notum facio sancte Dei Ecclesie filiis, quod plerumque cordibus principum inspiratur gratias divine pietatis, ut pauperum Xpisti compatiantur miseriis. Nam Teobaudus, comes palatinus, cum venerabilissima mulierum Adelaide, dum locum nostrum voluissent invisere, misericorditer nostre condoluerunt inopie audientes molestias et infestationes que pauperibus nostris quotidie inrogantur.. Igitur ad imitationem suorum bone memorie predecessorum, videlicet, patris sui Odonis, comitis, et Heriberti cognomento senioris, qui nostras res suis auxerunt largissime, voluit prudenter nostre paupertati consulere, cum favore ac interventione jam dicte amicissime Deo comitisse, ut quotiens fratres nostri confinium adirent Sparnaci, nullam molestiam paterentur a ministerialibus, carri nostri sed liberi graderentur ab ipsa consuetudine, quam exigere erant soliti. Ad augmentum vero donationis hujus.. traditionem, quam comes Rodulfus, predecessor suus et propinquus, in Barrensi territorio de redditibus carrorum nostrorum nobis fecerat, predictus comes, cum predicta memorabili comitissa, nutu quoque et consilio filiorum ac principum suorum, libens annuit, et ut intemeratum deinceps maneret, litteris annotari petivit.. S. Tebaudi, comitis : S. Adeledis, comitisse ; S. Odonis ; S. Jozfridi ; Item S. Jozfridi ; S. Sanxivalonis ; S. Bernardi Pictavis ; S. Hugonis de *Sezane;* S. Alardi. — *Cartul.* I, fol. 78 r°.

53. — 1081-1121. — *De canonicis Rusniacensibus, et domo Dei.*

Quoniam omne quod canonice diffinitur privilegium canonica carta fieri debet, sicque memorie posterorum tradi, ideo ego Philippus, Dei gratia Trecensium episcopus, notum fieri cupio omnibus scire volentibus, tam presentibus quam futuris, canonicos Rusniacensis ecclesie meam presentiam accessise, summopere postulantes, quatinus predicte ecclesie cartas a predecessoribus meis diffinitas renovarem, quodque meo tempore juste adquisiverunt, vel alii pro redemptione animarum suarum eis dederunt, litteris meo sigillo signatis confirmarem, quorum petitioni, quia saluberrimam eam intellexi, adquiescens, libertatem ecclesie qua tempore meorum antecessorum extitit, salvo jure ecclesie, concessi, videlicet, ut in ecclesia predicta a canonicis ipsius capellanus eligatur, sive ex ipsis canonicis, sive alius qui presentie hujus loci presulis, vel archidiaconi, ab eisdem representetur, eo tenore, ut presens officium suum exerceat, illiusque absentis vicem ecclesia suppleat. Concedo etiam, atque precipio, quod domus Dei, que adjacet Rusniaco, ecclesie ipsius castri sit subdita, sicut fuit tempore Alberti, qui eam prius edificavit, ut conventus ecclesie a fratribus domus super negotiis suis consulatur consilioque canonicorum ipsa domus disponatur. Preterea, concedo predicte ecclesie illam partem quam canonici soliti sunt accipere in oblationibus atque decimis Juncariensis ecclesie, cum oblationibus ecclesie Valentiniaci. Insuper ecclesie Rusniacensi annuo quod canonici ejusdem ecclesie in ecclesia Brajoli capellanum eligant, quem basilice Trecensis presentie presulis offerant. Si quis vero, quod absit, hec a nobis concessa subvertere conatus fuerit, illum qui hoc facere presumpserit.. ab omni communione sancte Ecclesie sequestramus. Hujus rei sunt testes : Rainaldus, prepositus et archidiaconus ; Odo, archidiaconus ; et Manasses, archidiaconus ; Wuido, archidiaconus ; et Teobaldus, archidiaconus ; Odo, cantor ; et Hugo de Viaspro ; et Tegerus, frater ejus ; et Fulco, filius cantoris ; et Gualterus, filius Angelmeri ; et Petrus, filius Gisleberti. — (*Archiv. de l'Aube.* Copie G, 805.)

54. — Avant le concile de 1082. — *Compositio cum Waltero comite.*

Monachi S. Petri et S. Bercharii proclamationem fecerunt ad magnanimum comitem Teobaldum de superfluitate, quam comes Breonensis donnus Walterus faciebat eis, quam proclamationem misit predictus comes in mensuram. Est autem talis mensura : quando accipiendum erit opus castelli et karroperum accipiet ministerialis S. Petri, et cum laude ipsius ministerialis Breonensium comitis, et accipient secundum salvationem hominum S. Petri et secundum salvationem comitis. Opus ergo castelli semel in anno fiet, una hebdomada martii, et non in alio mense ; et si opus non fuerit, pro redemptione operis recipiet VI denarios de mansu vestito, de dimidio III, de quarta parte mansi III minutas ; ipsum autem opus si ad alium locum quam ad Breone castrum transducere voluerit illud non solvent, sed VI denariis rediment se de mansu vestito, sicut supra dictum est. — Carroperum quoque similiter in anno fiet, si necesse fuerit, a feria IV usque ad diem dominicam, et solum modo apud Breonam, et nusquam alibi, in hac quoque conventione, ut bos claudus sive cornu fracto, et vacca pregnans et fetu tenera in carropero non eant. — Quando autem frescenne fuerint accipiende ministerialis S. Petri eas accipiet, et secundum frescennam ipsius ministerialis Breonensis comitis eas recipiet. Si aliquis per se non potuerit integram solvere, solvet, et pauperes duos vel tres aut quatuor simul adjunget ministerialis S. Petri secundum salvationem hominum. Frescenna II solidos valebit, aut pro ipsa II solidi dabuntur. Porro terminus frescenne erit a festo sancti Martini usque ad Natale Domini, et si solute non fuerint ante diem Natalis Domini, in crastino duplicabuntur. Ab illis autem qui in atrio et mercato morantur frescenne et alie consuetudines non accipientur. Si igitur de opere castelli, aut de carropero, vel de frescennis aliqua negligentia facta fuerit, aliquam justitiam extorquere non licebit ei nisi per ministeriales S. Petri. — Conventum autem suum generale in anno habebit in Pentecosten, si voluerit; et si aliquando ei contigerit ut per regionem transeat cum X aut XV militibus ministerialis S. Petri victum ei prebebit. Saumarius unus semel in anno ei prestabitur in servitio majoris comitis et quousque reddatur saumarius alius ei non prestabitur. Alios quidem caballos in tota abbatia non accipiet, nec ullum de supradictis servitiis accipiet a clericis S. Petri, vel equitibus, aut servientibus, ad ultimum nec in monasterio neque in tota abbatia sue defensioni subposita, preter hec que comes Teobaudus ei divisit, queque supra notata sunt; et cum laude monachorum promisit comes Vualterus Deo et S. Petro, memorabili quoque comiti Teobaudo nichil amplius se accepturum. Hujus rei testes sunt : S. Vualteri, comitis; S. Teobaudi, comitis; S. Sanciivalonis; S. Clarembaldi; S. Vualteri, de *Orion ;* S. donni abbatis Bernardi; S. donni abbatis Brunonis; S. Albrici, monachi... — *Cartul.* I, fol. 71 r°.

55. — 1082. — *Decretum de consuetudinibus Breonensis comitis.*

Hugo Diensis, Dei gratia legatus Sedis Apostolice, omnibus tam presentibus quam futuris. Quoniam juxta divinum presagium *ubi habundavit iniquitas refrigescet Karitas multorum* quibusdam ecclesiarum Dei provisoribus, malorum incursantium torturis exigentibus, minus cure pastoralis regimen procurantibus, utilitati multorum consulentes, apud Meldensem Gallie urbem consilium tenere decrevimus. Ubi a Tebaudo, comite palatino, magno et magnifico viro, rogati sumus, uti, pro injusticiis et inlicitis exactionibus, quas comes Breonensis violenter faciebat in abbatia monasterii Dervensis, excommunicaremus, videlicet, ut nec ipse, nec aliquis heredum ejus post eum aliquam violentiam eidem ecclesie inferret, nichil ab hominibus dicti monasterii injusta damptione eriperet, nichil preter constitutas consuetudines acciperet, quas supra memoratus comes Tebaudus sibi quanquam injuste denominasset, ita tamen ut his contentus ab injustis et superfluis exactionibus omnino abstineret. Nam, ut ipse comes Tebaudus nobis dicebat, has denominaverat consuetudines, quas ipsi comiti Breonensi certis temporibus anni persolverentur, id est carroperum, frescennas, opus castelli, conventum generale semel in anno, tamen mensurate, et ut loco eidem videtur possibile esse. Verumtamen prius, ex decreto primatum suorum sacramento, eum constrinxerat, quod videlicet preter consuetudines denominatas nichil omnino tam ipse quam heredes ejus acciperent in abbatia ; ille etiam promiserat, et ut dictum est, se servaturum juramento firmaverat. Itaque tam ipse comes Tebaudus, quam fratres cenobii qui aderant, precabantur, quatinus hanc conventionem per manum nostram ac totius sancti concilii sub anathemate confirmaremus. Nos autem communi decreto totius concilii, rogatu etiam domini Hugonis, episcopi Trecensis, quoniam parochianus ejus erat comes Breonensis, et ab eodem episcopi testimonio confirmato audieramus veritatem presentis negotii, perpetuo confirmavimus sub districtione hujus anathematis :

« Auctoritate Dei omnipotentis, et BB. apostolo-
» rum Petri et Pauli excommunicamus, et a limini-
» bus sancte matris Ecclesie separamns et remove-
» mus, eterna quoque damnatione percutimus et
» damnamus eum, quicumque ex heredibus comi-
» tis Teobaudi, seu comitis Breonensis Walteri,
» hujus decreti infregerit statutum, nisi resipis-
» cens, et eidem ecclesie satisfaciens, digne peni-
» tentie gesserit fructum, et tante tortitudinis non
» reitaverit malefactum. »

S. Hugonis, Diensis episcopi ; S. Amati, vicarii pape Gregorii ; S. Richardi, archiepiscopi Bituricensis ; S. Hugonis, Trecensis episcopi ; S. Rogeri, Cathalaunensis episcopi ; S. Rorici, Ambianensis episcopi ; S. Hugonis, Grannopolitani episcopi ; S. Hugonis, Lingonensis episcopi ; S. Hugonis, Nivernensis episcopi ; S. Aganonis, Augustidunensis episcopi ; S. Arnulfi, Suessionensis episcopi ; S. Landrici, Matisconensis episcopi ; S. Tebaudi, comitis ; S. Alaidis, uxoris ejus ; S. Odonis, filii ejus. Actum Meldis civitate, in consilio publico, ubi multitudo sacerdotum, jussu Gregorii pape, qui et Hildebrandus dictus est convenerant. — *Cartul.* I, fol. 55 r°. — *Annal. Bened.* V, 641.

56. — 1082. — *Karta de alodiis Guarini.*

In nomine Sancte et Individue Trinitatis, omnibus sancte catholice Ecclesie filiis, ego Guarinus, dictus comes Rosnacensis territorii, quod propter gratiam ejusdem honoris transitorii dum essem filius seculi, cogitavi ut in alimoniam filiorum Dei, qui pro peccatis meis et totius populi creduntur orare pietatem Domini, donarem partem alodii mei, et illud quod habebam in ecclesia Sancte Margarete, Deo et sancto Petro Cluniacensis cenobii. Quod precogitatum, Domino volente, perfeci, constitutis inibi fratribus, qui sub preposito regulari Deo servirent et Sancte Virgini ; sed altare et quartam partem ipsius ecclesie tunc temporis possidebant fratres Dervensis monasterii, ut ergo predictam ecclesiam ex integro haberent Cluniacenses monachi, consilio habito cum domno Apostolico Hildebranno nomine, in papatu dicto Gregorio, ut morerer mundo et viverem Deo, in remissionem omnium delictorum, et salutem antecessorum meorum, cum benedictione Apostolica, et cum licentia episcopi mei, domni Hugonis Trecassini, et cum favore Theobaldi, comitis palatini, cum etiam laude propinquorum meorum, dedi me cum alodiis meis, principibus apostolorum Petro et Paulo venerabili quoque Berchario, in presentia donni Brunonis abbatis et monachorum fideliumque suorum. Itaque jam dictus abbas et monachi annuerunt Cluniacensibus altare et quartam partem supramemorate ecclesie, acceptis sibi alodiis que erant libere conditionis, et absque jugo ullius advocationis, sine alicujus judiciara potestate, sine banno, ad postremum sine aliqua redhibutione alicujus hominis. Hec igitur sunt alodia, que tradidi Deo et SS. apostolis Petro et Paulo, beato quoque martyri Berchario, monachisque suis perpetualiter habenda Roserias, Muceium, Juncherium, cum appenditiis suis, videlicet, servis et ancillis, terris cultis et incultis, silvis, pratis, aquis aquarumque decursibus. Ut autem hoc meum donum perpetuo remaneat, donnum Hugonem, Lugdunensem archiepiscopum, et Apostolice Sedis legatum, ex precepto jamdicti donni Apostolici Gregorii, rogavi, ut facta excommunicatione, hanc cartam confirmaret sub testimonio et laude omnium episcoporum, abbatum et ceterorum Dei fidelium concilio Meldensi adsistentium. Ipse vero libentissime annuens petitioni mee adsensum prebuit, et communi decreto totius sancti concilii, ut petieram, confirmavit sub districtione hujus anathematis :

« Auctoritate Dei omnipotentis, et BB. apostolo» rum Petri et Pauli excommunicamus, et a limini» bus matris Ecclesie separamus et removemus,
» eterna quoque dampnatione percutimus et damp» namus eos quicumque de rebus supradictorum
» alodiorum comitis Guarini aliquam fraudem vel

» injusticiam fecerint ecclesie Dervensis monasterii,
» nisi resipiscentes, et eidem ecclesie satisfacientes
» dignum penitentie fructum fecerint. »

Nomina testium, qui sua signa subscripserunt : S. Hugonis, Diensis episcopi ; S. Amati, vicarii pape Gregorii ; S. Richardi, archiepiscopi Bituricensis ; S. Hugonis, Trecassini episcopi ; S. Rogeri, Cathalaunensis episcopi ; S. Rorici, Ambianensis episcopi ; S. Hugonis, Grannopolitani, episcopi ; S. Hugonis, Lingonensis episcopi ; S. Aganonis, Augustidunensis episcopi ; S. Hugonis, Nivernensis episcopi ; S. Arnulfi, Suessionnensis episcopi ; S. Landrici, Matisconensis episcopi. Comes etiam Tebaldus, et uxor ejus Alaidis nomine, et Odo filius ejus, laudaverunt et sua signa fecerunt : S. Tebaudi, comitis ; S. Alaidis, uxoris ejus ; S. Odonis, filii ejus. — *Cartul.* I, fol. 58 v°. — *Annal. Bened.* V, 642.

57. — 1088. — *De alodio apud Hauncortem.* — « Dudo, gratia Dei abbas Dervensis monasterii » notifie que du temps de « Brunonis abbatis quidam miles Hugo nomine ecclesie nostre societatem petiit et accepit ; et de alodio suo apud Hauncortem ecclesiam nostram hereditaturam promisit. Postea, nostro tempore idem Hugo a Belfortensibus captus et vulneratus, per fraternitatem que inter nos et eum erat, nobis mandavit ut eum redimeremus et in monachum ordinaremus » Ce qui fut fait ; « aliquando tempore quiete tenuimus alodium ; sed Petrus, nepos ejusdem Hugonis, et Odo ipsius Petri filie maritus » demandent à tenir l'alleu, il leur est donné leur vie durant moyennant « XX libris ; sed retinuimus aliquam partem ecclesie ejusdem ville.. S. Odonis, comitis ; S. Ulrici, dapiferi ; S. Herladii, prepositi ; S. Joffridi, junio-

ris ; S. Petri de Arzilleriis ; S. Odonis, generi ejus. Actum Dervo monasterio, anno Verbi Incarnati M° LXXX° VIII° Indict. XIª, agente in regno Francorum Philippo, filio Henrici ; episcopo Trecorum Philippo. — *Cartul.* I, fol. 94 r°, 95 v°.

58. — 1089. — *De clamatione ad Teobaldum comitem.* — « Dudo, gratia Dei Dervensis ecclesie abbas » rappelle que l'abbaye a fait « clamationem ad magnanimum comitem Teobaldum de Goffrido juniore, Junville domino » Joffroi « qui nomen habebat advocati et defensoris terre nostre Blesensis » avait fait beaucoup de tort à l'abbaye « Unde monitus ab ipso comite ut justitiam exhiberet nobis in presentia sui apud civitatem Meldis ; et die constituto exhibende justitie, ipso comite, gratia captionis filii sui Stephani carcerali custodie a rege Francorum mancipati, vehementer occupato, inde reversus, hesitansque ne pari proclamatione iterum monitus, acrius argueretur » il promit réparation et un accord fut conclu entre l'abbaye et Joffroi. — *Cartul.* I, fol. 92 r°. — *Annal. Bened.* V, 642.

59. — Vers 1090. — *De molendino apud Vuasseium.*

In nomine Sancte Trinitatis, ego Dudo, gratia Dei abbas ecclesie S. Bercharii, notifico omnibus fidelibus, quod Odo, Trecassinus comes, devote ad nos venit, medietatem molendini, quem apud Vuasseium habebat, rogatu Bosonis, filii Albrade, quem de eadem medietate feodaverat, Deo et sanctis ejus in presentia nostra cum voluntate et laude Adelaidis, matris sue, obtulit, hac lege, ut unus monachorum nostrorum ecclesie beate Dei Genitricis Marie deserviens, de donata medietate molendi viveret, qui Dei clementiam tam pro ipso comite, quam pro matre et ceteris predecessoribus suis, assidue inibi exoraret. Quod ut melius roboraret, postquam donum ipsum altari nostro imposuit, per manum ministrorum suorum prefate Wasseacensi eclesie offerendum perpetuo jure delegavit.. S. Odonis, comitis, qui hoc donum dedit; S. Ulrici, dapiferi ejus; S. Gundulfi, prepositi ejus; S. Ramberti, villici ejus; S. Bonini; S. Engelgeri; S. Teboldi, matricularii; S. Hepelini; S. Vuarini, filii ejus; S. Pagani, filii ejus. — *Cartul.* I, fol. 94 v°.

60. — 16 août 1114. — *De altari Sigisfontis.*

In nomine Sancte et Individue Trinitatis, ego Philippus, Dei gratia Trecensis episcopus, notifico tam presentibus quam futuris, altare sancti Remigii Sigifontis, a comite Breniensi, quod contra jus ecclesiasticum tenebat, michi redditum, ecclesie sancti Bercharii, cujus juris antiquitus fuerat, sed violentia cujusdam mei predecessoris injuste sibi ablatum, prefate ecclesie, cujus juris erat, uti jus exigebat, me restituisse. Quidam vero casatus comitis Breniensis nomine Ingelbertus, dicens se habere in casamento illud altare, inde conquestus est; cui dies determinatus fuit ad causam diffiniendam super illo altari utrum sui juris esset, sicut adserebat; die vero determinato, ego et abbas Rogerus in causam venimus, miles autem in causam defecit. Postquam in manu mea illud altare habui, liberum et absolutum ab omni calumpnia, salvo jure et consuetudinibus ecclesie Trecensis, prefate ecclesie, cujus juris antiquitus fuerat, et esse debebat, reddidi et confirmavi ; necnon tertiam partem ecclesie sancte Marie de Summavera, quod ad feodum prefati comitis adtinebat, qui timens periculum anime sue, michi reddidit ; quicquid de ecclesiis injuste obtinebat eidem ecclesie sancti Bercharii contuli. Si quis autem, quod absit, huic carte contradicere voluerit, a sinu matris Ecclesie excludatur et anathematis gladio feriatur. Hoc autem donum sua adstipulatione confirmant Rainaldus, Trecensis ecclesie prepositus ; et archidiaconi Jocelinus, Drogo, Petrus, Simo ; necnon alii domini hoc testantur ; Odo, cantor ; Goffridus, decanus ; Fulco. Ex parte abbatis : Gauterus et Odo, monachi ; Lambertus, decanus ; Hengerfaldus et Petrus, clerici ; Girbertus, Paganus, Macelinus, laici. Hoc autem factum est XVII kalendis septembris ab Incarnatione Domini M° C° X° IIII°, Ludovico rege Francie regnante. — *Cartul.* I, fol. 100 v°. — *Gallia Christ.* XII, 257.

61. — 1114. — « Rogerus, gratia Dei abbas Dervensis », notifie que « Erardus, comes Briniensis » retenait injustement plusieurs eglises appartenant à Montiéreuder, entre autres « altare sancti Remigii Sigisfontis.. qui cum iturus esset Jerusalem et a Romana Sede generale et justum exisset edictum laicos ab altaribus et ceteris ecclesiasticis beneficiis prorsus removeri, Trecas adiit, me presente, que de altaribus injuste tenuerat, Philippo episcopo manumisit.

Episcopus quod comes manumiserat nobis reddidit.. Rogerus quoque Junivillensis, quem comes predictus de altare sancti Remigii feodaverat comitis manumissionem probavit. Quidam vero Ingelbertus, miles de Brena (*ut supra* n° 60) » l'autel est adjugé à l'abbaye de Montiérender ; mais Engelbert s'en empare de vive force ; l'évêque de Troyes excommunie Engelbert, qui revient à resipiscence et enfin renonce à ses prétentions. « Testes : Rainaldus, prepositus ; Jocelinus et Simo, archidiaconi ; Odo, cantor. » — *Cartul.* I, fol. 108 r°.

62. — 1104-1114. — *De Requiniacacurte.*

Ego Philippus, gratia Dei Trecorum episcopus, notifico omnibus comitem Breonensem Airardum ad nos venisse, et de tortitudine, quam ecclesie sancti martyris Leodegarii, in villa, que Requiniacacurtis dicitur in pago Breonensi, inferebat, se culpabilem reddidisse confitebatur ; denique quod pater ejus bone recordationis Galterus, et mater ipsius Galteri Petronilla, ipsam villam libertaverant, et a predecessoribus nostris episcopis eidem ecclesie libertatem impetraverant : unde ipse comes Airardus justitiam intra sepes ipsius ville et prius in presentia baronum suorum guerpivit et postmodum in curia nostra, coram venerabilibus ecclesie nostre personis, recognovit ; quod etiam sub anathemate firmari fecit. S. Philippi, episcopi ; S. Drogonis, archidiaconi ; cum aliis. — *Cartul.* I, fol. 18 v°.

63. — 13 mars 1115. — *De Summavera.*

In nomine Domini, ego Philippus, gratia Dei sancte Tricassine sedis episcopus, notifico, quod reverendus abbas Rogerus et fratres monasterii Dervensis nos adierunt et largitatis nostre gratiam super beneficia, que habebamus in ecclesia beati Petri apud Summaveram, petierunt. Concessimus itaque eis, ut anniversarium nostrum ab eisdem fratribus agatur : oblationes ex toto, decimas, electionem sacerdotis, et omnia beneficia ad eamdem ecclesiam pertinentia, quecumque a laicis extorseramus, excepto cantuario ; quidquid beneficii ecclesie cantuario superfuerit eis concedimus. In ecclesia etiam beate Marie apud eamdem villam tertiam partem oblationum, tertiam partem minoris decime, tertiam nichilominus majoris eis concedimus, si eam laicis extorquere possemus. Actum est hoc Trecis, III idibus martii anno ab Incarnatione Domini M° C° X° V° indict. VIII, regnante Ludovico, rege Francorum. Huic dono interfuerunt testes : S. Simonis, archidiaconi ; S. Jocelini, archidiaconi ; S. Odonis, cantoris ; S. Fulconis, cancellarii ; S. Goffredi, decani ; S. Galteri de Fusseio ; S. Lamberti, decani ; S. Petri, clerici ; S. Anselli, laïci ; S. Engellodi, laïci. — *Cartul.* I, fol. 103 v°.

64. — Au plus tard 1121. — *De Belforti et Villareto.*

In nomine Sancte et Individue Trinitatis, ego Philippus, gratia Dei Trecensis episcopi, notum fieri volo, quod ego perpetuo jure habendum concedo quicquid pertinet ad presbiteratum tam Belfortis quam Villareti fratribus Dervensis monasterii. Pretera quidquid de manibus laïcorum, quod ad easdem ecclesias pertineat, sive jam eripui sive adhuc eripiam, eisdem fratribus integre et inviolabiliter possidere concedo. Hoc autem non ante possidendum contrado quam presbiter ille, qui modo parrochias illas tenet Rainaldus nomine, eas dimiserit. Hanc igitur concessionem in presentia et sub testimonio Simonis archidiaconi, et Lamberti decani, necnon Galteri de Fusciaco, facta esse nulli dubium sit. — *Cartul.* I, fol. 104 v°.

65. — 3 mai 1114 (1). — « Hugo, comes Trecassinus » rappelle les dilapidations de « Walteri, comitis Breonensis » à l'égard des églises qui appartiennent à l'abbaye de Montiérender; déjà « Theobaldus, comes palatinus » père de Hugues, avait réprimé l'audace de Gauthier ; mais Thibaut et Gauthier étant morts « Airardus, filius Walteri » imite la conduite de son père et continue ses dilapidations « bona diripere, villas incendere, patre deterior. Illum admonui recusantem, bellis et obsidionibus constrictum cessare coegi.. » enfin il a juré de tenir ce qui a été réglé par nos pères. « S. Drogonis, archidiaconi ; S. Jocelini, archidiaconi. » — *Cartul.* I, fol. 101 r°.

66. — Au plus tard 1121. — *De Longa Villa.*

In nomine Domini, ego Philippus, gratia Dei Trecensis episcopus, notum facio quod Rogerus abbas et fratres monasterii Dervensis nos adierunt, et largitatis gratiam nostram super ecclesiam beate

(1) Cette pièce a été omise à sa place.

Marie apud Longam Villam imploravit et impetravit. Dedimus ergo ei pro remedio anime nostre altare et omnia ad eum pertinentia, salvis episcopalibus consuetudinibus, sive que ab eadem ecclesia libere jam possidebantur, sive que ex laicis injuste tenentibus, vel sponte dimitterentur, vel auctoritate ecclesiastica extorquerentur. S. Philippi, qui hoc donum dedit ; S. Manasse, archidiaconi ; S. Galteri de Fussiaco ; S. Lamberti, decani ; S. Petri, clerici. — *Cartul.* I, fol. 104 r°.

67. — Au plus tard 1121. — *De altari Noveville.*

In nomine Domini, ego Philippus, gratia Dei Trecorum episcopus, notum facio Rogerum abbatem et fratres Dervenses, assensu nostro, in presentia Drogonis, archidiaconi nostri, hanc concordiam cum Guidone, clerico, filio Richardi de Larzeicurte, fecisse de altari Noveville : ut omnium inhabitantium oblationes, et minute decime, in tres partes dividerentur, quarum una monachis ; altera prefato clerico, ad vitam suam tantum ; tertia presbitero ejusdem ville contingeret. S. Drogonis, archidiaconi ; S. Walteri, prioris sancti Leodegari ; S. Rainardi, decani ; S. Josberti, presbiteri ; S. Pagani, militis ; S. Wualteri, militis ; S. Willelmi, militis ; S. Arnulfi, villici. — *Cartul.* I, fol. 105 r°.

68. — Au plus tard 1121. — *De Tramilleio.*

In nomine Domini, ego Philippus, gratia Dei Trecensis episcopi, notifico omnibus, quod Rogerus, abbas Dervensis, presentiam nostram adiit, jus sue antiquitus habite, sed modo perdite, possessionis super ecclesiam de Tramilleio ostendit, et super hoc manum largitatis nostre et gratie sibi laxari poposcit. Nos autem concessimus ei, pro remedio anime nostre, altare ipsum, et quidqud ad altare pertinet, salva nostra episcopali consuetudine ; et feodum, quod a nobis procedit, quicquid scilicet a laicis, ea injuste tenentibus, vel auctoritate ecclesiastica extorseramus, vel extorquere possemus. Hujus doni testimonio subsignavi ego Philippus, episcopus ; S. Manasse, archidiaconi ; S. Rodulfi, decani ; S. Lamberti, decani ; S. Lamberti, presbiteri de *Corbeil ;* S. Petri, clerici, capellani eorum ; S. Wuidonis, presbiteri, capellani eorum. — *Cartul.* I, fol. 104 v°.

69. — 1122. — *De Summavera et Longa Villa.*

Cum brevi dilabuntur et ipsi homines et facta hominum.. notum sit igitur omnibus, quod Rogerus, abbas sancti Bercharii, cum quibusdam fratribus suis ad nos venit, et ut quoddam beneficium, quod eis contulerat predecessor noster Philippus, illis litterarum munimento firmaremus cum omni humilitate diligenter expetiit. Ego itaque Hato, Dei gratia Trecensis episcopus, ceterique fratres capituli, nichil novi facere presumentes, si quod predecessor noster fecerat laudaremus, monachorum petitioni assensum communem prebuimus, et donum quod eis fecerat sigillo nostro firmavimus, videlicet, de ecclesia sancte Marie et de ecclesia sancti Petri de Summavera, et de ecclesia sancti Remigii Sigisfontis, et de ecclesia sancte Marie de Longa Villa, salva justitia nostra et consuetudinibus Trecensis ecclesie, retento jure episcopali per omnia a primis per medium usque ad ultima. S. Hatonis, episcopi ; S. Manasse, archidiaconi ; S. Manasse, archidiaconi ; S. Widonis, archidiaconi ; S. Odonis, archidiaconi ; S. Tebaudi, archidiaconi ; S. Odonis, cantoris ; S. Hugonis, decani ; S. Gisleberti, presbiteri ; S. Theoderici, presbiteri ; S. Falconis, presbiteri ; S. Tegeri, presbiteri ; Fulcho cancellarius scripsit. Actum est hoc publice, Lucdowico rege regnante ; Hugone Trecensi comite ; anno ab Incarnatione Domini M° C° XX° secundo. — *Cartul.* I, fol. 110 v°.

70. — 13 avril 1124. — « Callistus, episcopus, servus servorum Dei, Rogerio, abbati monasterii Dervensis.. Preterea quicquid ab advocatis ultra consuetudines, quas comes Tebaudus, tempore Henrici regis Francorum, instituit, et que scripta sunt, pravis exactionibus usurpatur, nos, Apostolice Sedis auctoritate, destruimus. Datum Laterani, per manum Aimerici S. R. Ecclesie diaconi cardinalis, et cancellarii, idib. aprilis indict. II, Dominice Incarnationis anno M° C° XX° quarto. » — *Cartul.* I, fol. 112 r°.

71. — 14 avril 1124. — « Callistus, episcopus, servus servorum Dei, Joceranno Lingonensi, Hatoni Tresensi, Ebalo Cathalaunensi, [Ricuino] Tullensi, episcopus.. » Le pape renouvelle la défense précédente et charge ces évêques de pourvoir à l'exécution de sa bulle. « Datum Laterani, XVIII kal. maii. — *Cartul.* I, fol. 113 r°.

72. — 1125 au plus tard. — *De consuetudinibus Breonensis comitatus.*

Rogerus, gratia Dei abbas Dervensis.. [notificat] quod Airardus, Breonensis comes, apud Avennacum gravi infirmitate correptus ad extrema pervenit, et comitem Barrensem Milonem, fratrem suum, ut apud nos humaretur rogavit, et qui pro anima sua ecclesie nostre largiretur in eo deposuit ; quo defuncto, et a nobis ex difficultate et prolixitate vie, cum grandi labore, ad nos usque conducto, et honorifice sepulto, frater ejus, fratris anime consulens, et petitionis recordans, cum Breonensibus optimatibus consilium habuit, quorum consensu, confessione etiam et laude Walteri, nepotis sui, filii Airardi, defuncti comitis, cujus advocatus factus est, consuetudines, que apud Dreiam Breonensi comitatui debebantur, sub assignatorum testium presentia, ecclesie nostre in perpetuum indulsit. Hujus rei testes sunt : Ex parte Breonensium : S. Milonis, comitis ; S. Widonis, filii ejus ; S. Arnulfi, Risnellensis ; S. Airardi, fratris ejus ; S. Nevelonis, vicecomitis ; S. Milonis Reversati ; S. Teboldi de Ciresio ; S. Rainoldi Rufi ; S. Ingelberti ; S. Achardi de *Droennai;* S. Wiardi, prepositi ; S. Alferi ; S. Widonis, pincerne ; S. Hugonis, Suessionensis ; S. Widonis, Molismensis abbatis ; S. Widonis Vangionisrivi ; S. Bosonis de Panceio ; S. Girberti, villici. — *Cartul.* I, fol. 106 r°.

73. — 1127. — « Ego Tebaldus, palatinus comes » les religieux de Montiérender portent plainte contre « Arnulfo, Risnellensi comite » qui abusait « jure advocationis » le comte Thibaut le cite « in curiam nostram apud Sezannam. » A l'avenir Arnoul devra se contenter « de annuali censu decem librarum. » Testes : S. Evrardi, abbatis de Oia ; S. Manasse, archidiaconi ; S. Farconis, archidiaconi ; S. Gualteri, filii Ingelmeri Trecorum ; S. Johannis de Marolio ; S. Joffridi, pueri, de Jonvilla ; S. Anselli Trecensis ; S. Vualteri de *Bernum* ; S. Girardi d'*Escot* ; S. Girardi de Dreia, prepositi ejusdem comitis. Ex parte monachorum : S. Guidonis, fratris ejus ; S. Arnulfi, clerici ; S. Girberti, villici ; S. Odonis de Summavera ; S. Rainaudi de Sezanna ; S. Anselli Crassi, Pruvinensis. Ex parte Risnellensium : S. Haimonis de *Bruoltcurt* ; S. Philippi, militis ; S. Ingelbodi, presbiteri ; S. Pagani, clerici ; S. Macelini ; S. Pagani, filii Hepelini ; S. Ingelbodi, filii Witeri ; S. Letardi, cancellarii nostri, qui jussu nostro hoc signavit. Acta sunt hec anno ab Incarnatione Domini M° C° XX° septimo, regnante Lucdowico, rege Francorum, regni sui anno XVIIII. — *Cartul.* I, fol. 148 r°.

74. — 2 mars 1129. — *De Belforte et Villareto.*

Ego Hato, gratia Dei Trecassine sedis episcopus, Rogero Dervensi abbati ejusque successoribus perpetuo substituendis regulariter. Officii nobis a Deo commissi vigilantia et auctoritatis ecclesiastice disciplina justis debet petitionibus annuere, injustis obviare. Ea propter sciant universi, nostram adeuntes largitatem fratres Dervensis ecclesie, donum et munimen privilegii bone memorie Philippi, predecessoris nostri, super ecclesias tam

Belfortis quam Villareti sibi datas, pretendisse et ut idipsum nostre auctoritatis munimine roboraremus humiliter implorasse. Nos inclinantes consilio fratrum nostrorum, et precipue Manasse, archidiaconi, ad quem hoc familiarius pertinebat, juste petitioni eorum annuimus, donum predecessoris nostri probavimus et firmavimus, id est, quidquid pertinet ad presbiterium ecclesiarum tam Belfortis quam Villareti eis concedimus; preterea quidquid de manibus laicorum, quod ad easdem ecclesias pertineat, sive jam ereptum sive adhuc eripietur, eis donamus integre possidendum. Salvis tamen in his omnibus justitiis et consuetudinibus nostris. S. Manasse, archidiaconi, de Rumilleio; S. Tegeri, decani; S. Hugonis, decani; S. Vualteri de Fossiaco. Acta sunt hec Trecis, anno ab Incarnatione Domini M° C° XX° IX°, VI nonas martii, regnante Ludovico, rege Francorum. — *Cartul.* II, fol. 7 r°.

75. — 14 janvier 1131. — *De prioratu Breonensi.*

Hato Trecensis episcopus, divina miseratione humilis minister, omnibus sancte matris ecclesie filiis imperpetuum. Ut in diebus nostris sacerdotii religio refloreat, nobis semper habendum est in affectu et in tempore opportunitatis astruendum est in effectu, alioquin videmur occupare locum et non honorificare ministerium. Porro in Breonensi ecclesia quatuor a temporibus antiquis habebantur prebende, quas comes ejusdem loci secundum miseriam inveterate consuetudinis clericis ibi seculariter viventibus dare consueverat. Tandem comes Airardus Jerusalem profecturus, quam in predicta ecclesia diu usurpaverat injustitiam, in manu predecessoris nostri felicis memorie Philippi sano usus concilio deposuit, obsecrans ut monachi Dervenses in Breonensi ecclesia substituerentur ad Deo serviendum; hoc quia Dervense monasterium Breonensium comitem specialis erat sepultura. Interim et Philippo, episcopo, et Airardo, comite, mortuis, Gualterius, Airardi filius, replicavit petitionem, videlicet, ut Breonensem ecclesiam Dervensibus monachis concederemus, vice et loco decedentium canonicorum, ad honorem et servitium Dei substituendis. Nos autem et patris defuncti, et filii superstitis, devotionem approbantes, monachis super hoc eodem negotio pie pulsantibus, petitioni indulsimus, eo quidem tenore, ut canonici quamdiu vixerint, in ea libertate vel integritate quam et prius habuerant, prebendales redditus suos quiete possideant; eis vero decedentibus, monachi, qui regulariter Deo militare debent, substituantur, salvis consuetudinibus nostris, quas Trecensis ecclesia temporibus canonicorum ibidem accipere consuevit. Hec autem concessionis nostre gratia, ne aliqua succedentium temporum depereat vetustate, aut alicujus temeritatis immutetur perversitate, pagine presentis assertione et sigilli nostri impressione roborari curavimus; et probabilium nomina personarum, que interfuerunt, signis subnotari precepimus. S. Hatonis, episcopi Trecensis; S. Odonis, abbatis Bellilocensis; S. Evrardi, abbatis Oyensis;

S. Manasse, archidiaconi, cum aliis plurimis. Anno Verbi Incarnati M° C° XXX° primo, anno II° Philippi regis, data XIX kalendis februarii. — *Cartul.* II, fol. 7 v°.

76. — 13 avril 1133. — « Innocentius, episcopus... Guillelmo, abbati Dervensi suisque successoribus » le pape approuve la fondation du prieuré de Brienne-le-Château par Haton, évêque de Troyes, le 14 janvier 1131. « Datum Viterbii, Idus aprilis, indict. X[I], anno MCXXXIII, anno IIII pontificatus. — (*Origin.* 1re liasse).

77. — 1139. — *Karta Teobaudi comitis.*

Existentium presentie et futurorum posteritati ego Teobaudus, Blesensis comes, significari decrevi quod volo et in perpetuum concedo Deo et ecclesie sancti Petri sanctique Bercarii Dervensis monasterii et monachis ibidem Deo servientibus pro remedio anime mee meorumque antecessorum, quod, si homines monachorum prefate ecclesie mortui fuerint in mea terra vel in mea justicia sine herede ac sine pare, qui non sit de eodem dominio, pecuniam hominis eorum mortui vel mulieris habebunt monachi, sine aliqua parte quam michi seu juticiis meis tribuant, si per se eam habere potuerint. Si vero per se eam habere non potuerint et proclamationem michi vel prepositis seu justiciis meis inde fecerint, ego deinceps tertiam partem illius pecunie habebo, et monachi duas partes, ex quo eam per justitiam meam habuerint. Hoc autem laudaverunt et concesserunt Matildis comitissa, uxor mea, et Henricus, filius meus. Hujus rei testes fuerunt : Radulfus, capellanus meus, qui hanc cartam sigillavit; Hilduinus de Vendopere ; Ansellus, Trecensis causidicus ; Petrus Bursaudus ; Gauterius de *Bernum* ; Hugo de *Montrampon*, prepositus Rosnaii ; Droco de Rosnaio ; Raginaudus, tunc major Rosnaii ; Dominicus, tunc prepositus Barri ; ex parte vero monachorum : Odo et alter Odo, tunc prepositi et monachi ecclesie ; et ex laicis : Mascelinus ; Milo, frater ejus ; Albertus. Actum est hoc apud Insulas, anno ab Incarnatione Domini M° C° XXX° VIIII°, regnante Ludovico filio Ludovici, rege Francorum ; Gaudifrido Cathalaunensi episcopo existente. S. Matildis, comitisse †; S. Henrici †. — *Origin.* 2ᵉ liasse.

78. — 1140. — *De ecclesia Rosniaci.*

Ego Hato, divina miseratione Trecensis episcopus, dono Deo et ecclesie beati Petri monasterii Dervensis per manus Theobaudi, abbatis ejusdem loci, laudante archidiacono meo Manasse de Rumeliaco, ecclesiam beate Marie de Rosniaco, eo pacto et tenore, ut canonici, qui modo ibi sunt, integre et quiete in vita sua prebendas suas possideant. Cum autem decesserint, prebende ad jus et possessionem Dervensis ecclesie, perpetuo ab eadem ecclesia possidende, revertantur. Sicut autem unusquisque presentium canonicorum decesserit, ita prebenda decedentis ad proprietatem Dervensis ecclesie transibit. Datum est hoc ecclesie Dervensi anno ab Incarnatione Domini M° C° XL°. — *Cartul.* II, fol. 7 r°.

79. — 28 novembre 1140-1142. — « Innocentius, episcopus, servus servorum Dei, Theobaldo Dervensi abbati. » Le pape ratifie la donation « ecclesie B. M. de Ronasco... ab Hattone, episcopo Trecensi (Cfr. n° 78). Datum Laterani, IV kal. decembris. — *Cartul.* II, fol. 19 v°. — *Origin.* 1re liasse.

80. — 1143. — *De prebenda Gibuini.*

Hatto, divina annuente gracia Trecensis ecclesie humilis minister, dilectissimo fratri Theobaldo, abbati Dervensi. Audivimus et placet nobis, quod filio nostro Gibuino prebendam in vestra concessistis ecclesia, pro qua censum viginti solidorum annuatim ei solvere debeatis. Ipse vero Gibuinus satis fideliter cognovit, et in nostra et totius capituli presentia, ore proprio confessus est se beneficium illud a vobis obtinuisse, nullo unquam jure vel respectu Breonensis archidiaconatus, sed ex dono solius benignitatis vestre. Nos autem intimatum esse volumus, ad Breonenses archidiaconos, vel qui decesserunt, vel qui successuri sunt, nullam prorsus ecclesie vestre prebendam pertinuisse vel pertinere.. Ego Hato, episcopus; Manasses, item Manasses, Falco, archidiaconi; Burdinus et Stephanus, presbiteri. Actum Trecis, anno ab Incarnatione Domini M° C° XL° III°. — *Cartul.* II, fol. 10 r°.

81. — 1140-1150. — « Teobaldus, Dei gratia abbas » notifie que « Dominus Manasses de Rumileio, archidiaconus Trecensis, donavit ecclesie in elemosynam decimam de Valentiniaco, quam habebat in vadimonio a Philippo, ipsius ville domino, pro L libris denariorum. Hanc ergo cum teneremus, dominus Galterus de Biardo, gener Philippi, et ejus filius Philippus juvenis, et alii heredes » demandent cette dîme et offrent en place à l'abbaye leur « alodium de Roseriis » Philippe le Vieux se fait moine à Montiérender, et l'abbaye donne « palefridum optimum » à son fils Philippe « qui postmodum trans mare obiit. » — *Cartul.* I, fol. 136 v°.

82. — 6 mai 1176. — « Alexander, episcopus, servus servorum Dei, dilecto filio Dervensi abbati.. Magister T., Papiensis canonicus, representavit sententiam, quam venerabilis Trecensis episcopus super controversia tulerat, que inter » Montiérender et les chanoines « Sancti Nicholai Cathalaunensis de ecclesia Campi Auberti, et ejus dotibus, decimis, et aliis pertinentiis suis vertebatur.. hanc sententiam confirmavimus et canonicis S. Nicholai perpetuum silentium imposuimus.. Datum Anagnie II, non. maii. » — *Cartul.* II, fol. 41 v°.

83. — 1179. — « Ego Guido, dominus Donni Petri » il confirme Montiérender dans la paisible possession « super decima de *Vilers* qui est juxta Vasseium ; super decima de Costeis ; et super nemore de Gigneio juxta Sanctum Desiderium, pro fuagio furnorum S. Desiderii. » — *Cartul.* II, fol. 37 r°.

84. — 1181.

In noticiam accedat omnium.. quod ego Erardus, comes Brenensis, in remedium anime mee, et patris mei, et antecessorum meorum, dedi Dervensis ecclesie thesaurario, pro missis in eadem ecclesia celebrandis, VI modios rubei vini in meis vineis Brene. Hoc autem feci pro XL solidis illis, quos pater meus in redemptione anime sue predicte ecclesie contulerat. Si autem contigerit vel vinum in vineis meis deficere, vel ipsas vineas aliquo eventu devastatas esse, predicte ecclesie in restauratione vini in pedagio Brene XL solidos, singulis annis persolvendos, concedo. Id autem factum est comitissa uxore mea Agnete, filiis quoque meis Galtero videlicet et Guillelmo et Andrea, predicte dationem elemosine assensu et concessione sua confirmantibus. Testes sunt ex parte mea : milites Anco de *Til,* Laurentius de Univilla, Hato senescallus ; servientes : Hugerus cocus, Achardus, Landricus. Ex parte abbatis : Guiterus, prior de Rosniaco ; Radulfus, prior de Sancto Leodegario ; Radulfus, prior Brene; Gillebertus, presbiter. Actum est hoc anno ab Incarnatione Domini M° C° LXXX° I°. — *Origin. scellé sur queue en parchemin.* 1re liasse.

85. — 7 novembre [1181]. — « Lucius, episcopus, servus servorum Dei, abbati Dervensi » le pape confirme à l'abbaye de Montiérender « ecclesiam de Tramilleio quam dedit vobis Philippus, Trecensis episcopus (Cfr. n° 68). Datum Laterani VII id. novembris. » — *Cartul.* II, fol. 19 r°.

86. — 1182. — « Ego Elizabeth, domina Pugeii » donne à Montiérender pour le repos de l'âme de son mari « Odo » son « casamentum de Summavera.. Testes : Guiterus, prior Rosniaci ; Radulfus, prior Sancti Leodegarii ; Bernardus, capellanus noster. » — *Origin.* 1re liasse.

87. — 1185. — *Controversia de Campo Alberti.*

Manasses, Dei gratia Trecensis episcopus, abbati Dervensi salutem in Domino. Noverint omnes, quod cum discordia inter vos et canonicos Sancti Nicholai

Catalaunensis super capella Campi Alberti, et ipsius decima, ex mandato domini Pape nobis commissa plenius audienda, et fine debito, appellatione remota, terminanda, versabatur. Vobis et ecclesie vestre quiete et perpetuo jure obtinendam juste et canonice adjudicamus. Testes : Petrus, ecclsie Trecensis decanus ; G., abbas Sancti Lupi ; Vitalis, abbas Sancti Martini ; Alexander, capellanus ; Haicius. Actum Trecis in domo pontificali, anno ab Incarnatione Domini M° C° LXXX° V°. — *Origin.* 1re liasse.

88. — 1185. — *De ecclesiis in episcopatu Trecensi.*

Manasses, Dei gratia Trecensis episcopus, Witero Dervensi abbati, universisque ejusdem ecclesie fratribus, in Domino salutem. Ex injuncto nobis tenemur officio ecclesiarum utilitatibus, in quantum ratio patitur, non deesse ; hinc est, fratres karissimi, quod vestris justis postulationibus, pietatis intuitu et pro remedio anime nostre, concurrentes, penitus extirpare duximus in episcopatu Trecensi lites quasdam, que in mutatione presbiterorum solent emergere, ab ipsis presbiteris et ydoneis testibus, juramento prestito, veritate diligenter inquisita et cognita, quas ut vitentur, enumerare juvat quicquid in quibus ecclesiis in eodem episcopatu habere debetis. Quod diligentius et expressius in presenti cartula annotatum sigilli nostri munimine confirmamus.

Habetis igitur in ecclesia de Rosniaco presentationem presbiteri. Singulis dominicis diebus habet presbiter de oblatione I denarium. In omnibus aliis missis generalibus totum est vestrum. In missa pro fidelibus, si corpus fuerit presens, habet presbiter III denarios. In reconciliatione mulierum argentum, quod est in candela vel cereo, presbiteri est; reliquum vestrum. Tribus diebus hebdomade, secunda scilicet, quarta, et sexta feria, si cantaverit presbiter private pro fidelibus, et argentum ei oblatum fuerit, suum erit. In omnibus diebus Quadragesime, si presbiter cantaverit private, *ut supra*. Confessiones, pere, oblationes sponsi et sponse, et pugillum, presbiteri sunt. In Trecensi sinodo procurabitur presbiter a vobis. In decimis nichil habet presbiter. In elemosinis habet presbiter XII denarios; si elemosina excesserit numerum XII denariorum, illud quod supererit ex equo dividetur.

In ecclesia Brauci Comitis habetis presentationem presbiteri; et in oblationibus II partes, et presbiter tertiam. Baptisteria, confessiones, benedictiones sponsi et sponse, pere, oblatio mulieris post partum, et legata, nisi nominatim fiant vobis, presbiteri sunt. In minuta et grossa decima habetis II partes, et presbiter tertiam. Tractus decime vester est. Private misse sunt presbiteri. Consuetudines ecclesie solvuntur de communi, scilicet, II solidi et IIII denarii in Pascha, et totidem in augusto; tertio anno in festo Omnium Sanctorum XII denarii. Candela ad opus servitii procuretur de communi. In festo loci clerici procurantur de communi.

In ecclesia Brauci Sancti Petri in IIII festis annalibus, scilicet, Nativitate, Pascha, Penthecoste, festo Omnium Sanctorum habetis in oblationibus medietatem, et presbiter medietatem. Consuetudines ecclesie solvuntur de communi, scilicet, II solidi et II denarii in Pascha, et totidem in augusto; tertio anno XII denarii. In minuta decima habetis medietatem, et presbiter aliam. In grossa decima habetis medietatem, et presbiter tertiam partem, alii participes quartam partem. Tractus decime vester est. In excutiendo blado ponit presbiter quartum excussorem. In crastino Nativitatis, et in crastino Pasche medietas panum vestra est. In Purificatione beate Marie medietas oblationis vestra est.

In ecclesia Alneti habetis in IIII festis annalibus, scilicet, Nativitate, Pascha, Penthecoste, in festo Omnium Sanctorum tertiam partem, presbiter tertiam, de alia tertia habetis duas partes, sanctimoniales de Avennaio tertiam, preter candelas, que sunt presbiteri. In minuta decima habetis tertio anno II partes, presbiter tertiam. Grossa decima tertio anno vestra est, preter XXVI sextaria bladi, que habet presbiter, quartum frumenti, quartum sigali, quartum ordei, quartum avene. Consuetudines ecclesie solvuntur de communi.

In ecclesia Junchereti habetis in Nativitate, in Pascha, in festo Omnium Sanctorum tertiam partem oblationis hominum. Grossa decima dividitur in III partes : prima pars est presbiteri, secunda canonicorum Capelle et Belliloci, et tertia vestra est, preter quartum hujus tertie partis, quod habent heredes de Esclantia. De parte Capelle et Belliloci accipitis dimidium modium bladi cumulatum, medium frumenti medium avene. In minuta decima habetis de una parte trium partium tertiam partem. In tractu decime habetis tertium annum.

In ecclesia Bellifortis habetis presentationem presbiteri, cum quibusdam aliis non hic nominatim expressis.

In ecclesia Puellaris Monasterii habetis presentationem presbiteri. Totum beneficium in generabilibus missis vestrum est, preter Nativitatem, in qua habet presbiter XII denarios, in Pascha XII, in Penthecoste IIII, in festo Omnium Sanctorum XII. In festo sancti Nicholai apud Dreiam totum beneficium est ad expensam clericorum. In festo Animarum habent clerici cumulatam minam frumenti inter Dreiam et Puellare Monasterium. De sponsalibus sciendum est, quod in crastino sponsalium oblatio sponsi et sponse, et secta, vestra est. In minuta decima habet presbiter III porcellos, III anseres, XL massas canabi, residuum vestrum est. In grossa decima habet presbiter I modium frumenti, et I avene. In Purificatione tota oblatio vestra est. In dominicis diebus habet presbiter denarium et candelam panis benedicti. Baptisteria, confessiones, et vinum oblatum, sunt presbiteri. In festo Omnium Sanctorum debetis II solidos pro consuetudine ecclesie. Vos debetis vinagium in crastino Nativitatis et in Pascha, et incensum in festis annalibus. Pere, oblationes peregrinorum, pugilum, et mulierum reconciliationes, presbiteri sunt, secta vestra est.

In ecclesia Longeville...

In ecclesia Silvestris Maisnili...

In ecclesia Sigifontis...

In ecclesia Beate Marie de Summavera et in ecclesia Beati Petri ejusdem ville...

In ecclesia Lutosarum...

In ecclesia Valentineii habetis in Nativitate, Pascha, festo Omnium Sanctorum de oblatione hominum II partes, in oblatione mulierum et candelarum nichil. Si presbiter non habuerit ad Trecensium partem vestram (?) totum tamen recipiet, et de communi accipiet IIII denarios pro incenso, et pro sinodo VIII denarios. Tertio anno in festo Omnium Sanctorum accipiet de communi III solidos.

In ecclesia Villeseroterre habetis in omnibus dominicis et omnibus aliis festis quartam partem, preter denarium et candelam panis benedicti. De communi accipiatur incensum et vinum in crastino Nativitatis, et in Pascha. Consuetudines ecclesie solvuntur de cemmuni, scilicet, XII denarios in Pascha, totidem in septembri, totidem in Nativitate, tertio anno in festo Omnium Sanctorum II solidos, beneficia nuptiarum, sponsalium, pugilum, confessionum, reconciliationum, mortuorum, baptisteriorum, privatarum missarum sunt presbiteri. In minuta decima habetis medietatem, et presbiter aliam, preter pullos gallinarum et anseres quos habet presbiter. In grossa decima habet presbiter VIII sextarios bladi, medium frumenti medium avene.

In ecclesia Rancie habetis in Nativitate, Pascha, Penthecoste, festo Omnium Sanctorum medietatem omnium oblationum, presbiter aliam. De communi solvuntur consuetudines ecclesie, scilicet, IIII solidi in Pascha, totidem in augusto, tertio anno in festo Omnium Sanctorum II solidi. In minuta decima et grossa habetis tertiam partem in Pascha, et crastino Nativitatis, accipitur vinagium de communi. In crastino Nativitatis habetis medietatem panum.

In parrochia de Sancto Xpistoforo et Novavilla habetis in festis annalibus tertiam partem oblationis, exceptis oblationibus puellarum, juvenum, adventitiorum, anniversariorium. De panibus oblatis in crastino Nativitatis, habetis tertiam partem. In minuta decima habetis tertiam partem, preter legumina in quibus nichil accipitis. In oblationibus venientium de alia parrochia in prefatam parrochiam primo anno nichil accipitis. Villicus presbiteri et villicus sancti Petri, quantum ad oblationes, sunt solius presbiteri.

In ecclesia Sancti Martini de Presseio habetis in Nativitate, Pascha, Penthecoste, festo Omnium Sanctorum medietatem oblationis hominum, presbiter aliam. Oblatio juvenum, puellarum, peregrinorum, alienorum, est presbiteri. In grossa et minuta decima habetis tertiam partem; habetis etiam medietatem consuetudinum de domibus sitis in atrio, presbiter aliam. Si bladum oblatum fuerit, medietas erit vestra.

In ecclesia de Hispania habetis in Nativitate, Pascha, Penthecoste, festo Omnium Sanctorum, duodecimum denarium; in festo sancti Stephani duodecimum panem.

In ecclesia Sancti Leodegarii habet presbiter IIII denarios. Quicquid offertur presbitero in obsequiis mortuorum de sua parochia, suum est. Quod offertur monachis in secunda missa, eorum est. In mortuis extraneis prima missa monachorum est, secunda presbiteri. In anniversariis extraneorum nichil accipit presbiter, nisi offerant in obsequio mortuorum. In festo sancti Leodegarii debetis decano pro consuetudine ecclesie II solidos. In festis annalibus II partes vestre sunt, tertia presbiteri. In Nativitate, Pascha, Penthecoste, festo Omnium Sanctorum, procuratur presbiter quatuor festis diebus a priore.

In ecclesia Brene Castelli habetis presentationem presbiteri. In festo sancti Michaelis habet presbiter medietatem bladi et tertiam partem argenti. In festo Omnium Sanctorum habet presbiter IIII denarios, et pro incenso IIII denarios, et in oblatione extraneorum medietatem. In festo Animarum habet presbiter medietatem. In Nativitate, Pascha, Penthecoste, habet presbiter IIII denarios, et pro incenso IIII denarios, et pro vino IIII denarios, et in extraneis medietatem. In festo sancti Stephani habet presbiter medietatem de illis qui debent offerre panes. In Apparitione habet presbiter XII denarios, et pro incenso IIII denarios. In Purificatione habet presbiter pugnatam candelarum, et tertiam partem argenti; medietas confessionum in Quadragesima est presbiteri. In Parasceve habet presbiter medietatem argenti, in cera nichil. In obsequio mortuorum, si corpus est presens, habet presbiter medietatem oblationis ; si vero non est presens, habet totum. In legatis habet medietatem. Quod legatur ei pro tricenario suum est. In peris, peregrinis, pugilibus, habet medietatem. Oblatio reconciliate presbiteri est, et tertia pars secte. In sponsalibus dimidia oblatio sponsi et sponse, et tertia pars secte, sunt presbiteri. In missis generalibus in superna hebdomada habet presbiter tertiam partem. In die dominica habet denarium et candelam tantum, baptisteria, et private misse sunt presbiteri. Si dicit epistolam et evangelium, quod ei offertur suum est. In Ascensione, in festo Innocentium, habet IIII denarios. Si fecerit aquam benedictam in castello, unum denarium habebit.

In ecclesia Brene Vetule habetis presentationem presbiteri. Per totam hebdomadam nichil accipitis, nisi sit festum celebre. In obsequio mortuorum habetis medietatem, si corpus est presens. In peregrinis, et confessionibus, habetis medietatem. In festo Omnium Sanctorum, Nativitate, Pascha, communis oblatio per se ponitur, de eadem accipit presbiter VI denarios pro vino et incenso, reliquum dividitur in tres partes : vos habetis primam partem, presbiter secundam, de tertia vero due partes vestre sunt, tertia presbiteri. Oblatio famulorum, hospitum, eorumque qui non sunt certi manentes, in predictis annalibus festis per medium dividitur.

In Penthecoste, in Apparitione, in Parasceve, in festo sancti Michaelis, in festo Animarum, habetis medietatem, presbiter aliam. In Purificatione habet presbiter II partes, vos tertiam. In grossa decima de omnibus alodiis, quicumque ea colat, et de cultura comitis, in terra illa que vocatur *La Folie*, habetis medietatem, presbiter aliam. In terris vero ultra Albam, si parochiani de Brena Vetula colant eas, vos et presbiter habetis medietatem, monachi de Radunvillari aliam. In minuta decima presbiter habet duas partes, vos tertiam. De oblationibus et elemosinis, quas presbiter Brene Vetule habet apud Calvum Maisnilum, habetis medietatem, presbiter vero debet ibi habere IIII denarios pro suo prandio.

Quicumque ergo presbiteri in pretaxatis ecclesiis vobiscum parciuntur, fidelitatem facient vobis, prestito juramento super portione vestra fideliter conservanda. Precipimus etiam ut secundum quantitatem oblationum in dando clericis modum observent, inhibemus nichilominus ne plus quam XII denarios dare presumant. Si quis vero aliquo temeritatis ausu hanc paginam infringere aut contraire presumpserit, divine indignationis ultionem et nostre excommunicationis sententiam incurrat. Actum anno Incarnati Verbi M° C° LXXX° V°. — *Cartul.* II, fol. 1-6. — *Origin.*, sceau rompu pendant à lacs de soie verte et rose.

89. — Vers 1185. — *De ecclesiis Puellaris-Monasterii, et Brene Vetule.*

Manasses, Dei gratia Trecensis episcopus, omnibus ad quos littere iste pervenerint in Domino salutem. Universitati vestre notum esse volumus, quia portiones, quas et in quibus ecclesiis monachi Dervenses habent, expresse diffinivimus, et quomodo cum presbiteris partiuntur. Quasdam controversias successorum nostrorum discretioni indiscussas et indefinitas duximus relinquere, scilicet, in ecclesia Puellarum Monasterii dicunt monachi habere omnes candelas in omnibus missis, quod presbiter negat; Volunt etiam omnimodas oblationes pro anniversariis et absolutionibus, que translate sunt a die dominica ad diem lune. In ecclesia Brene Vetule dicunt singulis dominicis duas partes esse suas, presbiter dicit medietatem tantum; in legatis sibi factis dicunt presbiterum nichil accipere, in legatis presbiteri se medietatem habere; presbiter vero omnia legata ex equo esse dividenda. Item sunt difficultates in sectis reconciliationum, in oblationibus sponsatorum, in baptisteriis. — *Cartul.* II, fol. 6 v°.

90. — 1186. — *De decimis Sancti Leodegarii.*

Manasses, Dei gratia Trecensis episcopus, notum fieri decrevimus, quod habita cause ventilatione in presentia nostri inter R., priorem Sancti Leodegarii, et T., presbiterum ejusdem ville, super grossa decima et minuta de domo prioris, et quadam parte minute decime de villa eadem, quas presbiter exigebat : ad pacis stabilitatem, dispositione nostra, et venerabilium virorum, qui interfuerunt consilio, et prioris et presbiteri conniventia, actum est, quod prefatus prior presbitero, singulis annis, reddet quatuor et viginti sextarios bladi ad mensuram Brene, medietatem frumenti medietatem avene; his contentus, presbiter reliquit alias querelas. Testes : Gauterus, archidiaconus ; Stephanus, clericus ; et quamplurimi. Actum anno Incarnati Verbi M° C° LXXX° VI°. — *Cartul.* II, fol. 18 v°.

91. — 13 avril 1188. — « Clemens, episcopus, servus servorum Dei, R., priori Sancti Leodegarii » ratification de la composition précédente (n° 90). « Laterani id. aprilis, pontificatus nostri anno I°. » — *Cartul.* II, fol. 19 r°. — *Origin.* 2° liasse.

92. — 1189. — *De consuetudinibus Brenensibus.*

Noverint tam moderni quam posteri, quod ego Erardus, comes Brene, concessi in elemosinam abbati et fratribus Dervensis monasterii et universis in Dervensi abbatia commorantibus, qui sunt mei custumiabiles de carreto et ope martii, quod boves et plaustra eorum in negotium meum Brenam amodo non veniant, sed exitus denariorum, quos homines Dervensis abbatie dare michi debebant, cum in carretum meum Brenam non veniebant, illos videlicet redditus denariorum pro singulis pecudibus debitos michi, et heredibus meis dominis Brene, de cetero reddant. Verum etiam de opere martii quod dicti homines annuatim, quando volebam, michi reddere tenebantur, concessi ut ipsi amodo in opus meum non veniant, sed consuetudinem denariorum, quam reddere tenebantur eo anno quo in opus meum non veniebant, singulis annis XV solidos pro luminari lampadis SS. Innocentium solvant. Debeo etiam eisdem XVIII solidos de censa pro vico qui appellatur de *Seloncurt*, apud Brenam solvendos. Actum est hoc et concessum assensu et laudatione Agnetis, uxoris mee, et filiorum meorum Galteri, videlicet, et Willermi. Actum anno Verbi Incarnati M° C° LXXX° IX°. — *Origin.* 1re liasse. — Le sceau pendait à des fils de soie rouge et verte.

93. — 1185-1190. — *De decima Evree.*

Manasses, Dei gratia Trecensis episcopus, omnibus ad quos littere iste pervenerint in Domino salutem. Noverit universitas vestra, quod dominus Gilo de Donnamento, miles, per manum nostram investivit ecclesiam Dervensem de decima Evree, quam eidem ecclesie a domino Petro, clerico, ejusdem avunculo, datam, diu abstulerat. Abjuravit autem ipse et Galterus, miles de Larcicurte, gener suus, posito quod a domino Ogero de *Senchenon* et fratribus ejus pro posse suo laudari faceret. — *Cartul.* II. fol. 24 v°.

94. — 1197. — *De* Sauvage *Masnilio.*

Garnerius, Dei gratia Trecensis episcopus, omnibus ad quos littere iste pervenerint salutem in Domino. Noverit universitas vestra, quod cum inter Hugonem, presbiterum de *Sauvage* Masnilio, et homines illius ville, super blado, quod presbitero debebatur, questio moveretur, quod videlicet bladum, propter inopiam habitatorum, ei minime solvebatur, coram nobis compositio in hunc modum intercessit. Homines de *Sauvage* Masnilio tam Hugoni, quam successoribus ejus, annuatim duodecim sextarios bladi ad mensuram Dervensem exsolvant, medietatem avene : quod homines supradicte ville firmiter promiserunt. Actum anno Domini M° C° XC° VII°. — *Cartul.* II, fol. 25 v°.

95. — 1197. — *De domo Dei B. Lupi, juxta Rosnaicum.*

Garnerius, Dei gratia Trecensis episcopus, dilectis in Domino abbati Dervensi et fratribus ejusdem ecclesie salutem in salutis Auctore. Ex injucto nobis officio et cure pastoralis sollicitudine tenemur, in his que a rationis tramite non discordant, facilem et benignum prebere assensum, maxime cum a nobis aliquid exigitur, quod ad honorem sancte matris Ecclesie, et eorum qui ecclesiis deserviunt ampliationem spectare disnoscitur. Inde est, dilectissimi in Domino, quod ecclesiam B. Lupi, que juxta Rosniacum sita est, et fratres et sorores ibidem habitantes, qui se et sua vobis concesserunt, divini amoris intuitu, et pro remedio anime nostre, et ut anniversarium nostrum post vite hujus excursum in ecclesia vestra singulis annis agatur, benigne vobis concedimus et sub patrocinii nostri munimento constituimus, et presentium annotatione sub sigilli nostri impressione confirmamus. Actum anno Incarnati Verbi M° C° nonagesimo septimo. — *Origin.* 1re liasse. Le sceau pendait à des fils de soie rose, verte et jaune.

96. — XIIe s. (?) — « Herbertus, presbiter de Guascognia, redimens matrem et sororem suam cum filiis a servitute, donavit Erlebaudo, cujus erant, XXXI solidos ; deinde subjugavit eas S. Petri dominio in perpetuum. Testes vero sunt ii : Rodulfus de Tors, qui propter hoc habuit XV solidos ; item Fredericus, miles de Braibaunio ; fratres etiam Rodulfi, cum sorore sua, laudaverunt et propter hoc habuerunt XII denarios ; mater Rodulfi, Alvidis nomine, habuit II pisces ; et uxor ipsius Rodulfi de Tors habuit XII denarios. — *Cartul.* I, fol. 91 v°.

97. — XIIe s. (?) — « Odo, miles de Hispania, frater Hugonis, et Rodulfus, filius ejus, dederunt ecclesie S. Leodegarii pro sepultura Alwidis, conjugis Odonis, et pro sua, mansum unum in villa Hispanie ; et duos in loco qui Ulmetus dicitur ; et VII jornales ibi inter viam et silvam magnam ; et III inter prata et silvam de altera parte ; III etiam juxta vineam ; et unum ac dimidium usque in locum qui vocatur Mutonis ; et partem quam habebant in silvula que confinis est parrochie S. Leodegarii. Interfuerunt.. homines eorum : Olricus, Herfridus, Herbertus, Bernardus, Rodulfus, Remigius, de Hispania ; Anseius, Hildebrannus, Haimo, Constantinus, Vitalis, Wandelgisus. » — *Cartul.* I, fol. 117 v°.

98. — 26 avril 1200. — *De ecclesiis in diocesi Trecensi.*

Innocentius, episcopus, servus servorum Dei, abbati et conventui monasterii Dervensis.. Justis petentium desideriis dignum est nos facilem prebere consensum, et vota, que a rationis tramite non discordant, effectu complere. Quapropter, dilecti in Domino filii, vestris justis postulationibus gratum impertientes assensum, omnes ecclesias cum libertatibus justitiis et pertinentiis eorum, redditus, terras, obventiones et jura, que Dervense monasterium, concessione pontificum, et largitione fidelium in diocesi Trecensi est adeptum, sicut ea omnia juste possidet et quiete, ut in bone memorie Manasse, Trecensis episcopi, authentico confecto exinde continentur, vobis, et per vos eidem monasterio, auctoritate Apostolica confirmamus, et presentis scripti patrocinio communimus. Decernimus ergo ut nulli omnino hominum liceat hanc paginam nostre confirmationis infringere, vel ei ausu temerario contraire. Si quis autem hoc attemptare presumpserit, indignationem omnipotentis Dei, et BB. Petri et Pauli, apostolorum ejus, se noverit incursurum. Datum Laterani, VI kal. maii, pontificatus nostri anno III. — *Cartul.* II, fol. 6 v°. — *Origin.* 2ᵉ liasse.

99. — Février 1211 (v. st.). — *De decimis de* Jusanvinei *et de Lacicuria.*

Herveus, divina permissione Trecensis episcopus, omnibus presentes litteras inspecturis in Domino salutem. Noverit universitas vestra, quod Gaufridus de Vasseii, miles, in nostra presentia constitutus, quidquid habebat in Decima de *Jusainvinei* in nostra manu resignavit, et nos de eadem decima ecclesiam monasterii Dervensis investivimus. Item Simon de Lacicuria, miles, in manu nostra resignavit quidquid habebat in decima de Lacicuria et nos de eadem decima ecclesiam Dervensem investivimus.. Actum anno Domino M° CC° XI°, mense februario. — *Cartul.* II, fol. 26 v°.

100. — 1ᵉʳ octobre 1219. — « Nicholaus, decanus Trecensis ac Sancte Margarete archidiaconus » notifie un accord entre « Radulfum, abbatem monasterii Dervensis et dominum Renaudum *Croquant*, presbiterium de Belloforti, super eo quod dictus abbas asserebat se debere esse in possessione duarum partium minute decime et oblationum parrochie de Belloforti, et se injuste spoliatum sexta parte decime et oblationum per presbiterum. » Les arbitres sont : « magister Johannes de *Chevanjes*, et magister Hugo de Belloforti.. Renaudus » abandonne au prieuré de Beaufort la sixième partie des menues dimes. « Actum anno gratie M° CC° X° nono, kal. octobris. » — *Cartul.* II, fol. 24 r°.

101. — Novembre 1219. — « Ego Hugo, comes Registetensis.. ad preces domini Reginaldi, presbiteri de Belloforti, laudo et concedo donationem, quam fecit super parte illa, quam habebat in molendino de *Morceis*.. Actum anno gratie M° CC° XIX° mense novembris. — *Cartul.* II, fol. 21 r°.

102. — Décembre 1219. — *De decimis de Villereto et de Chavangiis*.

Ego Herveus, Dei gratia Trecensis episcopus, notum facimus universis, quod Symon de Tegnium, armiger, in nostra presentia constitutus, recognovit se in perpetuam elemosinam retulisse prioratui de Belloforti ecclesie Dervensis quartam partem grosse decime de Villereto, laude et assensu Regnaudi *Crocanz*, presbiteri, et Lambelini, fratris ejus. Dictus etiam Regnaudus, presbiter, coram nobis se dedisse prioratui supradicto quidquid habebat in grossa decima de Chavangiis, scilicet octavam decime partem ; et quidquid habebat in molendino de Morceiis, et grangiam suam de Villereto cum fossato.. Actum anno Domini M° CC° XIX°, mense Decembri. — *Cartul.* II, fol. 20 v°.

103. — Juillet 1220. — *De decima Crespeii*.

Herveus, Dei gratia Trecensis episcopus nimis humilis, omnibus presentes litteras inspecturis salutem in Domino. Noverit universitas vestra, quod Gaufridus de Vasseio, miles, et Fromundus, clericus, filius ejus, devestierunt se in manu nostra de tertia parte quam habebant in grossa decima de Crespeio, et nos de eadem decima investivimus Bavonem, priorem Dervensem. Actum anno Domini M° CC° XX°, mense Julio. — *Cartul.* II, fol. 18 r°.

104. — Septembre 1220. — « Ego Felicitas, comitissa Registetensis » elle loue et confirme la donation (Cfr. n° 101) du moulin « de *Morceis* » faite par « Reginaldus, presbiter de Belloforti » en faveur « prioratus de Belloforti.. Actum anno gratie M° CC° XX°, mense septembri. — *Cartul.* {II, fol. 21 v°.

105. — Mars 1223. — *De Molendino de* Morceis.

Ego R., Dei gratia Trecensis episcopus, notum facimus universis, quod Dominus Renaudus, presbiter de Belloforti, in presentia nostra constitutus, pro devotione et dilectione quam habebat erga ecclesiam Dervensem, investivit abbatem et conventum mononasterii Dervensis de molendino suo de *Morceis* sicut ipse ipsum molendinum tenebat, cum omnibus acquisitis in eodem ; et de decima de Vilereto similiter investivit eosdem, preter partem illam, que pertinet ad presbiterium. Actum anno Domini M° CC° XX° III°, mense martio. — *Cartul.* II, fol. 20 r°.

106. — Septembre 1224. — *De prioratu Brene.*

R., Dei gratia Trecensis ecclesie minister humilis, omnibus presentes litteras inspecturis. Noverit universitas vestra, quod Willermus de Brena recognovit in jure, coram nobis, quod monachi Dervenses morantes in domo prioratus Brene, que est sita juxta ecclesiam Beati Petri, habent liberum usum proprii ostii sine aliquo impedimento juxta domum suam, ita quod possunt libere intrare ecclesiam quandocumque voluerint ad celebranda divina officia et ceteras horas de die ac nocte, et ad hec facienda debent libere habere omnia necessaria, et omnia facere alia que ab antiquo facere consueverunt. Actum apud Sanctam Margaretam, anno gratie M° CC° XX° IV°, mense septembri. — *Cartul.* II, fol. 9 v°.

107. — Janvier 1224 (v. st.). — *De prioratu Brene.*

In nomine Patris et Filii et Spiritus Sancti. Amen. Cum questio verteretur coram nobis inter abbatem et conventum Dervensis monasterii, ex una parte, et magistrum Guillermum presbiterum de Brena, ex altera : videlicet, quod procurator abbatis et conventus proponebat coram nobis, quod sedes prioratus Brene fuit antiquo, et nunc est, et esse debet, in ecclesia Beati Petri Brene, et quod ab antiquo habuerint, et adhuc habere debent liberum usum ostii, quod est in muro ejusdem ecclesie ex parte domus monachorum, monachi illius prioratus, per quod poterant et adhuc possunt intrare libere et sine contradictione ad divina officia celebranda die ac nocte, pulsare, cantare alta voce missas, matutinas.. (*Cfr. supra* n° 106). — *Cartul.* II, fol 8 v°.

108. — Juillet 1224. — « Ego Galterus, dominus Brene.. concedo, quantum ad me pertinet, quod domus Dei de Brena, cum omnibus possessionibus et pertinentiis suis, mobilibus et immobilibus, prioratui de Brena, qui prioratus ad ecclesiam monasterii Dervensis pertinet, conjungatur, ita quod prior dicti prioratus in perpetuum dictam domum possideat manuteat et defendat, salvo jure et dominio meo et successorum meorum, et salva hospitalite.. Actum anno Domini M° CC° XX° quarto, mense julio. » — *Cartul.* II, fol. 10 r°.

109. — 1224. — « Ego Galterus, dominus Brene.. cum ego humiliter requisissem ab abbate et conventu monasterii Dervensis, quod ipsi in domo Dei de Brena, vel in ecclesia S. Georgii Brenensis, pro salute anime mee et antecessorum meorum missam cothidianam perpetuo celebrarent, et petitioni mee liberaliter annuerint.. ego concessi eis et concedo, quod non ponam capellanum in dictis locis, nisi de fratribus dicti monasterii consensu.. Actum anno Domini M° CC° XX° quarto. » — *Cartul.* II, fol. 10 v°.

110. — Septembre 1225. — « N., abbas de Capella, et H., decanus xpistianitatis Sancte Margarete » notifient que « Martinus, clericus, de Belloforti » donne à l'abbaye de Montiérender tout ce qu'il possède « in molendino de *Morceis* Actum anno gratie M° CC° XX° V°. » — *Cartul.* II, fol. 21 v°.

111. — 13 avril 1228. — « Honorius.. Rogerio, abbati Dervensi » le pape confirme « Ecclesias Breonensis castri, a fratre et coepiscopo nostro Hatone vobis concessas.. Datum Laterani, per manum Aymerici, diaconi cardinalis et cancellarii, idibus aprilis, indict. IIII, Dominice Incarnationis anno M° C° XX° octavo, pontificatus domini Honori secundi pape anno II°. — *Cartul.* II, fol. 19 v°.

112. — Novembre 1231. — « Ego Felicitas, domina Bellifortis, dicta comitissa Regitestensis.. Renaldus, filius domini Guidonis de Esclantia » donne à Montiérender, « et prioratui de Belloforti quicquid habebat in grossa decima de Belloforti, videlicet, III partes medietatis hujus decime..

laude et assensu heredum suorum, et meo, ad cujus feodum res ipsa dinoscitur pertinere.. Actum anno Domini M° CC° XXX° primo, mense novembri. — *Cartul.* II, fol. 22 r°.

113. — Février 1233 (v. st.). — *De decima Evre.*

Nicholaus, miseratione divina Trecensis ecclesie minister humilis, omnibus presentes litteras inspecturis salutem in Domino. Noveritis quod in nostra presentia constitutis dilectus in Xpisto filius, Ogerus de Sancto Karauno, Sancti Stephani Trecensis canonicus, recognovit se dedisse in elemosinam ecclesie monasterii Dervensis decimam de Evra, quam detinebat, in perpetuum applicandam in usus et proprietates prioratus Bellifortis, tali modo, quod cum Ogerus presbitero de Evra tredicem sextarios frumenti et duodecim sextarios ordei, et domui Dei de Chaleta duos sextarios frumenti redderet, de fructibus ejusdem decime, ecclesie Dervensi tenebitur presbiter reddere dictum bladum, prout idem Ogerus illud reddere consuevit. Symon vero, miles de Hunbaudivilla, frater dicti Ogeri, de cujus feodo erat decima, donationem predictam ratam habuit, et laudavit. Nos vero donationem eamdem laudantes, duximus sigilli nostri munimine confirmandam, salvo tamen per omnia jure parochiali et nostro. Actum anno Domini M° CC° XXX° III°, mense februario. — *Cartul.* II, fol. 24 v°.

114. — Août 1232 — Juillet 1234. — *De decima de* Espoutemont.

Nos Nicholaus, miseratione divina Trecensis ecclesie minister humilis, notum facimus omnibus tam presentibus quam futuris, quod nos vidimus litteras abbatis Dervensis hoc continentes :

« Nos frater R., Dervensis monasterii abbas, notum fieri volumus tam existentibus quam posteris, quod cum haberemus in decimis parochie de *Espoutemont*, tam grossis quam minutis, quatuor partes ; et presbiter ejusdem parrochie super augmentationem beneficii sui nos in causam traheret, nos concedimus eidem quidquid habemus in predictis decimis, excepta tertia parte, quam in grossa decima in perpetuum retinemus. Actum anno Domini M° CC° XXX° II°, mense augusto. »

Nos vero hanc compositionem ratam habemus et gratam. Actum anno gratie M° CC° XXX° IV°, mense julio. — *Cartul.* II, fol. 26 r°.

115. — Septembre 1235. — *De domo Dei de Brena.*

Nicholaus, Dei gratia Trecensis episcopus, et Henricus, cantor Trecensis, omnibus presentes litteras inspecturis salutem in Domino. Noverint universi, quod cum querela verteretur coram nobis episcopo inter viros religiosos abbatem et conventum monasterii Dervensis, ex una parte, et abbatem et conventum Sancti Lupi Trecensis, ex altera, super domo

Dei de Brena, cujus Humbertus magister erat, quam utraque pars ad se pertinere dicebat ; et nos episcopus dicebamus eamdem domum ad nos jure diocesano pertinere. Pax reformata est in hunc modum : abbas Dervensis presentabit episcopo Trecensi clericum vel conversum ad magisterium dicte domus, et episcopus presentato, si ydoneum invenerit, conferet administrationem temporalium dicte domus. Abbas Dervensis curabit numerum conversorum et conversarum nec majorem nec minorem esse, aliter ab episcopo monebitur, qui postea rem ordinabit. Quod si magister male administraverit, et abbas emendare neglexerit, episcopus significabit abbati ut magistrum amoveat, et alium presentet, quod si non fecerit abbas, episcopus ex tunc amovebit. Abbas Dervensis correctionem et reformationem ordinis in magistrum et conversos domus, salva tamen correctione episcopi. Presbiter Brene curatus habebit curam animarum tam magistri quam aliorum domus Dei, salva autem erant ecclesie Dervensis jura in decimis. Actum anno Domini M° CC° XXX° V°, mense septembri. — *Cartul.* II, fol. 2 r°.

146. — Juillet 1238. — *De decima de* Belfort.

Omnibus presentes litteras inspecturis Nicholaus, miseratione divina Trecensis ecclesie minister humilis, in Domino salutem. Noverint universi, quod abbas monasterii Dervensis et presbiter de Belloforti in hoc convenerunt super querelis sepe agitatis : omnes redditus occasione parrochiatus supervenientes, excepta grossa decima bladi, communes erunt priori et presbitero Bellifortis et equis portionibus dividentur.. redditus vero bladi, quos in presentia habent, ita possideant sicut hactenus possederunt. Juravit vero Reynaudus, presbiter tunc temporis ejusdem loci, et se nomine ecclesie obligavit, quod cappellani et clerici in eadem ecclesia deservientes jurabunt, quod conventiones supradictas fideliter observabunt, et hoc idem presbiteri sive curati eidem Reynaudo succedentes jurare tenebuntur. Actum anno gratie M° CC° XXX° VIII°, mense julio. — *Cartul.* II, fol. 20 v°.

117. — Octobre 1239. — « Ego Felicitas, dicta comitissa Registetensis » elle abandonne « ob remedium anime mee, et Hugonis, karissimi mariti mei » les prétentions qu'elle élevait « occasione excasure Martini, presbiteri de Belloforti » sur le moulin « de *Morceis.* » Les arbitres sont : « Dominus Regnaldus *Crocant*, et magister Mainerus de Belloforti.. Actum anno Domini M° CC° XXX° nono, mense octobri. » — *Cartul.* II, fol. 21 v°.

118. — 14 avril 1241. — *De novalibus de Junquereio, Outignes, Baali.*

Nicholaus, miseratione divina Trecensis ecclesie minister humilis, omnibus presentes litteras inspecturis salutem in Domino. Noverint universi, quod cum discordia verteretur inter abbatem et conventum Dervensem, ex una parte, et Jacobum, presbiterum de Junquereio, ex altera, super decimis novalium de Jonquereio, de *Outignes* et de *Baali*, et super reportagiis earumdem villarum : tanden compositum est in hunc modum, quod dicti abbas et conventus in novalibus, tam factis quam faciendis, necnon in reportagiis, in perpetuum percipient secundum portionem quam in grossis decimis earumdem villarum consueverunt percipere ab antiquo. Predictus vero presbiter, et successores ejus, in recompensationem percipient annuatim, in parte decime conventus apud *Outignes*, quindecim sextarios bladi, medietatem frumenti et medietatem avene. Datum anno domini M° CC° XL° I°, XVIII kalendis maii. — *Cartul.* II, fol. 25 r°

119. — Décembre 1243. — « Felicitas, domina Bellifortis, dicta comitissa Registetensis » elle fait connaître qu'un discord existant entre elle d'une part, et Montiérender et le prieuré « de Belloforti » d'autre part, « super justitia et banno vici, qui dicitur Elemosina, et super censu de Reboudura et molendino de *Morceis*, et decimis de Belloforti et de Vilereto » les parties s'entendirent : « prior de Belloforti habebit justitiam de dicto vico ; homines vero ibi commorantes debebunt michi et meis exercitum et clamatum ; omnes equos trahentes habentes debebunt michi, singulis annis, unum quarratum apud Sezanniam ; item omnes homines auxilium ad fortericiam castri sicut mei homines debebunt, preter talliam ; item meum magnum bannum servabunt ; si vero furtum, vel murtrum, vel aliud forefactum, quod *raz* vulgariter appellatur, fieret » les biens meubles du malfaiteur sont partagés par moitié entre la dame de Beaufort et le prieur, les biens immeubles « illius domini erunt, sub cujus dominio ea malefactor possidebat. » Les hommes du prieur qui habitent « extra villam, et in masura Girardi juxta fontem habent easdem conditiones, sicut illi de vico qui dicitur Elemosina. Prior censum de Reboudura habebit, item decimas de Belloforti et de Villereto, et molendinum de *Morceis*, retentis michi banno et justitia in his omnibus. Actum anno Domini M° CC° XL° tertio, mense decembri. » — *Cartul.* II, fol. 22 r°.

120. — Novembre 1250. — *De domo Dei Brene*.

Universis presentes litteras inepecturis salutem in Domino. Nicholaus, miseratione divina Trecensis ecclesie minister humilis, notum facimus, quod nos donationem, quam clare memorie Galterus, quondam comes de Brena, prioratui Dervensi de Brena fecit de domo Dei de Brena (Cfr. n° 108), quam monasterium ipsum et prior dicti prioratus jamdiu tenuerunt, de assensu et voluntate nostra, ratam habemus et eam auctoritate ordinaria confirmamus. Datum anno Domini M° CC° L°, mense novembri. — *Cartul.* II, fol. 10 v°.

121. — 29 juin 1254. — *De* Hammetel.

N., divina permissione Trecensis ecclesie minister humilis, omnibus presentes litteras inspecturis salutem in Domino. Noverit universitas vestra, quod in nostra presentia constitus Reynaudus, filius quondam domine Ode de Belloforti, recognovit se vendidisse monasterio Dervensi quidquid juris habet et habere debet ex quacumque ratione, in terris, pratis, coustumis et censibus apud *Hammetel* et apud Puellaremonasterium, et quidquid ad ipsum posset et deberet devenire de omnibus que domicella Helota, uxor Oudeti de Willeyo, ratione dotis tenet apud predictas villas, pro duodecim libris pruviniensium fortium, de quibus se tenet pro pagato. Actum anno Domini M° CC° L° IV°, in festo apostolorum Petri et Pauli. — *Cartul.* II, fol. 23 r°.

122. — Mai 1257. — « Officialis curie Trecensis » notifie que « Johannes de Villa super Terra, miles, » a vendu à Montiérender « II sextarios bladi, medietatem frumenti et medietatem avene, ad veterem mensuram S. Margarete, pro VIII libris pruvinensium fortium » et qu'il a donné « II alios sextarios bladi, medietatem frumenti et medietatem avene » à la même abbaye. « Actum anno Domini M° CC° L° septimo, mense maio. — *Cartul.* II, fol. 23 v°.

123. — Mai 1259. — *De prioratu Brene.*

Universis presentes litteras inspecturis, Nicholaus miseratione divina Trecensis ecclesie minister humilis, salutem in Domino. Notum facimus, quod constitutus in nostra presentia Ludovicus, rector ecclesie de Brena Veteri, et Jacobus, prior Brene, eo quod discordia verteretur super decimis parrochie supradicte, et oblationibus que in ecclesia ipsa fiunt.. Composuerunt amicabiliter in hunc modum : prior Brene tractum habebit decimarum bladi, tam antiquarum quam novalium, parrochie supradicte ; oblationes vero, que ex nunc fient in ecclesia ipsa, erunt perpetuo rectoris ipsius ecclesie, salvo quod singulis festis annualibus, videlicet, in Nativitate Domini, in Pascha, in Pentecoste, in festo beati Petri ad Vincula, et in festo Omnium Sanctorum, rector de Brena Veteri reddere de ipsis oblationibus priori Brene duodecim denarios in recognitionem juris patronatus, quod habere dicitur, tenebitur. In cujus rei testimonium et perpetuam firmitatem presentes litteras sigilli nostri munimine fecimus roborari. Actum anno Domini M° CC° L° IX°, mense maio. — *Cartul*. II, fol. 13 r°.

124. — 18 juin 1259. — *De prioratu Brene*.

Universis presentes litteras inspecturis, Nicholaus, miseratione divina Trecensis ecclesie minister humilis, salutem in Domino. Notum facimus, quod in presentia nostra constitutus Ludovicus, rector ecclesie de Brena Veteri, recognovit se recepisse a priore Brene quidquid prior habet in decimis de Brena Veteri, tenendum cum grangia decimaria ejusdem ville, quandiu tenebit hanc ecclesiam, sub annua pensione XL librarum pruviniensium eidem priori solvendarum. Datum anno Domini M° CC° L° IX°, die mercurii ante festum Nativitatis sancti Joannis Baptiste. — *Cartul*. II, fol. 12 v°.

125. — Septembre 1260.

Je Jehans, cuens de Brene, faz a savoir a touz.. que cum gie eusse saisi la maison-Deu de Brene, je la dessaisi, et ain mis en saisine l'aglise Motierender ansis cum elle estoit devant, et ottroiai bonnement que Gauters mes pères donai à l'aglise de Motierender soient tenues. Ce fu fait à Rameru, an lan de grâce mil deus cens et sexante, ou mois de septembre. — *Cartul.* II, fol. 12 r°.

126. — Février 1261 (v. st.). — « Nos Thiébaus, par la grace de Deu rois de Navarre, de Champaigne et de Brie cuens palazins » il notifie qu'ayant reçu des moines de Montiérender « la maison de Vouciennes et ses appartenances » il leur a « otroié a avoir et a tenir perpetuelement tout ce que nous avions et poions avoir en la rue de Somevoire qu'on appelle Valiers.. Et quan que avions en la disme de Evre, c'est à savoir, quatorze sestiers et set bichez de gain, chascun sestier prisié dis et huit solz de provenisiens fors ; et dis et set sestiers d'aveine, chascun sestier prisié set solz. Et ausi ce que nous avions en la disme de Maisieres, c'est à savoir, deux sestiers et une mine de gain et trois sestiers et un quarteron d'aveine, prisié au davant dit pris. Et aussi ce que nous avions en la disme de Nuilli.. En l'an de grace mil CC. et soixente et un, el mois de février. » — *Cartul.* II, fol. 61 r°.

127. — Novembre 1263. — « Frater Humbertus de *Parant*, humilis preceptor domorum militie Templi in Francia » il notifie un accord entre Montiérender d'une part « et preceptorem et fratres domus Vallis Taurorum militie Templi, ex altera » au sujet de terres acquises par le précepteur sur les finages de Vassy « et de Villa super Terram. » Le précepteur et ses successeurs « annis singulis in grangia de Villa super Terram » qui appartient à la maison de Tors « infra Nativitatem Domini tenentur solvere VIII sextaria bladi, ad mensuram Trecensem, medietatem frumenti admodiationis et medietatem avene.. Actum anno Incarnationis Domini M° CC° LX° tertio, mense novembri. » — *Cartul.* II, fol. 28 r°.

128. — « Frere Ferris de Fougereulles de la sainte maison de l'Hospital de Saint-Jehan, humble prieur en Champaigne, à notre amei en Dieu le commandeur de Tors freres

Demange de Crenay. » Le commandeur est sommé de payer les huit setiers de blé que la grange de Ville-sur-Terre doit tous les ans à Montiérender.. (Pièce incomplète et sans date). — *Cartul.* II, fol. 28 v°.

129. — 13 et 14 mars 1268 (v. st.). — « Aubertus, curatus de Sancta Manehylde ; Johannes, curatus de Magnicuria ; et Jacobus, curatus de Marolio juxta Aeyum » jugent un différent entre les abbés de Montiérender, de Boulancourt, l'abbesse « de Avenayo » et le prieur « de Sancta Magareta, » d'un côté ; et le curé « de Alneto, Trecensis diocesis, ex altera super grossa decima et minuta de Alneto ; et oblationibus altaris parrochialis de Alneto » aux quatre fêtes solennelles. Arrangement : 1° La grosse dîme des terres cultivées par les religieux leur appartiendra ; 2° Les oblations appartiendront au curé. « Feria quinta ante Ramos palmarum, continua a die precedenti, anno Domini M° CC₀ LX° VIII°. — *Cartul.* II, fol. 14 v°.

130. — Décembre 1269. — « Nous Hanris, cuens de Grantpré, et Ysabiaus, nostre fame, contesse de Grandpré » ils notifient qu'ils ont vendu « à Hanri de Champaigne, fil le roi de Navarre » tout ce qu'ils possèdent à Droyes « pour dex cens livres de Tournois, des quex nos nos tenons a paié.. Ce fut fait en l'an de grâce mil et deus cens et seisante nuef, en mois de décembre. » — *Cartul.* II, fol. 63 r°.

131. — Février 1269 (v. st.). — « Ego Henricus, comes de Ronasco, filius regis Navarre, notum facio.. quod assensu Blanche, uxoris mee, vendidi et nomine venditionis in perpetuum concessi » à Montiérender « quendam vicum meum apud Droia villam situm, dictum vicum de Capella, cum omnibus pertinentiis » et tout ce qu'il a acquis « in his locis a viro nobili comite de Grandiprato, et domina Ysabelli, domina dicti loci, uxore comitis, pro quingentis libris pruviniensium

fortium Campanie, de quibus michi est integre satisfactum.. Ego Blancha laudo et quito.. Datum anno Domini M° CC° LX° nono, mense februario. » — *Cartul.* II, fol. 61 v°.

132. — 3 février 1269 (v. st.). — « Theobaldus, Dei gratia rex navarre, Campanie et Brie comes palatinus.. ad preces karissimi fratis nostri Henrici, comitis de Ronasco » approuve et amortit la donation précédente (Cfr. n° 130). « Datum apud Trecas anno Domini M° CC° LX° nono, mense februario, die lune in crastino Purificationis B. Marie Virginis. » — *Cartul.* II, fol. 62.

133. — 5 avril 1269 (v. st.). — « Theobaldus, Dei gratia rex navarre, Campanie et Brie comes palatinus » notifie qu'il a donné à Montiérender tout ce qu'il possède » in villa de *Hammetel*.. Datum apud Trecas, dies sabbati proxima ante Ramos Palmarum anno Domini M° CC° LX° nono. » — *Cartul.* II, fol. 63 r°.

134. — 8 mai 1270. — « Nos Ugues, cuens de Brene » il confirme les possessions de Montiérender dans le comté de Brienne « c'est à savoir à Brienne le Chastel, à Brienne la Vieille, à Saint Legier, à Nuefville, à Prisei Saint Martin, à Prisei Sainte Marie, à Lesmont, à Peil, à Derf, à Auson, à Espagne, à Blaincourt, à Wauberceis, à Mastoil, à Univille, à Tranne, à Morinviler, au Petit Mainil, à Chaumenil, à la Chièse, et à Crespei.. A Brienne ou Chateil le juedi après le dimange que on chante *Jubilate* an l'an mil deus cens et sisante dis, ou mois de mai. » — *Cartul.* II, fol. 12 r°.

135. — 17 octobre 1333. — « Jehanne de Chastillon, duchesse d'Athenes, comtesse de Brene et de Liche » après contestation, laisse à Montiérender « l'usage des bois de Ville sur Terre, tant pour affouage pour raison de leur maison, grange, et gaaingnage de Ville sur Terre, comme pour cloi-

son d'icelle, et des terres appartenant à icelle » Cet accord est signé par Jehanne et par « frère Ferry » abbé de Montiérender. « Données le dimenge devant feste saint Luc ewangeliste, lan mil trois cens trente et trois. » — *Cartul.* I, fol. 94 r°.

CHARTES

DE SAINT-ETIENNE DE CHALONS

136. — *Preceptum Karoli regis de villa que Malliacus dicitur, et Insula, et abbatiola Sanctae Tanke.*

In nomine Sancte et Individue Trinitatis, Karolus, gratia Dei rex. Si aliquid nostre munificentie divinis cultibus mancipamus, regium morem exercere videmur, ac per hoc id ipsum, quod instituimus, semper mansurum esse volumus. Noverit igitur omnium sancte Dei ecclesie fidelium et nostrorum presentium atque futurorum sollertia : ob emolumentum mercedis anime nostre, et ad deprecationem carissime nobis conjugis Yrmindrudis refundimus ac restituimus quasdam res sancte matri ecclesie Cathalaunensium, que est in honore Sancti Stephani, cui etiam preesse videtur quidam venerabilis pontifex nobisque gratissimus nomine Erchenraus, eo quoque super hoc deprecante. Que res sunt sitae in pago Arceacensi, villa videlicet Malliacus, et Insula cum abbatiola in honore Sancti Stephani, cujus ecclesia in villa Arceias habetur, et abbatiola Sancte Tanche cum omnibus appendiciis earum, quas res habere dinoscitur Gauzfridus, Teduinus et Hadericus. Ipse enim res olim per incuriam et malivorum hominum violentiam ab eadem ecclesia distracte esse noscuntur. Sed nos qui ubique curam ecclesiarum et res tutari et augmentari gaudemus, denuo eidem prefate ecclesie post predictorum hominum vite discessum, qui eas nunc tenere videntur, aut ipsarum rerum quamlibet amissionem refundimus ac restitui gaudemus. Unde hoc altitudinis nostre preceptum fieri ac predicto presuli, et ejus ecclesie reddi jussimus, per quod post obitum predictorum fidelium presentium dominorum prenotate sancte matri ecclesie perhenniter easdem res mancipandas, vel quicquid memorati fideles nostri ex potestate Sancti Stephani habere videntur, restituimus ac delegamus; eo videlicet modo, ut abhinc et in reliquum valeant rectores memorate ecclesie easdem res cum omni suarum integritate eternaliter et ordinando possidere, et possidendo legaliter ordinare. Et ut nostre actoritatis preceptum majorem in Dei nomine per ventura tempora obtineat vigorem, manu propria subter eam firmavimus, et anuli nostri impressione assignari jussimus. Holdricus, diaconus, ad vicem Hludowici recognovit. Data pridie idus Augusti, indictione VII, anno XX regnante Karolo gloriosissimo rege. Actum Karisiaco, palacio regio, in Dei nomine feliciter. Amen, — *Cartul.*, fol. 13 r°.

137. — 20 septembre 921. — *Preceptum Karoli regis de villa ad Summos Puteos, Malliaco, et Insula.*

In nomine Sancte et Individue Trinitatis, Karolus, divina propitiante Clementia rex Francorum. Si locis divino cultui mancipatis emolumentum prestamus nostre auctoritatis, Deum nobis ob id propiciaturum credimus. Noverit omnium sancte Dei Ecclesie fidelium, nostrorumque presentium ac futurorum frequentia, quoniam Bovo, Cathalaunensis ecclesie episcopus, nostram adiens presentiam innotuit, qualiter res quedam sue ecclesie fuissent abstracte : ad Summos Puteos scilicet ecclesia una, in pago Arciense villa Malliacus et Insula, quas Bernardus, adhuc vivus, tenuit. Cujus petitioni liberalissime faventes, deprecantibus et adjudicantibus fidelibus nostris, comitibus nostris, atque episcopis : Haganone videlicet comite, Helgaudo atque Rodulfo; episcopis vero Abbone et Stephano, redintegravimus ecclesiam, atque prefatas villas Malliacum et Insulam cum omnibus appendiciis earum, cum mancipiis utriusque sexus ; et quicquid prefatus comes Bernardus visus est tenere ex ejusdem potestate S. Stephani Cathalaunice urbis, totum et ad integrum, absque alicujus contradictione persone, predicte ecclesie restauramus atque restituimus. Unde hoc nostre auctoritatis preceptum fieri et prefato Bovoni donari jussimus, per quod ipse et successores ejus memoratas res habeant, teneant, atque possideant, et nostre anime memores remedium absolutionis perpetue adquirant. Quod ut verius observetur, et firmius habeatur, manu propria illud firmantes, anulo nostro sigillari jussimus. Datum XII kal. octobris indict. VIIII, anno XXVIIII regnante Karolo rege glorioso. Actum Castro Noviomo. Gauzlinus notarius, vice Rodgeri archiepiscopi, recognovit. — *Cartul.*, fol. 1 v°.

138. — Au plus tard 1008. — *De Karneiaco.*

Guido, gratia Dei Cathalaunensium episcopus, notum volo fieri omnibus tam presentibus quam successoribus nostris qualiter venientes quidam ex nostris, Rotgerus scilicet archidiaconus, atque miles Albricus pecierunt dari cuidam Angelberto comiti cum duobus suis heredibus quamdam S. Stephani villam, que Karneiaco dicitur, cum ecclesia ejusdem ville, in comitatu Arciacensi sitam, ad mensam canonicorum proprie pertinentem sub manu descriptionis. Quorum petitionibus adquiescentes concessimus jam dicto comiti supra memoratam villam, ea videlicet racione, ut annuatim in festivitate S. Stephani, que est in nonis augusti, pro ea in censum X solidi denariorum fratribus persolvantur. Quod si censum neglexerint, legaliter emendent et terram non perdant. Et ut carta hec stabilitatis rationem obtineret, eam fieri jussimus manuque propria firmavimus atque ad corroborandum manibus canonicorum et laïcorum tradidimus. — *Cartul.*, fol. 36 v°.

CHARTES

DE TOUSSAINTS DE CHALONS

139. — 16 novembre 1062. — In nomine Sancte et Individue Trinitatis. Notum esse volumus omnibus matris filiis Ecclesie, tam presentibus quam futuris quod ego Rogerus secundus, dyocesis Cathalaunice subrogatus... Do itaque ad victualia servorum Dei in hoc loco presentium et futurorum medietatem alodii quod vocatur Viaspera, situmque est super Albam fluvium in Campania, ut hactenus meo servivit dominio in terris cultis et incultis, in servis et ancillis, pratis ac pratensi silva, molendinis, et ecclesia... Actum XVI kalendis decembris, anno ab Incarnatione Domini MLXII, regnante Philippo anno IIII; pontificante domno Rotgero XX. Hugo cancellarius scripsit et subscripsit. — *Cartul.*, fol. 1 r° et 7 v°.

140. — 4 décembre 1078. — « Gregorius, episcopus, servus servorum Dei, canonicis ecclesie Sancti Salvatoris et Sancte Marie et Omnium Sanctorum, que est in Insula Cathalaunice urbis. Superne miserationis respectu... » le pape confirme à Toussaints « alodium Viaspere... Laterani, pridie nonas decembris, per manum Petri S. R. E. presbiteri cardinalis, ac bibliothecarii, anno VI° pontificatus domni septimi Gregori pape, indict. II. — *Cartul.*, fol. 18 r°.

141. — 1081-1121 — *De Viaspero.*

Cum hoc habent canones et legalia exigunt instituta, quod de manu pontificis, de cujus diocesi sunt, ecclesiastica suscipiantur beneficia, hoc attendens ecclesia Omnium Sanctorum, et sibi in futuro providens ne de quodam ecclesiastico beneficio, quod jam tam longo tempore, sed absque nostra concessione, possederat, aliqua suboriret calumpnia, venit ad nos supplicans quatenus quod habuerat sibi nostro munere firmaremus, atque inde nostri bulla sigilli insigniri munimentum faceremus, cujus petitioni ego Philippus, Dei gratia Trecensis ecclesie qualiscumque minister, diligenter acquiescens, medietatem beneficii de Viaspero, quod jam tamen longo tempore possederat, salvo jure atque consuetudinibus Trecensis ecclesie, illi karitative concessi. Et ut hoc donum ratum et perpetuum fieret, hujus monimento cartule confirmavi et harum notulis litterarum memorie posterorum tradidi. Hujus adstipulationi interfuerunt : Rainaldus, prepositus; Jocelinus, archidiaconus ; Petrus de Mariaco ; magister Drogo ; Hugo, decanus ; Tegerus, frater ejus ; ceterique fratres Trecensis ecclesie unanimiter assensum prebuerunt. — *Cartul.*, fol. 38 v°. — *Origin.* 20° liasse. Le sceau était appliqué sur le parchemin.

142. — 1120. — *De ecclesia Lustriensi.*

In nomine Sancte et Individue Trinitatis. Cum brevi dilabuntur et ipsi homines et facta hominum, ideo quoddam beneficium quod ecclesie Cathalaunensi de Insula in honore Dei Omniumque Sanctorum constitute karitative concessimus, harum litterarum notulis assignare curavimus, ut illud donum ratum fieret et sic traderetur memorie posterorum. Notum sit igitur tam presentibus quam futuris, quia ego Philippus, Dei gratia Trecensis eclesie episcopus, attendens religionem fratrum Deo canonice servientium in Insula Catalaunensi, presbiteratum et circadam Lutriensis ecclesie, salvo jure nostro episcopali et aliis consuetudinibus Trecensis ecclesie, pietatis affectu contuli. Et ut hoc donum firmum et perhenne fieret, hujus munimento cartule nostri sigilli imagine confirmavi. Hoc autem factum est anno ab Incarnatione Domini M° C° XX°, regnante rege Francie Ludovico, Philippi regis filio. Hujus doni gratiam confirmaverunt : Odo, archidiaconus ; Hugo, canonicus et decanus ; Tegerus, canonicus ; Walterus de Fusseio ; Valdricus, sacerdos ; Odo, presbiter ejusdem ecclesie ; Gilbertus, abbas ; Adam, presbiter et prepositus ; Henricus ; Hugo ; Fulco, cancellarius scripsit et suscripsit. — *Cartul.*, fol. 42 v°. — *Origin*. 40° liasse. Le sceau était appliqué sur le parchemin même.

143. — 1128. — *De ecclesia Lustre.*

In nomine Sancte et Individue Trinitatis, ego Hato, Dei gratia Trecensis ecclesie humilis dispensator, notum facio quod domnus Philippus, predecessor noster, bone memorie episcopus, ecclesie Omnium Sanctorum in insula Cathalaunensi dedit presbiterium ville, que dicitur Lustra, et liberam fecit illam a redibitione quam circuitionem vocant, condonans videlicet ei singulis annis, primo et secundo sexdecim nummos, tertio vero anno tres solidos. Nos autem boni pastoris pium emulantes votum, quod sancte fecit corroboramus, et sue largitioni superaddimus ut quicumque laici in decima predicte ecclesie particulas habent, si quandoque resipuerint et quacumque ratione a sacrilegio et illicita sanctuarii possessione destiterint, particule ille non ad alias ecclesias transferantur, sed sue reddantur matri, ut tota ecclesia Lustre una et integra sit possessio ecclesie Omnium Sanctorum. Condonamus etiam quatuor nummos, qui decano, synodali termino, debentur. Preterea statuimus ut episcopus Romam, vel alias ad concilia iturus, seu per episcopatum iter faciens; vel archidiaconus, vel decanus pro predictis viis vel aliis causis seu occasionibus nullum faciat in predicta ecclesia Lustre questum, nullam servitii exactionem. Hoc solum decernimus, quod si episcopus, qui pro tempore fuerit, vel archidiaconus, vel diaconus aliqua necessitate illi ecclesie quandoque supervenerint, benigne suscipiantur et juxta modulum ecclesie ibidem procurentur; tantum ne frequentatione ecclesiam premant neve procurationis comcambio condonare exactionis fiant repetitores. Sacerdos autem qui ecclesie curam susceperit pontificali synodo se presentabit, mandata episcopi auditurus et servaturus, et de parrochianis suis, si clamor venerit, Lustre, vel alio ubi equum fuerit, sicut ante solebat, justitiam facturus. In omnibus autem ceteris pro remissione peccatorum nostrorum et antecessorum nostrorum episcoporum et futurorum predictam ecclesiam emancipamus et omnino liberam reddimus. Hoc donum et hujus doni libertatem pontificali auctoritate et sigilli nostri impressione firmamus; et ne quis eam tollere vel imminuere pertemptet, ex parte Dei et nostra prohibemus. Qui vero hujus pagine decreta servaverit, benedictus in secula benedictionibus repleatur. Amen. Facta est cartha anno ab Incarnatione Domini M° C° XX° VIII°. Testes sunt : domnus Evrardus, abbas Oiensis ; domnus Odo, abbas Belliloci; domnus Willelmus, abbas Sancti Martini Trecensis ; S. Manasse, archidiaconi ; S. Walteri, archidiaconi Morinensis ; S. Gibuini, cantoris ; S. Tegeri, canonici ; S. magistri Raineri ; S. Raineri, canonici Virtuensis ; S. Gerardi, canonici Belliloci ; S. Falconis, archidiaconi. — *Cartul.*, fol. 27. — *Origin.* 40ᵉ liasse.

144. — 1131-1140. — *De Manso Tescelino et* Buisoil.

In nomine Sancte et Individue Trinitatis, Bernardus, abbas Clarevallensis, notum facio omnibus fidelibus, quod querela de Alodio Mansi Tescelini et de decima ville *Buisoil,* que fuerat inter ecclesiam Omnium Sanctorum de Insula et Rodulfum militem, in presentia nostra per concordiam sic est composita. Totius alodii, de quo ecclesia predicta Rodulfum pulsabat, in redditibus et servitiis et justitiis et quibuslibet aliis ecclesia tertiam partem libere possidebit, et Rodulfus duas. Mansos autem omnes supradicti alodii, sicut prius tenebant sic tenebunt, ita quod computatis utrorumque redditibus, si mansi ecclesie reddunt dimidium mansorum Rodulfi, ecclesia totum accipiet ; si autem supra dimidium habundaverit, de superhabundanti Rodulfus duas partes accipiet et ecclesia tertiam partem, et e converso si mansi Rodulfi duplum reddunt quod mansi ecclesie, Rodulfus totum accipiet ; si vero supra duplum habundaverint, de superhabundanti ecclesia tertiam partem accipiet et Rodulfus duas. Ecclesia autem domum suam et viridarium cum omni clausura et edificatis suis proprie tenebit, preter piscationem fossati clausure, quam habebunt communem sicut in alia aqua,. et proprie tenebit omnes homines suos tam servos quam mansionarios. Rodulfus suos homines et suum viridarium cum edificatis proprie tenebit. De decima autem supradicta ville *Buisoil*, unde querela erat, ecclesia non vexabit eum nec heredes ejus, vel clamore vel justitiam querendo. Si aliquando placuerit Rodulfo vel heredibus ejus decimam illam dimittere, nulli ecclesie dimittent eam nisi ecclesie Omnium Sanctorum. Qua libertate et honore Rodulfus habebit suam partem alodii et eadem libertate et honore ecclesia suam tenebit. Hanc concordiam concessit Beliardis, uxor Rodulfi. Molendinum, quod Rainerius dedit ecclesie, de jure ecclesie esse ab Rodulfo est recognitum et pacifice concessum. Hec concordia recognita est a Rodulfo in presentia donni Gaufridi, Cathalaunensis episcopi, et penitus confirmata. Hujus recognitionis testes : ego Bernardus; Girardus, monachus; donnus Hugo, abbas Sancti Petri ; donnus Odo, abbas de Belloloco ; Gibuinus, Trecensis archidiaconus ; Gaufridus, canonicus Sancti Stephani. — *Cartul.*, fol. 50 r°.

145. — 1131-1140. — *De eodem.*

In nomine Sancte et Individue Trinitatis, ego Hato, Dei gratia Trecensis episcopus, notum facio presentibus et futuris.. quod querela de alodio Mansi Tecelini et de decima ville *Buisol* inter ecclesiam Omnium Sanctorum et Rodulfum militem in presentia domni abbatis Clarevallensis per concordiam sic composita est. Totius allodii, quod a patre ipsius Rodulfi Dudone et ab avunculo ejus Ilberto descendit, ecclesia predicta tertiam partem libere possidebit et R. duas alias. Hanc concordiam concessit Beliardis, uxor R.; deinde Hugo, miles de Planceio, gener Rodulfi. Hujus facti tenorem nos pontificali auctoritate firmamus. Testes : donnus Walterus, abbas Sancti Petri de Cella ; donnus Willermus, abbas Sancti Martini ; donnus Odo, prepositus; Manasses et Falco, archidiaconi ; Gibuinus, archidiaconus et cantor; frater Hugo, decanus; et frater Walterus, canonici. Ex parte abbatis : Henricus, prepositus; et Hugo canonici. Et ex parte Hugonis militis : Hugo, dominus Planceti, et Guido de Peantio. — *Cartul.*, fol. 37 r°.

146. — 1131-1142. — « Innocentius, episcopus, servus servorum Dei, dilectis canonicis ecclesie Omnium Sanctorum..: Desiderium quod ad religionis propositum.. le pape confirme l'abbaye de Toussaints dans la possession de plusieurs biens, entre autres : alodium de Manso Tecelini ex dono Dudonis, militis, et Reneri atque Warnerii ; alodium Viaspere ; ecclesiam de Lustra.. » — *Cartul.*, fol. 15 r°.

147. — 1145. — *De Capella Bonevicine.*

In nomine Sancte et Individue Trinitatis, ego Hato, Dei gratia Trecensis ecclesie humilis minister, notum facio presentibus et futuris, quod ecclesia Omnium Sanctorum de Insula impetebat Tegerum, canonicum nostrum, de debito XXV librarum in dampno capelle Bonevicine, cujus medietatem ei abstulerat, et de sumptu quatuor viarum quas Romam fecerat. Hec controversia ex precepto domini Celestini, celebris memorie pape, posita est in manu domini Sansonis, Remorum archiepiscopi, et domini Guidonis, episcopi Cathalaunensis, et jussa terminari.. hec est concordia : ecclesia Omnium Sanctorum tenet a nobis medietatem ecclesie de Viaspera, et Tegerus eamdem medietatem ab illa. De beneficio hujus medietatis Tegerus, vel Hugo, filius ejus, solvet Insulane ecclesie per singulos annos X solidos Trecensis monete et VI sestarios annone, ad mensuram ejusdem ville, II frumenti II siginis, II tremesii, in festivitate Omnium Sanctorum, perpetualiter. Hanc concordiam concedimus et pontificali auctoritate firmamus. Hujus rei testes sunt : Manasses, Gebuinus, Falco, archidiaconi ; Tegerus, canonicus. — *Origin.* 20° liasse. Le sceau pendait à des lemnisques de cuir.

148. — 1149. — *De ecclesia Lustrie.*

In nomine Sancte et Individue Trinitatis, Henricus miseratione divina Trecensis ecclesie humilis minister, venerabili fratri Jacobo, abbati Omnium Sanctorum ejusque successoribus imperpetuum. Si commissam nobis sollicitudinem attentiore vigilantia dispensare satagimus, ecclesiarum paci ac utilitati, quibus modis auctore Deo possumus, providere debemus. Ea propter, dilecte in Xpisto Jacobe abbas, precibus tuis aurem pietatis inclinantes, participato consilio cum episcopo Lingonensi Godefrido, necnon cum religiosissimo abbate Clarevallensi Bernardo, ecclesiam de Lustria cum magna et minuta decima ad eamdem ecclesiam pertinentibus fraternitati tue et monasterio tuo libere possidendam, canonicam tibi facientes investituram, concessimus. Hec autem nostre donationis gratia, ne aliqua temporum vetustate vel personarum succedentium convellatur aut mutetur invidia, pagine precepimus. S. Petri, abbatis Insule Germanice ; S. Guidonis, abbatis Arremarensis ; S. Willelmi, Sancti Martini abbatis; S. Sancti Lupi abbatis ; S. archidiaconorum Falchonis et Wirrici ; S. canonicorum Petri Strabobis, Raynerii Brennensis, S. Wirrici Bucelli, et aliorum. Gibuinus cancellarius scripsit et recognovit.

Actum Trecis in presentia domini Henrici, episcopi anno ab Incarnatione Domini M° C° XL° IX° regnante Ludovico, piissimo rege Francorum, anno reversionis ejusdem ab Jerosolima. — *Origin.* 40° liasse. *Cartul.*, fol. 29 v°. Le sceau pendait à des fils de soie verte et rose.

149. — Vers 1149 ? — *De decima Viasperi.*

In nomine Sancte et Individue Trinitatis. Officii nostri exigit ratio, ut que ante nos vel per nos terminata sunt, stilo memorieque mandentur, ne aut lubrica temporum vetustate aut maligna hominum perversitate deleantur. Ea propter, ego Henricus, Dei gratia Trecensis episcopus, notum fieri volo tam presenti etati quam secuture posteritati, quod ecclesia Omnium Sanctorum de Insula Cathalaunensi et ejusdem ecclesie abbas duas partes decime de Viaspero de annona, et medietatem minute decime ex integro habent. Quorum investituram, religiosarum precibus et consilio personarum, laudantes, sigillo nostro confirmavimus. Huic concessioni interfuerunt : Petrus, Germanice Insule abbas; Guerricus et Falco, archidiaconi ; Petrus, decanus ; Girardus de Barro ; Engelmerus ; Galterus de *Boi ;* magister Bernardus ; Alardus, decanus ; Petrus et Martinus ; Thomas et Johannes. — *Origin.* 20° liasse. *Cartul.* fol. 32 r°.

150. — 1151. — « In nomine Sancte et Individue Trinitatis, Amen. Ego Ludovicus, Dei gratia Francorum rex.. » Le roi notifie et confirme la donation « Alodii quod vocatur Viaspera situmque est super Albam fluvium.. (Cfr. n° 139). Actum publice Suessionis, anno ab Incarnatione Domini M° C° L° I°, regni nostri XIX°, astantibus in palatio quorum suscripta sunt nomina atque signa : S. Rodulfi, dapiferi nostri ; S. Guidonis, buticularii nostri ; S. Mathei, constabularii ; S. camerarii. Data per manum Hugonis, cancellarii. » — *Cartul.* fol. 13 v° et 23 r°.

151. — 1151. — « In nomine Sancte et Individue Trinitatis, He., Dei patientia Trecensis ecclesie minister humilis, venerabili fratri Jacobo, abbati Omnium Sanctorum Insule Cathalaunensis. Si commissam nobis sollicitudinem attentiore vigilantia dispensare satagimus, ecclesiarum paci ac utilitati, quibus modis auctore Deo possumus, providere debemus. Ea propter dilecte in Xpisto Jacobe abbas (Cfr. n° 148). S. Petri, abbatis de Cella; S. Guidonis, abbatis Arremarensis; S. Guillelmi, abbatis Sancti Martini ; S. Ebrardi, abbatis Sancti Lupi ; Falconis, archidiaconi ; S. Wirrici, Odonis, Gibuini, archidiaconorum ; Menardi, decani ; Bernardi, qui scripsit et suscripsit ; S. Varenbaldi, prepositi, et Ade, militis de *Targe*, et Walcheri et Johannis monachorum. — Actum anno ab Incarnatione domini M° C° L° I° regnante Ludovico, rege Francorum et duce Aquitanorun. — *Cartul.*, fol. 45 r°. — *Origin.* 40° liasse. Le sceau pendait à deux lemnisques de cuir.

152. — 1154. — *De Viaspera.*

Ego Henricus, Trecensium comes palatinus, notum fieri volo quod Rogerus, Cathalaunensis episcopus, inter cetera que ecclesie Omnium Sanctorum contulit beneficia, donavit eidem ecclesie ecclesiam Viaspere, que in alodio suo fundata erat, ita quidem, quod ecclesia Omnium Sanctorum VI modios annone de majori decima prius acciperet, de residuo vero decime duas partes. Monachi vero de Gaia aliam tertiam partem acciperent. In minori autem decima VII partes haberent; monachi vero de Gaia tantummodo duas. Prenominatam vero ecclesiam de Viaspera, sicut bone memorie Rogerus, episcopus, ecclesie Omnium Sanctorum dederat, tenuit ab abbate Insulano Hugo, et Tegerus, filius suus, et post Tegerum novissime filius ejus, presbiter, hac siquidem conditione, quod post mortem presbiteri, absque ulla heredum contradictione vel calumpnia, ecclesia Viaspere ad ecclesiam Omnium Sanctorum revertetur. Porro Hugo, presbiter, veritus nequid dampni ecclesia Omnium Sanctorum post obitum suum reciperet.. Jacobo abbati, viro honesto, reddidit, et ecclesie Omnium Sanctorum jure antiquo recognito, perpetuo possidendam tradidit. Ipse tamen, quandiu vixerit, de ecclesia Viaspere presbiter erit, et abbas Insulanus tres modios annone de decima annuatim ei donabit et medietatem minoris decime... testibus qui hec audierunt et viderunt subnotatis : Widone, archidiacono; magistro Roberto, archidiacono; Bauduino, archidiacono; Rainaldo, cantore; Petro; Bauduino; Adam Gravero; Nicholao de Porta Marne; *Eschot* de *Fesnu*; Bertranno sine terra; Gerardo de Cantumella; Yvone, converso de Templo; Nivelone de *Ramerru*. Auctum est hoc ab Incarnatione Domini M° C° L° IIII°, regnante Lodovico rege; Sansone, Remensium episcopatum tenente; Bosone, Cathalaunensium episcopatum gubernante. Tradita

apud Sparnacum per manum Willermi, cancellarii.
— *Cartul.*, fol. 40 v°. — *Origin.* 20° liasse.

153. — Vers 1154. — « Boso, Dei gratia Cathalaunensis episcopus » notifie un accord « inter Jacobum, abbatem ecclesie Omnium Sanctorum, et inter Hugonem, presbiterum de Viaspera » Hugues avait vendu « monachis de Gaia duos modios annone, ad mensuran Viaspere, quod ei minime facere licuit, quia de casamento ecclesie de Insula movebant. » Le curé répare le tort qu'il avait fait à l'abbaye. — *Cartul.* fol. 31 v°.

154. — 1157. — *De decima Viaspri.*

Ego Henricus, Dei gratia Trecensium episcopus, notum fieri volo tam presentibus quam futuris, quod Drogo de Breiis ecclesiam Omnium Sanctorum super decima de Viaspro inquietabat. Abbate itaque illius ecclesie Jacobo, cum ipso Drogone, in presentia nostra diutius agente, tandem res ad appellationem deducta est. Unde et mandato domini pape Adriani eadem causa nobis et venerabili Petro, abbati Cellensi, audienda et justo fine terminanda, delegata est. Ea de causa, Droco ad diem submonitus, suam injustitiam palam recognoscens, quidquid juris in jam dicta decima de Viaspera reclamabat in perpetuum guerpivit et prefate ecclesie resignavit. In gratitudinem abbas modium annone Odoni, filio Drogonis, dum in seculo idem Odo viveret, concessit. Huic paci et concordie interfuerunt : Sanson, venerabilis Remorum archiepiscopus ; et Balduinus, Novioniensis episcopus ; et Alanus, Antissiodorensis episcopus, apud

Breias. Guido, abbas Arremarensis; Radulfus, abbas de *Bullencurt* ; Radulfus, abbas de Altofonte; Hugo de Breiis, dominus ipsius Drogonis, qui hoc ipsum in manu pro Drogone accepit, et alii plures. Factum est hoc anno ab Incarnatione Domini M° C° L° VII°. *Origin.*, 20° liasse.

155. — 1161. — « Alexander, episcopus, servus servorum Dei Jacobo abbati ». Le pape confirme à l'abbaye de Toussaints « ecclesiam de Lustra, cum tota decima tam grossa quam minuta; ecclesiam de Viaspera, cum duabus partibus grosse decime et cum medietate minute.. Datum Terracine, per manum Hermanni S. R. E. subdiaconi et notarii, quinto idus decembris indict. X, anno M° C° LXI°. Alexandri pape tertii anno III°. — *Cartul.* fol. 57 r°.

156. -- 1163-1169. — *De Via Aspera.*

Ego Henricus, Dei gratia Trecensis ecclesie humilis minister, notum fieri volo presentibus et futuris, quod medietatem ecclesie de Via Aspera, quam predecessor noster Philippus, beate memorie, ecclesie Omnium Sanctorum de Insulis donavit, ego eamdem medietatem predicte ecclesie Omnium Sanctorum ex parte mea confirmo, tam in medietate sex modiorum annone quam in oblacionibus, et in ceteris rebus. Ne aliqua temporum varietate confirmatio ista ab aliquo possit in irritum deduci, sigilli nostri impressione muniri precepimus. Hujus rei testes sunt : magister Gerardus, archidiaconus; Guerricus, archidiaconus; Drogo, abbas Cellensis; Jacobus ejus monachus ; Falco archidiaconus; decanus de Rimiriaco ; Alardus, decanus. — *Origin.*, 20ᵉ liasse.

157. — 1175. — *De Viaspera.*

In nomine Sancte et Individue Trinitatis, ego Matheus Dei gratia Trecensis episcopus, tibi Rogeri, venerande abba Omnium Sanctorum in Insula Cathalaunensi, tuisque successoribus imperpetuum. Pias antiquorum actiones in sua integritate servare et rationi consentaneum est et amicum equitati. Qui enim alienis derogat institutis sua indubitanter nititur infirmare. Quoniam ergo nostra in posterum vellemus integre conservari, que a predecessoribus nostris firmata sunt, debemus illibata servare et in sua integritate tueri. Ea propter tibi, dilecte in Xpisto Rogeri, nunc ecclesie Omnium Sanctorum Cathalaunensis abbas, concedimus et confirmamus ea, que habetis et tenetis ex largitione pontificum Philippi scilicet, Hathonis et Henrici predecessorum nostrorum, que propriis duximus exprimenda vocabulis : ecclesiam de Lustra, liberam a circuitione seu circada et omni costumia, ut episcopus, Romam, vel alias ad concilia iturus, seu per episcopatum iter faciens, vel archidiaconus, vel decanus, pro predictis viis vel aliis causis seu occasionibus nullum faciat in predicta ecclesia Lustre questum, nullam servitii exactionem : hoc solum decernimus, qnod si episcopus, vel archidiaconus, vel decanus, aliqua necessitate illi ecclesie quandoque supervenerit benigne suscipiantur et juxta modulum ecclesie ibidem procurentur necessaria ; insuper presbyteratum ejusdem ecclesie, cum integritate totius decime, tam magne quam minute. Institutionem quoque sacerdotum sibi invicem succedentium in ecclesia de Viaspera et medietatem ejusdem ecclesie, quam predecessor noster philippus ecclesie vestre donavit, et Henricus episcopus privilegio confirmavit, tam in medietate sex modiorum annone quam in oblationibus et in ceteris rebus.. Actum Trecis, in palatio pontificali, astantibus personis ecclesie nostre : Manasse, Rainaldo, Bernardo, Gerardo, archidiaconis ; abbatibus vero : Guiardo, Cellensi ; Guitero, Sancti Lupi ; Vitali, Sancti Martini ; sacerdotibus autem canonicis : Stephano Giroldi, Guiardo, Alexandro capellano ; diaconibus quoque : Manasse de Buceio, Galtero camerario ; subdiaconis etiam : Milone de Chamloto, Drogone de Balcheseio. Anno ab Incarnatione Domini M° C° L° XX° quinto. — *Cartul.* fol. 22. — *Origin.* 20° liasse. Le sceau pendait à des fils de soie verte.

158. — Janvier 1221. — *De decima Viaspere*.

H[erveus], divina permissione Trecensis ecclesie minister humilis, omnibus presentes litteras inspecturis, salutem in vero Salutari. Noverit universitas vestra, quod cum abbas ecclesie Omnium Sanctorum in Insula Cathalaunensi, et Hugo *Poile Vilain* de Herbitia, in nostra essent presentia constituti ; talem inierunt compositionem, qua idem H. quitavit in perpetuum decimam de Viaspera ecclesie memorate ; et dictus abbas concessit ei tantum ad vitam suam placitum generale de Viaspera, ita quod post decessum ipsius H. idem placitum libere et absolute ad dictam ecclesiam revertatur, nec ideo heredes ejus pro tali concessione poterunt aliquid reclamare. In cujus rei testimonium presentes fecimus litteras sigilli nostri impressione muniri. Actum anno gratie M° CC° XX° I°, mense januario. — *Origin. 20ᵉ liasse.*

159. — Juin 1240. — *De jure patronatus Viaspere.*

N[icholaus], miseratione divina Trecensis ecclesie minister humilis, omnibus presentes litteras inspecturis salutem in Domino. Noverint quod cum ecclesia de Viaspera vacaret, et super jure patronatus ecclesie ejusdem controversia verteretur inter nos, ex una parte, et viros religiosos abbatem et conventum Omnium Sanctorum, ex altera : pro bono pacis in venerabilem virum H., cantorem Trecensem, compromissimus, qui auditis utriusque partis rationibus, habitoque prudentum consilio, ordinavit quod ad presentationem dicti abbatis, unum de suis ad curam parrochialis ecclesie presentaret, quem nos et successores nostri perpetuo recipere tenebimur, ita tamen quod a curato, qui pro tempore fuerit in ecclesia memorata, nos et successores nostri episcopi singulis annis sexaginta solidos pro nostra procuratione perciperemus, sive ad locum causa visitationis veniremus, sive non; ministrabit insuper nobis dictus curatus, si ad locum veniremus, lectos, stramen, ustensilia et suppellectilia, nobis alias omni jure episcopali in eadem ecclesia renunciantibus. Nos autem hujus modi ordinationem ratam habentes, sigilli nostri fecimus patrocinio communiri. Actum anno Domini M° CC° XL°, mense junio. — *Origin.* 20° liasse.

160. — 1441. — Visite canonique faite par Jean Léguisé, évêque de Troyes. « Dominus episcopus recessit a villa de Arceys et transitum fecit ante Allebauderias, ubi solebat esse prior curatus de monasterio Omnium Sanctorum in Insula Cathalaunensi ; sed diu est, quod ibi non fuit prior nec prioratus.

Erat etiam juxta dictas Allebauderias quedam domus Dei, que dicebatur de Maso, spectans ad dispositionem dicti prioris ; sed ibidem non est aliqua apparentia de ipsa domo Dei, sed a longo tempore, etiam ante ipsas guerras, fuit omnino destructa. » — (Ex registro visitationis facte anno 1441. *Pouillé* de Troyes, 1612, fol. 18 v°.

CHARTES

D'ANDECY (Marne).

161. — 1131. — *De fundatione Andeceyarum.*

Hato, Dei gratia Trecensis ecclesie minister humilis, omnibus presentes litteras inspecturis salutem in vero Salutari. Noverit universitas vestra, quod Symon, dominus Brecarum, laude et assensu Felicitatis, uxoris sue, et liberorum suorum Hugonis videlicet, Symonis, et Emeline, dedit sanctimonialibus Andeceyarum, locum Angliture, et terram quantum una carruca omnibus sationibus excolere poterit; et pasturam, a loco qui dicitur Vetus Navigatio usque ad fontem Dursum, ad prata facienda. Dedit etiam eidem domui decimam de *Ormes* grossam et minutam, et census de atrio ejusdem ville, et omnes mansiones quas ibi habet. Dedit etiam grangiam de *Nuisement*, cum omnibus appendiciis ejus. Decimam etiam, que est a via, que de Ramoruco veniens ducit ad domum Sancti Nicholay, et de domo Sancti Nicholay usque ad rivum qui dicitur *Herbiscon*, et extenditur usque ad decimariam de *Ormes* et per vallem de Plummeriis. Dedit etiam in furno de Libauderiis unum quarterium panis per quamlibet septimanam. Dedit etiam portam Berengeri de Brecis pro oleo lampadis dormitorii. Dedit duos modios vini in cellario suo apud Brecas, et viridarium suum juxta domum Leprosorum. Illustris etiam comes Theoabaldus dedit eidem domui duas partes decime de *Marseigni*, et usuarium nemorum suorum, et pascua totius terre sue.. Ansellus, dominus Trianguli, dedit decimam grossam de *Chemines*.. Dudo, miles de Sancto Memorio, dedit grangiam de *Soisi,* laude et voluntate Anselli, domini Trianguli, de cujus feodo terra movebat. Hujus rei testes sunt : Guido de *Boy*, archidiaconus ; Gibuinus, archidiaconus et precentor ; Manasses de Villamauri, archidiaconus ; Manasses de Rumiliaco, archidiaconus ; Hugo, decanus ; Petrus Strabo. Actum Trecis anno Incarnati Verbi M° C° XXX° I°. — *Cartul.* fol. 8 r°.

162. — 1131. — « In nomine Sancte et Individue Trinitatis. Scripture beneficium reddit mortalibus memoriam preteritarum actionem, inde est quod ego Simon, dominus Brecarum.. laude karissime uxoris mee Felicitatis, et liberorum meorum Hugonis scilicet, Symonis et Emeline trado et concedo Deo et beate Marie et sanctimonialibus, quas de Julliaco adduxi, locum Vivifontis et Andecie (apud Bayam), libere et quiete sub constitutione regulari perpetuo possidendum, pro anime mee et antecessorum salute.. Nobilis autem rex Hugo, dominus Mauri Montis, laude et assensu Letitie, uxoris sue, et filiarum suarum Helewidis et Isabellis, tradidit et concessit quicquid habebat ibidem (apud Bayam).. Ego trado adhuc et concedo molendinum de Turbilione.. duas partes

in molendino secus ecclesiam de Baya.. portagium duarum portarum Brecensium, scilicet porte Berengerii et porte que vocatur *la Gaite*, pro pitantiis dominarum dicte domus in Quadragesima ; et duos modios vini in cellario suo apud Brecas; viridarium de Baia, locumque Angliture.. (Cfr. n° 161). Actum est hoc anno Incarnationis Dominice M° C° XXX° I°, regnante Ludovico, glorioso Francorum rege. — *Cartul.* fol. 1 r°. — *Origin.* 35° liasse.

163. — 1131. — « Ego Theobaldus, comes Blesensis » il notifie « quod vir nobilis Simon, dominus Brecensis, laude et assensu uxoris sue Felicitatis, et liberorum suorum, videlicet Hugonis, Simonis et Emeline tradidit et concessit Deo et beate Marie (*ut supra* n° 161 et 162). Ego vero dedi memorate domui duas partes decime de *Marseigni* in omnibus modis et commodis et in tractu, et dedi ei usuarium omnium nemorum meorum et nemoris mei quod communia dicitur, quod est inter Montem Mauri et *Congei*, laude et assensu Simonis, domini Brecensis, et Manassei, domini Plaiotri, qui in eodem nemore partem habent.. Precepi etiam servientibus meis quod dictam domum et omnia ad eam pertinentia, sicuti res meas proprias custodiant et conservent, nec ullomodo eidem molestiam inferre patiantur vel gravamen. Quod ut ratum et inconcussum permaneat imperpetuum, testibus qui huic facto interfuerunt annotatis, presentes litteras fieri volui sigilli mei appensione munitas : Ursus, Castri Tierrici prepositus ; Odo Buburcus ; Alboinus, Sesanie prepositus ; Radulfus Pes canis, de Virtuto. Actum est hoc publice anno Verbi Incarnati M° C° XXX° primo. Data per manum Guillermi, clerici mei. » — *Cartul.* fol. 2 v°.

164. — 1135. — « In nomine Sancte et Individue Trinitatis. Scripture beneficium reddit mortalibus memoriam preteritarum actionum, inde est quod ego Symon, dominus Brecarum, notum facio, quod ad laudem Felicitatis, karis-

sime uxoris mee, et liberorum meorum Hugonis videlicet, Symonis et Emeline (Cfr. n° 161) concessi monialibus Andeceyarum locum qui dicitur *Nuisement*, qui est inter *Verszuel, Erembercort* et *Charcelicort*.. Comes Teobaldus, de cujus feodo hec erant, laudavit et approbavit.. Venerabilis pater noster Hato, episcopus Trecensis, in cujus diocesi dicta domus sedet, ad postulationem meam cartam suam sigillo suo munitam tradidit.. Testes hujus rei sunt : Clarembaldus de Brecis; Lambertus de *Beaufort*; Ancherus, major meus de *Charcelicort*, et Thiboldus et Herbertus de *Charcelicort*, et Radulfus Rufus. Actum est hoc publice anno Dominice Incarnationis M° C° XXX° quinto. — *Origin. scellé*, 25° liasse.

165. — 1135. — *De* Nuisement.

Hato, Trecensis ecclesie minister humilis, omnibus presentes litteras inspecturis salutem in vero Salutari. Noverit universitas vestra quod Symon, dominus Brecarum, assensu Felicitatis, uxoris sue, et Hugonis, et Symonis filiorum suorum concessit monialibus Andeceyarum locum qui dicitur *Nuisement*, qui est inter *Verseuel*, et *Erambecort* et *Charcericort*.. Dedit etiam usuarium nemorum suorum de *Beaufort*, de *Beroet*, de *Tainières*, ad omnes usus Nuisementi necessarios. Hanc compositionem fecit cum ecclesia de Verduno, et monachis de Rameruco, qui in parochia de *Charcericort* decimationem habebant : dedit ecclesie de Verduno quadraginta libras pruviniensium, pro duabus partibus, et monachis de Rameruco, pro tertia parte, viginti libras pruviniensium ; et decimationem de *Charcericort* Nuisemento dedit. Et cum monachi Sancte Margarete in confinibus Nuisementi decimationem habebant, Theobaldus, comes Blesensis, dedit eis viginti libras Pruviniensium; et decimationem monialibus dedit. Preterea dedit et concessit in perpetuum sine ulla consuetudine omnibus qui in loco Nuisementi habitaverint omnia usuaria pratorum et aquarum terre sue. Omnes homines vel femine terre sue ad dictum locum transire, et habitum religionis assumere, libere ire cum omnibus rebus suis possunt. Has donationes concedimus et in perpetuum confirmamus. Locum autem Nuisementi, et omnes habitantes in eo, et omnia ad ipsum pertinentia ab omni decima et parrochiali jure liberum esse perpetuo concedimus et denunciamus.. His interfuerunt: Guido de *Boi*, archidiaconus; Gibuinus, archidiaconus et precentor; Manasses de *Vilemor*, archidiaconus; item Manasses de Rumiliaco, archidiaconus; Odo, prepositus; Hugo, decanus; Petrus Strabo; Reinerus Reversatus. Actum est hoc apud Trecas, anno Incarnati Verbi M° C° XXX° V°. Indict. XIV^a, epacta XV^a, concurrente IV°. — *Origin.* 35e liasse. Sceau bien conservé.

166. — 1135. — « Ego Theobaldus, comes Blezenzium, notum fieri volo quod dilectus et fidelis meus Symon, dominus Brecarum, ad laudem Felicitatis, uxoris sue (Cfr. n. 165). Locum qui dicitur *Nuisement*, qui est inter *Verszuel* et *Erembercort* et *Charcelicort.* » Thibaut approuve comme suzerain « precepi etiam omnibus servientibus meis quod dictam domum et omnia ad eam pertinentia, sicuti res meas proprias, custodiant et defendant.. Testes inde sunt : Ursus,

Castri Tierrici prepositus; Odo Burbucus; Alboinus, Sezannie prepositus ; Radulfus Pes canis, de Virtuto. Actum est hoc publice anno Verbi Incarnati M° C° XXX° quinto. Data per manum Guillermi, clerici mei. — *Origin.* 35° liasse.

167. — Au plus tard 1169. — *De dono Juliane de* Planci.

In nomine Sancte et Individue Trinitatis. Henricus, Dei gratia Trecorum episcopus, presentibus et posteris imperpetuum. Noverint universi, quod Juliana de *Planci*, soror archidiaconi nostri Falconis, dedit in elemosinam sanctimonialibus de *Antechois* duos sextarios frumenti, et quatuor sextarios siliginis, et sex sextarios ave nead mensuram de *Planci*, in terragio suo annuatim persolvendos ; laudante hoc Arnulfo de Blicorno, de cujus casamento est. Testes sunt : Hugo de *Planci* ; Odo de Sancto Vitro ; Rainaldus, marescalcus ; Sarracenus ; Isembardus ; Pilatus. Ne autem hoc donum temporum vetustate, vel personarum successione depereat, sigillo meo roborari precepi. — *Cartul.* fol. 7 r°.

168. — *De decima ad* Drut *Sancti Balli.*

In nomine Sancte et Individue Trinitatis. Legum sanctionibus et patrum decretis didicimus ea que inter homines aguntur, ut in posteros clarius elucescant, memorie mandare. Ea propter ego Hugo, dominus Plancei, presentibus et futuris notum facio, et sigilli mei testimonio confirmo, quod Milo, miles de Meriaco, *Bechus* cognomine dictus, et Florida, uxor ejus, et pueri sui, decimam, que est ad *Drut* Sancti Balli, et que de casamento suo erat, ecclesie de *Andecies* in elemosinam ex toto concesserunt et habere laudaverunt. Hujus rei testes sunt : Hugo *Gorgenue*; Bartholomeus de Campo *Flori*; Milo, frater ejus ; Hugo *Joslans* ; Regnaudus, mareschallus; Thomas de *Ameneis*, clerici ; Galcherus, prior de Meriaco ; Hubertus, ejusdem ecclesie camberarius ; Godo, Sancti Laurentii, presbiter vicarius, et magister Laurentius. — *Cartul*. fol. 7 r°. *Origin*. 35° liasse.

169. — 1171.

In nomine Sancte et Individue Trinitatis, ego Mattheus, Dei gratia Trecensis episcopus, notum facimus presentibus et futuris, quod vir Henricus, comes, sanctimonialibus Andeceyarum quadraginta solidos apud census Sezannie concessit. Nobilis mulier Felicitas dedit grangiam de *Chasteler* cum omnibus appendiciis suis ; et tertiam partem grosse decime de Nigella, de Busseio, de Fontanis et de Essartis ; et usuarium in omnibus nemoribus suis, assensu filiorum suorum Hugonis, domini Brecarum, et domini Symonis de *Beaufort*. Dominus Hugo de Planceio dedit absolute quatuordecim arpenta prati apud Planceium. Nicolaus, miles de Cantumerula, totum terragium de Nuseio donavit. Dominus Oliverus de Droniaco dedit usuarium in suo nemore de *Chout au boic*. Habent etiam sanctimo-

niales decimam partem in molendino de *Folat* ;
domos suas in vico de *Goer* habent liberas a roagio ;
habent undecim arpenta vinearum in territorio
Sezannie ; item grossam decimam de Claellis, et
census in atrio ; item grossam decimam de Balneolis et census in atrio. Actum anno Incarnationis
Dominice M° C° LXX° I°. — *Origin.* 35ᵉ liasse.

170. — 1195.

Garnerius, Dei gratia Trecensis episcopus, universis ad quos presentes litteras pervenerint in
Domino salutem. Noverit universitas vestra, quod
controversia orta esset inter ecclesiam de *Andecies*
ex una parte, et Russellum de *Dronai,* ex altera,
super quibusdam terris, quas domus de *Nuisement*
diu tenuerat. De consilio virorum prudentium adju-
dicate fuerunt dicte terre monialibus ; pars adversa
condempnata fuit expensis, et excommunicata, quia
expensa solvere recusavit. Tunc dominus Oliverus,
Achardus et Odo fratres ejus semel et iterum, in-
vitis conversis, omnes res Nuisementi abduxerunt.
Ex admonicione xpistianitatis, et de mandato curie
Campanie, easdem reduxerunt, et dampna usque ad
valorem viginti librarum pruviniensium reddiderunt.
Oliverus et fratres ejus promiserunt de cetero moniales non inquietare, et dicte domui de Nuisemento
in finagio de *Dronai* pascua ad opus aminalium
libere concesserunt in perpetuum. Testes: Odo *Crocant,* prior Sancte Margarete ; Rodulfus, decanus ;

Herbertus, decanus de Arceiis ; Petrus, miles de *Montranpon;* Ancherus, major; Symon, prepositus. Actum anno gratie M° C° XC° V°. — *Origin.* 35° liasse.

171. — 1195.

Garnerius, Dei gratia episcopus Trecensis, universis ad quos presentes littere pervenerint in Domino salutem. Universitati vestre notum fieri volumus, quod in presentia nostra Garnerus, presbiter de *Chauchericort,* recognovit se dedisse in perpetuam elemosinam quamdam peciam terre, sitam inter *Verceol* et *Nuisement,* pro remedio anime sue, ecclesie Beate Marie Andeceiarum, libere et quiete possidendam. Testes : venerabilis vir Evrardus, abbas monasterii Dervensis; Odo *Crocanz,* prior Sancte Margarete ; Radulfus de Sancta Margareta ; Terricus, presbiter Juncherii, et Ancherus, major. Actum anno Domini M° C° XC° V°. — *Origin.* — *Cartul.* fol. 7 r°.

172. — 1196.

Garnerius, Dei gratia Trecensis episcopus, omnibus ad quos presentes littere pervenerint in Domino salutem. Noverit universitas vestra, quod Rogerus, miles de *Cloies,* de assensu Guindemodis, uxoris sue, ultima voluntate legavit ipsis presentibus sanctimonialibus de Andeceiis prata et terras, quas habebat apud *Charcericurt,* titulo perpetue elemosine libere possidendas. Hoc fecit coram

Garnero, sacerdote ; et Milone Baldrico, milite ; et quamplurimis aliis. Actum anno Incarnationis Verbi M° C° XC° sexto. — *Origin.* — *Cartul.* fol. 7 v°.

175. — 1196.

Garnerus, Dei gratia Trecensis episcopus, omnibus ad quos presentes littere pervenerint in Domino salutem. Noverit universitas vestra, quod constituti in presentia nostra Stephanus scriptor, Petrus Adam, Silo, Jacobus de Juncherii, fratres predicti Stephani, et Rogerus, cognatus eorum, recognoverunt se dedisse in perpetuam elemosinam terras, quas habebant inter *Verzeoil* et *Charchericort*, ecclesie Andeceyarum, quas liberas et immunes ab omni costumia tenebant. Testes ; Radulfus, prior Sancte Margarete ; et Radulfus, decanus de Sancta Margareta ; dominus Hugo de Clareio, et Ancherus major. Actum anno Domini M° C° XC° sexto. — *Origin.* — *Cartul.* fol. 7 v°.

174. — Avril 1215. — *De decima de* Nuisement.

Herveus, divina permissione Trecensis episcopus ; et Nicholaus, decanus ecclesie Beati Petri ; et magister Johannes, officialis Trecensis, judices a Domino Papa delegati, omnibus presentes litteras inspecturis salutem in Domino. Noverit universitas vestra, quod cum capitulum de Verduno coram nobis auctoritate Apostolica traxisset in causam moniales de Andeciis et magistrum de Nuisemento, super eo quod petebat ab eis decimam in grangia sue de *Nuisement*, in finagio de *Chauchericort* sita, quasdam terras in eodem finagio, que *Rec* beate Marie vocantur. Nos de bonorum virorum consilio, per diffinitivam sententiam adjudicavimus ad ecclesiam Andeceyarum integraliter spectare. In cujus rei memoriam, de assensu partium, presentes litteras scribi fecimus et sigilli nostri munimine roborari. Actum anno Domini M° CC° XV°, mense aprili. — *Origin.* 35e liasse.

175. — Mai 1218. — « H., decanus Sancte Margarete » notifie un accord entre Andecy et « Emelinam » veuve d' « Ancherus, villicus » au sujet des terres entre « *Vercuel* et *Nuisement*.. Testes : dominus Nicholaus, presbiter de Sancta Margareta ; Drogo, presbiter de Sancto Leodegario ; Hugo, miles de Clareio ; Rainbertus de Sonseio. Actum anno Domini M° CC° X° octavo, mense maio. » — *Origin.* 35e liasse.

176. — Mai 1220. — *De parrochia Celle.*

Herveus, divina permissione Trecensis episcopus, omnibus presentes litteras inspecturis, salutem in Domino. Noverit universitas vestra, quod super incremento reddituum pauperum presbiterorum nostre diocesis litteras Apostolicas recepimus sub hac forma :

« Honorius, episcopus, servus servorum Dei, venerabili fratri episcopo Trecensi.. De tua discretione plenam in Domino fiduciam obtinentes, auctoritate tibi presentium indulgemus, ut servitoribus ecclesiarum tue diocesis de bonis ipsarum congruam portionem, juxta statuta concilii generalis, valeas assignare, proinde compellere contradictores, si qui fuerint, per censuram ecclesiasticam compescendo. Datum Viterbii, IV nonis novembris pontificatus nostri anno IVº. »

Cum igitur, presente priorissa de *Andecies*, nobis constitisset per idoneos testes, quod presbiter de Cella non habet congruam de bonis ecclesie sue portionem, nos exequentes tam prefatam indulgentiam, quam statuta concilii generalis, de consensu utriusque partis, statuimus ut, preter illam bladi partem, quam percipiebat ab antiquo, percipiat in perpetuum singulis annis medietatem tractus totius decime cum medietate straminis et palearum. Quod ut ratum habeatur presentes litteras sigilli nostri munimine roboramus. Actum anno gratie Mº CCº XXº, mense maio. — *Origin.* 35ᵉ liasse.

177. — 1228. — *De decimis de Ulmis, de Cheminis.*

Herveus, divina permissione Trecensis episcopus, omnibus presentes litteras inspecturis salutem in Domino. Noverit universitas vestra quod cum priorissa Andeceyarum et conventus auctoritate Apostolica in causam traxissent Constantium, presbiterum de Ulmis, coram decano archidiaconis et cantore Meldensium, judicibus a Papa delegatis, tandem dicte partes hanc nostram compositionem acceperunt : Decima de Ulmis priorisse integraliter pertinet ; in decima de Broceio Parvo ecclesia habet duas partes, presbiter vero tertiam ; ecclesia habet grosse decime medietatem de Cheminis ; et tertiam partem grosse decime de Linthis ; et duas partes grosse decime de Cella juxta Montemirali ; item totam magnam decimam de Claellis ; et decimam de Balneolis. Quod ut ratum habeatur, presentes litteras sigilli nostri munimine roboramus. Actum anno Incarnationis Dominice M° CC° XX°. — *Origin.* 35° liasse.

178. — Août 1254. — « Gui de Dampierre, seigneur de Saint-Just, sous la promesse d'un anniversaire, autorise la prieure et les religieuses d'Andecy à conserver la grange qu'elles avaient fait élever à Bagneux (Marne), dans le pourpris d'Etienne de Bagneux, qui dépendait du fief de Gui de Dampierre. — *Archiv.* de la Côte-d'Or, *Origin.* F. Molême.

CHARTES

DE BEAULIEU (Aube).

180. — 1112.

Philippus, Dei gratia Trecensium episcopus, omnibus catholicis fidelibus salutem et orationem. In nomine Sancte et Individue Trinitatis, notum fieri volumus omnibus catholice Ecclesie fidelibus, tam futuris quam presentibus, domnum Osbertum, atque Alardum, sacerdotes, nostram presentiam adiisse, et, tam ex parte sua, quam ex parte confratrum suorum, a nostra benignitate petiisse donari sibi, eorumque successoribus, secundum regulam B. Augustini degere volentibus, desertam ecclesiam Sancti Marci, evangeliste, reedificandam, illius videlicet parrochie que dicitur Beruilla, olim secus Albam positam, scilicet locum quemdam, in quo libere et absolute Deo servire queant, et de labore boum, ac fratum corporaliter sibi subvenientium, quibus et ipsi charitate tam corporalia quam spiritualia communicent, cum nutrituris suis vivere valeant. Hoc etiam postulaverunt, quatinus ipsum monasterium nostro muniremus defensaculo nostroque tutum redderemus propugnaculo, ab omni humana impugnatione, et ab omni nostrorum successorum, immo omnium hominum, exactione. Illa autem que postulantur spiritali desiderio, semper convenit impleri omnimodo affectu. Quapropter concedimus eis, ut in eadem parrochia, ubicumque voluerint, predictam ecclesiam reedificent, ibique atrium restituant, oblationes, si alique fac te fuerint, habeant. Cetera vero ad antiquam ecclesiam pertinentia, que de prava abusione temeritas laïcorum usurpare presumpsit, si tandem quoquomodo a se removere voluerit, nulli altari ecclesie donari, sed huic restitui liceat. Placuit etiam nobis, quod idem locus specialiter sit in custodia presulis Trecensis ecclesie, ut per futura secula semper sint debitores pro nobis deprecari, ut promiserunt, psalmum *Exaudiat te Dominus*, versum *Salvum fac servum tuum*, collectam *Deus omnium fidelium pastor et rector*. Condescendentes itaque petitioni eorumdem sacerdotum et confratum suorum, monasterium ipsum, quod dicitur Salvatoris Sanctique Marci, evangeliste, jam reddimus liberum, jam fecimus securum, per has nostre episcopalis institutionis litteras, ut nullus successorum nostrorum aliqua exactione inquietare presumat, neque censum, neque aliquod seculare munusculum ab eo expetat; sed secundum paternam affectionem et pie correptionis devotionem manum propitiationis adhibeat. Si qua etiam donentur in futuro predicte ecclesie vel per concessionem principum, vel per oblationem fidelium, canonica auctoritate approbamus. Et ne quis violentiam eidem inferat, vel in his que juste modo possidet, vel postmodum juste possessura est, pontificali interdictu prohibemus. Si quis autem contra hujus institutionis paginam venire temptaverit, et predictam ecclesiam aliqua violentia opprimere presumpserit, gladio perpetui anathematis percutiatur, et, nisi resipuerit, in ultimo examine inter maledictos maledictus a sententia judicis damnetur, qua hedi ab agnis separabuntur, dicente Domino : *discedite a me maledicti*, etc. Qui vero custodierit hanc nostram institutionem et servaverit illesam, omnimodo Dei sit benedictione donatus, eo quod noluit ecclesie nostre esse ingratus, a judice auditurus : *intra in gaudium Domini tui*. Actum Trecis anno ab Incarnatione Domini M° C° X° II°, indict. IV, anno episcopatus Philippi, Trecensis episcopi, XXIX ; rege Ludovico regnante; Hugone Trecensium comite existente. — Archiv. de la Haute-Marne, *vieille copie*, F. Chapelle-aux-Planches. Camusat, *Promptuarium*, fol. 367 r°.

181. — 1142.

In nomine Sancte et Individue Trinitatis (*ut supra*). Notum sit omnibus sancte matris Ecclesie filiis presentibus et futuris, quod ego Airardus, Dei gratia Brenensis comes, ob remedium anime mee et predecessorum meorum trado et confirmo ecclesie sancte Dei Genitricis Marie et sancti Marci, evangeliste, in parrochia Beruille nuper constructe, libere et absolute, interventu et admonitione venerabilis patris nostri Philippi, Trecensis episcopi, et domni Osberti, venerabilis sacerdotis, quicquid habeo in finibus *Jassens* tam in terris quam in nemoribus et in pratis, excepta justitia, et excepta aqua subtus viam usque ad aquam, quam divisi Constantio, homini meo, propter hereditatem que ei contingebat. Trado etiam aquam cum banno subtus ecclesiam ab ulmo, que constat super ripam ipsius aque, in fine *Juvansey* usque ad villam *Jassens*, cum aqua, que est inter Trenam et Albam, que dicitur Vivarium Comitis. Do preterea predicte ecclesie usuaria in nemoribus meis et libera pascua per omnem comitatum Brene usque ad portam castri, ad nutrimenta animalium, tam porcorum quam aliorum. Concedo etiam omnibus hominibus liberum conductum pro quolibet forifacto, eundo et redeundo ad molendinos ejusdem ecclesie. Omnibus etiam hominibus meis, ut de Brenensi feodo vel suo alodio eamdem ecclesiam augmentent et multiplicent libere concedo. Et si inhabitantes in eodem loco aliquid vendiderint aut emerint, a venta vel redditu michi debito locum predictum liberum facio. Actum est anno Incarnati Verbi M° C° XII°, Philippo, Trecensi episcopo ; Hugone, Campanie comite. — Archiv. de la Haute-Marne, *vieille copie,* F. Chapelle-aux-Planches. Camusat, *Auctarium,* fol. 33 v°.

182. — Au plus tard 1148.

H., Dei gratia Trecensis ecclesie humilis minister, omnibus fidelibus imperpetuum. Probabilibus desideriis fratrum qui circa nos sunt, si quid forte postulant quod consequi debeant, nichil inferre volumus tarditatis ; namque justa petentibus aures claudere divina pietas non permittit. Nos pietati operam dantes, utilitatique et paci ecclesiarum sollicite providentes, earum bona non debemus minuere, sed augere. Notificamus itaque tam presentibus quam futuris, quia, Deo auctore, concedimus abbati de Bello Loco potestatem eligendi sacerdotem idoneum sive de suis canonicis seu de aliis in ecclesia de *Blinicort*, salvo tamen per omnia jure pontificali. Concedimus etiam ejusdem ecclesie dimidiam partem majoris decime totamque minutam decimam. Preterea annuimus duas partes minute decime de Ferreriis, et de Casa Salefredi. Hujus rei testes fuerunt : Ancherius, abbas de Basso Fonte ; Gauterius, abbas de Capella ; Manasses de Rumiliaco, archidiaconus ; Gibuinus, cantor et archidiaconus. — Archiv. de l'Aube, *origin*.

183. — 1153. — « In nomine Sancte et Individue Trinitatis. Ego Henricus, Dei gratia Trecensis episcopus » il notifie que « Galterus de *Biarz* » du consentement de « Lancenne cognominate Rosa, uxoris sue, et filiorum suorum Petri, Theobaldi, Philippi et Radulfi » donne à Beaulieu tout ce qu'il possède « apud Trenas et *Jarsains* et *Taillebois*.. Testes : Gauterius, abbas de Capella ; Baldoinus, abbas Bassi-

Fontis ; Petrus, decanus Trecensis ; Aubertus, presbiter de Maceriis ; Constantius, capellanus de Valentiniaco ; Herbertus, capellanus de *Blinicort*. Actum anno ab Incarnatione Domini M° C° L° tertio. — *Cartul. de Boulancourt*, n° 26.

184. — 1154.

Ego Henricus, Trecensis comes palatinus, presentibus et futuris notum fieri volo, quod querela quedam, que erat inter Stephanum de Barro et fratres Belli Loci de domo *Plainchaisnei*, ante Hilduinum de Vendopera tali pacto determinata est : ut predicti fratres eamdem domum a modo liberam habeant et possideant, et terram ex potestate de Sunlena, quantum omni tempore duabus carrucis opus fuerit, liberam ubicumque eam in eadem potestate acquirere poterunt, salvo tamen jure meo ; et [....] fratrum in eadem domo manentium, tam in planis quam in nemoribus; et pascua in omni tempore libera ad nutrimenta animalium, tam porcorum quam aliorum, nec pasnagium dabunt in eadem domo manentes pro porcis suis ; prata etiam de virgulto meo more solito serabunt et congregabunt. Sed ipse Stephanus dimidium precii, quod operariis dabunt, eis restituet et medium feni accipiet, cetera prata que tenent, more solito tenebunt. In nemoribus etiam ejusdem potestatis fratres de Bello Loco usuaria habebunt, si in eis carpenta revolverint. Concessit autem ipse Stephanus ante presentiam Hilduini hujus pactionis se esse servatorem et tutorem adversus omnes contradictores quantum jus dictaverit. Hoc autem laudavit, uxor ejus ; et Balduinus, filius ejus ; et Margareta, filia ejus. Et ne aut aliqua temporum vetustate mutari vel infringi possit, sigilli mei impressione confirmare precepi. Hujus confirmationis et conventionis testes sunt : Laurentius, filius Hilduini ; Clarembaudus de Capis; Radulfus Cardus ; Petrus, filius ejus ; Hugo de *Torci* ; Gauterius de Buxeriis ; Warnerius de *Vilers* ; Bonnellus de *Maignant*; Joannes, filius Regini ; Theodericus, famulus ipsius Stephani de Barro. Hoc autem factum est anno ab Incarnatione Domini M° C° L° IIII°, Ludovico, rege Francorum, regnante ; Henrico Trecensi episcopo existente. Tradita est Trecis manu Guillermi cancellarii. — Bibliot. nation. *F. Franc*. 5995, fol. 59 v°.

185. — 1159. — « In nomine Sancte et Individue Trinitatis, ego Henricus, Dei gratia Trecensis episcopus » il notifie que « Petrus de Pogiaco », du consentement de sa femme, de ses fils « Nevelonis, Achardi, Theobaldi, Rainardi, Symonis, Milonis » et de ses filles, confirme à l'abbaye de Beaulieu « donationem grangie de *Tallebois* » et les biens donnés à l'abbaye par « Angelbertus de Calvo Masnilio, et Manasses, filius suus.. Testes : Gibuinus, archidiaconus ; Petrus, clericus de Roisnaco, Rainardus de Roisnaco ; Wiardus de Brena. Actum anno ab Incarnatione domini M° C° L° nono. — *Cartul. de Boulancourt*, n° 46.

186. — 7 avril 1175.

Alexander, episcopus, servus servorum Dei, dilectis filiis Johanni, abbati Belliloci, ejusque fratribus tam presentibus quam futuris, regularem vitam professis, in perpetuum. Religiosam vitam eligentibus Apostolicum convenit adesse presidium, ne forte cujuslibet temeritatis incursus aut eos a proposito revocet, aut robur, quod absit, sacre religionis infringat. Ea propter, dilecti in Domino filii, vestris justis postulationibus clementer annuimus et prefatum monasterium, in quo divino mancipati estis obsequio, sub beati Petri et nostra protectione suscipimus, et presentis scripti patrocinio communimus. Imprimis siquidem statuentes, ut ordo canonicus, qui secundum Deum ac beati Augustini regulam atque institutionem Premonstratensium fratrum in eodem loco restitutus esse dinoscitur, perpetuis ibidem temporibus inviolabiliter observetur. Preterea quascumque possessiones, quecumque bona idem monasterium impresentiarum juste et canonice possidet, aut in futurum concessione Pontificum, largitione regum vel principum, oblatione fidelium, seu aliis justis modis, prestante Domino, poterit adipisci, firma vobis vestrisque successoribus et illibata permaneant. In quibus hec propriis duximus exprimenda vocabulis : locum ipsum, in quo prefatum monasterium situm est cum omnibus pertinentiis suis, cum terris scilicet, vineis, pratis, pascuis, aquis aquarumque decursibus, piscationibus, et molendinis. Structuras cum omnibus pertinenciis suis. Fossam Mazelini cum omnibus pertinenciis suis ; et terram a Manasseo, milite de Asmancia, et ab uxore et heredibus ejus predicte ecclesie in perpetuam elemosinam concessam, que terra sita est inter capellam et Fossam Mazelini. Quicquid habetis apud *Jaacurt* in terris, pratis et vineis, sive alodiis vel etiam censu. Alodium de Corcellis, a Damerona ecclesie vestre datum cum omnibus pratis, terris et vineis et censu. *Belinfai* cum omnibus pertinenciis suis; et molendina de Barevilla. *Plainchanney* cum omnibus pertinenciis suis. Grangiam de *Taillebos*, et alodium ejusdem grangie, quod Manasses de Mota, ex concessione Petri de Pogeio et uxoris ejus et filiarum ejus ecclesie vestre in perpetuam elemosinam donavit, cum omnibus pertinenciis suis. Grangiam Rosterie cum omnibus pertinenciis suis. Grangiam de *Farnerol* cum omnibus pertinenciis suis. Grangiam Dazecurie cum omnibus pertinenciis suis. Grangiam Wandalie cum omnibus pertinenciis. Grangiam Pontis Mainardi, cum alodio a Guarnero, et Mainardo, fratre ejus, ecclesie vestre collato. Ecclesiam de *Blengnicurt* cum appenditiis suis. Decimas de Ferreriis; et decimas Beruille; et quamdam partem decime de Junchereio; et quamdam partem de Eclantia. Sepulturam quoque ipsius loci liberam esse decernimus, ut eorum devotioni et extreme voluntati qui se illic sepeliri deliberaverint, nisi forte excommunicati vel interdicti sint, nullus obsistat, salva tamen justitia illarum ecclesiarum a quibus mortuorum corpora assumuntur. Liceat quoque vobis clericos, vel laicos liberos et absolutos e seculo fugientes, ad conversionem vestram recipere, et eos absque ullius contradictione in vestro collegio retinere.

Prohibemus insuper, ut nulli fratrum vestrorum, post factam in eodem loco professionem, fas sit aliqua libertate, sine abbatis sui licentia, de eodem claustro discedere ; discedentem vero absque communium litterarum cautione nullus audeat retinere. Sane novalium vestrorum, que propriis manibus aut sumptibus colitis, sive de nutrimento vestrorum animalium, nullus a vobis decimas presumat exigere. In parrochialibus vero ecclesiis vestris, liceat vobis, post decessum presbyterorum, qui eas tenent, quatuor vel tres ad minus de vestris canonicis ponere, quorum unus diocesano episcopo presentetur, ut ab eo curam recipiat animarum, ita quidem ut episcopo de spiritualibus, vobis autem de temporalibus debeat respondere. Preterea cum generale interdictum terre fuerit, liceat vobis, clausis januis, exclusis excommunicatis et interdictis, non pulsatis campanis, suppressa voce, divina officia celebrare. Paci quoque et tranquillitati vestre paterna diligentia providere volentes, auctoritate Apostolica prohibemus, ut nullus intra clausuram locorum seu grangiarum vestrarum violentiam facere, rapinam seu furtum committere, aut ignem apponere, vel homines capere sive interficere audeat. Sancimus etiam ne quis archiepiscopus vel episcopus, sive cujuslibet ordinis persona locum vestrum a divinis interdicat officiis, vel canonicos illic Domino servientes, sine manifesta et rationabili causa, excommunicare presumat.. Datum Ferentini, VII° idus aprilis, indict. VIII, Incarnationis Dominice anno M° C° LXX° V°, pontificatus vero Alexandri pape III anno XVI. — Archiv. de l'Aube, *origin*.

187. — 1176.

Ego G., Autissiodorensis ecclesie prepositus, et W., decanus, notum fieri volumus, tam presentibus quam posteris, quod dominus Papa Bernardo, Nivernensi episcopo, et michi causam, que super allodio Pontis Mainardi vertebatur inter fratres de Bello Loco et Hugonem de Curte Jusana et Hulduinum de Masseio et Gaufridum, examinandam, et concordia vel judicio mediante, sine appellatione terminandam, commisit. Predictus vero episcopus, pluribus aliis negociis impeditus, jamdictum decanum loco sui ad hoc negocium delegavit. Nos igitur, auditis utriusque partis allegationibus et diligenter inspectis, causam illam, mediante concordia, sic diffinivimus, quod prenominati milites ab inqui[e]tatione fratrum predictorum desisterent, et quod uxoribus et liberis et fratribus laudare facerent omnia illa que erant in controversia de cetero in pace tenenda fratribus eisdem et hoc fiduciaverunt. Quibus peractis, Johannes, abbas, et fratres, qui in presentia nostra erant, fide tenenda promiserunt et eisdem militibus centum solidos pruvinensis monete dederunt. Ut hoc igitur in posterum firmum et inviolabile permaneat sigillorum nostrorum munimine roboravimus. Hujus rei testes sunt: Milo, abbas S. Mariani Autisiodorensis; Guiterus, abbas Bassi Fontis; magister

Airicus; Rainaldus; Ricardus; Torpinus, sacerdos de *Haucurt*; Petrus, sacerdos de *Dunemant*; Adam Rufus et Radulfus, burgenses Sancte Margarete. Acta sunt hec anno Incarnati Verbi M° C° LXXVI°. — Archiv. de l'Aube, *origin.*

188. — 1188.

Ego Manasses, Dei gratia Lingonensis episcopus, notum facio omnibus, et ratum haberi volo, quod ego dedi ecclesiam de *Jaulcourt* Deo et fratribus Belli Loci, precibus cognati mei Johannis, ejusdem ecclesie abbatis, in perpetuam eleemosynam, sub hac forma, quod dominus abbas Belli Loci, aut conventus fratrum, pro tunc deficiente abbate, unum canonicorum suorum ad prefatam ecclesiam missurus est, qui curam predicte ecclesie recipiet a me et a successoribus meis Lingonensibus episcopis, antiquis consuetudinibus et statutis ecclesie servatis, in tabulis paratis reddendis. Et etiam ille canonicus qui curam habebit, singulis annis ad synodum ibit. Hujus rei sunt testes : Petrus, decanus Barri ; magister Galterus ; dominus Christianus ; magister Jacobus, notarius domini episcopi. Actum est hoc anno Verbi M° C° LXXX° octavo. — Archiv. de l'Aube, *copie authent. collation. sur l'original, le 2 juill.* 1668.

189. — 1192.

In nomine Sancte et Individue Trinitatis. Bartholomeus, Dei gratia Trecensis episcopus, omnibus ad quos littere iste pervenerint in Domino salutem. Noverit universitas vestra quod dilectus filius noster Johannes, abbas Belli Loci, quia ecclesia sua est pluribus debitis aggravata, nostro mediante consilio et assensu, et assensu et voluntate totius capituli sui, grangiam quamdam, que dicitur *Tallebois* cum omnibus appendiciis suis et quicquid annue pensionis tenebat ab ecclesia Sancte Eulalie, dilectis filiis nostris fratri Guiardo et aliis fratribus ecclesie de Bullencorthe, qui tunc abbatem non habebant, vendidit in tranquilla perpetuitate possidendum sub precio CCC et XV librarum ; et de predictis, dictus Johannes, abbas, cum capitulo suo, memoratis fratribus de Bullencorthe justam et securam garentiam in presentia nostra se portare debere ubique recognovit. Actum anno Incarnati Verbi M° C° XC° II°. — Archiv. de la Haute-Marne, *origin.* Boulancourt, 4ᵉ liasse. *Cartul.* n. 123.

190. — 1192. — « Johannes, abbas Belli Loci » notifie que l'abbaye de Beaulieu étant endettée « pluribus debitis aggravata » l'abbaye de Boulancourt vint au secours de Beaulieu, et qu'en récompense Beaulieu céda à Boulancourt « grangiam de *Tallebois* cum omnibus appenditiis suis et quicquid annue pensionis tenebat ab ecclesia Sancte Eulalie.. Testes : Richerus, abbas Capelle ; Rainaudus, abbas Bassi Fontis. — Archiv. de la Haute-Marne, *origin.* Boulancourt, 4ᵉ liasse. *Cartul.* n° 125.

191. — 1194. — « Gualterius, comes Brene » déclare que « consensu Willelmi et Johannis, fratrum ejus » il concède à Boulancourt la grange de Taillebois aux mêmes conditions que Beaulieu possédait cette grange. « Actum anno Incarnationis Domini M° C° XC° quarto. » — Archiv. de la Haute-Marne, *origin.* Boulancourt, 4e liasse. *Cartul.* n. 125.

192. — 1196. — *De grangia de* Belinfay.

Notum sit omnibus, tam presentibus quam futuris, quod ego Ugo, abbas, et totus conventus Belli Loci, quod a nobis imminente necessitate et evidenti domus nostre commodo postulante, pari consilio et unanimi omnium voluntate vendidimus domui Clarevallis et a nobis in perpetuum alienavimus pro quingentis libris pruviniensium grangiam de *Belinfay* cum omnibus pertinentiis suis. Ad tollendam igitur omnem amodo materiam controversie, quasdam jam dicte grangie pertinentias presens pagina eas scire volentibus declarabit. Prefatam igitur grangiam de *Belinfay*, et quicquid in illis finagiis habuimus et in riveria Blesie, et quicquid habuimus in villa et in finagiis Burreville, et Sauceii, et in finagiis de *Bolesvaus* (al. *Bolinvaus*), et de *Sexfont*, et de *Risoucur*, et de *Daillencurt*, et premissorum omnium pertinentiis vendidimus domui Clarevallis, et ei sine aliqua retentione contulimus libere et integre in perpetuum possidenda ; de quibus tenemur eis portare fideliter warentiam. Et licet nos omnes communi consilio hunc contractum fecimus et unusquisque in generali capitulo diligentius inquisitus, per se ore suo factum hoc approbaverit, tamen, post me abbatem, primi hujus rei autores fuerunt : Odo, abbas Capelle, olim ibi prior, cujus sigillum inferius appensum est; Radulfus, olim ibi abbas, cui predicta grangia fuerat assignata, tota vita sua tenenda; Johannes, supprior, nam tunc temporis prioratus vacabat; Theodericus, prepositus; Bertrannus, cellararius; et post istos ceteri universi. Omnes cartas nullius esse momenti judicamus et eas pro nichilo habebimus, si qua forte fuerit que huic auctentico aliquatenus adversetur. Ut autem res ista majori in perpetuum munimine roboretur, et ad eam retractandam tam domus nostre fratribus universis, quam omnibus aliis, perpetuum silentium imponatur. Desiderantes omnia premissa firma et immobilia permanere, sigillum nostrum, quod tam michi abbati quam conventui commune est, huic pagine apponimus et omnes prefatas possessiones et eorum pertinentias domui Clarevallis fideliter confirmamus. Horum omnium testes sunt : Wiardus de *Burleincurt*, Milo, Alexander, Johannes de *Lisi* monachi Clarevallis ; Guibertus de Barro, Haymo de Burrevilla et Anscherus frater ejus. Actum anno Verbi Incarnati M° C° XC° VI°, die dominico, in capitulo Belli Loci, ubi propter hoc negotium fuerunt omnes tam clerici quam laici convocati. — Bibliot. de Troyes, *Cartul. de Clairvaux*, p. 322.

193. — 1196. — Garnerius, Dei gratia Trecensis episcopus » notifie et approuve la vente de la grange de « Belinfai » sans indiquer le prix de vente. « Ego Garnerius, Dei gratia Trecensis episcopus.. omnia que premissa sunt laudo et approbo, et ad preces abbatis et capituli Belli Loci universas prefatas

possessiones et omnium pertinentias libere in perpetuum possidendas sigilli mei attestatione confirmo domui et fratribus Clarevallis. Actum anno Verbi Incarnati M° C° XC° sexto. »
Cartul. de Clairvaux, p. 320.

194. — 1196. — « Garnerius, Dei gratia Trecensis episcopus » notifie et approuve la vente de la grange de « Belinfay » avec indication du prix de vente, et en répétant mot à mot la charte de Hugues, abbé de Beaulieu (n° 192).
Cartul. de Clairvaux, p. 321.

195. — 1197.

Notum sit omnibus presentibus et futuris, quod, cum ego Radulfus, dictus abbas de Bello Loco, me aliquando a cura jam dicte domus subtraherem, et ad vitam privatam et magis securam me transferrem, fratres mei, michi, de communi consilio providentes, grangiam de *Belinfay* cum omnibus utilitatibus et pertinentiis quoad viverem contulerunt. Processu vero temporis domnus Ugo, abbas, qui in cura domus de Bello Loco michi proximus successit, et totus domus sue conventus, meo apposito consilio et assensu, pro evidenti domus sue utilitate fratribus Clarevallis supradictam grangiam vendiderunt. Cum igitur ego Apostolico mandato sim in gradum pristinum revocatus, venditionem predictam de grangia de *Belinfay*, quam, me et laudante et volente, fecerunt Ugo, tunc abbas, et conventus, domui Clarevallis, iterum laudo, iterum approbo, et concedo et in hujus rei testimonium huic pagine

sigillum meum appono. Actum anno Verbi Incarnati M° C° XC° septimo, sub hiis testibus : domino Johanne, quondam archiepiscopo Lugdunensi, cujus sigillum ad preces meas inferius est appensum ; Guillelmo, clerico suo; fratre Alexandro ; fratre Herberto de Sancto Quintino, fratre Odone, canonico.
— *Cartul. de Clairvaux*, p. 322.

196. — 1202.

Garnerus, Dei gratia Trecensis episcopus, omnibus ad quos littere iste pervenerint in Domino salutem. Noverit universitas vestra, quod ad benignam summi pontificis voluntatem, et etiam ordinationem venerabilis patris Sefredi, sancte Romane ecclesie titulo sancte Praxedis presbyteri cardinalis, de assensu Premonstratensis ordinis, dominium ecclesie Belliloci, et administrationem temporalium illius benigne suscepimus, in cujus subsidium et liberationem per Dei gratiam in tantum de rebus nostris effudimus, quod eam a debitis universis N. N. judeis, similiter N. N. et aliis xpistianis, vel etiam judeis, quibus magno debitorum onere tenebatur ecclesia memorata, omnino liberavimus, et quittam penitus reddidimus, et immunem. Et quia ipsi ecclesie, solo Dei amore et ordinis, in nostrorum remedium peccatorum, liberaliter tam in predictis quam in aliis bona nostra contulimus, omnia sibi collata in eleemosynam erogamus, ut post obitum nostrum nulli successorum nostrorum episcoporum, vel etiam quorumlibet aliorum, liceat occasione largitionis nostre, administrationem ejusdem domus exigere, vel ab ea repetere, que pro debitis liberandis nobis placuit elargiri. Ita tamen quod toto tempore vite nostre de temporalibus ipsius domus ad libitum nostrum plenarie disponemus, sicut in authenticis exinde conscriptis tam a dicto cardinali quam ab abbate Premonstratensi continetur expressum. Actum anno M° CC° II°. — Archiv. de la Haute-Marne, *copie*. La Chapelle-aux-Planches.

197. — 1202.

Garnerius, Dei gratia Trecensium episcopus, omnibus ad quos littere iste pervenerint in Domino salutem. A presentium memoria ad notitiam transmittimus futurorum, quod, sicut in autentico venerabilis patris bone memorie Philippi, predecessoris nostri, fideliter et diligenter inspeximus, idem pater, intuitu Dei et amore religionis, concessit ecclesie Belliloci, que tempore suo fundata fuit in honore Dei et gloriose Virginis necnon et beati Marci evangeliste, patroni ejusdem loci, quod, tam ipse Philippus, quam omnes successores ipsius, predictum locum suo munirent defensaculo, et ab omni humana impugnatione necnon qualibet exactione tam successorum ejus, quam omnium aliorum, suo tutum redderent propugnaculo. Concessit etiam isdem pater cum quibusdam aliis, que suis expressit apicibus, ut fratres, ibi Deo militantes, oblationes et alia beneficia que eis fient pacifice possideant, et quiete sibi ablata revocent, bona ipsorum ad nullam aliam ecclesiam revolvantur; sed locus ipse specialiter sit in custodia Trecensis episcopi. Proinde pater predictus locum ipsum ab omni, sicut diximus, pontificum et aliorum exactione protegens, adjecit etiam, ut quecumque per concessionem principum, vel oblationem fidelium, vel aliis modis canonicis fratres ipsi fuerunt assequti, eorum pacifica possessione letentur et gaudeant. Omnes etiam qui eamdem ecclesiam violenter oppresserint, gladio perpetui anathematis percellantur, et nisi resipuerint, in extremo examine in quo agni dividuntur ab hedis, per sententiam condemnentur. Nos igitur qui ipsam domum sincere diligimus, in cujus subsidium operam adhibuimus diligentem, predicta beneficia ei collata necnon et penam confirmamus. Actum anno Domini M° CC° II°. — *Archiv. de la Haute-Marne, copie. La Chapelle-aux-Planches.*

198. — 5 octobre 1205. — « Innocentius, episcopus, servus servorum Dei.. episcopo Cathalaunensi, abbati Omnium Sanctorum, et archidiacono Cathalaunensi. » L'abbé et le couvent « de Bullencuria » ayant prouvé qu'ils ont acheté de « Johanne, abbate Belli Loci » et du couvent « grangiam de *Tallebois*, consensu G., comitis Brenensis, et assensu episcopi Trecensis ». Les religieux de Beaulieu voulant faire annuler le contrat, commission d'examiner cette question et de prononcer un jugement définitif. « Rome, apud Sanctum Petrum, III nonis octobris, pontificatus nostri anno VIII°. » — *Cartul. de Boulancourt,* n° 144.

199. — 1206. — « Girardus, episcopus Cathalaunensis, et Jacobus, abbas Omnium Sanctorum, » premiers juges apostoliques dans l'affaire de la grange de Taillebois, ratifient la nouvelle décision prise par « Wido, abbas Clarevallis ; P., abbas de Moncellis; et Henricus, abbas de Cheminione.. Actum anno Domini M° CC° sexto. » — *Cartul. de Boulancourt*, n° 152.

200. — 1206. — « Ego Girardus, abbas Belli Loci », reconnaît que la grange de « Tallebois » quoique adjugée à Beaulieu par les premiers juges apostoliques, restera à Boulancourt, selon le dernier jugement rendu par « Wido, abbas Clarevallis ; P., abbas de Moncellis ; et Henricus, abbas de Cheminione, » et la moitié du revenu de Taillebois perçu en 1205 par Beaulieu sera remis à Boulancourt. L'abbé de Beaulieu s'engage à faire ratifier cette décision par son chapitre. « Actum anno Domini M° CC° sexto. » — *Cartul. de Boulancourt*, n° 150.

201. — 1206. — « Ego Girardus, abbas Belli Loci », il notifie 1° le jugement précédent (cfr. n. 200) adjugeant Taillebois à l'abbaye de Boulancourt ; 2° la ratification de ce jugement par tout le chapitre de Beaulieu. « Actum anno Domini M° CC° sexto. » — *Cartul. de Boulancourt*, n° 151.

202. — 5 janvier 1207. — « Innocentius, episcopus, servus servorum Dei.. abbati et fratribus Bullencurie. » Le pape ratifie et confirme l'accord entre Beaulieu et Boulancourt au sujet de la grange de « *Tallebois*. Rome, apud Sanctum Petrum, nonas januarii, pontificatus nostri anno IX°. — Archiv. de la Haute-Marne, *origin*. Boulancourt, 4º liasse. *Cartul.* n° 149.

203. — 1231. — « Gilo, decanus xpistianitatis Brene » notifie que « Erardus, de Esclantia miles » a vendu aux

frères de Beaulieu « sextam decimam partem omnium nemorum de Ferreriis » situés « citra rivum de *Bevrone* » du côté de « Esclantia et capella S. Egidii.. Johannes de Tilio, miles, de cujus feodo erat nemus » approuve cette vente. « Actum anno Domini M° CC° XXX° primo. » — Archiv. de l'Aube, *origin.*

204. — 18 mars 1235 (*v. st.*).

N[icholaus], miseratione divina Trecensis ecclesie minister humilis, universis presentes litteras inspecturis salutem in Domino. Noveritis quod in nostra presentia constitutus Vaalinus, presbyter de Warnovillari, recognovit se dedisse et concepisse in elemosinam ecclesie Belli Loci duas petias vinee, quas habet sitas apud *Arconval*; item totum residuum mobiliorum suorum, que non distribuet in vita sua, aut que certo loco, aut certe persone non legaverit expresse aut concesserit in testamento suo.. Actum anno Domini M° CC° XXX° quinto, mense martio, die martis ante Ramos Palmarum. — Archiv. de l'Aube, *origin.*

205. — Avril 1238 (Pâques, 4 avril). — « Willelmus, decanus Brene » notifie que « Oda » et son fils « Gaufridus » reconnaissent que Beaulieu a droit de pâturage pour toute sorte d'animaux à « *Baucencort* » et renoncent à inquiéter désormais les religieux. Actum anno Domini M° CC° XX° octavo, mense aprili. — Archiv. de l'Aube, *origin.*

206. — 1241. — « Stephanus, decanus Brenensis » notifie que « Wiardus, carpentarius, de Trena, et Acelina, uxor ejus » louent pour leur vie durant, avec charge de réparations, une maison sise à Trannes et appartenant à Beaulieu. Prix de location, 20 s. par an. « Actum anno Domini M° CC° XL° primo. » — Archiv. de l'Aube, *Origin*.

207. — Avril 1245 (Pâques 16 avril).

N[icholaus], miseratione divina Trecensis ecclesie minister humilis, universis presentes litteras inspecturis salutem in Domino. Noverit universitas vestra, quod in nostra presentia constituti Garnerus de Brena, clericus, et Galterus, frater ejus, quondam filii Guillermi qui cognominabatur Lupus, jampridem defuncti, Costelinus de Brena, sororius eorumdem, quondam filius Cuisini, defuncti, et Arambergis, soror dictorum Garneri et Galteri, recognoverunt spontanei coram nobis se in perpetuum vendidisse fratribus et ecclesie Belli Loci pro XII libris viennensibus, jam solutis, IV sextarios bladi, ad mensuram Brenensem, videlicet duos sextarios gaini et duos sextarios avene, quos annuatim percipiebant memorati Garnerus, Galterus et Costelinus in quadam grangia Belliloci, que dicitur Fossa Macelini, in quibus quatuor sextariis bladi quilibet ipsorum tertiam partem percipiebat. Promiserunt autem predicti Garnerus, Galterus, Costelinus et Arambergis coram nobis, per fidem in manu nostra corporaliter prestitam, quod contra venditionem predictam de cetero non venient nec aliquem venire facient, nec in eadem aliquid in posterum per alium seu per alios reclamabunt nec facient modo aliquo reclamari. Recognoverunt preterea et confessi sunt ultronei coram nobis Garnerus, Galterus, Costelinus et Arambergis sepe superius nominati, quod die confectionis presentis carte fratres et ecclesia Belliloci remanserunt erga eos ab omni redditu et debito quiti penitus et immunes. Actum anno Domini M° CC° XL° quinto, mense aprilis. — Archiv. de l'Aube, *Origin.*

208. — Juillet 1248. — « Henricus, abbas de Bullencuria, et Stephanus, decanus Brenensis » notifient que « Johannes, miles de Blegnicuria » donne à Beaulieu « plenum et perpetuum usuarium in pasturis de *La Chise*, ad omne genus animalium.. Actum anno Domini M° CC° XL° octavo, mense julio. » — Archiv. de l'Aube, *Origin.*

209. — 15 mars 1254 (*v. st.*). — « Innocentius, episcopus, servus servorum Dei.. abbati Premonstratensi ejusque coabbatibus.. Pro divini honore nominis.. » Le pape accorde que les abbayes dépendant de celle de Prémontré « sicut olim sic et imposterum ab abbatibus ac visitatoribus et aliis de ordine (Premonstratensi) duntaxat, et a nullo alio, sine mandato Sedis Apostolice.. visitari possint aut corrigi.. Datum Laterani, XVII kal. aprilis, pontificatus nostri anno XI°. » — Archiv. de l'Aube, *Vidimus* de l'official de Laon « anno Domini M° CCC° XIV, die martis in Vigilia Nativitatis Domini. »

210. — Octobre 1262. — « Guillermus dictus *le Reortat*, de Parvo Magnillo domicellus » reconnaît que « Guillermus, pater suus, » a donné à Beaulieu « in grossa decima de Parvo Magnillo, ad parvam mensuram Brenacensem, duos sextarios bladi medietatem waini et medietatem avene. » Cette aumône avait été faite d'abord par « Guido, miles, pater Guillermi et avus Guillermi *le Reortat*.. Actum anno Domini M° CC° LX° secundo, mense octobris. » *Vidimus* délivré « anno Domini M° CC° LX° nono, mense februario » par « Andreas, decanus xpistianitatis Barri super Albam, et Jacobus, decanus xpistianitatis Brene. » — Archiv. de l'Aube, *Vidimus origin.*

211. — Février 1269 (*v. st.*). — « Nicholaus, decanus Sancti Machuti Barri super Albam, et Andreas, decanus xpistianitatis de Barro » notifient que « Lambertus de Barro, miles, » a donné entrevifs et en pure aumône à Beaulieu pour le salut de l'âme de feu « Guidonis Rollandi, fratris sui, » tous ses droits sur sa grange « apud Tramilleium », sur toutes les terres labourables et sur « xi falcatas prati.. Actum anno Domini M° CC° LX° nono, mense februario. » — Archiv. de l'Aube, *origin.*

212. — Avril 1270 (Pâques, 13 avril). — « Jacobus, decanus xpistianitatis Brene, et Richardus dictus *Grignons*, prepositus ejusdem ville » notifient que « Johannes de Tranna dictus de Longocampo, et Agnes uxor ejusdem » ont vendu à Beaulieu « xii denarios censuales » sur une vigne à Trannes « in loco qui dicitur *Montbertin* » moyennant 13 s. « bonorum turonensium » payés comptant. « Datum anno Domini M° CC° LXX°, mense aprili. — Archiv. de l'Aube, *origin.*

213. — Novembre 1270. — « Andreas, decanus xpistianitatis Barri super Albam, » notifie que « Laurentius de Donamento miles. » 1° ratifie le testament « Blanche, uxoris ejus » qui a légué à Beaulieu une rente annuelle de 2 setiers de blé « per medium sigali et ordei ad veterem mensuram S. Margarete » à prendre « in molendinis de *Balignicourt* », 2° Laurent échange avec l'abbaye une rente d'un setier de froment qu'il avait sur les mêmes moulins contre une rente de 5 s. 6 d. de provinois, qu'il devait à l'abbaye « apud Donamentum.. Actum anno Domini M° CC° LXX°, mense novembri. — Archiv. de l'Aube, *origin.*

214. — Juillet 1271. — « Andreas, decanus xpistianitatis Barri super Albam, et Richardus dictus *Grignons,* prepositus Brene » notifient que « Poncetus de Ourgriis domicellus, et Johannes, Alexander, Hugueninus, domicelli, fratres emancipati, filii dicti Ponceti » vendent à Beaulieu 1° la quatrième partie de leurs terrages « de Chyesia », 2° quatorze deniers de cens à la Chaise moyennant 15 l. de Provins, payées comptant. « Lambertus de *Lignol* domicellus, de cujus feodo premissa movebant » approuve cette vente. « Actum anno Domini M° CC° LXX° primo, mense julii. » — Archiv. de l'Aube, *origin.*

215. — Juillet 1271. — « Jacobus, decanus xpistianitatis Brene, et Richardus dictus *Grignons*, prepositus ejusdem loci » notifient que « Arnulfus de Trena, et Eramburgis uxor ejus » ont vendu à Beaulieu un cens annuel de 16 s. 5 d. de provinois forts et une geline à Trannes, moyennant 9 l. 3 s. de Provins, payés comptant. « Actum anno Domini M° CC° LXX° primo, mense julii. » — Archiv. de l'Aube, *origin.*

216. — 8 février 1296 (*v. st.*). — « Jacobus, dictus de Sancto Auberto, canonicus Tornacensis, » clerc député par le roi pour lever les droits d'amortissements sur les biens achetés depuis cinquante ans par les maisons religieuses, reçoit de Beaulieu 30 livres de tournois, pour des biens dont le revenu annuel est estimé 10 l. de tournois. Ces biens sont sis « ad Trenam, *Jarsains*, Parvum Mesnillum, Univillam, *La Rotière, Jouvensis.* — Archiv. de l'Aube, *origin.*

217. — 10 janvier 1297 (*v. st.*). « Officialis Trecensis », notifie que « Bonifacius Pineti, mercator Senensis, pro se et ejus sociis mercatoribus Senensibus quictavit penitus » l'abbaye de Beaulieu « de omnibus actionibus, querelis, debitis.. a retroactis temporibus usque ad diem confectionis presentium litterarum et specialiter de quodam debito XL librarum turonensium.. Datum anno Domini M° CC° XC° septimo, die veneris post Epiphaniam Domini. » — Archiv. de l'Aube, *origin.*

CHARTE TIRÉE DU CARTULAIRE DE RETHEL

219. — Janvier 1229 (*v. st.*).

Felicitas, domina Belli Fortis, dicta comitissa Regitestensis, omnibus imperpetuum. Noverint universi quod ego dilecto filio meo domino Galchero, Leodicensi (1) archidiacono, assignavi, pro trigenta et sex libratis Remensium, in villa de *Charchericourt* septuaginta et septem capita hominum bannum et justiciam debencia; in assisia (2) ejusdem ville centum sestaria bladi, tribus sestariis minus, medietatem frumenti et medietatem avene, et octo libras pruvinensium et novem solidos et sex denarios in soingniis ; decem et septem sestaria avene in terragiis ; decem sestaria frumenti et viginti quatuor sestaria avene in festo beati Johannis; quinque solidos et dimidium in festo beati Remigii ; tres decim soli-

(1) Le ms. porte « Leodinensi ».
(2) « Que assisia » dans le ms.

dos de coustumiis; in capitagiis quatuor solidos; in redditibus pro pratis quadraginta solidos; in majore ville viginti solidos; in carretis et corveiis equorum et boum apud Ramerutum et *Sezanne* et in carretis lignorum adducendorum concessi eidem quicquid juris habebam ; centum gallinas ibidem eidem concessi, et nemus quod est in finagio de *Charchericourt*; si quid autem in dicta villa supererit, et in finagio ejusdem, excepta domu de *Noisement*, secundum valorem rei assignabitur eidem ; si vero deerit, eidem supplebitur. Actum anno Domini millesimo ducentesimo vicesimo nono, mense januario. — Léopold Delisle, *Notice sur le cartulaire de Rethel*, n° 36.

TABLE DES NOMS DE PERSONNES

CONTENUS

DANS LES CARTULAIRES DE LA CHAPELLE-AUX-PLANCHES, ETC.

Aalez, filia Macharii de *Mainecurt*, conversa in ecclesia Sancte Marie de Capella, 7.
Aalis alias *Aleyps de Joinville, dame de Biaufort et d'Arsis*, épouse de Jehans de Lancastre, sire de *Biaufort*, 76, 78, 79, 80, 81.
Aaliz, uxor Oliveri, domini de Dronnayo, 44.
Abbo, episcopus, 239.
Acelina, uxor Wiardi carpentarii de Trena, 292.
Achardus, serviens comitis Brenensis, 205.
Achardus de *Droennai*, 197.
Achardus, miles de Pineio patruus Petri, militis de Valentiniaco, 36.
Achardus, filius Petri de Pogiaco, 278.
Achardus, de Sancto Audoeno, filius Oliveri, domini de Dronnayo et frater Gaucheri, 27, 35, 36, 266.
Adalacrus, 124.
Adalbero, abbas, 174.
Adalbertus, episcopus, 116.
Adalberus, episcopus Laudunensis, 142.
Adalgedus, 92.
Adam, presbiter et prepositus, 243.
Adam (magister) de *Arzillières*, 36.
Adam Graverus, 252.
Adam Rufus, burgensis Sancte Margarete, 282.
Adam, miles, de *Targe*, 251.
Adelaidis, alias Alaidis, uxor Theobaldi [I], comitis palatini Trecarum, alias Campaniæ, 178, 179, 184, 187, 188.
Adeledis, comitissa [Brenensis], uxor comitis Ingelberti [II], 152.

Adrianus [IV], papa, 253.
Adroldus, archidiaconus Trecensis, 143.
Adso, abbas Dervensis, 136, 143.
Adso, comes Rosniacensis, 137, 138.
Aelidis de Espouthemonte, domicella, filia Galteri *Bochez*, 63.
Agano, episcopus Augustidunensis, 184, 187.
Agifredus, 131.
Agilus, 130.
Agnes, uxor Erardi [II], comitis Brienensis, 205, 217.
Agnes [de *Ramerupt*], uxor Symonis, domini de Belloforte, 30, 32.
Agnes, uxor Johannis de Tranna, dicti de Longo Campo, 295.
Agnes de Vervins, uxor Johannis de *Thorete*, domini *dou Chastelier et Aillebaudier*, 84.
Agristius, levita, [canonicus Trecensis], 139.
Ailo, 111.
Aimericus, Sancte Romane Ecclesie diaconus cardinalis et cancellarius, 196.
Aimoldus, levita, [canonicus Trecensis], 139.
Airardus, frater Arnulfi, comitis Risnellensis, 197.
Airardus, comes Brenensis. Vide : Erardus.
Airardus, abbas [Sancti Remigii Remensis], 147.
Airicus (magister), 283.
Alanus, episcopus Antissiodorensis, 253.
Alardus, sacerdos [abbatiæ Belli Loci conditor], 272.
Alardus, decanus [levitarum vel subdiaconorum in capitulo Trecensi (?)], 250, 255.
Albericus de *Braybant*, 5.
Albericus, Ostiensis episcopus, 10.
Albertus, 202.
Albertus, 154, 159.
Albertus, canonicus Henrici, comitis Trecensium, 26.
Albertus, [prior Rosniacensis (?)], 180.
Alboinus, prepositus Sesanie, 261, 264.
Albrada, 188.
Albricus, 167.
Albricus, miles, 240.
Albricus, monachus, 182.
Albricus, prior de Ronnayo, 44, 45.
Aldo, miles, 174.
Aledrannus, comes Trecensis, 120.
Alegrecius, presbiter, [canonicus Trecensis], 143, 158, 163.
Alexander [II], papa, 172.
Alexander [III], papa, 24, 204, 254, 278, 282.
Alexander, capellanus, 206.
Alexander (frater), 288.
Alexander, domicellus, filius Ponceti de Ourgriis, 296.
Alexander, monachus Clarevallis, 286.
Alexander, presbiter, capellanus, canonicus Trecensis, 256.

Alexander, episcopi [Trecensis] capellanus, 24.
Alferus, 197.
Alienor, uxor Gaufridi, domini de Dawileio, 46, 47.
Almaricus, archidiaconus Lingonensis, 174.
Alo, episcopus, 116.
Altmarus, rector monasterii Dervensis, 125, 126, 128.
Alulfus, 165.
Alvidis, mater Rodulfi de *Tors*, 219.
Alwidis, conjux Odonis, militis, de Hispania, 219.
Amatus, vicarius papæ Gregorii [VII], 184, 187.
Ancherius, abbas de Basso Fonte, 276.
Ancherus, major, 267, 268.
Ancherus, sacerdos, canonicus de Capella ad Plancas, 29.
Ancherus, major [comitis Trecensis] de *Charcelicort*, 262.
Ancherus de *Curbeil*, 5.
Anco de *Til*, miles, 205.
Andreas, filius Erardi [II] comitis Brienensis, 205.
Andreas, decanus xpistianitatis de Barro super Albam, 294, 295, 296.
Angelbertus, 90.
Angelbertus de Calvo Masnilio, 278.
Angelmerus, 180.
Anscherus, frater Haymonis de Burrevilla, 286.
Ansculfus, 162.
Ansegisus, episcopus Trecensis, 175.
Anseius, homo Odonis de Hispania, 220.
Ansellus, laicus, 192.
Ansellus Crassus, Pruvinensis, 198.
Ansellus, archidiaconus Trecensis, 163, 177.
Ansellus, causidicus, Trecensis, 198, 202.
Ansellus [I], dominus Trianguli, 260.
Anselmus, episcopus Meldensis, 39.
Apelinus, 4.
Archenoldus, 125.
Archerus, 121.
Arembergis, filia Guillermi, soror Garneri de Brena et Galteri, 293.
Arembertus, 131.
Arembertus, 154.
Arierus, 121.
Airmirus, 108.
Arnaldus, presbiter, [canonicus Trecensis], 163.
Arnulfus, clericus, 198.
Arnulfus, germanus Harduini, 121.
Arnulfus, villicus, 194.
Arnulfus de Blicorno, 264.
Arnulfus, abbas de Nigella, 30, 31, 32.
Arnulfus, [comes] Risnellensis, 197, 198.
Arnulfus, episcopus Suessionensis, 184 187.

Arnulfus de Sufflanna, 161.
Arnulfus, cantor [capituli Trecensis], 163, 176, 177.
Arnulfus, subdiaconus, [canonicus Trecensis], 158, 163.
Arnulfus de Trena, 296.
Arnulphus, de Lousa presbyter, 21.
Artmannus, 131.
Artoisus, 115.
Artuisus, 131.
Ascelinus, episcopus [Laudunensis], 147.
Ascelinus, prior [Sanctæ Margaretæ], 2.
Atto, episcopus Trecensis. Vide Hato.
Aubert de *Torote*, miles, dominus de *Châtelier*, 80.
Aubertus, presbiter de Maceriis, 277.
Aubertus, curatus de Sancta Manehylde, 235.
Aubri, abbas de *Boullencourt*, 84, 85.
Auno, presbiter, [canonicus Trecensis], 143.
Ava, 131.
Aymericus, diaconus cardinalis et cancellarius, 225.

Balduinus, filius Stephani de Barro, 278.
Balduinus, abbas de Basso Fonte, 8, 12, 19. 276, 277.
Balduinus, episcopus Noviomensis, 253.
Bartholomeus de Campo *Flori*, clericus, 265.
Bartholomeus, episcopus Trecensis, 283.
Basinus, episcopus, 116.
Bauduinus, 252.
Bauduinus, archidiaconus [Cathalaunensis?], 252.
Bavo, prior Dervensis, 221.
Beliardis, uxor Rodulfi, militis, 246, 247.
Bencelinus, prepositus, 167.
Benedictus (sanctus), 119.
Bercharius (sanctus), abbas Dervensis, 1, 116, 118, 120, 122, 125, 128, 130 135, 136, 137, 155.
Bernardus, 152.
Bernardus, abbas, 182.
Bernardus, capellanus Elizabeth, dominæ Pugeii, 205.
Bernardus, comes, 239.
Bernardus, homo Odonis de Hispania, 219.
Bernardus, filius Hugonis, prepositi de *Vitrei*, 16.
Bernardus [sanctus], abbas Clarevallensis, 245, 247, 249.
Bernardus, episcopus Nivernensis, 282.
Bernardus Pictavis, 179.
Bernardus, Sancte Prenestine ecclesie, 171.
Bernardus (magister), archidiaconus Trecensis, 24, 256.
Bernardus (magister), [canonicus Trecensis?], 250, 251.
Bernardus, levita, [canonicus Trecensis], 163.

Bernefridus, 130.
Bernerius, subdiaconus, [canonicus Trecensis], 163.
Beroardus, 165.
Beroldus, episcopus [Suessionensis], 147.
Beroldus, sacerdos, [canonicus Trecensis (?)], 139.
Bertoendus, episcopus Katalaunensium, 116.
Bertran Guasch, scutifer, præfectus comitatus de Vertus, 86.
Bertrandus, curatus de Curia Dominici, 75.
Bertrannus, 154.
Bertrannus, cellerarius Belli Loci, 286:
Bertrannus Sine Terra, 252.
Bertulfus, 121.
Blancha [d'Artois], uxor Henrici, comitis de Rosnaco, 235, 236.
Blancha, uxor Laurentii de Donamento, militis, 295.
Blitharius, 131.
Boillon (le) de Lentilles, 81.
Bonellus de Soicleu, 5.
Bonifacius Pineti, mercator Senensis, 296.
Boninus, 189.
Bonnellus de Maignant, 278.
Bonnellus de Soldi, 4.
Borserus, pater Bonelli de Soicleu, 5.
Borserus de Sancto Medardo, 5.
Boso, 165.
Boso, filius Albrade, 188.
Boso, filius Elberti, 159.
Boso, pronepos Vulfaudi, monachi Dervensis, 165.
Boso, abbas, 174.
Boso, episcopus Cathalaunensis, 252, 253.
Boso, comes palatius sub Karolo [II] rege, 133, 135, 136.
Boso de Panceio, 6, 197.
Bovo, 125.
Bovo, dominus, 5.
Bovo [II], episcopus Cathalaunensis, 239.
Bruno, alias Wandelgerus, abbas Dervensis, 153, 155, 159, 161, 162, 165, 166, 167, 169, 171, 172, 173, 175, 176, 177, 178, 182, 186, 187.
Buchardus, diaconus [canonicus Trecensis], 178.
Burdinus, 167.
Burdinus de Belfort, 170.
Burdinus, presbiter [canonicus Trecensis], 203.

Callistus [II] papa, 196.
Celestinus [II], papa, 248.
Childericus [II], rex [francorum], 116.
Christianus (dominus), 283.

Christianus, Sancti Lupi [Trecensis] canonicus, 24.
Clarembaldus, 182.
Clarembaudus de Brecis, 262.
Clarembaudus de Capis, 278.
Clemens [III], papa, 216.
Clodeveus [III], rex Neustriæ et Austrasiæ [in regno Francorum], 116, 120.
Columbanus (domnus) [sanctus], 119.
Constantinus, homo Odonis de Hispania, 220.
Constantinus, alias Constantius, presbiter, [canonicus Trecensis], 139, 143, 145.
Constantinus, diaconus, [canonicus Trecensis], 178.
Constantinus, subdiaconus, [canonicus Trecensis], 163.
Constantius, 142.
Constantius, filius Humberti, 165.
Constantius, vir honorabilis, 153.
Constantius, prepositus, [Brenensis (?)], 165.
Constantius, homo Erardi, comitis Brenensis, 275.
Constantius, presbiter de Ulmis, 270.
Constantius, capellanus de Valentiniaco, 277.
Costelinus de Brena, sororius Garneri et Galteri, filius Cuisini, 293.
Cuisinus, 293.

Dagmarth, monachus Sanctæ Margaretæ, 2.
Damerona, 280.
David, levita, [canonicus Trecensis], 163.
Demange de *Crenag,* preceptor militiæ Templi in domo de Tauro, 234, 235.
Demetrius, archidiaconus Trecensis, 177.
Deodatus, 154, 157, 161.
Dominicus, prepositus Barri [super Albam], 202.
Droco de Rosnaio, 202.
Drogo, 162.
Drogo, 154.
Drogo de Balcheseio, subdiaconus, canonicus Trecensis, 256.
Drogo, capellanus curie [de Belloforte?], 30 34.
Drogo de Breiis, 253, 254.
Drogo, abbas Cellensis, 254.
Drogo, presbiter de Sancto Leodegario, 269.
Drogo, archidiaconus Trecensis, 190, 191, 193, 194.
Drogo (magister) [canonicus ecclesie Trecensis], 242.
Drogo, subdiaconus, [canonicus Trecensis], 163.
Dudo, pater Rodulfi militis, 247, 248.
Dudo, sacerdos, canonicus de Capella ad Plancas, 29.
Dudo [I], abbas Dervensis, 145, 148, 152 153, 154, 155.

Dudo [II], abbas Dervensis, 187, 188.
Dudo, miles de Sancto Memorio, 260.
Dudo, vicecomes Rosnacensis, 157, 167.

E., uxor Guidonis, domini de Donnipetro, 4.
Ebalus, episcopus Cathalaunensis, 196.
Ebalus, archiepiscopus [Remensis], 147.
Ebrardus, abbas Sancti Lupi Trecensis, 251.
Ebroinus, 92.
Ebroinus, 157.
[Eduardus III] rex Angliæ, 85.
Edmundus, [comes de *Lancastre*] filius Henrici III, regis Angliæ, [conjux Blanchæ *d'Artois*] et comes Campaniæ et Briæ, 65.
Egidius, frater Leobaudi Belfortis, filius Ogeri, 6, 10.
Elbertus, 159.
Elbrant, 121.
Eldebertus, presbiter, [canonicus Trecensis], 139.
Eldewalt, 121.
Eldricus, subdiaconus, [canonicus Trecensis], 144.
Elisabeth, uxor Walteri, 37. Vide : Isabel.
Elizabeth, domina Pugeii, uxor Odonis, 205.
Elizierdus, levita, [canonicus Trecensis], 143, 144.
Emelina, relicta Ancheri villici, 269.
Emelina [de *Montlhery*, uxor Hugonis *Bardoul* II, domini de Brecis et de Belloforte] mater Symonis [I], domini [de Brecis et] de Belloforte, 9.
Emelina, filia, Symonis [I], domini Breccarum, et Felicitatis [de Brena], 259, 260, 261, 262.
Emelina, soror Petri, militis, de Valentiniaco, 36.
Emma, regina, conjux Lotharii Francorum regis, 142.
Emmo, 115.
Emo, 121.
Eneas, notarius, 127.
Engelbertus, Vide : Ingelbertus.
Engelbertus, 167.
Engelbertus, 153.
Engelbertus, abbas, 174.
Engelgerus, 189.
Engellodus, laicus, 192.
Engelmerus [canonicus Trecensis ?], 250.
Eramburgis, uxor Arnulfi de Trena, 296.
Erardus *d'Anglus*, 87.
Erardus, [I], alias Airardus, comes Brenensis, filius Gualteri, 190, 191, 193, 196, 200, 274.
Erardus [II], comes Brenensis, 30, 31, 32, 204, 216.
Erardus de Esclantia, miles, 291.

Erchenraus, episcopus Cathalaunensis, 237.
Erfridus, 167.
Erladius, 167.
Erlebaudus, 219.
Erlerius, archidiaconus Lingonensis, 174.
Ermenardus, presbiter, [canonicus Trecensis], 143.
Ermengardis, uxor Johannis de Belloforti dicti *Blanche Coile*, 52.
Ermengaudus, levita, [canonicus Trecensis], 144.
Ermenoldus, levita, [canonicus Trecensis], 139.
Eschot de Fesnu, 252.
Eugenius [III] papa, 9.
Eustatia, comitissa, 174.
Everardus, abbas Dervensis, 267.
Everardus de Dreea, decanus, 24.
Everardus, abbas de Oia, 198, 200, 245.
Evrardus, decanus Lingonensis, 174.
Evrardus, filius Varneri de *Luistre*, 6.

Falco, archidiaconus [Trecensis], 2, 203, 247, 248, 249, 250, 251, 255, 264.
Farco, archidiaconus Trecensis, 198.
Felicitas [de Brena], uxor Symonis [I], domini Brecarum, et de Belloforte, 259, 260, 261, 262, 263, 265.
Felicitas, filia Symonis, domini de Belloforte [et Agnetis]; uxor Hugonis II, comitis Registetensis et domina Bellifortensis, 31, 34, 37, 49, 223, 225, 229, 230, 297.
Felicitas, uxor Gaufredi, domini Jovisville et senescaldi comitis Henrici, 20.
Ferris de Fougereulles, frère de la sainte maison de l'Hospital de Saint-Jehan, prieur en Champaigne, 234.
Ferry, abbas Dervensis, 237.
Florida, uxor Milonis de Meriaco, 265.
Floterus, 121.
Fluderig, 121.
Flntgis, 121.
Folculfus, 115.
Fredericus, miles de Braibannio, 219.
Fredericus, miles, de *Linun*, 4.
Fromundus [I], episcopus Trecensis, 144, 145, 147, 175.
Fromundus [II] alias Frotmundus, episcopus Trecensis, 162, 163, 175.
Fromundus, archidiaconus Trecensis, 158.
Fromundus, clericus, filius Gaufridi de Vasseio, militis, 222.
Fuculfus, 131,
Fulbertus, 167.
Fulco, filius cantoris, 180.

Fulco, episcopus [Ambianensis]. 147.
Fulco, abbas sanctæ Mariæ de Capella ad Plancas, 56.
Fulco, presbiter, [canonicus Trecensis], 143, 196.
Fulco, cancellarius capituli Trecensis, 190, 192, 196, 243.

G., (magister), 26.
G., prepositus Autissiodorensis, 282.
G., abbas de Cartovoro, 4.
Galcherus, filius Felicitatis, dominæ Belli Fortis et comitissæ Regitestensis, archidiaconus Leodicensis, 297.
Galcherus, prior de Meriaco, 265.
Galgerus, miles de *Droonai*, Vide : Gaucherus.
Galterus (magister), 283.
Galterus, miles, frater Petri de *Bore*, 37.
Galterus, frater Garneri de Brena, 293.
Galterus de Biardo, alias de *Biarz*, gener Philippi, domini de Valentigniaco, 204, 276.
Galterus *Bochez*, miles. 63.
Galterus de *Boi*, canonicus Sancti Petri Trecensis, 19, 250.
Galterus [I] alias Gualterus vel Walterus comes Breonensium, 158, 159, 161, 163, 165, 173, 174, 180, 182, 183, 184, 191, 193.
Galterus [II] alias Gualterus vel Walterus, comes Breonensis, 197, 200.
Galterus [III], comes Brene, filius Erardi [II] comitis Brenensis, 205. 217, 284, 290.
Galterus [IV], comes Brene, 224, 225, 231, 233.
Galterus [I], alias Gauterius, abbas Sanctæ Mariæ de Capella ad Plancas, 8, 9, 15, 20, 21, 276.
Galterus [II], abbas Sanctæ Mariæ de Capella ad Plancas, 66.
Galterus de Cubitis, miles, 30.
Galterus, alias Walterus de Fussiaco, alias de Fusseio, canonicus Trecensis, 192, 193, 194, 199, 243.
Galterus de Larcicurte, miles, gener Gilonis de Donnamento, 217.
Galterus de *Pierrepont*, miles, 37.
Galterns de Submuro, hospes Achardi, 27.
Galterus, archidiaconus Trecensis, 35.
Galterus, diaconus canonicus Trecensis et camerarius, 256.
Galterus, cancellarius Mariæ, comitissæ Trecensis, 39.
Garinus de *Villerez*, scutifer, filius Reneri, 60, 61, 65, 70.
Garnerius, episcopus Trecensis, 37, 40, 218, 266, 267, 268, 286, 287, 288, 289.
Garnerius, levita, [canonicus Trecensis], 144.
Garnerus, sacerdos Belli Loci, 35.
Garnerus de Brena, clericus, filius Guillermi, 293.
Garnerus, presbiter de *Chauchericort*, 267, 268.

Garnerus, archidiaconus [Trecensis], 36.
Gaucherus, prepositus Willermi nepotis Odonis, 15.
Gaucherus de *Cornay*, 66.
Gaucherus, miles, filius Oliveri, domini de Drognaio, 17, 22, 26, 27, 35, 36.
Gaucherus, castellanus de *Noyon*, dominus de *Thorote*, 66.
Giroldus, levita, [canonicus Trecensis], 163.
Giroudus de *Torci*, 6,
Girouum, 121.
Gisla, 131.
Gislaudus, subdiaconus, [canonicus Trecensis], 144.
Gislebertus, 180.
Gislebertus, notarius, 129, 132.
Gislebertus, presbiter, [canonicus Trecensis], 158, 163, 196.
Gislefredus, 125.
Giso, presbiter et claudus, [canonicus Trecensis], 139.
Gobertus, 150.
Gobertus, 92.
Gocelmus, 152, 154.
Godefridus, episcopus Lingonensis, 249.
Godo, satelles comitis Aledranni, 120.
Godo, presbiter, vicarius Sancti Laurentii, 265.
Goduinus, levita, [canonicus Trecensis], 139.
Goffridus, episcopus [Cabilonensis], 147.
Goffridus, alias Joffridus junior, dominus Junville, advocatus Dervensis monasterii in terra Blesensi, 187, 188.
Goffridus, decanus capituli Trecensis, 190, 192.
Goherius, villicus, 15.
Goherus, villicus, 21.
Gosbertus alias Josbertus, archidiaconus Trecensis, 176, 177.
Gosbertus alias Josbertus, presbiter, [canonicus Trecensis], 163, 177.
Gozfridus [I] (donnus) de Novo Castello [de *Joinville*], filius Stephani [de *Joinville*] et gener [Galteri I] comitis Breonensis, 171.
Gregorius [VII sanctus] papa, qui et Hildebrandus dictus est, 184, 185, 186, 241.
Grimoldus, 20.
Gualo, alias Walo, episcopus Trecensis, 138, 139, 175.
Gualterus, vide : Galterus.
Gualterus, filius Angelmeri, 180, 198.
Guarinus, prior Sanctæ Margaretæ, 80.
Guarinus, comes Rosnacensis, 185, 186.
Guarnerus, 280.
Gubertus de Chavangis, 34..
Guerricus, monachus, 22.
Guerricus alias Werricus, vel Wiricus, archidiaconus Trecensis, 3, 8, 19, 249, 250, 251 254.
Gui de Dampierre, dominus de *Saint-Just*, 271.

TABLE DES NOMS DE PERSONNES

Gui de Saint-Léger, miles, 80.
Guiardus (magister) de *Belfort*, Beati Petri de Insula Germanica canonicus, 24.
Guiardus, [prior] de Bullencorthe, 284.
Guiardus, presbiter canonicus Trecensis, 256.
Guibertus de Barro [super albam ?], 286.
Guido, 198.
Guido, Sancte Romane Ecclesie diaconus cardinalis et cancellarius, 11.
Guido, presbiter cardinalis Sancti Chrysogoni, 10.
Guido, capellanus, 12, 29.
Guido, buticularius Ludovici [VII] regis Francorum, 251.
Guido, frater Radulphi, militis, de Sancta Margareta, 6.
Guido Rollandus, frater Lamberti de Barro, 295.
Guido, clericus, filius Richardi de Larzeicurte, 194.
Guido, miles, pater Guillermi et avus Guillermi *le Reortat*, 294.
Guido de *Ainglus*, miles, 83.
Guido, abbas Arremarensis, 249, 251, 254.
Guido, filius Milonis, comitis Barri super Sequanam, 197.
Guido [IV], abbas Belli Loci, 66, 68, 76.
Guido de *Boy*, archidiaconus Trecensis, 260, 263.
Guido, episcopus Cathalaunensis, 240, 248.
Guido, alias Wido, dominus de Donnipetro, 4, 5.
Guido, dominus de Donno Petro, 38, 39, 44, 204.
Guido (dominus) de Esclantia, 225.
Guido de Peantio, 247.
Guido, miles, de Pineio, patruus Petri, militis de Valentiniaco, 36.
Guilelmus, prior de Orticulo, monachus Majoris Monasterii, 29.
Guillaume de Ainglus, scutifer, frater Guidonis, 83.
Guillaume de Luisey, lieutenant du bailly de Chaumont, 82.
Guillaumes, comes Flandrensis, dominus de *Dampierre*, 53, 55.
Guillelmus, comes, 147.
Guillelmus de *Boullemer*, miles, custos castellariæ de Bello Forte, 84.
Guillelmus, alias Willermus, filius Erardi [II] comitis Brenensis, 205, 217.
Guillelmus, miles, filius Gaufridi, domini de Dawileio, 46.
Gaufridus, 282.
Gaufridus, filius Odæ, 292.
Gaufridus, abbas Beati Quintini Belvacensis, 3.
Gaufridus, episcopus Cathalaunensis, 202, 247.
Gaufridus, canonicus Sancti Stephani [Cathalaunensis], 247.
Gaufridus, dominus de Dawileio, 46, 47.
Gaufridus, dominus Jovisville, senescaldus comitis Henrici, 18, 20.
Gaufridus, filius Gaufridi domini Jovisville et senescaldi comitis Henrici, 20.
Gaufridus, prior de Rameruco, 29.
Gaufridus de Vasseii, miles, 221, 222.

Gauterius, alias Vualterus de *Bernum*, 198, 202.
Gauterius de Buxeriis, 278.
Gauterus, monachus [Dervensis], 190.
Gauterus, archidiaconus [Trecensis], 216.
Gautfinus, 121.
Gauwinus, levita, [canonicus Trecensis], 144.
Gauzfridus, 238.
Gauzlinus, notarius, 240.
Genulfus, 131.
Gerardus, canonicus Belli Loci, 245.
Gerardus de Cantumella, 252.
Gerardus, archidiaconus Trecensis, 254, 256.
Gerbertus, prior de Capella ad Plancas, 29.
Gerheus, 131.
Gerlinus, 90.
Gertrudis, filia Gaufridi domini Jovisville, 20.
Gibertus, conversus, 13.
Gibertus, diaconus, [canonicus Trecensis], 178.
Gibuinus, episcopus Kathalaunensis, 142.
Gibuinus, archidiaconus Lingonensis, 174.
Gibuinus, canonicus [in capitulo Beate Marie de Ronasco (?)], 203.
Gibuinus, archidiaconus Trecensis cantor et alias precentor, 2, 245, 247, 248, 249, 251, 260, 263, 276, 278.
Gibuinus, cancellarius capituli Trecensis, 249.
Gidiliana, mancipium de Corniaco, 129.
Gieffroy, monachus de Basso Fonte, 81.
Giirarus, 121.
Gilbertus, abbas, 243.
Gilbertus, villicus, 21.
Gilbertus, canonicus de Bello Loco, 19.
Gilbertus, miles, de Belo, 30.
Gilduinus, 142.
Gillebertus, presbiter, 205.
Gilles de Saint-Florentin, miles, 80.
Gilo, decanus xpistiantatis Brene, 291.
Gilo (dominus) de Donnamento, miles, nepos domini Petri clerici, 217.
Girardi (masura), 230.
Girardus, 170.
Girardus, carpentarius, 12.
Girardus, decanus, 27.
Girardus, laicus, 166.
Girardus, miles, 174.
Girardus, frater Petri, militis, de Valentiniaco, 36,
Girardus, sacerdos de Auneyo, 13.
Girardus (magister) de Barro [canonicus Trecensis?], 8, 250.
Girardus, alias Giroudus, abbas Belli Loci et provisor ecclesie de Capella, 42, 291.

Girardus (frater), scriptor, de Capella ad Plancas, 3.
Girardus, episcopus Cathalaunensis, 43, 291.
Girardus, alias Guirardus, abbas de Cella [Sancti Petri], 22, 25, 27, 256.
Girardus, ballivus de *Chastelier,* 80.
Girardus de Clareio, miles, 29.
Girardus, monachus [Clarevallensis (?)], 247.
Girardus de Dreia, prepositus Theobaldi [II], comitis Trecensis, 198.
Girardus de *Escot,* 198.
Girardus, sacerdos de *Gigni,* 24, 36.
Girardus, archidiaconus Lingonensis, 174.
Girardus, filius Hugonis militis de *Manicurt* et Hawidis, 34, 35
Girardus, decanus Sancte Margarete, 35.
Girardus, canonicus Sancti Petri Trecensis, 19.
Girardus, (magister) archidiaconus [Trecensis], 7.
Girbertus, 29, 33.
Girbertus, laicus, 190.
Girbertus, villicus, 197, 198.
Girherius, 110.
Guillelmus, [I] abbas Dervensis, 1, 201.
Guillelmus [II], abbas monasterii Dervensis, 53.
Guillelmus, clericus Johannis archiepiscopi Lugdunensis, 288.
Guillelmus de Vitriaco, clericus comitis Campanie, 65, 66.
Guillermus, cancellarius [Henrici, comitis Trecensis], 13, 16 26, 253, 278 (?).
Guillermus, clericus Theobaldi [II], comitis Trecensis, 261, 264.
Guillermus, alias Willermus, presbiter de Brena, 223, 224.
Guillermus, abbas de Capella ad Plancas, 73, 74, 75.
Guillermus, filius Oliveri, domini de Drosnaio, 50.
Guillermus cognonime Lupus, 293.
Guillermus, pater Guillermi *le Reortat,* de Parvo Magnillo, 294.
Guillermus, dictus le *Reortat,* de Parvo Magnillo, domicellus, filius Guillermi et nepos Guidonis, militis, 294.
Guillermus, abbas Premonstratensis, 68, 73.
Guindemodis, uxor Rogeri de *Cloies,* militis, 267.
Gundulfus, prepositus Odonis III, comitis Palatini Trecensis, 189.
Guntardus, 152.
Guirricus, archidiaconus [Trecensis]. Vide : Guerricus.
Guiterus, abbas de Basso Fonte, 282.
Guiterus, alias Witerus, abbas Dervensis, 206.
Guiterus, prior de Rosniaco, 205.
Guiterus, alias Viterus, abbas de Sancto Lupo Trecensi, 8, 18, 19, 22, 23, 27, 206, 256.
Guyterus, capellanus Cellensis, 25.
Gyrbertus, 12.

H., decanus xpistianitatis Sancte Margarete, 225, 269.
Hadericus, 238.
Hadricus, archiclavus [Trecensis], 143.
Hagano, comes, 239.
Haibertus, 20.
Haicius, 206.
Haimo, homo Odonis de Hispania, 220.
Haimo de *Bruoltcurt*, 198.
Hanris alias *Henris de Champaigne*, 60. Vide : Henricus [III].
Hanris, cuens de Grantpré, 235.
Harduinus, 131.
Harduinus, 112.
Harduinus, presbiter, 120, 121.
Harduinus, abbas de Arripatorio, 24.
Harduinus, episcopus [Noviomensis], 147.
Hato, mi'es, senescallus [Brenensis?], 205.
Hato, Trecensis episopus, 1, 2, 3, 10, 23, 195, 196, 198, 199, 200, 201, 202, 203, 225, 243, 247, 248, 255, 259, 262.
Haudo, abbas Dervensis, 120, 121, 122.
Haybertus, decanus, 12.
Haymard, 77.
Haymo de Burrevilla, 286.
Hawidis, uxor Hugonis de *Manicurt*, 34.
Hecelinus, frater Warneri, 16.
Heleidis, mater Vilermi, domini de Dampetra, 12.
Helewidis, filia Hugonis, domini Mauri Montis, 260.
Helgaudus, comes, 239
Helisabeth, uxor Hugonis militis, 150.
Helota (domicella), uxor Oudeti de Willeyo, 232.
Helpinus, 170.
Helvidis, uxor Witeri, prepositi Breonensis, 166.
Helvidis, uxor Isembardi, comitis de *Rosnay*, 154.
Hemolgerius, prior Sancti Lupi [Trecensis], 13.
Hengerfaldus, clericus, 190.
Henri de Mussi, scutifer, præfectus ducis Burgundiæ in terra de *Beaufort* et de *Soublaines*, 87.
Henricus, 243.
Henricus, alias Hanricus, frater Walteri, domini de *Arzillières*, 36, 37.
H[enricus III] rex Anglie, 65.
Henricus, abbas de Bullencuria, 54, 294.
Henricus, prepositus [ecclesie Omnium Sanctorum in Insula Cathalaunensi (?)], 247.
Henricus, abbas de Cheminione, 291.
Henricus, filius Oliveri, domini de Drosnaio, 50.
Henricus [I], rex Francorum, 146, 150, 156, 158, 163, 165, 170, 188, 196.

Henricus [I Largitor], comes Trecensis, alias Campaniæ, 6, 12, 15, 19, 17, 26, 201, 202, 251, 265.
Henricus, comes de Rosnaco, comes [III], palatinus Campaniæ et Briæ, rex Navarræ, 60, 62, 235, 236.
Henricus [de Carinthia], episcopus Trecensis, 3, 4, 5, 7, 8, 13, 14, 16, 18, 19, 21, 23, 249, 250, 251, 253, 254, 255, 264, 276, 277, 278.
Henricus, cantor, capituli Trecensis, 227, 257.
Henricus, presbiter, [canonicus Trecensis], 145, 158, 163.
Hepelinus, 189.
Herardus, villicus de Juncherio, 16.
Herbertus, homo Odonis de Hispania, 219.
Herbertus, decanus de Arceiis, 267.
Herbertus, capellanus de *Blinicort*, 277.
Herbertus de *Charcelicort*, 262.
Herbertus, presbiter de Guascognia, 219.
Herbertus [frater] de Sancto Quintino, 288.
Herbertus, archidiaconus Trecensis, 35.
Herbertus, presbiter [canonicus Trecensis], 158.
Herfredus, subdiaconus [canonicus Trecensis], 178.
Herfridus, homo Odonis de Hispania, 219.
Heribertus, decanus Altivillaris, 142.
Heribertus [de *Vermandois* (?)], cognomento Senior, [comes Trecensis (?)], 178.
Heribertus [II, comes Trecensis], comes Francorum, 135, 137, 139, 142.
Heribertus, archidiaconus Trecensis, 145.
Heribertus, presbiter, [canonicus Trecensis], 163.
Herimannus, 114.
Herladius, prepositus [Odonis III comitis Trecensis?], 187.
Herlaius, 155, 157.
Hermannus, S. R. E. subdiaconus et notarius, 254.
Hermannus de *Torci*, 6.
Herveus, episcopus Trecensis, 221, 222, 256, 268, 269, 270.
Hildebrannus, homo Odonis de Hispania, 220.
Hildegardis, uxor Constantii, 153.
Hildradus, 157.
Hilduinus, comes, 170.
Hilduinus de Vendopere 202, 277, 278.
Hincmarus, archidiaconus Cathalaunensis, 176.
Hingo, 154, 155, 159, 161, 170.
Hingo, clericus, 177.
Hingo, decanus, 159, 161.
Hisembertus, vassalus in comitatu Breonense, 123.
Hludowicus [cancellarius Karoli Calvi], 238.
Hoduinus, miles de *Valescurt*, 6.
Holdricus, diaconus, [vicecancellarius Karoli Calvi], 238.
Honorius [II], papa, 225.

21

Honorius [III], papa, 269.
Hostoldus, 131.
Hubertus, camberarius Meriaci prioratus 265.
Hugerus, serviens comitis Brenensis, 205.
Hugo, 12.
Hugo, 243.
Hugo, 131.
Hugo, presbiter cardinalis, agens vicem cancellarii Sanctæ Romanæ Ecclesiæ, 11.
Hugo, miles, 148, 150.
Hugo, miles, 187.
Hugo, cancellarius Ludovici [VII] regis Francorum, 251.
Hugo, frater Odonis de Hispania, militis, 219.
Hugo, filius [Hugonis militis?], 150.
Hugo, filius Tegeri, canonici Trecensis, 248.
Hugo, alias Ugo, abbas Belli Loci, 285, 287.
Hugo *Bardul* [I], vir nobilis, [dominus de Brecis et de Belloforte], 169, 170.
Hugo [III], dominus de Brecis, filius Symonis [I] et Felicitatis [de Brena], 11, 13, 30, 31, 32, 34, 254, 259, 260, 261, 262, 265.
Hugo, comes Brenæ, 236.
Hugo (frater), canonicus de Capella ad Plancas, 3, 5.
Hugo (donnus), abbas Sancti Petri ad Montes, in civitate Cathalaunensi, 247.
Hugo, cancellarius [capituli Cathalaunensis], 241.
Hugo, canonicus [ecclesie Omnium Sanctorum in Insula Cathalaunensi], 247.
Hugo (dominus) de Clareio, miles, 268, 269.
Hugo, abbas Cluniacensis, 40.
Hugo de Curte Jusana, 282.
Hugo Diensis, archiepiscopus Lugdunensis, legatus Apostolice Sedis, 182, 184, 186, 187.
Hugo, rex Francorum, 143.
Hugo *Gorgenue*, clericus, 265.
Hugo, episcopus Grannopolitanus, 184, 187.
Hugo de *Jassenes*, monachus de Majori Monasterio, 29.
Hugo *Joslans*, clericus, 265.
Hugo, episcopus Lingonensis, 184, 187.
Hugo, filius Macharii de *Mainecurt*, 7.
Hugo, miles de *Manicurt*, 34.
Hugo (nobilis rex) dominus Mauri Montis, 260.
Hugo de *Montrampon*, prepositus Rosnaii, 202.
Hugo, episcopus Nivernensis, 184, 187.
Hugo, dominus Planceti, alias de Planceio, 247, 264, 265.
Hugo, de Planceio, miles, gener Rodulphi militis, 247, 264.
Hugo *Poile Vilain* de Herbitia, 256, 257.
Hugo [II], Registensis, alias Registetensis comes, et Belli Fortis dominus, conjux Felicitatis de Belloforte, 37, 221.

Hugo Registetensis, dominus de Belloforte [comes IV Registetensis, filius Manassei IV], 61, 62, 64.
Hugo, miles, de Sancto Audoeno, 4, 5.
Hugo de Sartis, 34.
Hugo, presbiter de *Sauvage* Masnilio, 218.
Hugo de *Sézane,* 179.
Hugo, Suessionensis, 197.
Hugo de *Torci,* 6, 278.
Hugo [I], episcopus Trecensis, 172.
Hugo [II de *Dampierre*], episcopus Trecensis, filius Wuiteri de Meliano, al as de *Dampierre,* 175, 176, 177, 184, 185, 187.
Hugo, archidiaconus Trecensis, 158.
Hugo, decanus diaconorum (?) [in capitulo Trecensi], 2, 196, 199, 242, 243, 247, 260, 263.
Hugo, comes Trecassinus, 193, 196, 274, 275.
Hugo [presbiter de Viaspera], 252.
Hugo, presbiter de Viaspera, 252, 253.
Hugo de Viaspro, 180.
Hugo de Villemauro, 13.
Hugo, prepositus de *Vilrei,* 16.
Huguenius, domicellus, filius Ponceti de Ourgriis, 296.
Hulduinus de Masseio, 282.
Humbertus, 165.
Humbertus, magister Domus Dei de Brena, 228.
Humbertus de *Parant* (frater), preceptor domorum militie Templi in Francia, 234.
Humrogus, 131.
Hunebertus, laicus, 166.
Hunebertus, filius [Hugonis militis?], 150.
Huneriana, mancipium de Corniaco, 129.
Huytier de Fontenay.

Iacinthus, diaconus Sancte Marie in Cosmedyn, 10.
Ilbertus, avunculus Rodulfi, militis, 247.
Imarus, eusculanus episcopus, 10.
Ingelbertus [I], comes [Brenensis], 138, 150.
Ingelbertus [II], comes [Brenensis], filius comitis Ingelberti [I], 150, 152, 153, 154, 240.
Ingelbertus, filius Galteri [I], comitis Breonensis, 174.
Ingelbertus, miles, casatus comitis Brenensis, 189, 191, 197.
Ingelbadus, filius Witeri, 198.
Ingelbodus, presbiter, 198.
Ingelmerus Trecorum, 198.
Innocentius [II], papa, 201, 203, 248.
Innocentius [III], papa, 41, 220, 290, 291.
Innocentius [IV], papa, 294.

Isabel, uxor Walteri, domini de *Arzillières*, 35, 37.
Isabellis, filia Hugonis, domini Mauri Montis, 260.
Isambardus, 264.
Isembardus, prepositus, 15, 21.
Isembardus, comes [Rosnacensis], filius Manassei, et Helvidis conjux, 154, 155, 156, 157.
Isembardus, filius Isembardi, comitis [de *Rosnay*] et Helvidis, 155.
Iterius, levita, [canonicus Trecensis], 163.

Jacobus (magister), notarius Manassei, episcopi Lingonensis, 289.
Jacobus, decanus xpistianitatis Brene, 295, 296.
Jacobus, abbas ecclesie Omnium Sanctorum in Insula Cathalaunensi, 249, 251, 252, 253, 254,
Jacobus, abbas ecclesiæ Omnium Sanctorum [in Insula Cathalaunensi], 291.
Jacobus, monachus Cellensis, 154.
Jacobus, prepositus Cellensis, 25.
Jacobus, presbiter de Junquerio de *Ottignes* et de Baaliaco, 48, 229.
Jacobus de Juncherii, frater Stephani, 268.
Jacobus, dictus de Sancto Auberto, canonicus Tornacensis, 296.
Jacobus, abbas Sancti Martini Trecensis, 19.
Jean Léguisé, episcopus Trecensis, 258.
Jeanne, regina Franciæ et Navarræ, comitissa palatina Campaniæ et Briæ, uxor regis Philippi [IV], 70.
Jehan le Druard de Charchericourt, clericus, 80.
Jehan le rous de Sainte-Margerie, clericus, 80.
Jehanne, filia Guidonis, militis de *Ainglus*, 82.
Jehanne de Chastillon, duchesse d'Athenes, comtesse de Brene et de Liche, 236, 237.
Jehans, filius [Edouardi III], regis Angliæ, dux de *Lanquastre*, comes de *Richemont*, de *Derby*, de *Nicol*, de *Leicestre*, dominus de *Beauffort*, seneschalus Angliæ, 84, 85.
Jehans de Lancastre, sire de Bieaufort, [filius Edmundi de Anglia, comitis de *Lancastre*, et Blanchæ d'*Artois*, comitissæ Campaniæ et Briæ] conjux Aalis de *Joinville*, 76, 78, 79.
Jehuns, chastelains de Noion et de Torote, 56.
Jehans de Thorete, miles, dominus *dou Chastelier et de Aillebaudier*, 83.
Jehans de Torote sire de Biaufort, frater Johannis, castellani de *Noion et de Torote*, 56.
Jehanz de Noueroic, frater Ogeri de *Noueroie*, canonici Sancti Stephani Trecensis, filius Margaretæ, 59, 62.
Joannes, diaconus cardinalis Sancte Marie Nove, 10.
Joannes, filius Regini, 278.
Joannes, camerarius capituli Trecensis, 176.

Jocelinus, sacerdos, canonicus de Capella ad Plancas, 29.
Jocelinus (dominus) de Donnopetro, 5.
Jocelinus, archidiaconus Trecensis, 190, 191, 192, 193, 242.
Jocerannus, episcopus Lingonensis, 196.
Joffridus, puer, de Jonvilla, 198,
Johannes, 37.
Johannes, monachus, 251.
Johannes, sacerdos, 7.
Johannes d'Anglus, 87.
Johannes de Belloforti, armiger, dictus *Blanche Coile*, 52, 53, 55.
Johannes [I], abbas de Bello Loco, 16, 24, 28, 30, 31, 32, 35, 278, 282, 283, 284.
Johannes [II], abbas de Bello Loco, 290.
Johannes [III], abbas de Bello Loco, 71
Johannes, prior de Bello Loco, 16.
Johannes, supprior Belli Loci, 286.
Johannes, miles, de Blegnicuria, 294.
Johannes [II], comes de Brena, filius comitis Galteri [IV], 233.
Johannes, frater Galteri [III], comitis Brene, 284.
Johannes (magister) de *Chevanjes*, 221.
Johannes, sacerdos de Dronnayo, 27.
Johannes, abbas Floreffie, 40.
Johannes de *Lisi*, monachus Clarevallis, 286.
Johannes, archiepiscopus Lugdunensis, 288.
Johannes, curatus de Magnicuria, 235.
Johannes de Marolio, 198.
Johannes de Molendinis, curatus de Longavilla, 64.
Johannes, abbas Sancti Bartholomei Noviomensis, 39.
Johannes, domicellus, filius Ponceti de Ourgriis, 296.
Johannes, prior de Rameruco, 6.
Johannes, prepositus Sancte Marie de Rameruco, monachus Majoris Monasterii, 29.
Johannes, decanus xpistianitatis Sancte Margarete, 53, 54, 62.
Johannes, prior Sancti Stephani *aux Ormes*, monachus Majoris Monasterii, 29.
Johannes de Tilio, miles, 292.
Johannes de Tranna, dictus de Longo Campo, 295.
Johannes [*de Nanteuil*], episcopus Trecensis, 63.
Johannes (magister) officialis Trecensis, 51, 268.
Johannes, [canonicus Trecensis], 250.
Johannes, diaconus, [canonicus Trecensis], 145.
Johannes, Sancti Lupi [Trecensis] canonicus, 24.
Johannes de Villa super Terram, miles, 232.
Joibertus de Curbeto, 6.
Josbertus, presbiter, 194.
Josbertus, villicus Sancti Leonis, 22.
Josbertus, presbiter, [canonicus Trecensis], 177.
Joslemus, 165.

Jozfridus, 179.
Judei, 288.
Juliana de *Planci*, soror Falconis, archidiaconi Trecensis, 264.

Kalo, filius Nevelonis, 159, 160, 161, 171.
Karolus [I], Magnus, imperator, 120.
Karolus [II, dictus Calvus], rex Francorum et imperator, 125, 127, 129, 130, 132, 133, 134, 135, 237, 238.
Karolus [III], rex Francorum, 239, 240.

Lambelinus, frater Reginaldi *Croquant*, 222.
Lambertus, filius Hugonis, 12.
Lambertus, canonicus, 26.
Lambertus, prepositus, 13, 29.
Lambertus, sacerdos, 13.
Lambertus de Barro [super Albam], miles, 295.
Lambertus, miles de Belloforte, 12, 18, 34, 262.
Lambertus, abbas Bullencurie, 62.
Lambertus, sacerdos, canonicus de Capella ad Plancas, 29.
Lambertus de *Chavenges*, prepositus de *Chastelier*, 80.
Lambertus, presbiter de *Corbeil*, 195.
Lambertus, abbas de Septemfontibus, 31, 34.
Lambertus de *Lignol*, domicellus, 296.
Lambertus, decanus diaconorum vel subdiaconorum in capitulo Trecensi, 190, 192, 193, 194, 195.
Lancenna, cognomine Rosa, uxor Galteri de *Biarz*, 276.
Landricus, 157.
Landricus, serviens comitis Brenensis, 205.
Landricus, episcopus Matisconensis, 184, 187.
Lantbertus, 137, 138.
Lantbertus, episcopus [Lingonensis], 137.
Lantboldus, 114, 131.
Laurentius (magister), 265.
Laurentius, prepositus de *Arzillières*, 36.
Laurentius de Donamento, miles, 295.
Laurentius de Univilla, miles, 205.
Laurentius, filius Hilduini de Vendopera, 278.
Lebaudus, miles, 29.
Leibaz de Sentchenum, 7.
Léguisé, episcopus Trecensis, 258. Vide : *Jean Léguisé*.
Leo [IX, sanctus], papa, 165.
Leobaldus de Sancto Carauno, 13.
Leobaudus Belfortis, 6, 10.
Leodegarius (sanctus), 159, 164.

Letaldus, comes Cereiaci, 165.
Letaldus, alias Letaudus, diaconus, [canonicus Trecensis], 145, 158, 163.
Letardus, cancellarius Theobaldi [II], comitis Trecensis, 198.
Letericus, levita [canonicus Trecensis], 144.
Letitia, uxor Hugonis domini Mauri Montis, 260.
Lotharius, rex Francorum, 137, 139, 142, 143.
Lucdowicus, notarius, 127, 129, 132.
Lucdowicus [I], imperator, 121, 122, 124.
Lucius [II], papa, 205.
Ludovicus, rector ecclesie de Brena Veteri, 232, 233.
Ludovicus [VI], rex Francorum, 190, 192, 196, 198, 199, 202, 243, 261, 274.
Ludovicus [VII], rex Francorum, 13, 202, 250, 251, 278.

Macelin de *Villiers*, 70.
Macelinus, 198, 202.
Macelinus, laicus, 190.
Macharius, 161.
Macharius de *Maigneicort*, 6, 7, 10, 13.
Madalgarius, episcopus [Laudunensis], 116.
Maddevertus, 125.
Madianus, 131.
Maibertus, 20, 32.
Mainardus, 280.
Mainardus, decanus. 6.
Mainardus, episcopus Trecensis, 155, 156, 157, 158, 175.
Mainerus (magister) de Belloforti, 229.
Mainerus, subdiaconus, [canonicus Trecensis], 144.
Mainfrida, filia [Hugonis militis ?], 150.
Manasses, 167.
Manasses, miles de Asmancia, 279.
Manasses, filius Burdini de *Belfort*, 170.
Manasses de Buceio, diaconus, canonicus Trecensis, 256.
Manasses, filius Angelberti de Calvo Masnilio, 278.
Manasses, episcopus Lingonensis, 283.
Manasses de Mota, 280.
Manasses, dominus Plaiotri, 261.
Manasses, consulatus Rosnacensis advocatus, 156, 157.
Manasses [I], episcopus Trecensis, 143, 175.
Manasses [II], episcopus Trecensis, 30, 31, 32, 34, 36, 205, 206, 217, 220.
Manasses, archidiaconus Trecensis, 203, 245, 247, 248.
Manasses, archidiaconus Trecensis, 256.
Manasses de Rumilieio, archidiaconus Trecensis, 180, 194, 195, 196, 198, 199, 201, 202, 203, 260, 263, 276.

Manasses de Villamauri, archidiaconus Trecensis, 260, 263.
Manessiers [IV], miles, comes Regitestensis, dominus de *Bourc* et de *Biaufort*, 59, 64.
Margareta, filia Stephani de Barro, 278.
Marguerite, domina de *Nourroie*, mater Johannis et Ogeri, 62, 64, 65.
Maria, comitissa Trecensis, alias Campaniæ, 38, 39.
Martinus, clericus de Belloforti, 225.
Martinus, presbiter de Belloforti, 229.
Martinus, miles de Belloforti, filius Lamberti, 30, 31, 34, 37.
Martinus, clericus, dictus Pelliparius, 51.
Martinus, [canonicus Trecensis], 250.
Martinus, famulus Sancti Lupi [Trecensis], 22.
Matheus, constabularius Ludovici [VII], regis Francorum, 251.
Matheus, episcopus Trecensis, 22, 23, 26, 258, 265.
Matildis, comitissa, uxor Theobaldi [II], comitis palatini Tricassini, 201, 202.
Menardus, decanus [capituli Trecensis], 251.
Merulfus, 111, 131.
Milo, 162.
Milo, 157.
Milo (donnus), 3.
Milo, frater Bartholomei de Campo *Flori*, clericus, 265.
Milo, frater Mascelini, 202.
Milo, frater Radulphi, militis, de Sancta Margareta, 6.
Milo Baldricus, 268.
Milo, abbas Sancti Mariani Antissiodorensis, 282.
Milo, comes Barrensis [super Sequanam], frater Erardi, comitis Breonensis, 197.
Milo de Chamloto, subdiaconus, canonicus Trecensis, 256.
Milo, monachus Clarevallis, 286.
Milo, abbas Dervensis, 159, 161.
Milo, monachus [Dervensis?], 153.
Milo, miles, de Meriaco, *Bechus* cognomine dictus, 264, 365.
Milo de Planceii, 11.
Milo, filius Petri de Pogiaco, 278.
Milo Reversatus, 197.
Milo [I], episcopus Trecensis, 175.
Milo [II], alias Philippus, episcopus Trecensis. Vide : Philippus.
Milo, archidiaconus Trecensis, 139.
Milo, levita, [canonicus Trecensis], 163.

N., abbas de Capella, 225.
Nevelo, 160, 161.
Nevelo, 154.
Nevelo de *Alnei*, 18.

Nevelo, vicecomes [Breonensis (?)], 197.
Nevelo, filius Petri de Pogiaco, 278.
Nevelo, miles de Ramerocho, 12.
Nevolus, miles de Pineio, patruus Petri, de Valentiniaco, 36.
Nevolus, frater Petri Valentiniaco, 36.
Nicholaus [II], papa, 171.
Nicholaus, famulus monachorum de Capella, 29.
Nicholaus, decanus ecclesie Beati Petri Trecensis, 268.
Nicholaus, thesaurarius Cellensis, 25.
Nicholaus, decanus Sancte Margarete, 44, 45, 269.
Nicholaus de Porta Marne, 252.
Nicholaus, decanus Trecensis ac Sancte Margarete in ecclesia Trecensi archidiaconus, 221.
Nicholet Ferron, 77.
Nicolaus de Cantumerula, miles, 265.
Nicolaus, episcopus Trecensis, 47, 48, 51, 57, 226, 227, 228, 229, 231, 232, 233, 257, 292, 293.
Nivardus, 142.
Nocherus, 167.
Nocherus, 154, 155, 161.
Nocherus, archidiaconus Trecensis, 176.

O., abbas Sancti Martini Laudunensis, 39, 40.
Obertus, prior de *Borlancort*, 21.
Obgerus, 29.
Oda, 292.
Oda (domina) de Belloforti, 231.
Odardus, miles, 37.
Odierna, uxor Garini de *Villerez*, 61.
Odilo, abbas [Cluniacensis], 147.
Odo, 179.
Odo (frater), canonicus, 288.
Odo, castellanus, 176.
Odo, comes, 147.
Odo, major, 142.
Odo, gener Petri de Arzilleriis, 188.
Odo, gener Petri nepotis Hugonis, militis, 187.
Odo, avunculus Willermi, 15.
Odo, diaconus cardinalis Sancti Georgii, ad Velum Aureum, 10.
Odo, abbas Belli Loci, 1, 2, 200, 245, 247.
Odo, filius Drogonis de Breiis, 253.
Odo Buburcus, 261, 264.
Odo, abbas Capelle ad Plancas, olim prior de Bello Loco, 285, 286.
Odo, prior [Capellæ ad Plancas], 3.
Odo, archidiaconus Cathalaunensis, 176.

Odo *Crocant,* prior Sancte Margarete, 266, 267.
Odo, prepositus et monachus ecclesie Dervensis, 202.
Odo, monachus [Dervensis], 190, 202.
Odo, filius Oliveri, militis, domini de *Drosnay,* et frater Achardi de Sancto Audoeno, et Oliveri, domini de *Drosnay,* 266.
Odo, miles de Hispania, frater Hugonis, 219.
Odo, presbiter ecclesiæ Lustriensis, 243.
Odo de *Montomeir,* alias de Montehomeri, 7, 14.
Odo Prointellus, miles, 36.
Odo, [dominus Pugeii (?)], 205.
Odo de Summavera, 198.
Odo [I. comes Trecensis], 178.
Odo [III], filius comitis Theobaldi I, comes palatinus Trecensis, 184, 187, 188, 189.
Odo, comes, filius comitis Heriberti [II Trecensis], 142.
Odo, prepositus [ecclesiæ Trecensis], 247, 263.
Odo, archidiaconus Trecensis, 251.
Odo, archidiaconus Trecensis, 180, 196, 243.
Odo, cantor capituli Trecensis, 180, 190, 191, 192, 196.
Odo, diaconus et decanus, [canonicorum diaconorum in capitulo Trecensi], 158.
Odo, diaconus, [canonicus Trecensis], 163, 177.
Odo, subdiaconus, [canonicus Trecensis], 144.
Odo de Sancto Vitro, 264.
Ogerus, pater Egidii, 6.
Ogerus, alias *Ogiers de Noueroie,* canonicus Sancti Stephani Trecensis, 59, 64, 65.
Ogerus, dominus de Sancto Carauno, 42, 43.
Ogerus, filius Ogeri, domini de Sancto Carauno, 42, 43.
Ogerus de Sancto Karauno, canonicus Sancti Stephani Trecensis, 226.
Ogerus (dominus) de *Senchenon,* 217.
Ogiers de *Saint-Chéron,* miles, dominus de *Gigny,* 82.
Oliverus, miles, dominus de *Droenay,* 13, 16, 17, 21, 22, 16, 17, 165.
Oliverus, dominus de Dronnayo, frater Achardi et Odonis, 44, 45, 50, 266.
Olricus, homo Odonis de Hispania, 219.
Osbertus, presbiter, [abbatiæ Belli Loci [conditor], 272, 275.
Otbertus, presbiter, [canonicus Trecensis], 158, 163, 177.
Otgerus, monachus Dervensis, 142.
Oudetus de Villeyo, 232.

P., abbas de Moncellis, 291.
Paganus, clericus, 198.
Paganus, laicus, 190.

Paganus, miles, 194.
Paganus, filius Hepelini, 189, 198.
Paganus, frater Salonis, 4.
Paganus de Esclantia, 34.
Paganus de *Jassenes*, sacerdos, 29.
Paganus de *Larzeicurt*, 16.
Pardulus, Laudunensis episcopus et memorabilis rector monasterii Dervensis, 128, 129, 130, 133.
Petronilla, mater Galteri comitis Brenæ, 158, 159, 161, 164, 191.
Petrus, 252.
Petrus Asinarius, 13.
Petrus (dominus), clericus, 217.
Petrus, filius Gisleberti, 180.
Petrus, nepos Hugonis, militis, 187.
Petrus, filius donni Milonis, 4.
Petrus, filius Radulfi Cardi, 278.
Petrus, S. R. E., presbiter cardinalis ac bibliothecarius, 241.
Petrus, Sancte Marie in Via Lata diaconus cardinalis, et legatus, 39.
Petrus Adam, frater Stephani scriptoris, 268.
Petrus de Arzilleriis, 188.
Petrus, decanus Barri [super Albam (?)], 283.
Petrus, filius Galteri de *Biarz*, 276.
Petrus, miles, de Blenicuria, 4.
Petrus de *Bore*, miles, 37.
Petrus, miles, dominus de *Bouchi* et de *Manencort*, custos des marches de *Basseigny* et de la baillie de *Chaumont*, 70.
Petrus, abbas de Brena [*lege* Brana], 4.
Petrus *Bugre*, canonicus Sancti Petri Trecensis, 24.
Petrus Bursaudus, [Trecensis], 202.
Petrus, abbas Cellensis, 19, 249, 250, 251, 253.
Petrus, cellarius Cellensis, 25.
Petrus, elemosynarius Cellensis, 25.
Petrus, abbas Clarevallis, 30, 31, 32.
Petrus, abbas Sancti Benigni Divionensis, 39.
Petrus, sacerdos de *Donnement*, 29, 283.
Petrus Jains, 37.
Petrus de *Joncherei*, 36.
Petrus de Mariaco, [canonicus Trecensis], 242.
Petrus, miles, de *Montmirail*, 12, 30.
Petrus de *Pogeio*, 18, 278, 280.
Petrus, abbas Premonstratensis, 39.
Petrus, clericus de Rosnaco, 278.
Petrus Strabo, [canonicus Trecensis], 249, 260, 263.
Petrus, archidiaconus Trecensis, 190.
Petrus, decanus [capituli Trecensis], 250, 277.
Petrus, decanus ecclesie Trecensis, 206.
Petrus, [canonicus Trecensis], 250.
Petrus, clericus, capellanus, 190, 192, 194, 195.

Petrus, famulus Sancti Lupi [Trecensis], 22.
Petrus, miles, de Valentiniaco, 36.
[*Philippe-le-Hardi*], dux Burgundiæ, dominus de Belloforte et de *Soublaines*, 87.
Philippus, miles, 198.
Philippus, filius Galteri de *Biarz*, 276.
Philippus [I], rex Francorum, 174, 177, 188, 241, 243.
Philippus [II, Augustus], rex Francorum, 31, 32, 34.
Philippus [IV], rex Francorum, 69, 70.
Philippus, filius Ludovici [VI], regis Francorum et etiam sacratus rex Francorum, 201.
Philippus de *Sirre*, miles, 65.
Philippus, [alias Milo II], episcopus Trecensis, 179, 188, 189, 190, 191, 193, 194, 195, 198, 200, 203, 242, 243, 254, 255, 272, 274, 275, 289.
Philippus, dominus de Valentigniaco, 203, 204.
Philippus, juvenis, filius Philippi, domini de Valentigniaco, 204.
Philippus de *Waricult*, 18.
Pilatus, 264.
Pipinus [*d'Héristal*], major domus, 116.
Poncetus de Ourgriis, domicellus, 296.
Poncius, 37.
Poncius, Sancti Lupi [Trecensis] canonicus, 24.
Ponzo, abbas de Cantumerula, 18.

Radulfus, frater Bonelli de *Soicleu*, 5.
Radulfus, capellanus Theobaldi [II], comitis Trecensis, 202.
Radulfus, abbas de Altofonte, 254.
Radulfus [I], abbas de Bello Loco, 8, 12, 13.
Radulfus [II], abbas de Bello Loco, 286, 287.
Radulfus, filius Galteri de *Biarz*, 276.
Radulfus, prior Brene, 205.
Radulfus, abbas de Burlincurt, 8, 18, 19, 21, 254.
Radulfus Cardus, 278.
Radulfus, abbas Dervensis, 221, 227, 228.
Radulfus, rector ecclesie de Junkereio, 57, 58.
Radulfus, prior de Sancto Leodegario, [subtus Brenam], 205, 215, 216.
Radulfus, burgensis Sancte Margarete, 283.
Radulfus, decanus de Sancta Margareta, 268.
Radulfus, prior Sancte Margarete, 267, 268.
Radulfus Pes Canis de Virtuto, 261, 264.
Radulfus, canonicus Sancti Petri Trecensis, nepos Guerrici, monachi, 22.
Radulfus de *Thorote*, dominus de *Chastelier*, 66.
Radulfus, archidiaconus Trecensis, 158.

Radulphi (pueri), 12.
Radulphus, frater de Capella ad Plancas, 3.
Radulphus de *Gini*, 4, 5.
Radulphus, miles, de Sancta Margareta, 6, 9.
Ragenaldus, presbiter, [canonicus Trecensis], 145.
Ragenardus, 93.
Ragenarius, 131.
Ragenarius, 113.
Reginaldus, alias Regnaudus *Croquant,* presbiter de Belloforti, 221, 222, 223, 229.
Raginaudus, major Rosnaii, 202.
Raimfridus, 121.
Raimhardus, presbiter, 121.
Rainaldus (magister), 283.
Rainaldus, marescalcus, 264.
Rainaldus, curatus de Belforte et de Villareto, 193.
Rainaldus, cantor, [capituli Cathalaunensis?], 252.
Rainaldus, prepositus de Ronniaco, 16.
Rainaldus, prepositus ecclesie Trecensis, 190, 191, 242.
Rainaldus, prepositus [ecclesiæ Trecensis] et archidiaconus, 180.
Rainaldus, archidiaconus Trecensis, 256.
Rainaldus, presbyter, [canonicus Trecensis], 158.
Rainardus, decanus, 194.
Rainardus, episcopus Lingonensis, frater uxoris Galteri comitis Breonensis. 173, 174.
Rainardus, filius Petri de Pogiaco, 278.
Rainardus de Roisnaco, 278.
Rainaudus, abbas Bassi Fontis, 284.
Rainaudus, abbas de Capella ad Plancas, 22, 25, 26, 28.
Rainaudus de Pruvino, archidiaconus [Trecensis], 24.
Rainaudus de Sezanna, 198.
Rainbertus de Sonseio, 269.
Rainerius, 246, 248.
Rainerius, archidiaconus Trecensis, 163, 177.
Rainerius, levita, [canonicus Trecensis], 144.
Rainerus, 92.
Rainerus (magister), 245.
Rainerus, prepositus ecclesiæ Trecensis, 158, 163.
Rainerus, subdiaconus, [canonicus Trecensis], 158, 161.
Rainerus, canonicus Virtuensis, 245.
Rainnier de *Villerez,* miles, 60, 61.
Rainoldus, 170.
Rainoldus, 154.
Rainoldus Rufus, 197.
Rainoldus, presbiter, [canonicus Trecensis], 163.
Rambertus, villicus Odonis III, comitis palatini Trecensis, 189.
Ratoldus, archidiaconus Trecensis, 145.
Raynaudus, prior Cellensis, 25.

Raynerius Brenensis, canonicus Trecensis, 249.
Reginus, 278.
Regnaudus Mareschallus, clericus, 265.
Regnodus, 20, 34.
Remigius de Hispania, homo Odonis, 219, 220.
Renaldus, filius domini Guidonis de Esclantia, 225.
Renaud d'Yevre, custos sigilli præpositurae de *Rosnay*, 82, 83.
Renaudus, miles de Pogeyo, 30.
Renaus de Biaufort, miles, 65.
Renaut de Villerez, miles, 60, 61.
Renerus Reversatus, 363.
Reynaudus, filius domine Ode de Belloforti, 231.
Ricardus (magister), 283.
Richardus, 137, 142.
Richardus, archiepiscopus Bituricensis, 184, 187.
Richardus, dictus *Grignons*, prepositus Brene, 295, 296.
Richardus de Larzeicurte, 194.
Richardus, abbas [Sancti Medardi Suessionensis], 147.
Richerius, archiepiscopus Senonensis, 172.
Richerus, 153.
Richerus, abbas Capelle [ad Plancas], 284.
[Ricuinus], episcopus Tullensis, 196.
Riculfus, 121.
Rigobertus [sanctus], archiepiscopus Remensis, 116.
Rimarus, 138, 142.
Risus, 131.
Robertus, frater de Capella ad Plancas, 3.
Robertus, archidiaconus [Cathalaunensis], 252.
Robertus de Longavilla, presbyter, 21.
Robertus, abbas Premonstratensis, 42.
R[obertus], episcopus Trecensis, 223.
Robertus, levita, [canonicus Trecensis], 139.
Rodgerus, archiepiscopus, 240.
Rodulfus, 154.
Rodulfus, 137, 138.
Rodulfus, comes, 239.
Rodulfus, decanus, 266.
Rodulfus, miles, 245, 246, 247.
Rodulfus, homo Odonis de Hispania, 219.
Rodulfus, [comes III Vadensis], comes Barri [super Albam], 162, 178.
Rodulfus, prepositus capituli Cathalaunensis, 176.
Rodulfus, dapifer Ludovici [VII], regis Francorum, 251.
Rodulfus, filius Odonis de Hipania, militis, 219.
Rodulfus de *Tors*, 219.
Rodulfus, decanus, [presbiterorum] in capitulo Trecensi, 195.
Rogerius, canonicus de Bello Loco, 19.
Rogerius, alias Rogerus, abbas Dervensis, 189, 190, 192, 193, 194, 195, 196, 197, 198, 225.

Rogerus, 121.
Rogerus, 162.
Rogerus, cognatus Stephani, 268.
Rogerus [I], episcopus [Cathalaunensis], 147.
Rogerus [II], alias Rotgerus, episcopus Cathalaunensis, 172 (?), 241, 251, 252.
Rogerus [III], episcopus Cathalaunensis, 176, 184, 187.
Rogerus, abbas Omnium Sanctorum in Insula Cathalaunensi, 255.
Rogerus de *Cloies*, miles, 267.
Rogerus, prior Sancti Georgii, 3.
Rogerus, pater Gaufridi, domini Jovisville, senescaldi comitis Henrici, 20.
Rogerus Junivillensis, 191.
Rogerus, archidiaconus Lingonensis, 174.
Rogerus, miles de *Ru*, 21.
Rohencus, 125.
Roricus, frater Nevelonis, militis de Ramerocho, 13.
Roricus, episcopus Ambianensis, 184, 187.
Rotbertus, levita, [canonicus Trecensis], 144.
Rotbertus, rex Francorum, 145, 147, 150, 152, 154.
Rotfridus, 125.
Rotgerus, 157.
Rotgerus, archidiaconus [Cathalaunensis], 240.
Rothildis, ancilla Adalacri, 124.
Rotlaus, 110.
Runierus, 125.
Russellus de *Dronai*, 266.

Sairfridus, 93.
Salo, frater Pagani, 4.
Salo, levita, [canonicus Trecensis], 144.
Sanson, archiepiscopus Remorum, 248, 252, 253.
Sanxivalo, 179, 182.
Sarilo, 92.
Sarracenus, 264.
Sarracenus, miles, de Planceyo, 30.
Sefredus, S. R. E., titulo S. Praxedis, presbiter cardinalis, 288.
Seiardus, 154, 159, 161.
Sigibertus, 138, 142.
Silo, frater Stephani, 268.
Simon [sanctus], filius Rodulfi, comitis de Barro super Albam, 162.
Simon, filius Pagani de *Larzeicurt*, 16.
Simon, faber, de Sancta Margareta, 7.
Simon, archidiaconus Trecensis, 190, 191, 192, 193.
Stephanus, 12.

Stephanus, 154.
Stephanus, clericus, 216.
Stephanus, molendinarius, 167.
Stephanus, episcopus. 239.
Stephanus, episcopus, 116.
Stephanus, scriptor. 268.
Stephanus de Barro [super Albam?], 277.
Stephanus, decanus Brenensis, 292, 294.
Stephanus Giroldi, presbiter, canonicus Trecensis, 256.
Stephanus [dominus] de Juncivilla, miles, 146, 147, 152, 171.
Stephanus, filius Joffridi, domini de *Joinville,* 188.
Stephanus, sacerdos, natus de Junquerio, 36.
Stephanus, presbyter de Rameruco, 30, 32.
Stephanus, decanus Trecarum, 22.
Stephanus, prepositus ecclesie Trecensis, 176, 177.
Stephanus, presbiter, [canonicus Trecensis], 203.
Symon, prepositus, 267.
Symon, domicellus, dominus d'*Ainglus,* scutifer, filius Guidonis, 82.
Symon [I], dominus Belfortensis [et de Brecis], filius Hugonis *Bardoul* II, et Emelinæ [de *Monthléry*], 9, 11, 13, 259, 261, 262, 263.
Symon de Brecis, dominus Belfortensis, filius Symonis et Felicitatis, conjux Agnetis, 29, 30, 31, 33, 37, 259, 260, 261, 262, 263.
Symon, miles, de Hunbaudivilla, frater Ogeri de Sancto Karauno, canonici Sancti Stephani Trecensis, 226.
Symon, filius Petri de Pogiaco, 278.
Symon de *Tegnium,* armiger, 222.
Symonin le Pipat de Chalaite, scutifer, 80.

T. (magister), Papiensis canonicus, 204.
Tebaudus, alias Theobaldus, archidiaconus Trecensis, 180, 196.
Tebaudus, subdiaconus, [canonicus Trecensis], 144.
Tebertus, 92.
Teboldus, matricularius, 189.
Teboldus, filius [Hugonis, militis?], 150.
Teboldus de Ciresio, 197.
Tecelinus, 153.
Tecelinus, vicecomes Rosniacensis, 168, 171.
Teduinus, 238.
Tegerus, decanus presbiterorum, [in capitulo Trecensi], 199.
Tegerus, presbiter, [canonicus Trecensis], 196, 242, 243, 245, 248, 249.
Tegerus, filius Hugonis, [presbiteri de Viaspera], ipse presbiter ejusdem loci, 252.

Tegerus, frater Hugonis de Viaspro, 180.
Temerus Asinus, 34.
Teotana, 114.
Terricus, presbiter Juncherii, 267.
Teubaudus, 155, 157.
Teudatt, 121.
Teudo, presbiter, [canonicus Trecensis], 143.
Theaubaudus, cantor Cellensis, 25.
Theaubaudus, subprior Cellensis, 25.
Theaubaudus, abbas Dervensis, 202, 203.
Thebaldus, filius Wuiteri de Meliano, frater Hugonis II, episcopi Trecensis, 176.
Thebaldus, miles de Sancto Leodegario, 27.
Theobaldus, filius Galteri de *Biarz*, 276.
Theobaldus, filius Petri de Pogiaco, 278.
Theobaldus de Baleinicurte, famulus monachorum de Capella, 29.
Theobaldus, sacerdos, canonicus de Capella ad Plancas, 29.
Theobaldus, presbyter de *Mannicurt*, 35.
Theobaldus, miles de Pineio, patruus Petri, militis, de Valentiniaco, 36.
Theobaldus, miles de Pugeio, 35.
Teobaldus, alias Tebaudus, comes palatinus [Trecensis], filius comitis Odonis [I], 166, 167, 170, 178, 179, 180, 182, 183, 184, 185, 187, 193, 196.
Theobaldus [II], comes palatinus Trecensis, alias comes Blesensis, 3, 6, 9, 198, 201, 260, 261, 262, 263.
Theobaldus [IV], comes palatinus Campanie et Brie, rex Navarre, 53, 55, 56.
Theobaldus [V], comes palatinus Campanie et Brie, rex Navarre, 56, 59, 234, 236.
Theobaldus, frater Petri, militis de Valentiniaco, 36.
Theodericus, 137.
Theodericus Barrensis, [notarius Mariæ comitissæ Trecensis], 39.
Theodericus, famulus Stephani de Barro, 278.
Theodoricus, prepositus [abbatiæ] Belli Loci, 286.
Theodoricus, abbas de *Bullancurt*, 30, 31, 32.
Theodericus, curatus de Espoutemonte, 63.
Theodericus de *Jonchre*, sacerdos, 29.
Theodericus, presbiter, [canonicus Trecensis], 196.
Theodosia (sancta), 125, 128, 130, 136.
Thiboldus de *Charcelicort*, 262.
Thomas de *Ameneis*, clericus, 265.
Thomas de Macey, sacerdos, 83.
Thomas, [canonicus Trecensis], 250.
Torpinus, sacerdos de *Hancurt*, 283.

22

Ufo, 121.
Ugerus, 20, 32.
Ugues, comes Brene, 236. Vide : Hugo.
Ulricus, dapifer [Odonis III, comitis Trecensis], 187, 189.
Ursus, prepositus, Castri Tierrici, 261, 263, 264.

Vaalinus, presbiter de Warnovillari, 292.
Valdricus, sacerdos, 243.
Varenbaldus, prepositus, 251.
Varnerus de *Luistre*, 6.
Venulfus, 111.
Victor [II], papa, 167.
Vilelmus aut Villelmus aut Villermus, vide : Guilelmus, Guillelmus et Guillermus.
Vilelmus, miles de Chaplena, 27.
Vincentius de Petra Castri, cancellarius Campanie, 65, 66.
Vitalis, homo Odonis de Hispania, 220.
Vitalis, abbas Sancti Martini [Trecensis], 24, 206, 256.
Vualterus, vide : Galterus.
Vualterus, 138, 142.
Vualterus de *Orion*, 182.
Vuarinus, filius Hepelini, 189.
Vuarnevertus, 108.
Vuibertus, 138, 142.
Vuido, vide : Guido.
Vuido, 167.
Vuido, apostata, qui monachali habitu relicto et clericali usurpato, ecclesiæ Beatæ Mariæ Rosnacensi preerat, 157.
Vulfaudus, abbas Dervensis, 134.
Vulfaudus, monachus Dervensis, 165.

W..., decanus Autissiodorensis, 282.
Waimerus, [dux Campaniæ et deinde episcopus Trecensis], 116, 118.
Walcherus, monachus, 251.
Walerannus, presbiter, [canonicus Trecensis], 143.
Waldredana, 114.
Walterus, vide : Galterus.
Walterus, 162.
Walterus, 150.
Walterus, 154.
Walterus, canonicus et sacerdos, 16.
Walterus, filius Rodulfi, comitis de Barro super Albam, 162.
Walterus, abbas Sancti Petri de Cella, 247.

Walterus de Ciresio, 166.
Walterus Bulbucus, de Donnipetro, 4.
Walterus, abbas Sanctæ Mariæ de Capella ad Plancas. Vide : Galterus.
Walterus, prior Sancti Leodegarii, 194.
Walterus, archidiaconus Morinensis, 245.
Walterus de Ponte, 155, 157.
Walterus (frater), canonicus [Trecensis], 247.
Walterus, alias Wualterus, levita, [canonicus Trecensis], 158, 163.
Waltidis, uxor Waimeri, [ducis Campaniæ], 116, 118.
Wandelgerus, cognomine Bruno, monachus, et postea abbas Dervensis, 153. 155, 159, 161, 162. Vide : Bruno.
Wandelgisus, homo Odonis de Hispania, 220.
Waraldus, miles, frater conjugis Radulphi de *Ginni*, 5.
Warinus, episcopus [Belvacensis], 147.
Warinus, cantor capituli Cathalaunensis, 176.
Warnerius, 248.
Warnerius de *Vilers*, 278.
Warnerus, 16.
Warnerus, filius [Hugonis, militis ?], 150.
Warnerus de *Jonchre*, famulus monachorum de Capella, 29.
Warnerus, archidiaconus Lingonensis, 174.
Warnerus, alias Wuarnerus, subdiaconus, [canonicus Trecensis], 158, 163.
Wermundus, miles, 161.
Wernerus, socer Nevelonis, 160.
Werricus, Wiricus, vide : Guerricus.
Wiardus, vide : Guiardus.
Wiardus de Brena, 278.
Wiardus, prepositus [Breonensis (?)], 197.
Wiardus de *Burleincurt*, monachus Clarevallis, 286.
Wiardus de *Jassenes*, famulus monachorum de Capella, 29.
Wiardus, carpentarius de Trena, 292.
Wicto, 162.
Wido, vide : Guido.
Wido, comes, 174.
Wido, miles, 174.
Wido, pincerna, 197.
Wido, clericus ex castello Breona, 166.
Wido, comes, frater comitis Ingelberti II Brenensis, 153, 154.
Wido, archidiaconus [Cathalaunensis ?], 252.
Wido, abbas Clarevallis, 291.
Wido, abbas Molismensis, 197.
Wido, (donnus) de Sancto Audoeno, 4.
Wido Vangionisrivi, 197.
Wilericus, 131.
Wilelmus, Willelmus, Willermus, vide : Guilelmus, Guillelmus, Guillermus.
Wilelmus, abbas Cuissiaci, 40.

Wilelmus, frater Petri, militis, de Valentiniaco, 36.
Willelmus, 142.
Willelmus, capellanus Manassei, episcopi Trecensis, 35.
Willelmus, miles, 194.
Willelmus, decanus Brene, 292
Willelmus, frater Galteri, comitis Breonensis, 284.
Willelmus, abbas Sancti Martini Trecensis, 245, 247, 249, 251.
Willelmus, alias Villermus *Seiliez*, frater Walteri, domini de *Arzillières*, 36, 37.
Wilermus, dominus de Dampetra, filius Heleidis, 11, 12.
Willermus, nepos Odonis, 15.
Willermus, prior Sancte Margarete, quondam abbas Cluniacensis, 44, 45.
Winemarus, 92.
Wiricus, monachus [de Capella ad Plancas?], 7.
Wirricus Bucellus, canonicus Trecensis, 249.
Witerus, 161.
Witerus, prepositus Breonensis, 166.
Witerus, filius Hugonis, militis de *Manicurt*, et Hawidis, 35.
Wualterius, miles, 194.
Wualterus, dominus de *Arzillières*, 35, 37.
Vuarnerus, 170.
Wuarnerus, 152, 154.
Wuatso, 142.
Wuido, archidiaconus Trecensis, 158, 161, 177, 180, 196.
Wuido, presbiter capellanus, 195.
Wuiterus de Meliano, alias de *Dampierre*, 176.

Yrmindrudis, uxor Karoli [II], regis Francorum, 237.
Ysabellis, alias *Ysabiaus*, comitissa de Grandiprato, uxor comitis Henrici, 235.
Ysvardus, comes, 138, 142.
Yvo, conversus de Templo, 252.

TABLE DES NOMS DE LIEUX

CONTENUS

DANS LES CARTULAIRES DE LA CHAPELLE-AUX-PLANCHES, ETC.

Absono (mansum in), 131, 160. Vide : *Auzon.*
Agaunensium (norma Sanctorum), 117. Vide : *Saint-Maurice.*
Agtignes (nemus apud), 21. Vide : *Outines.*
Aillebaudier, 83. Vide : *Allibaudières.*
Ainglus, 82, 83. Vide : *Anglus.*
Aix-la-Chapelle, Prusse Rhénane, 124. Cfr. Aquisgranum.
Alba, fluvius, 153. Vide : *l'Aube.*
Alineiscurtis (in fine], 135, Aliniacacorte (mansus in), 108, 133. Vide : *Hallignicourt.*
Allebauderias (ante), 258. Vide : *Allibaudières.*
Allibaudières, Aube, a. et c. Arcis-sur-Aube, 83, 258, 260. — Dominus : *Jehans de Thorete.* Cfr. *Aillebaudier,* Allebauderiæ, Libauderiæ.
Alnetum, 176, 235 ; Alnei, 18 ; Alnidum, 132. Vide : *Aulnay.*
Alismantia (rivulus), 135 ; Alsmantia, 120. Vide : *le Haut-Manson.*
Alsono (mansus in), 105. Vide : *Auzon.*
Alta Villa (furnus de), 176. Vide : *Hauteville.*
Altignis (terra de), 10. Vide : *Outines.*
Altivillaris, 142. Vide : *Hautvillers.*
Altum Gouletum (ad), haud procul *Longeville,* 32.
Altusfons, 254. Vide : *Hautefontaine.*
Amance, Aube, a. Bar-sur-sur-Aube, c. Vendeuvre, 279. (Manasses de). Cfr. Asmancia.
Ambianensis (diœcesis), 184. Vide : *Amiens.*
Ambonville, Haute-Marne, a. Vassy, c. Doulevant, 110. Cfr. Ebbonisvilla.
Ameneis (Thomas de), 265. Vide : *Menois.*

Amiens, Somme, 147, 184. — Episcopi : Fulco, Roricus. Cfr. Ambianensis (diœcesis).

Anagnie, *Italie*, 204.

Andeceiarum (ecclesia), 267 ; *Andecies*, 266 ; Andeceyarum (ecclesia), 259. Vide : *Andécy.*

Andécy, Marne, a. Epernay, c. Montmort, co. Baye, vetus abbatia, 259-271. — Ecclesia Beate Mariæ Andeceiarum, 267. Cfr. Andeceiæ, *Andecies,* Andeceyæ, *Antechois.*

Angelerii (quercetum), 170. Vide : *Anglus.*

Angleterre, 65, 84, 85. — Reges : Eduardus III, Henricus III. — Seneschalus : *Jehans,* dux de *Lanquastre.* Cfr. Anglia.

Anglia, 65, 84, 85. Vide : *Angleterre.*

Angliture (locus), 259, 261. Non longe a Baia ?

Anglus, Haute-Marne, a. Vassy, c. Montiérender, 82, 83, 87, 170, 171. — Dominus : Symon, scutifer. (Erardus ; Guido, miles ; *Guillaume,* scutifer ; Johannes de). Cfr. *Ainglus,* Angelerium.

Annonville, Haute-Marne, a. Vassy, c. Soissons, 101. Cfr. Hasnonivilla.

Antechois, 264. Vide : *Andécy.*

Antissiodorensis (diœcesis), 253. Vide : *Auxerre.*

Aquisgranum, 124. Vide : *Aix-la-Chapelle.*

Aramberticurie (capella), 24. Vide : *Arrembécourt.*

Arceiacensis (pagus), 237 ; Arceiis (de), 267 ; *Arceys* (de), 258 ; Arceiacensis (comitatus), 239, 240. Vide : *Arcis-sur-Aube.*

Aremberticurtis (parrochia), 40, 176. Vide : *Arrembécourt.*

Arcis-sur-Aube, Aube, 81, 237, 239, 240, 258, 267. — Ecclesia Sancti Stephani, 238. — Decanus : Herbertus. — Domina : *Aaliz* de *Jainville.* Cfr. Arceiacensis (pagus), Arceiis (de), *Arceys,* Arciacensis (comitatus), *Arsis.*

Arconval (apud), 292. Vide : *Arsonval.*

Ardilleriis (dominus de), 37. Vide : *Arzillières.*

Arnancourt, Haute-Marne, a. Vassy, c. Doulevant, 95. Cfr. Arnulficortis.

Arnulficorte (mansus in), 95. Vide : *Arnancourt.*

Arremarensis (abbatia), 249. Vide : *Monticramey.*

Arrembécourt, Aube, a. Arcis-sur-Aube, c. Chavanges, 12, 13, 24, 37, 40, 176, 262, 263. Cfr. Aramberticuria, Aremberticurtis, *Arrembercurt, Erambecort, Erembercort, Harembecorth, Rambecort.*

Arrembercurt, 23. Vide : *Arrembécourt.*

Arripatorium (vetus abbatia), 24. Vide : *Larrivour.*

Arsis, 81. Vide : *Arcis-sur-Aube.*

Arsonval, Aube, a. et c. Bar-sur-Aube, 292. Cfr. Arconval.

Arzilleriis (Petrus de), 188. Vide : *Arzillières.*

Arzillières, Marne, a. Vassy, c. Saint-Remy-en-Bouzemont, 35, 37, 188. — Dominus : Walterus. — Præpositus : Laurentius. (Adam, Petrus de). Cfr. Ardilleriæ, Arzilleriæ.

Asmancia (Manasses de), 279. Vide : *Amance.*
Atelanicorte (terra in), 166.
Athènes (duché d'), Grèce, 236. Ducissa : *Jehanne de Châtillon,* comitissa Brenæ et de *Liche.*
Aube (l'), fluvius affluens Sequanæ, *Haute-Marne et Aube,* 153, 214, 241, 251, 272. Cfr. Alba.
Augias, 160.
Augustidunensis (diœcesis), 184. Vide : *Autun.*
Aulnay, Aube, a. Arcis-sur-Aube, c. Chavanges, 13, 18, 132, 133, 176, 208, 235. (Girardus, sacerdos ; Nevelo de). Cfr. *Alnei,* Alnetum, Alnidum, Auneyum.
Auneyum, 13. Vide : *Aulnay.*
Austrialziaco (in fine), 135.
Autennis (grangia de), 15 ; *Autignes* (apud), 18, 26, 44 ; Autingiæ, 30, 31, 34. Vide : *Outines.*
Autun, Saône-et-Loire, 184. — Episcopus : Agano. Cfr. Augustidunensis (diœcesis).
Auxerre, Yonne, 253. — Episcopus : Alanus. — Præpositus : G... — Decanus : W... — Abbatia Sancti Mariani ; abbas : Milo. Cfr. Antissiodorensis (diœcesis).
Auzon, Aube, a. Troyes, c. Piney, 105, 131, 160, 236. Cfr. Absonum, Alsonum.
Avenacum, 197. Vide : *Avenay.*
Avenay, Marne, a. Reims, c. Ay, vetus abbatia, 197, 235. Cfr. Avenacum, Avenayum.
Avenayo (abbatissa de), 235. Vide : *Avenay.*
Axinvilla, 131.

Baali (decima de), 230 ; Baaliaco (decima de), 48. Vide : *Bailly-le-Franc.*
Badulficurte (mansus in), 103. Vide : *Baudrecourt.*
Bagneux, Marne, a. Epernay, c. Anglure, 266, 271. (Etienne de). Cfr. Balneole.
Baileyo (decima de), 73 ; *Bailley* (decima de), 76. Vide : *Bailly-le-Franc.*
Bailly, Marne, a. Vitry-le-François, c. Sompuis, co. Saint-Ouen, vetus prioratus ex cenobio Majoris Monasterii, 56. Cfr. S. Stephanum.
Bailly-le-Franc, Aube, a. Arcis-sur-Aube, c. Chavanges, 21, 47, 48, 57, 58, 67, 73, 75, 76. — Presbiter : Jacobus. Cfr. *Baali,* Baaliacum, Baileyum, *Bailley,* Baleyum, *Bali,* Bauleium.
Balcheseio (Drogo de), 256.
Baleyo (decima de), 31. Vide : *Bailly-le-Franc.*
Baleinicurtis, 29 ; Balignicuria, 72. Vide : *Balignicourt.*
Balignicourt, Aube, a. Arcis-sur-Aube, c. Chavanges, 29, 72, 75, 295. (Theobaldus de). Cfr. Baleinicurtis, Balignicuria.
Balneolis (decima de), 266, 271. Vide : *Bagneux.*

Barevilla (molendinum de), 280. Vide : *Beurville.*
Bar-le-Duc, *Meuse*, 121. Cfr. Barrense (castrum).
Barrense (castrum), 121. Vide : *Bar-le-Duc.*
Barrense (in pago), 120. Vide : *le Barrois.*
Barrois *(le)*, *Meuse*, 120
Barrum super Albam, 74. Vide : *Bar-sur-Aube.*
Barrum super Sequanam, 197. Vide : *Bar-sur-Seine.*
Bar-sur-Aube, *Aube*, 162, 178, 277 (?), 283, 295. — Decani xpistianitatis : Andreas, Petrus. — Capitulum Sancti Machuti : 295; decanus : Nicholaus. — Comites : Rodulfus, Simon. — Præpositus : Dominicus. — Nundinæ : 74. (Guibertus (?) ; Lambertus. miles ; Stephanus (?) de). Cfr. Barrum super Albam.
Bar-sur-Seine, *Aube*, 197. — Comes : Milo. Cfr. Barrum super Sequanam.
Basse-Fontaine, *Aube*, a. Bar-sur-Aube, c. Brienne-le-Château, co. Brienne-la-Vieille, vetus abbatia, 8, 276, 282, 284. — Abbates, Ancherius, Balduinus, Guiterus, Rainaudus. — Monachus : *Gieffroy.* Cfr. Bassus Fons.
Basseigny, 70. Vide : *Bassigny.*
Bassigny *(le)*, vetus provincia Franciæ, 70. — Custos *des marches du Baseigny* : Petrus, miles, dominus de *Boucli* et de *Manencort.* Cfr. *Basseigny.*
Bassus Fons, vetus abbatia, 8. Vide : *Basse-Fontaine.*
Baucencort (pasnagium de), 292. Vide : *Bossancourt.*
Baudrecourt, *Haute-Marne*, a. *Vassy*, c. *Doulevent*, 103, 131. Cfr. Badulficurtis.
Bauleio (decima de), 67. Vide : *Bailly-le-Franc.*
Bayam (apud), 260. Vide : *Baye.*
Baye, *Marne*, a. *Epernay*, c. *Montmort*, 260, 261.
Beate Marie (terragium quod dicitur), in territorio de *Joncreuil*, 54. Vide : *Sainte-Marie.*
Beaufort (nunc *Montmorency*), *Aube*, a. Arcis-sur-Aube, c. Chavanges, castellaria, 6, 11, 12, 33, 37, 46, 49, 52, 53, 55, 59, 66, 76, 77, 79, 81, 170, 171, 187, 192, 199, 209, 221, 225, 230, 231, 262. — Domini : Hugo *Bardul* I, dominus de Brecis ; Hugo III, dominus de Brecis ; Hugo II, comes Regitestensis ; Jehans de Lancastre, Jehans, filius regis Angliæ, dux de Lancastre ; Jehans de Torote ; Manassiers IV, comes Regitestensis ; *Philippe le Hardy*, dux Burgundiæ ; Symon I, dominus de Brecis ; Symon de Brecis. — Dominæ : Aalis de *Joinville* ; Felicitas, comitissa Regitestensis. — Custos castellariæ : Guillielmus de *Boullemer.* — *Son lieutenant* : Aubri, abbas de Bullencuria. — Prioratus vel ecclesia, 170, 209, 221, 222, 225, 229, 230, 231. — priores, 81. — Curati parrochiæ, 228 : Rainaldus, Reginaldus alias Renaudus *Croquant.* (Burdinus ; Girardus, canonicus Sancti Petri ; Hugo ; Johannes, armiger ; Lambertus, miles ; Leobaudus ; Mainerus ; Martinus, miles ; Martinus, clericus ; Oda ; Renaudus, miles de). Cfr. *Belfort*, Belfortis, Bellumforte, *Biaufort*.

Beaulieu, Premonstratensium vetus abbatia, *Aube, a. Bar-sur-Aube, c. Brienne-le-Château, co. Trannes,* 1, 8, 40, 47, 48, 57, 58, 68, 71-74, 209, 277, 278, 279, 282-296. — Abbates : Giroudus, Guido [IV], Hugo, Johannes [II], Johannes [III], Odo, Radulfus [I], Radulfus [II]. - Canonici : Garnerus, sacerdos ; Geroldus ; Gilbertus ; Rogerius. — Cellerarius : Bertrannus. — Conditores abbatiæ : Alardus, Osbertus. — Præpositus : Theodoricus. — Priores : Johannes, Odo. — Subprior : Johannes. Cfr. Bellus Locus, Beruilla, *Berville.*

Beauvais, Oise, 3, 8, 147. — Episcopus : Warinus. — Abbatia Sancte Genitricis Belvacensis, 8. — Abbatia Sancti Quintini, 3 ; abbas : Gaufridus. Cfr. Belvacensis (diœcesis).

Bechin (pratum in territorio de *Outines,* in loco dicto *Le Prei),* 53.

Belfort, 170 ; Belfortis (Leobaudus), 6. Vide : *Beaufort.*

Beliardis (pratum in fine Valentiniaci quod dicitur), 165.

Belinfai, 280. Vide : *Blinfey.*

Bellancorth (abbas de), 19. Vide : *Boulancourt.*

Bellumforte, 12. Vide : *Beaufort.*

Bellus Locus, vetus abbatia Premonstratensis ordinis, 1, 8. Vide : *Beaulieu.*

Belo (Gilbertus de), 30.

Belvacensis (diœcesis), 3, 8, 149. Vide : *Beauvais.*

Bernon, Aube, a. Bar-sur-Seine, c. Chaource, 198, 202. (Vualterus de). Cfr. *Bernum.*

Bernum (Vualterus de), 198, 202. Vide : *Bernon.*

Beroet (nemus de), haud procul *Beaufort* et *Tainières,* 262.

Bertinimonte (mansus in), 106.

Beruilla (parrochia olim secus Albam posita que dicitur), 272, 280. Vide : *Berville,* vel Beaulieu.

Berville, Aube, a. Bar-sur-Aube, c. Vendeuvre, co. Trannes, parrochia a longo tempore deserta, in qua erat ecclesia Salvatoris et Sancti Marci, ubi condita fuit Belli Loci abbatia, 272, 273, 274, 280. Cfr. Beruilla. Vide : *Beaulieu.*

Bethon [*Fontaine-*], *Marne, a. Epernay, c. Esternay,* 265 (?). Cfr. Fontanæ.

Bétignicourt, Aube, a. Bar-sur-Aube, c. Brienne-le-Château, 104. Cfr. Bitiniacacurtis.

Beurville, Haute-Marne, a. Vassy, c. Doulevant, 280, 285, 286. (Haymo de). Barevilla, Burrevilla.

Bevrone (rivus de), 292. Vide : *La Brevrone.*

Biardo (Galterus de), 204. Vide : *Biarz.*

Biarz (Galterus de), 276.

Biaufort, 53, 76, 77. Vide : *Beaufort.*

Bitiniacacurte (mansus in), 104. Vide : *Bétignicourt.*

Bituricensis (diœcesis), 184. Vide : *Bourges.*

Blaincourt, Aube, a. Bar-sur-Aube, c. Brienne-le-Château, 4, 236. (Petrus, miles de). Cfr. Blenicuria.

Blaise (la), fluvius affluens Maternæ, *Haute-Marne et Marne*, 110, 137, 285. Cfr. Blesa, Blesia.
Blaisois (le), vetus pagus, *Haute-Marne*, a. Vassy, c. Doulevant, 152, 188. Cfr. Blesense (territorium).
Blengnicurt (ecclesia de), 280. Vide : *Blignicourt*.
Blenicuria, 4. Vide : *Blaincourt*.
Blesa (in summa), 110. Vide : *la Blaise*.
Blesa, fluvius, 137. Vide : *la Btaise*.
Blesense (territorium), 152. Vide : *le Blaisois*.
Blesensis (comitatus), 201. Vide : *Blois*.
Blesia (rivus), 285. Vide : *la Blaise*.
Blicorno (Arnulfus de), 264.
Blignicourt, Aube, a. *Bar-sur-Aube,* c. *Brienne-le-Château,* 154, 280. — Prioratus, 276. — Capellanus : Herbertus. (Johannes, miles, de). Cfr. *Blengnicurt*, Blinicort, Blungiscortis.
Blinfey, Haute-Marne, a. *Vassy,* c. *Doulevant,* co. *Beurville,* 280, 285, 286, 287. Cfr. *Belinfai*.
Blinicort, 276. Vide : *Blignicourt*.
Blois, Loir-et-Cher, 201. — Comes : Theobaldus [IV]. Cfr. Blesensis (comitatus).
Blungiscortis, 154. Vide : *Blignicourt*.
Bochet (sylva que vocatur *le*), haud procul *l'Etang-de-la-Horre*, 32.
Boi (Galterus de), 19, 250. Vide : *Bouy-sur-Orvin*.
Bois-Jardin, Marne, a. *Epernay,* c. *Sezanne,* co. *Pleurs,* vetus abbatia monalium, 66.
Bolesvaus, alias *Bolinvaus* (finagium de), 285.
Bonevicine (capella) 248. Vide : *Bonnevoisine*.
Bonnevoisine, Aube, a. *Arcis-sur-Aube,* c. *Méry-sur-Seine,* co. *Champfleury,* grangia, 248.
Bore (Petrus de), 37.
Borlancort (de), 21, 32. Vide : *Boulancourt*.
Bosoniscorte (mansus in), 110, 115, 131. Vide : *Bouzancourt*.
Bosonomonte (via de), tendit ad *Saint-Remy-en-Bouzemont*, 21.
Bossancourt, Aube, a. *Bar-sur-Aube,* c. *Vendeuvre,* 292. Cfr. *Baucencort*.
Bouchy-le-Repos, Marne, a. *Epernay,* c. *Esternay,* 265. Cfr. *Busseium*.
Boucli (Petrus, dominus de), 70.
Boulancourt, Haute-Marne, a. *Vassy,* c. *Montierender,* co. *Longeville,* vetus abbatia, 8, 18, 19, 21, 30, 31, 32, 54, 60, 61, 62, 65, 235, 284, 290, 291. Abbates : *Aubry,* H., Henricus, Lambertus, Radulfus, Theodoricus. — Priores : Guiardus, Obertus (Wiardus, monachus Clarevallis, de). Cfr. *Bellancorth, Borlancort, Bulencort, Bullancurt, Bullencore,* Bullenchortis, Bullencuria, *Burlincurt*.
Boullemer (Guillelmus de), 84.
Bourc, 59. Vide : *Bourcq*.
Bourcq, Ardennes, a. et c. *Vouziers,* 59. — (Menessiers, [comes] Regitestensis, dominus de).

Bourges, Cher, 184. — Archiepiscopus : Richardus. Cfr. Bituricensis (diœcesis).
Bouy-sur-Orvin, Aube, a. et c. Nogent-sur-Seine, 19. 250. (Galterus, Guido de). Cfr. *Boi.*
Bouzancourt-sur-Blaise, Haute-Marne, a. Vassy, c. Doulevant, 110, 115, 131. Cfr. Bosoniscortis.
Bovaria (grangia Beate Marie de Capella que dicitur), 35, 37, haud procul ab abbatia.
Boviniacacorte (mansus in), 100.
Bracancourt, Haute-Marne, a. Chaumont, c. Vignory, co. Blaise, 131. Cfr. Brachonicurtis.
Brachay, Haute-Marne, a. Vassy, c. Doulevant, 103.
Bracheio (mansus in), 103. Vide : *Brachay.*
Brachonicurte (mansus in), 131. Vide : *Bracancourt.*
Brah (mansus in), 93, 126, 129. Vide : *Braux-le-Saint-Père.*
Brah, rivus, 138. Vide : *le Ravet.*
Braibannium, 219 ; *Braibant,* 4, 5. Vide : *Brebant.*
Brais (mansus in), 95, 129.
Braisne, Aisne, a. Soissons, 4. — [Abbatia Sancti Evodii], abbas : Petrus. Cfr. Brana.
Brajoli (ecclesia), 180. Vide : *Braux-le-Saint-Père.*
Brana (abbatia de), 4 Vide : *Braisne.*
Brau (stagnum), 21. Vide : *Broué.*
Brauci Comitis (ecclesia), 207. Vide : *Braux le-Comte.*
Brauci Sancti Petri (ecclesia), 208. Vide : *Braux-le-Saint-Père.*
Braus, 131, Vide : *Braux-le-Saint-Père.*
Braux-le-Comte, Aube, a. Arcis-sur-Aube, c. Chavanges, 207.
Braux-le-Saint-Père, Aube, a. Arcis-sur-Aube, c. Chavanges, co. Braux-le-Comte, 93, 126, 129, 131, 138. 180, 208.
Brebant, Marne, a. Vitry-le-François, c. Sompuis, 4, 5, 43, 219. (Albericus ; Fredericus, miles, de). Cfr. Braibannium, Braibant.
Brecis (de), 11 ; Breias (apud), 170, 253. Vide : *Broyes.*
Breha, 63 ; Brenensis (comitatus vel pagus), 13, 30, 191 ; Breniensis, 189 ; Breona Castellum, 152, 166, 212 ; Breonensis, 123, 132 ; Brianensis, 124. Vide : *Brienne-le-Château.*
Brena Vetula, 213 ; Brena Vetus, 232. Vide : *Brienne-la-Vieille.*
Brevone (la), rivulus affluens Vigeræ, *Aube, a. Bar-sur-Aube, c. Brienne-le-Château,* 292. Cfr. *Bevrone.*
Brie (la), provincia Franciæ. Comites. Vide : *Troyes.*
Brienne-le-Château, Aube, a. Bar-sur-Aube, 13, 63, 123, 124, 132, 134, 138, 152, 154, 166, 197, 204, 205, 212, 216, 217, 223, 224, 228, 236, 275, 293, 294. — Archidiaconatus : 203. — Comitatus : 13, 189. — Comites : Erardus [I], Erardus [II], Galterus [I], Galterus [II], Galterus [III], Galterus [IV], Hugo, Ingelbertus [I], Ingelbertus. [II], Johannes [II]. — Comitissæ : Adelidis, Agnes, *Jehanne de Chastillon.* — Præpositi : Constantius, Richardus, Wiardus, Witerus. — Senescallus : Hato. —

Servientes comitis : Achardus, Hugerus, Landricus. — Vicecomes : Nevelo. — Decani : Gilo, Jacobus, Stephanus, Willermus. — Domus Dei : 224, 225, 227, 231. 233. — Magister Domus Dei : Humbertus. — Ecclesia Sancti Georgii : 225. — Ecclesia Sancti Petri : 223, 224, 225. — Curatus : Guillermus. — Prioratus : 199, 200, 203, 205, 223, 224, 225, 231, 232, 233. — Priores : Jacobus, Radulfus. (Castelinus ; Garnerus ; Hisembertus ; Ingelbertus, miles ; Raynerius, canonicus ; Wiardus, Wido de Brena). Cfr. Brena, Brenensis, alias Breonensis, Brianensis, Brigonenensis (comitatus vel pagus), Breona castellum.
Brienne-la-Vieille, Aube, a. Bar-sur-Aube, c. Brienne-le-Château, 213, 214, 215, 232, 233, 236. — Curatus : Ludovicus. Cfr. Brena Vetula, Brena Vetus.
Brigonenensis (comitatus), 138. Vide : Brienne-le-Château.
Brilerium (apud), 109. Vide : Brillon.
Brillon, Meuse, a. Bar-le-Duc, c. Ancerville, 109. Cfr. Brilerium.
Briaucourt, Haute-Marne, a. Chaumont, c. Andelot, 198. Cfr. Bruoltcurt.
Brocio Parvo (decima de), 271. Vide : Broussy-le-Petit.
Broué (stagnum), prope Châtillon-sur-Broué, Marne, a. Vitry-le-François, c. Saint-Remy-en-Bouzemont. Cfr. Brau.
Broussy-le-Petit, Marne, a. Epernay, c. Sézanne, 271. Cfr. Brocio (decima de).
Broyes, Marne, a. Epernay, c. Sézanne, 11, 169, 170, 253, 259, 260, 261. — Domini : Hugo Bardul [I], Hugo [III], Symon []. — Domina : Felicitas [de Brena]. — Ecclesia Sancti Martini, 170. — Domus Leprosorum, 260. — Porta Berengeri, 260, 261. Porta La Gaite, 261. (Clarembaudus, Drogo, Symon de). Cfr. Brecæ, Breiæ.
Brucltcurt (Haimo de), 198 Vide : Briaucourt.
Buccio (Manasses de), 256 Vide : Bucey-en-Othe.
Bucey-en-Othe, Aube, a. Troyes, c. Estissac, 256. (Manasses de).
Buisoil (decima villæ), 245. Vide : Le Buisson.
Buisson (le), Marne, a. Vitry-le-François, c. Sompuis, co. Humbauville, 243, 246, 247. Cfr. Buisoil.
Bulencurt, 31 ; Bullancurt, 30 ; Bullencore, 18 ; Bullenchortis, 284 ; Bullencuria, 62, 65 ; Burlincurt, 8. Vide : Boulancourt.
Burreville (finagium), 285. Vide : Beurville.
Busseio (decima de), 265. Vide : Bouchy-le-Repos.
Buxeriis (Gauterius de), 278.

Cabilonensis (diœcesis), 147. Vide : Chalon-sur-Saône.
Calvum Maisnilum, 214. Vide : Chaumesnil.
Cambaca villa (mansus in), haud procul a Venueriis, 106.

Campania (in), 26. Vide : *Champagne.*
Campi Auberti (ecclesia), 204. Vide : *Champaubert-aux-Bois.*
Campo *Flori* (Bartholomeus de), 265. Vide : *Champfleuri.*
Cantumella, 252 ; Cantumerula, 18 ; vetus abbatia. Vide : *Chantemerle.*
Capella ad Plancas, alias Beatæ Mariæ (ecclesia) de Capella ad Plancas. Vide : *Chapelle-aux-Planches.*
Capella (vicus dictus de), situs apud Droia villam, 235.
Capis (Clarembaudus de), 277. Vide : *Chappes.*
Caplinas (mansus in), 100. Vide : *Chapelaines.*
Cappas (in villa), 126, 129. Vide : *Cheppes.*
Carcereicurtis, 176. Vide : *Chassericourt.*
Carisiacum, palatium regale, 130. Vide : *Quierzy.*
Carma (in villa), 130, 131. Vide : *Charmes-en-l'Angle* vel *Charmes-la-Grande.*
Cartovorum (abbatia), 4. Vide : *Chartreuve.*
Carus Locus, 160.
Casa Salefridi (decima de), 276. Vide : *La Chaise.*
Castro Noviomo (actum), 240. Vide : *Noyon.*
Castrum Tierrici, 261. Vide : *Château-Thierry.*
Cataracta, 115, 133. Vide : *Chalette.*
Cathalaunensis (diœcesis), 43. Vide : *Châlons-sur-Marne.*
Cavengis (decima de), 8. Vide : *Chavanges.*
Cecciono villa (ecclesia in), 131.
Ceffonds, Haute-Marne, a. Vassy, c. Montierender, 100, 109, 144, 189. — Ecclesia Sancti Remigii, 144, 189, 189, 191, 196, 210. Cfr. Sefons, Septemfontes, Sigisfons.
Cella (Sanctus Petrus de), 23, 27. Vide : *Montier-la-Celle.*
Cella, 270, 271. Vide : *la Celle.*
Celle (la), Aisne, a. Château-Thierry, c. Condé-en-Brie, 270, 271.
Cellensis (abbatia), 25. Vide : *Montier-la-Celle.*
Cereiaci (Letaldus, comes), 165. Vide : *Cirey-sur-Blaise.*
Chachericort, 37. Vide : *Chassericourt.*
Chaise (la), Aube, a. Bar-sur-Aube, c. Soulaines, 236, 276, 294, 296. Cfr. Casa Salefridi, *Chiese (la), Chise (la),* Chyesia.
Chalchericort, 22. Vide : *Chassericourt.*
Chalaite, 80 ; Chaleta, 226. Vide : *Chalette.*
Chalette, Aube, a. Arcis-sur-Aube, c. Chavanges, 80, 115, 133, 226. — Domus Dei, 226 (*Symonin le Pipat* de). Cfr. Cataracta, *Chalaite,* Chaleta.
Châlons-sur-Marne, Marne, 43, 116, 204, 237, 290. — Episcopi : Berthoendus, Boso, Bovo [II], Ebalus, Erchenraus, Gaufridus, Gibuinus, Girardus, Guido, Rogerus [I], Rogerus [II], Rogerus [III]. — Archidiaconi : Bauduinus, Hincmarus, Odo, Robertus, Rotgerus, Wido. — Cantores : Rainaldus, Warinus. — Præpositus : Rodulfus. — Canonici : Gaufridus, Hludowicus, Holdricus. — Abbatia Sancti Salvatoris et Sancte Marie et Omnium Sanctorum, que est in Insula Cathalaunice urbis, 241-

258, 290; abbates : Jacobus, Jacobus, Rogerus; canonici: Henricus, Hugo; præpositus : Henricus. — Abbatia Sancti Petri ad Montes, 247; abbas: Hugo. — Ecclesia Sancti Stephani, 237, 238, 239, 247. — Capitulum Sancti Nicholai, 204, 205. — Vicus Portæ Marnæ, 232. — Cfr. Cathalaunensis vel Cathalaunica (urbs) ; Cathalaunensis vel Katalaunensium (diœcesis).

Chalon-sur-Saône, Saône-et-Loire, 147. — Episcopus: Goffridus. Cfr. Cabilonensis (diœcesis).

Chamloto (Milo de), 256. Vide : *Champlost*.

Chamoya (grangia et molendinum de), 42, 43. Vide : *la Chamoye*.

Chamoye (la), Marne, a. Vitry-le-François, c. Sompuis, grangia quæ fuit prope *Brebant et Corbeil*, 42, 43.

Champ (molendinum quod dicitur *dou*), situm in finagio de *Soulaines*, nunc dirutum, 83, 84, 87.

Champagne (la), provincia Franciæ, 27. Vide : *Troyes*. — Comites, vide : *Troyes*. Cfr. Campania.

Champaubert-aux-Bois, Marne, a. Vitry-le-François, c. Saint-Remy-en-Bouzemont, 204, 205, 206. Cfr. Campus Aubertus.

Champfleury, Aube, a. Arcis-sur-Aube, c. Méry-sur-Seine, 265. (Bartholomeus de).

Champlost, Yonne, a. Joigny, c. Brienon, 256. Cfr. Chamloto.

Chantemerle, Marne, a. Epernay, c. Esternay, vetus abbatia, 18, 252. — Abbas : Ponzo. (Girardus ; Nicolaus, miles, de). Cfr. Cantumella, Cantumerula.

Chapelaines, Marne, a. Vitry-le-François, c. Sompuis, 27, 100. (Vilelmus, miles, de). Cfr. Caplinæ, Chaplena.

Chapelle-aux-Planches, Haute-Marne, a. Vassy, c. Montiérender, co. Puellemontier, vetus abbatia, 1-89, 208, 209, 276, 284. — Abbates : Fulco, Galterus [I], Galterus [II], Guillermus, Odo, Rainaudus, Richerus. — Provisor : Giroudus, abbas Belli Loci. — Priores : Gerbertus, Odo. — Canonici, alias fratres alias monachi : Ancherus, Dudo, Girardus, Hugo, Hugo, Jocelinus, Lambertus, Radulfus, Robertus, Theobaldus, Wirricus. — Scriptor : Girardus. — Famuli : Nicholaus, Theobaldus, Warnerus, Wiardus de *Jassenes*. — Conversa : *Aalez*. Cfr. Capella ad Plancas, Sanctæ Mariæ de Capella ad Plancas (ecclesia).

Chaplena, 27. Vide : *Chapelaines*.

Chappes, Aube, a. et c. Bar-sur-Seine, 278. (Clarembaudus de). Cfr. Capæ.

Charcelicort, 262 ; *Charcericort*, 24, 262 ; Charcericurtis, 3 ; *Charchericurt*, 23, 80, 267 ; Charchereicurtis, 8 ; Charchericurtis, 6, 40. Vide : *Chassericourt*.

Charmes-en-l'Angle, vel *Charmes-la-Grande*, Haute-Marne, a. Vassy, c. Doulevant, 130, 131. Cfr. Carma.

Charny-le-Bachot, Aube, a. Arcis-sur-Aube, c. Méry-sur-Seine, 240. Cfr. Karneiacum.

Chartreuve, Aisne, a. Soissons, c. Braisne, co. Cléry-Chartreuve, vetus abbatia Premonstratensium, 4, 42. — Abbates : G... Cfr. Cartovorum.

Chasne (molindinum quod dicitur *dou)*, situm in finagio de *Soulaines*, nunc dirutum, 83, 84, 87.

Chassericourt, *Aube*, *a. Arcis-sur-Aube*, *c. Chavanges*, 3, 6, 8, 10, 23, 24, 28, 37, 40, 80, 176, 262, 263, 267, 268 269, 297, 298. — Major : Ancherus. — Presbiter : Garnerus, (Herbertus, *Jehan le Druard*, Thiboldus de). Cfr. Carcericurtis, *Chachericort*, *Chalchericort*, *Charcelicort*, *Charchericurt*, Charchereicurtis, Charchericurtis, *Chauchericort*.

Chasteler, 265 ; *Chastelier (le)*, 66, 80. Vide : *le Chatelier*.

Chastillon (Jehanne de), 236. Vide : *Châtillon-sur-Marne*.

Château-Thierry, *Aisne*, 261. — Præpositus : Ursus. Cfr. Castrum Tierrici.

Chatelier (le), *Aube*, *a. Arcis-sur-Aube*, *c. Chavanges*, co. *Chassericourt*, olim castrum nunc meteria, 66, 80. 265. — Domini : Aubertus de *Torote*, miles ; *Jehans de Thorete*, miles ; Radulfus de *Thorote*. — Ballivus : Girardus. — Præpositus : Lambertus de *Chavanges*. Cfr. *Chasteler, le Chastelier*.

Châtillon-sur-Marne, *Marne*, *a. Reims*, 236. *(Jehanne de)*.

Chauchericort, 267, 269. Vide : *Chassericourt*.

Chaumesnil, *Aube*, *a. Bar-sur-sur-Aube*, *c. Soulaines*, 214, 236, 278. (Angelbertus de). Cfr. Calvum Maisnilum.

Chaumont, *Haute-Marne*, 80, 82. — *Garde de la baitlie de Chaumont* : Petrus, dominus de *Boucli* et de *Manencort*, etiam custos *des marches de Basseigny ; — Lieutenant du bailly : Guillaume de Luisey*.

Chavaingiis (decima de), 52. Vide : *Chavanges*.

Chavanges, *Aube*, *a. Arcis-sur-Aube*, 8, 34, 52, 53, 67, 221, 222. (Gubertus, Johannes, Lambertus de). Cfr. Cavengiæ, Chavaingiæ, Chavangæ, *Chavenges*, *Chevanjes*.

Chavangis (de), 34 ; *Chavenges*, 67. Vide : *Chavanges*.

Chemines (decima de), 260. Vide : *Echemines*.

Cheminione (abbatia de), 291. Vide : *Cheminon*.

Cheminon, *Marne*, *a. Vitry-te-François*, *c. Thiéblemont*, 291.— Abbas : Henricus.

Cheppes, *Marne*, *a. Châlons*, *c. Ecury-sur-Coole*, 126, 129. Cfr. Cappæ.

Chevanjes, 221. Vide : *Chavanges*.

Chiese (la), 236 ; *Chise (la)*, 294. Vide : *La Chaise*.

Chout au boic (nemus de), 265.

Chyesia, 296. Vide : *La Chaise*.

Ciresium, 166, 197. Vide : *Cirey-sur-Blaise*.

Cirey-sur-Blaise, *Haute-Marne*, *a. Vassy*, *c. Doulevant*, 65, 165, 166, 197. — Comes : Letaldus. (Philippus, Teboldus, Walterus de). Cereiacum, Ciresium, *Sirre*.

Clœllis (decima de), 266, 271. Vide : *Clesles*.

Clairvaux, *Aube*, *a. et c. Bar-sur-Aube*, co. *Ville-sous-la-Ferté*, vetus abbatia, 30, 285, 286, 287. — Abbates : S. Bernardus, Petrus, Wido. — Monachi : Alexander, Girardus, Johannes de *Lisi*, Milo, Wiardus de *Burleincurt*. Cfr. **Claravallis**.

Claravallis, 30. Vide : *Clairvaux.*
Clareium, 29, 268. Vide : *Pars-les-Chavanges.*
Clesles, Marne, a. Epernay, c. Anglure, 266, 271. Cfr. Claellæ.
Cloies, 267. Vide : *Cloyes.*
Cloyes. Marne, a. Vitry-le-François, c. Thiéblemont, 267.
Cluniacensis (abbatia). 39. Vide : *Cluny*
Cluny, Saône-et-Loire, a. Mâcon, vetus abbatia, 39, 40, 41, 147.
    Abbates : Hugo, Odilo, Willermus. Cfr. Cluniacensis (abbatia).
Communia (nemus quod dicitur), inter Montem Mauri et *Congei,* 261.
Compendium 127. Vide : *Compiègne.*
Compiègne, Oise, 127.
Congei, locus haud procul Monte Mauri, 261.
Corbeil, Marne, a. Vitry-le-François, c. Sompuis, 5, 43, 195. (Ancherus ; Joibertus ; Lambertus, presbiter, de). Cfr. *Corboil, Curbeil.*
Corboil (terræ de), 43. Vide : *Corbeil.*
Corcellas (in villa), 159. Vide : *Courcelles.*
Corcellis (alodium de), 280. Vide : *Courcelles-Bar-sur-Aube.*
Cornaium, 102 ; Corniacum, 129. Vide : *Cornet.*
Cornay, Ardennes, a. Vouziers, c. Grandpré, 66. (Gaucher de).
Cornet, Aube, a. Bar-sur-Aube, c. Soulaines, co. Saulcy, 102, 129. Gidiliana, Huneriana de). Cfr. Cornaium, Corniacum.
Costeis (decima de), 20. Vide : *Les Côtes.*
Côtes (les), Haute-Marne, a. Vassy, c. Montierender, co. Droyes, 204.
Courbetaux olim *Courbeton, Marne, a. Epernay, c. Montmirail,* 6. Cfr. Curbetum.
Courcelles, Aube, a. Bar-sur-Aube, c. Brienne-le-Château, 8, 10, 159. Cfr. Corcellæ, Curcella.
Courcelles, Aube, in finagio de *Bar-sur-Aube,* vicus diritus, 280. Cfr. Corcellis (alodium de).
Courdemanges, Marne, a. et c. Vitry-le-François, 75. — Curatus : Bertrandus. Cfr. Curia Dominici.
Courgerennes, Aube, a. Troyes, co. Buchères, 282. Cfr. Curte Jusana.
Crespei, 236, Crespeium, 222. Vide : *Crespy.*
Crespy, Aube, a. Bar-sur-Aube, c. Soulaines, 102, 222, 236.
Crispeio (mansus in), 102. Vide : *Crespy.*
Cubitis (Galterus de), 30. Vide : *Queudes.*
Cuissiacum, abbatia, 40. Vide : *Cuissy.*
Cuissy-et-Geny, Aisne, a. Laon, c. Craonne, vetus abbatia, 40. — Abbas : Wilelmus.
Curbeil, 5. Vide : *Corbeil.*
Curbetum, 6. Vide : *Courbetaux.*
Curcelle (decimæ), 8, 10. Vide : *Courcelles.*
Curia Dominici, 75. Vide : *Courdemanges.*
Curta Noa, juxta *Outines* et *Chatillon-sur-Broué,* 21.
Curte Jusana (Hugo de), 282. Vide : *Courgerennes.*

Daillancourt, Haute-Marne, a. Chaumont, c. Viguory, 285.
Daillencurt, 285. Vide : *Daillancourt.*
Dameri, Marne, a. et c. Epernay, 55.
Dampetra, 11. Vide : *Dampierre-de-l'Aube.*
Dampierre-de-l'Aube, Aube, a. Arcis-sur-Aube, c. Ramerupt, 4, 5, 11. — Domini : Guido alias Wido ; Guido ; *Guillaumes,* comes Flandrensis ; Wilermus. (Gui, dominus de Saint-Just ; Jocelinus, Walterus Bulbucus de). Cfr. Dampetra, Donni Petrus.
David (per campum), prope grangiam Vachariæ, 3.
Dawileyum, 46. Vide : *Deuilly.*
Dazecurie (grengia), 280.
Der, Aube, a. Bar-sur-Aube, c. Brienne-le-Château, co. Pel-et-Der, 236. Cfr. *Derf.*
Der (le), nemus, Haute-Marne, a. Vassy, c. Montierender, 116. Cfr. Dervum.
Derby, comitatus in Anglia, 85.
Derf, 236. Vide : *Der.*
Ders (monasterium cujus vocabulum est), 122, 123. Vide : *Montierender.*
Dervense monasterium, alias Dervensis abbatia, 1. Vide : *Montierender.*
Dervum [nemus], 116. Vide : *le Der.*
Deuilly, Vosges, a. Neufchâteau, c. La Marche, co. Serécourt, 46. — Dominus : Gaufridus. Cfr. Dawileium.
Dijon, Côte-d'Or, 39, 41. — Abbatia Sancti Benigni ; abbas : Petrus. Cfr. Divio.
Divio, 39, 41. Vide : *Dijon.*
Dodiniacacortis, 123, 143. Vide : *Saint-Christophe.*
Dommartin-le-Coq, Aube, a. Arcis-sur-Aube, c. Ramerupt, 176. Cfr. Donni Martini (altare).
Dommartin-le-Saint-Père, Haute-Marne, a. Vassy, c. Doulevant, 129, 171. Cfr. Donnus Martinus, Givoldicurtis.
Donamentum, 295. Vide : *Donnement.*
Doniaca (in fine), 135.
Donnement, Aube, a. Arcis-sur-Aube, c. Chavanges, 7, 29, 35, 82, 217, 283, 295. (Gilo ; Laurentius, miles ; Petrus, sacerdos, de). Cfr. *Donamand,* Donamentum, Donnus Amandus, *Dunamant.*
Donni Martini (altare). Vide : *Dommartin-le-Coq.*
Donnipetro (de), 4, 5. Vide : *Dampierre-de-l'Aube.*
Donnum Amandum (terragium apud), 7. Vide : *Donnement.*
Donnus Martinus, 171. Vide : *Dommartin-le-Saint-Père.*
Dreea (Evrardus de), 24 ; Dreia, 197, 235. Vide : *Droyes.*
Dria, rivulus, 116. Vide : *La Droye.*
Droenay, 13, 197 ; Drognaio (de), 17 ; Drognayco (de), 21. Vide : *Drosnay.*
Droia, 27. Vide : *Droyes.*
Droniacum, 265 ; Dronnayo (de), 27 ; *Droonay,* 16, 35 ; Drosnaio (de), 50. Vide : *Drosnay.*

Drosnay, Marne, a. Vitry-le-François, c. Saint-Remy-en-Bouzemont, 13, 16, 17, 21, 27, 35, 50, 197, 265, 266. — Domini : Oliverus, Oliverus. (Achardus; Galgerus, miles; Johannes, sacerdos; Russellus de). Cfr. *Droenay*, Droniacum, *Droonay*.
Droupt-Saint-Bâle, Aube, a. Arcis-sur-Aube, c. Méry-sur-Seine, 265. Cfr. *Drut* Sancti Balli.
Droyam (Locus versus), 21. Vide : *Droyes*.
Droye (la), rivulus, *Haute-Marne, a. Vassy, c. Montierender*, 116. Cfr. Dria.
Drut Sancti Balli (decima que est ad), 265. Vide : *Droupt-Saint-Bâle*.
Droyes, Haute-Marne, a. Vassy, c. Montierender, 21, 24, 27, 197, 198, 209, 235. (Everardus, decanus; Girardus de). Cfr. Dreea, Dreia, Droia, Droya.
Dudiniacacorte (mansus in), 94. Vide : *Saint-Christophe*.
Dursum (pastura usque ad fontem), haud procul Anglitura, 259.

Ebbonisvilla (mansus in), 110. Vide : *Ambonville*.
Echemines, Aube, a. Nogent-sur-Seine, c. Marcilly-le-Hayer, 260. Cfr. *Chemines*.
Eclance, Aube. a. Bar-sur-Aube, c. Soulaines, 34, 134, 209, 225, 280, 292. (Erardus, miles; Guido; Paganus de). Cfr. Esclantia; Sanctus Brictius.
Ecot, Haute-Marne, a. Chaumont, c. Andelot, 198. (Girardus de). Cfr. *Escot*.
Elemosina (vicus qui dicitur), apud Bellumforte, 230, 231,
Epagne, Aube, a. Bar-sur-Aube, c. Brienne-le-Château, 211, 219, 236. (Odo, miles; Remigius de). Cfr. *Espagne*, Hispania.
Epernay, Marne, 178, 253. Cfr. Sparnacum.
Epothémont, Aube, a. Bar-sur-Aube, c. Soulaines, 63, 173, 227. — Curatus : Theodoricus. (Aelidis de). Cfr. Espoutemons, Espoutemont, Espulteimunt.
Erambécort, 262; *Erembercort*, 262; Vide : *Arrembécourt*.
Esclantia (Paganus de), 34. Vide : *Eclance*.
Escot, 198. Vide : *Ecot*.
Espagne, 236. Vide : *Epagne*.
Espoutemons, 173; *Espoutemont*, 227; *Espulteimunt*, 173. Vide : *Epothémont*.
Essartis (decima de), 265. Vide : *Essarts-le-Vicomte (?)*.
Essarts-le-Vicomte, a. Epernay, c. Esternay, 265.
Evrardi (molendinum super flluvium de Sublanis), 54.
Evree (decima), 217; *Evre*, 234. Vide : *Yèvres*.
Exclusam (molindinum in flumine Sufflana quod dicunt), 171.

Faia, 146 ; Fayetum, 171. Vide : *Fays.*
Farnerol (grangia de), 280.
Fays, Haute-Marne, a. et c. Vassy, 146, 171. Cfr. Faia, Fayetum.
Fenu (les), Aube, a. Arcis-sur-Aube, c. Ramerupt, co. Dosnon, 252. *(Eschot* de).
Ferentini (datum), *Ferentino, Italie,* 25, 281.
Ferreriis (decima de), vicus nunc dirutus, adhuc extat *Bois de Ferrières,* 276. Vide : *Ferrières (Bois de).*
Ferrières (Bois de), Aube, a. Bar-sur-Aube, c. Soulaines, co. La Chaise, 276, 280, 292. Cfr. Ferreriæ.
Fesnu (Eschot de), 252. Vide : *les Fenu.*
Flacengiis (via dirigitur), 33 ; Flaceniis (grangia de), 30, 34 ; *Flacineys* (grangia), 75 ; Flacigneis (grangia de), 46 ; Flaciniacense (in fine), 116. Vide : *Flassigny.*
Flandres, 53, 55. — Comes : *Guiliaumes,* dominus de *Dampierre.*
Flasengiis (via quæ tendit), 12. Vide : *Flassigny.*
Flassigny, Haute-Marne, a. Vassy, c. Montierender, co. Puellemontier, grangia, 12, 30, 32, 33, 34, 46, 75, 116. Cfr. Flacengiæ, Flaceniæ, Flacigneæ, *Flacineys,* Flaciniacensis, Flasengiæ.
Floreffe, Belgique, in diœcesi de *Namur.* Abbatia, 40. — Abbas : Johannes.
Floreffia, abbatia, 40. Vide : *Floreffe.*
Florneio (ecclesia in), 101. Vide : *Flornoy.*
Flornoy, Haute-Marne, a. et c. Vassy, 101, 137. Cfr. Florneium.
Foissy, Yonne, a. Sens, c. Villeneuve-l'Archevêque, 192, 193, 194, 199, 243. (Galterus de). Cfr. Fossiacum, Fusseium, Fussiacum.
Folat (molindinum de), 266.
Fontaine-sous-Montaiguillon, Seine-et-Marne, a. Provins, c. Villiers-Saint-Georges, 265 (?). Cfr. Fontanæ.
Fontanis (decima de), 265. Vide : *Fontaine-sous-Montaiguillon* (?).
Fontenay, Aube, a. Arcis-sur-Aube, c. et co. Chavanges, 81. (*Huytier* de).
Forchemont (campi de), juxta confluentem Vigeræ et Sublanæ, 20, 32.
Fossa Mazelini, 279. Vide : *La Fosse-Marceline.*
Fosse-Marceline (La), Aube, a. Bar-sur-Aube, c. Vendeuvre, co. Jessains, 279, 280, 293.
Fossiacum, 199. Vide : *Foissy.*
Fougereulles (Ferris de), 234.
France (royaume de). — Reges : Childericus [II], Clodoveus [III], Henricus [I], Hugo, Karolus Magnus, Karolus [II], Karolus [III], Lotharius, Ludovicus [VI], Ludovicus [VII], Philippus [I], Philippus [II, Augustus], Philippus [IV], Rotbertus. — Cancellarius : Hugo. — Buticularius : Guido. — Dapifer : Rodulfus. — Constabularius : Matheus.

Fronvilla (ecclesia in), 101. Vide : *Fronville.*
Fronville, Haute-Marne, a. Vassy, c. Joinville, 101.
Fusseium, 243 ; Fussiacum, 194. Vide : *Foissy.*

Gaia, 252. Vide: *Gaye.*
Gaye, Marne, a. Epernay, c. Sézanne, vetus prioratus, 252, 253.
Gegiaco (mansus in), 107. Vide : *Gigny, co. Saint-Dizier (?).*
Gericorte (mansus in), 99.
Geruvillare, 134. Vide : *Gervillers.*
Gervillers, Haute-Marne, a. Vassy, c. Montierender, co. Puelle-montier, 134.
Gigneio (nemus de), juxta Sanctum Desiderium, 204. Vide : *Giguy.*
Gigneio (sacerdos de), 36. Vide : *Gigny-aux-Bois.*
Gigny, Haute-Marne, a. Vassy, c. et co. Saint-Dizier, 107 (?), 204. Cfr. Gegiaco (?), Gigneium.
Gigny- [aux-Bois], *Marne, a. Vitry-le-François, c. Saint-Remy-en-Bouzemont,* 4, 5, 24, 36, 82. — Dominus : *Ogiers de Saint-Chéron.* — Sacerdos : Girardus. (Radulphus de). Cfr. Gigneium, *Ginni.*
Gihinicorte (mansus in), 110. Vide : *Gillancourt.*
Gillancourt, Haute-Marne, a. Chaumont, c. Juzennecourt, 110, 130.
Ginni (Radulphus de), 4, 5. Vide : *Gigny-aux-Bois.*
Givoldicurtis, 129. Vide : *Dommartin-le-Saint-Père,*
Godoniscurte (mansus in), 99. Vide : *Gondrecourt.*
Goer (vicus de), 266.
Gondelini (finis), 131.
Gondrecourt, Meuse, a. Commercy, 99. Cfr. Godoniscurtis.
Gourzon, Haute-Marne, a. Vassy, c. Chevillon, 171. Cfr. Gurgio.
Grandiprato (comes de), 235. Vide : *Grandpré.*
Grandpré, Ardennes, a. Vouziers, 235. — Comes : Hanris. — Comitissa : Ysabellis.
Grannopolitanus (episcopatus), 184. Vide : *Grenoble.*
Grenoble, Isère, 184. — Episcopus : Hugo.
Guascognia, 219. Vide: *Vaucogne.*
Guindrecourt-aux-Ormes, Haute-Marne, a. Vassy, c. Joinville, 110, 130.
Gundricicorte (mansus in), 110. Vide : *Guindrecourt-aux-Ormes.*
Gurgione (villa de), 171. Vide : *Gourzon.*

Haia de *Creteil,* haud procul nemoribus de Belloforte, 49.
Hallignicourt, Haute-Marne, a. Vassy, c. Saint-Dizier, 108, 133, 135. Cfr. Cfr. Alineiscurtis, Aliniacacurtis.

Hametelle-aux-Planches, Haute-Marne, a. Vassy, c. Montierender, co. *Puellemontier*, meteria, 231, 236.
Hammetel (census apud), 231. Vide : *Hametelle-aux-Planches*.
Hancourt Marne, a. Vitry-le-François, c. Saint-Remy-en-Bouzemont, co. Margerie-Hancourt, 187, 283. — Sacerdos : Torpinus. Cfr. *Hancurt*, *Hauncortis*.
Hancurt, 283. Vide : *Hancourt*.
Harembecorth, 12. Vide : *Arrembécourt*.
Hart (torrens de), 33. Vide : *Horre (la)*, rivulus.
Hasnonivilla (ecclesia in), 101. Vide : *Annonville*.
Hauncortem (ecclesia apud), 187. Vide : *Hancourt*.
Hautefontaine, Marne, a. Vitry-le-François, c. Saint-Remy-en-Bouzemont, co. Ambrières, vetus abbatia, 254. — Abbas : Radulfus. Cfr. *Altusfons*.
Hauteville, Marne, a. Vitry-le-François, c. Saint-Remy-en-Bouzemont, 176. — Dominus : Heribertus. Cfr. *Alta Villa*.
Haut-Manson, rivulus affluens Vigeræ, *Haute-Marne, a. Vassy, c. Montierender*, 120, 135. Cfr. *Alismantia*, *Alsmantia*.
Hautvilliers, Marne, a. Epernay, c. Ay, 142. — Decanus : Heribertus. Cfr. *Altivillaris*.
Herbice (l'), rivus affluens Albæ, *Aube, a. et c. Arcis-sur-Aube*, 250. Cfr. *Herbiscon*.
Herbiscon (rivus qui dicitur), 259. Vide : *l'Herbice*.
Herbisse, Aube, a. et c. Arcis-sur-Aube, 256. — (Hugo Poile Vilain de).
Herbitia, 256. Vide : *Herbisse*.
Hermanchamp (molendinum de), 12.
Hert (filium de), 29. Vide : *Horre (la)*, rivulus.
Hispania, 211. Vide : *Epagne*.
Hoéricourt, Haute-Marne, a. Vassy, c. Saint-Dizier, 112. Cfr. *Oherecacurtis*.
Hore (un estant, ou lieu cum dit :), 78. Vide : *Horre [Etang de la)*.
Horre (Etang et bois de la), Aube, a. Arcis-sur-Aube, c. Chavanges, co. Lentilles, et Haute-Marne, a. Vassy, c. Montierender, co. Puellemontier, 78. Cfr. *Hore*.
Horre (rivulus de la), Aube, a. Arcis-sur-Aube, c. Chavanges, co. Lentilles, affluens Vigeræ, prope Capellam ad Plancas, 29, 33, 66. Cfr. *Hart*, *Hert*, *Hort*.
Horre (domus de la) juxta stagnum, 78, 79.
Horreimontis (capella), 24, Horremont, 25. Vide: *Ormont (Notre-Dame d')*.
Hort (grand bois de Biaufort outre), 66. Vide : *Horre (la)*.
Humbauville, Marne, a. Vitry-le-François, c. Sompuis, 226. — (Symon, miles de).
Hunbaudivilla (Symon de), 226. Vide : *Humbauville*.

Insula, 237. Vide : *Isle-sous-Ramerupt.*
Insula Germanica. 19. Vide : *Montier-la-Celle.*
Insulas (apud), 202. Vide : *Isle-Aumont.*
Isle-Aumont, Aube, a. Troyes, c. Bouilly, 202. Cfr. Insulæ.
Isle-sous-Ramerupt, Aube, a. Arcis-sur-Aube, c. Ramerupt, abbatiola in honore Sancti Stephani, 237, 239. Cfr. Insula.

Jaacurt (apud), 280. Vide : *Jaucourt.*
Jainville, 81. Vide : *Joinville.*
Jardinum, abbatia vetus, 66. Vide : *Bois-Jardin.*
Jarsains, 276 ; *Jassens,* 275. Vide : *Jessaint.*
Jasseines, Aube, a. Arcis-sur-Aube, c. Chavanges, 29. (Hugo; Paganus, sacerdos; Wiardus de).
Jassenes (de), 29. Vide : *Jasseines.*
Jaucourt, Aube, a. et c. Bar-sur-Aube, 280, 283. Cfr. *Jaacurt, Jaulcourt.*
Jaulcourt, 283. Vide : *Jaucourt.*
Jerusalem, 190, 200, 250.
Jessaint, Aube, a. Bar-sur-Aube, c. Vendeuvre, 275, 276, 296. Cfr. *Jarsains, Jassens.*
Joinville, Haute-Marne, a. Vassy, 18, 81, 146, 171, 188, 198. — Domini : Gaufridus, senescalus; Goffridus, junior; Stephanus. (Aalis ; Joffridus, puer ; Rogerus, de). Cfr. *Jainville,* Jonvilla, Jovisvilla, Juncivilla, Junvilla.
Jonchere, 28 ; *Joncherei,* 36. Vide : *Joncreuil.*
Jonchre, 29. Vide : *Joncreuil.*
Joncreuil, Aube, a. Arcis-sur-Aube, c. Chavanges, 8, 10, 15, 16, 18, 28, 29, 31, 36, 47, 48, 54, 57, 58, 67, 73, 75, 76, 80, 180, 186, 208, 229, 280. — Presbiteri : Jacobus, Radulfus, Terricus, Theodericus, sacerdos. (Herardus; Jacobus ; Petrus ; Warnerus de). Cfr. *Jonchere, Joncherei, Jonchre, Jonquerey,* Juncariensis (ecclesia), Juncerii (decima), *Juncherei,* Junchereio (decima de), Junchereium, *Juncrei* (decima), Junkereium, Junquereium.
Jonquerey, 80. Vide : *Joncreuil.*
Jonvilla, 198. Vide : *Joinville.*
Jouvanzé, Aube, a. Bar-sur-Aube, c. Vendeuvre, 275, 296.
Jouvensis (terra ad), 296. Vide : *Jouvanzé.*
Jovisvilla, 18. Vide : *Joinville.*
Jully-sous-Ravières, Yonne, a. Tonnerre, c. Ancy-le-Franc, 260.
Julliacum, 260. Vide : *Jully-sous-Ravières.*
Juncariensis (ecclesia), 180; Juncerii (decima), 10 ; *Juncherei,* 15; Junchereio (decima de), 280 ; Junchereium, 16. Vide : *Joncreuil.*
Juncivilla, 146. Vide : *Joinville.*
Juncrei (decimæ), 8. Vide : *Joncreuil.*

Junkereium, 57; Junquereium, 31, 36, 76. Vide : *Joncreuil.*
Junvilla, 188. Vide : *Joinville.*
Jusainvinei, 221. Vide : *Juzanvigny.*
Juzanvigny, Aube, a. Bar-sur-sur-Aube, c. Soulaines, 221.

Karisiacum, 238. Vide : *Quierzy.*
Karneiaco (villa de), 240. Vide : *Charny-le-Bachot.*
Katalaunensium (diœcesis), 116. Vide : *Châlons-sur-Marne.*

Labrau, 52. Vide : *Labraux.*
Labraux, Aube, a. Arcis-sur-Aube, c. et co. Chavanges, 52, 53.
Lacgea, 120.
Lacicuria, 221. Vide : *Lassicourt.*
Lacus (versus Droyam), qui forsitan postea fuit stagnum de La Horre (?), 21, 78.
Laderciacacorte (de), 143 ; Laderciacicurte (mansus in), 98 ; Laderziacacurtis, 114. Vide : *Lassicourt.*
La Folie (terra que vocatur), prope Brenam Vetulam, 214.
Lancastre, provincia Angliæ, 76. — *(Jehans,* dominus de *Biaufort; Jehans,* filius rex Angliæ, dux de *Lanquastre,* dominus de *Beauffort).*
Langres, Haute-Marne, 147, 173, 174. — Episcopi : Godefridus, Hugo, Jocerannus, Lantbertus, Manasses, Rainardus. — Archidiaconi : Almaricus, Erlerius, Gibuinus, Girardus, Rogerus, Warnerus. — Decanus : Everardus. Cfr. Lingonensis (diœcesis).
Lantille, 66. Vide : *Lentille.*
Laon, Aisne, 39, 40, 128, 130, 143. — Episcopi : Adalberus, Ascelinus, Madalgarius, Pardulus. — Curia officialis, 294. — Abbatia Sancti Martini ; abbas : O... Cfr. Laudunensis (diœcesis), Laudunum Clavatum, Lugdunensis [Clavatus] (diœcesis).
Larcicurte (de), 217. Vide : *Lassicourt.*
Larrivour, Aube, Troyes, c. Lusigny, vetus abbatia, 24. — Abbas : Harduinus. Cfr. Arripatorium.
Larzeicurt, 16 ; Larzeicurtis, 194. Vide : *Lassicourt.*
Lassicourt, Aube, a. Bar-sur-Aube, c. Brienne-le-Château, 16, 98, 114, 115, 120, 131, 132, 133, 143, 146, 171, 172, 194, 217, 221 — (Galterus, Simon, milites ; Paganus, Richardus de). Cfr. Lacicuria, Laderciacacortis, Laderciacicurtis, Laderziacacurtis, Larcicurtis, *Larzeicurt,* Larzeicurtis, Ledriacicurtis, Ledriacurtis, Lertiacicurtis.
Laudunensis (diœcesis), 39, 40, 128. Vide : *Laon.*
Laudunum Clavatum, 143. Vide : *Laon.*
Laval-le-Comte, Marne, a. Vitry-le-François, c. Sompuis, co. Saint-Ouen, meteria, 38, 39, 44, 70. Cfr. *La Val le Conte,* Vallis Comitis.

La Val le Comte, 70. Vide : *Laval-le-Comte*.
Lecce, Italie Méridionale, 236. — Comitissa : *Jehanne de Chastillon*, ducissa Athenæ. Cfr. *Liche*.
Ledriacicurtis, 131 ; Ledriacurte, 120. Vide : *Lassicourt*.
Leicestre, comitatus in Anglia, 85.
Lentille, Aube, a. Arcis-sur-Aube, c. Chavanges, 66. Cfr. *Lantille*.
Leodicensis (diœcesis), 297. Vide : *Liége*.
Lérins (île Saint-Honorat de), Var, a. Grasse, vetus monasterium, 117. Cfr. Lirinense (monasterium).
Lertiacicurte (ecclesia B. Petri de), 172. Vide : *Lassicourt*.
Lesmondi (fines), 132. Vide : *Lesmont*.
Lesmont, Aube, a. Bar-sur-Aube, c. Brienne-le-Château, 132, 236.
Levigny, Aube, a. Bar-sur-Aube, c. Soulaines, 97, 166. Cfr. Luviniacacortis, Luviniacum.
Lhuitre, Aube, a. Arcis-sur-Aube, c. Ramerupt, 6, 242, 243, 244, 248, 249, 254, 255. — Curatus : Odo. (Varnerus de). Cfr. *Luistre*, Lustra, Lustria.
Libauderiis (furnum de), 260. Vide : *Allibaudières*.
Liche, 236. Vide : *Lecce*.
Liège, Belgique, 297. — Archidiaconus : Galcherus, filius Felicitatis dominæ de Bello Forte. Cfr. Leodicensis (diœcesis).
Lignol, Aube, a. et c. Bar-sur-Aube, 296. (Lambertus, domicellus de).
Lignon, Marne, a. Vitry-le-François, c. Saint-Remy-en-Bouzemont, 4. (Fredericus, miles de). Cfr. *Linun*.
Lincoln, Angleterre, 85 (?). Cfr. *Nicol*.
Lingonensis (diœcesis), 173, 184. Vide : *Langres*.
Linthes, Marne, a. Epernay, c. Sézanne, 271.
Linthis (decima de), 271. Vide : *Linthes*.
Linun (Fredericus de), 4. Vide : *Lignon*.
Lirinense (monasterium), 117. Vide : *Lérins*.
Lisi (Johannes de), 286. Vide : *Lizy-sur-Ourcq (?)*.
Lisy-sur-Ourc, Seine-et-Marne, a. Meaux, 286 (?).
Loie (la), Marne, a. Vitry-te-François, c. Saint-Remy-en-Bouzemont, co. Outines, 31, 50. Cfr. *Loye (la)*.
Longavilla, 10, 194. Vide : *Longeville*.
Longeville, Haute-Marne, a. Vassy, c. Montierender, 8, 10, 14, 20, 46, 59, 62, 64, 65, 69, 74, 75, 76, 194, 210. — Ecclesia Sanctæ Mariæ, 194, 196. — Curati : Johannes de Molendinis, Robertus, presbyter de). Cfr. Longavilla.
Losa, 162 ; Lousa, 21. Vide : *Louze*.
Louze, Haute-Marne, a. Vassy, c. Montierender, 21, 109, 130, 162, 210. — Curatus : Arnulphus. Cfr. Losa, Lousa, Lutosæ.
Loye (grangia de Autingiis que vulgariter appelatur *la*), 31, 50. Vide : *Loie (la)*.
Lugdunensis (archiepiscopatus vel diœcesis), 186, 288. Vide : *Lyon*.

Lugdunensis [Clavatus] (diœcesis), 128, 130. Vide : *Laon.*
Luisey (Guillaume de). 82.
Luistre, 6 ; Lustra, 243 ; Lustria, 249. Vide : *Lhuitre.*
Lutosas (apud), 109, 130. 210. Vide : *Louze.*
Luviniacacorte (mansus in), 97 ; Luviniacum (villa), 166. Vide : *Levigny.*
Luxeuil, Haute-Saône, a. Lure, vetus abbatia, 117.
Luxoviense (monasterium), 117. Vide : *Luxeuil.*
Lyon, Rhône, 186, 288. — Archiepiscopi : Hugo, Johannes. Cfr. Lugdunensis (archiepiscopatus).

Macerias (mansus in), 102, 160. Vide : *Maizières.*
Macey, Aube, a. et c. Troyes, 83, 282. (Hulduinus, Thomas de). Cfr. Masseio (de).
Machericurtis (curia), 17. Vide : *Meixericourt.*
Mâcon, Saône-et-Loire, 184. — Episcopus : Landricus. Cfr. Matisconensis (diœcesis).
Magnan, Aube, a. Bar-sur-Seine, c. Essoyes, 278. (Bonnellus de). Cfr. *Maignant.*
Magnicourt, Aube, a. Arcis-sur-Aube, c. Chavanges, 6, 7, 10, 13, 35, 235. — Presbiteri : Johannes, Theobaldus. (Hugo, miles; Macherius de). Cfr. Magnicuria, Magnicurtis, *Maigneicort, Mainecurt, Manicurt, Mannichort.*
Magnicuria, 235 ; Magnicurtis, 10 ; *Maigneicort,* 6 ; *Mainecurt,* 7. Vide : *Magnicourt.*
Maignant (Bonnellus de), 278. Vide : *Magnan.*
Mailly, Aube, a. et c. Arcis-sur-Aube, 237, 239. Cfr. Malliacus.
Maisières, 234. Vide : *Maizières.*
Maizières, Aube, a. Bar-sur-Aube, c. Brienne-le-Château, 102, 160, 234, 277. — Presbiter : Aubertus. Cfr. Maceriæ, *Maisières.*
Maisnils (in loco qui dicitur) super fluvium Blesam, in villa que dicitur Malignicortis, 137.
Majus Monasterium, 28, 29. Vide : *Marmoutiers.*
Malignicortis (in villa que dicitur), super fluvium Blesam 137.
Maliniacicurte (mansum in), 131.
Malliacus (villa), 237, 239. Vide : *Mailly.*
Malsona (mansus in), 105.
Manencort (Petrus, dominus de), 70.
Manicurt, 34 ; *Mannichort,* 13. Vide : *Magnicourt.*
Mansus Tescelinus, 245. Vide : *Meix-Tiercelin.*
Marcelli (basilica domni), 117.
Mareuil-sur Ay, Marne, a. Reims, c. Ay. — Curatus : Jacobus. Cfr. Mariolum juxta Aeyum.
Margerie-Hancourt, Marne, a. Vitry-le-François, c. Saint-Remy-en-Bouzement, 2, 4, 16, 17, 25, 28, 41, 58, 169, 171, 177, 185,

221, 224, 232. — Prioratus ordinis Cluniacensis, 41, 183, 233, 262 — Priores : Ascelinus, Guarinus, Odo *Crocant*, Radulfus, Willermus. — Monachus : *Dagmarth* — Archidiaconus : Nicholaus, decanus Trecensis. — Decani xpistianitatis, 64, Girardus, H., Johannes, Nicholaus, Radulfus. -- Presbiter : Nicholaus. — Burgenses : Adam Rufus, Radulfus. *(Jehans le Roux ;* Radulfus, miles ; Simon, faber). Cfr. Margareta, alias Margarita.

Mariacum, 242. Vide : *Méry-sur-Seine.*
Marinega, 121.
Marolio (Johannes de), 198.
Marolium juxta Aeyum, 235. Vide : *Mareuil-sur-Ay.*
Marmoutiers, Indre-et-Loire, a. et c. Tours, vetus abbatia, 28, 29. Monachi : Guillemus, prior de Orticulo : Hugo de *Jassenes ;* Johannes, Sancte Marie de Rameruco prepositus ; Johannes, Sancti Stephani prior. Cfr. Majus Monasterium.
Marne, fluvius affluens Sequanæ, 133. Cfr. Materna.
Marsangis, Marne, a. Epernay, c. Anglure, 260, 261. Cfr. *Marseigni.*
Marseigni (decima de), 260, 261. Vide : *Marsangis.*
Maso (domus Dei juxta Allebauderias que dicebatur de), 258. Vide : *Le Meix*
Masseio (Hulduinus de), 282. Vide : *Macey.*
Masso Frutecti (terra de), prope Maxennam que est rivulus prope Sanctum Audoenum, 4.
Mastoil, 236. Vide : *Mathaux.*
Materna, fluvius, 133. Vide : *La Marne.*
Mathaux, Aube, a. Bar-sur-Aube, c. Brienne-le-Château, 236. Cfr. *Mastoil.*
Matignicourt, Marne, a.Vitry-le-François, c. Thiéblemont, 113.
Matiniacacorte (in), 113. Vide : *Matignicourt.*
Matisconensis (diœcesis), 184. Vide : *Mâcon.*
Mauri Mons, 260 ; Maurini Monte (in), 112, 131. Vide : *Montmort.*
Maxenna, rivulus affluens Albæ, 4, 5, 10, 22. Vide : *Le Puis.*
Meaux, Seine-et-Marne, 39, 183, 186, 188, 270. — Episcopus : Anselmus. Cfr. Meldæ, Meldensis (diœcesis et urbs).
Meix (le), Aube, a. et c. Arcis-sur-Aube, co. Allibaudières, domus Dei nunc diruta, 258. Cfr. Masum.
Meixericourt, grangia, *Marne, a. Vitry-le-François, c. Saint-Remy-en-Bouzemont, co. Margerie,* 9, 11, 17, 19, 28, 33, 40. Cfr. Machericurtis, *Melkerecorth,* Merchereicurtis, Merchericurtis, Mercureicurtis, *Mercuricurth,* Mercuriicurtis.
Meix-Tiercelin, Marne, a. Vitry-le-François, c. Sompuis, 245, 247, 248. Cfr. Mansus Tescelinus.
Meldançon, rivus affluens Albæ, *Aube, a. Arcis-sur-Aube, c. Chavanges et Ramerupt,* 6, 7, 9, 72. Cfr. Sois, Suzemont (le moulin), Versa.

Meldæ, 184 ; Meldensis (urbs et diœcesis), 39, 183. Vide : *Meaux*.
Melkerecorth, 19. Vide : *Meixericourt*.
Melianum, 176. Vide : *Moëlain*.
Menois, Aube, a. Troyes, c. Lusigny, co. Rouilly-Saint-Loup, 265. (Thomas de). Cfr. Ameneis (de).
Merchereicurtis, 11 ; Merchericurtis, 9 ; Mercureicurtis, 28 ; *Mercuricurth*, 33 ; Mercuriicurtis, 40. Vide : *Meixericourt*.
Meriacum, 265. Vide : *Méry-sur-Seine*.
Mertrud, Haute-Marne, a. Vassy, c. Doulevant, 91, 126, 128. Cfr. Mortigum, Mortrium.
Méry-sur-Seine, Aube, a. Arcis-sur-Aube, 242, 265. — Prior : Galcherus. — Camberarius ecclesie : Hubertus. (Milo, miles ; Petrus, canonicus, de). Cfr. Mariacum, Meriacum.
Milperario (mansus in), 92. Vide : *Vaux-sur-Blaise*.
Mocé (molindinum de), 82. Vide : *Morcey*.
Moélain, Haute-Marne, a. Vassy, c. Saint-Dizier, 176. Cfr. Melianum.
Molendinis (Johannes de), 64. Vide : *Molins*.
Molismensis (abbatia), 197. Vide : *Molesme*.
Molesme, Côte-d'Or, a. Châtillon-sur-Seine, c. Laignes, vetus abbatia, 197. — Abbas : Wido.
Molins, Aube, a. Bar-sur-Aube, c. Brienne-le-Château, 64. Cfr. Molendinis.
Moncellis (abbas de), 42, 291. Vide : *Montcetz-l'Abbaye*.
Mons Lutonis, 160.
Montbertin (vinea in finagio de Tranna in loco qui dicitur), 295.
Montcetz-l'Abbaye, Marne, a. Vitry-le-François, c. Thiéblemont, vetus abbatia Premonstratensis, 42, 291. — Abbas : P. Cfr. Moncellæ.
Montehomeri (Odo de), 14 ; *Montomeir*, 7. Vide : *Montomer*.
Montemirali (juxta), 271. Vide : *Montmirail*.
Montieramey, Aube, a. Troyes, c. Lusigny, vetus abbatia, 249. — Abbas : Guido. Cfr. Arremarensis (abbatia).
Montierender, Haute-Marne, a. Vassy, vetus abbatia, 1, 89-240. — Abbates : Adso, Altemarus, Bercharius, Bruno, Dudo [I], Dudo [II], Everardus, Ferry, Guillelmus [I], Guillelmus [II], Guiterus, Haudo, Milo, Pardulus, Radulfus, Rogerus, Theobaudus, Vulfaudus — Prior : Bavo. — Præpositus : Odo. — Monachi : Gauterus, Milo, Odo, Olgerus, Wandelgerus, Vulfaudus. Cfr. *Ders*, Dervense (monasterium), Dervensis (abbatia), *Motierender*, Puteolos, Puteolus, Putiolos.
Montier-la-Celle, Aube, a. et c. Troyes, co. Saint-André, vetus abbatia, 19, 23, 25, 27. — Abbates : Drogo, Girardus, Petrus, Walterus. — Prior : Raynaudus. — Subprior : Theobandus. — Præpositus : Jacobus. — Cantor : Theobandus. — Cellerarius : Petrus. — Thesaurarius : Nicholaus — Elemosinarius : Petrus. — Capellanus : Guyterus. Cfr. Cella, Cellensis (abbatia), Sanctus Petrus de Insula Germanica.

Montmirail, Marne, a. Epernay, 271. (Petrus, miles de). Cfr. Montemirali.
Montmorency, Aube, a. Arcis-sur-Aube, c. Chavanges. Vide: *Beaufort,* Elemosina.
Montmort, Marne, a. Epernay, 112, 113, 260, 361. — Dominus: Hugo. Cfr. Mauri Mons, Maurini Mons.
Montomer, Seine-et-Marne, a. Meaux, c. Crecy, co. *Coutevroult,* 7, 14. (Ode de). Cfr. Monshomeri, *Montomeir.*
Montrampon, 202. Vide: *Morampont.*
Morampont, Marne, a. Vitry-le-Francois, c. Sompuis, co. *Saint-Utin,* 202, 267 (Hugo ; Petrus, miles, de).
Morceiis (molendinum), 61, 222 ; Morceis (de), 223, 225 ; *Morceys,* 65; *Morcies,* 60. Vide : *Morcey.*
Morcey, Aube, a. Arcis-sur Aube, c. Chavanges, co. *Lentilles,* 60, 61, 65, 82, 222, 223, 225, 229, 230, 231. Cfr. Mocé, Morceiæ, Morceæ, *Morceys, Morcies.*
Morimunt, 121.
Morinensis (diœcesis), 245. Vide: *Thérouanne.*
Morinviler, 236. Vide : *Morvilliers.*
Mortrigo (mansum de), 91 ; Mortrium, 126, 128. Vide : *Mertrud.*
Morvilliers, Aube, a. Bar-sur-Aube, c. Soulaines, 236. Cfr. *Morinviler.*
Mota (Manasses de), 280.
Motierender, 233. Vide : *Montierender.*
Muceium, 186. Vide : *Mussey.*
Muriniaca (mansus in), 99.
Mussey, Haute-Marne, a Vassy, c. Doulaincourt, 186. Cfr. Muceium.
Mussi, 87. Vide : *Mussy-sur-Seine.*
Mussy-sur-Seine, Aube, a. Bar-sur-Seine, 87. (Henri de).
Muto (locus qui vocatur), prope *Epagne,* 219.

Navarre (la). — Reges : comites Campaniæ, videlicet, Henricus III, Theobaldus IV, Theobaldus V. — Regina : *Jeanne de France.*
Nesle-la Reposte, Marne, a. Epernay, c. Esternay, vetus abbatia, 30, 265. — Abbas: Arnulfus. Cfr. Nigella.
Neuville [-sous-Brienne], Aube, a. Bar-sur-Aube, c. Brienne-le-Château, co. *Saint-Christophe,* vicus nunc dirutus, 194, 211, 236. Cfr. Noveville (altare).
Nevers, Nièvre, 184, 282. — Episcopi : Bernardus, Hugo. Cfr. Nivernensis (diœcesis).
Nicol, comitatus in Anglia, 85. Cfr. *Lincoln.*
Nigella, 30. Vide : *Nesle-la-Reposte.*
Nivernensis (diœcesis), 184. Vide : *Nevers.*
Noa de Gardinis, cadit in *Brau* prope *Châtillon-sur-Broué,* 21.

Nogiacus, 160.
Noisement (domnus de), 298. Vide : *Nuisement*.
Nooraia, 62. Vide : *Norrois*.
Norrois, Marne, a. Vitry-le-François, c. Thiéblemont, 59, 62, 64, 69. — Domina : Margareta. (Jehanz, Ogerus de). Cfr. Nooraia, Noueroie, Nourroie.
Noueroie, 59 ; *Nourroie*, 62. Vide ; *Norrois*.
Nova domus que sita est super Maxennam, 10.
Noveville (altare), 194, 211. Vide : *Neuville [sous-Brienne]*.
Noviomensis (diœcesis), 39, 147. Vide : *Noyon*.
Novo Castello (Gozfridus de), 171 Vide : *Joinville*.
Noyon, Oise, a. Compiègne, 39, 36, 147, 240. — Episcopi : Balduinus, Harduinus — Abbatia Sancti Bartholomei. — Abbas : Johannes — Castellani : Gaucherus, dominus de *Thorote, Jehans*. Cfr. Castrum Noviomum, Noviomensis (diœcesis).
Nuisement (grangia in finagio de *Chauchericort* sita), 259, 266, 267, 269. Vide : *Nuisement*.
Nuisement, Aube, a. Arcis-sur-Aube, c. Chavanges, co. Chassericourt, nunc meteria, 259, 262, 263, 266, 267, 298. — Magister, 269 Cfr. *Noisement, Nuisement*, Nuisementum.
Nuisementum, 262, 263. Vide : *Nuisement*.
Nuisy, Marne, a. Epernay, c. Sézanne, 265.
Nuseio (terragium), 265. Vide : *Nuisy*.
Nuilli, 234. Vide : *Nully*.
Nully, Haute-Marne, a. Vassy, c. Doulevant, 234.

Ogis (terra et pratum), 12.
Oherecacurte (mansus in), 112. Vide : *Hoéricourt*.
Oia, 108. Vide : *Oye*.
Oloneuse (in fine), 135 ; Olonna, 111 ; Olumna, 131 ; pars urbis Sancti Desiderii. Vide : *Saint-Dizier*.
Omey, Marne, a. Châlons-sur-Marne, c. Marson dedit nomen pago et comitatui Otminsi, 140, 142. Cfr. Otminse.
Ontignes (decima de), 75. Vide : *Outines*.
Orans Mons, 176. Vide : *Ormont (Notre-Dame d')*.
Orges, Haute-Marne, a. Chaumont, c. Château-Villain, 296. Cfr. Ourgriis.
Orion (Vualterus de), 182.
Ormes, Aube, a. et c. Arcis-sur-Aube, 259, 270, 271. — Presbiter : Constantius. Cfr. Ulmi.
Ormay, Aube, a. Bar-sur-Aube, c. Brienne-le-Château, co. Epagne, 219. Cfr. Ulmetum.
Ormont (Notre-Dame d'), Aube, in finagio de *Arrembécourt*, locus nuper dirutus ubi erat antiqua capella, 23, 24, 25, 176. Cfr. Horreimontis (capella), *Horremont*, Orans Mons, Orregemont.
Orregemont, 23. Vide : *Ormont (Notre-Dame d')*.

Orticulum, vetus prioratus, 29. Vide : *Ortillon.*
Ortillon, Aube, a. *Arcis-sur-Aube,* c. *Ramerupt,* vetus prioratus Majoris Monasterii, 29. — Prior : Guillelmus.
Osamcurtis (terra), 170.
Ostie (Italie), 10. — Episcopus : Albericus.
Ostiensis (diœcesis). Vide : *Ostie.*
Othigniis (de), 57 ; *Otignes* (decima de), 34, 47, 66, 76 ; Otingneiis (de), 67 ; Otingnias (apud), 58. Vide : *Outines.*
Otminse (in comitatu), 140, 142. Vide : *Omey et Vauciennes.*
Ottignes (decima de), 48 ; *Outignes* (decima de), 73. Vide : *Outines.*
Ourgiiis (Poncetus de), 296. Vide : *Orges.*
Outines, Marne, a. *Vitry-le-François,* c. *Saint-Remy-en-Bouzemont,* 10, 12, 15, 18, 21, 26, 30, 31, 34, 44, 47, 48, 49, 50, 57, 58, 66, 67, 73, 75, 76, 83, 84, 230 — Presbiter : Jacobus. Cfr. *Agtignes,* Altignæ, Autennæ, Autignæ, *Autignes,* Autingiæ, *Ontignes,* Othigniis, *Otignes,* Otingneiis, Otingniæ, *Ottignes, Outignes.*
Oye, Marne, a. *Epernay,* c. *Sézanne,* olim abbatia, postea prioratus, nunc diruta, 198. — Abbas : Everardus. Cfr. Oia.

Palestrina, diœcesis Italiæ, 171. Cfr. Prenestinæ.
Pali (in villa), 131, Vide : *Pel-et-Der.*
Panceio (Boso de), 197. Vide : *Pancey.*
Pancey, Haute-Marne, a. *Vassy,* c. *Poissons,* 6, 197. (Boso de).
Papiensis (civitas), 204. Vide : *Pavie.*
Parant (Humbertus de), 234.
Paris, Seine, 11, 70.
Parisiis (actum), 11, 70. Vide : *Paris.*
Pars-les-Chavanges, Aube, a. *Arcis-sur-Aube,* c. *Chavanges,* 29, 268. (Girardus, miles ; Hugo (dominus) de). Cfr. Clareium.
Parvus Magnillus, 294. Vide : *Petit-Mesnil.*
Pavie, Italie, 204. Cfr. Papiensis (civitas).
Payns, Aube, a. et c. *Troyes,* 247. Cfr. Peantio.
Peantio (Guido de), 247. Vide : *Payns.*
Peil, 236 Vide : *Pel-et-Der.*
Pel-et-Der, Aube, a. *Bar-sur-Aube,* c. *Brienne-le-Château,* 131, 236. Cfr. Palum, Peil.
Pernolle, Aube, a. *Arcis-sur-Aube,* c. *Chavanges,* co. *Joncreuil,* meteria, 2, 10, 12, 15, 18, 25, 33, 36, 40. Cfr. Sancta Petronilla.
Persey (terra de), in territorio de *Til,* 77.
Perta, 133. Vide ; *Perthes [en-Rothière (?)].*
Pertensis (pagus), 120. Vide : *le Perthois.*
Perthes [en-Rothière (?)], Aube, a. *Bar-sur-Aube,* c. *Brienne-le-Chateau,* 133. Cfr. Perta (?).

TABLE DES NOMS DE LIEUX

Perthois (le), provincia in Campania, *Haute-Marne*, 120, 122, 134, 135, 137. Cfr. Pertensis (pagus).
Petit-Mesnil, *Aube*, *a. Bar-sur-Aube, c. Soulaines*, 236, 294, 296. (Guillermus le Reortat, domicellus, de). Cfr. Parvus Magnillus.
Petra Castri (Vincentius de), 65. Vide : *Pierre-Châtel.*
Pierre-Châtel, Isère, a. Grenoble, c. Lamure, 65. (Vincentius de).
Piliaca villa (mansus in), haud procul de Venuerias, 106.
Pineium, 36. Vide : *Piney.*
Piney, Aube, a. Troyes, 36. (Achardus, Guido, Nevolus, Theobaldus, milites de).
Pierrepont, 37. (Galterus, miles de).
Piscionem (ecclesia in), 101. Vide : *Poissons.*
Pissettes (prise d'yeaue qu'on appelle les), haud procul Capella ad Plancas, 81.
Plainchesnei (domus), 277. Vide : *Plainchanet.*
Plainchanet, Aube, a. Bar-sur-Aube, c. et co. Soulaines, meteria cum capella, nunc dirutæ, 77, 78, 277, 280.
Plain-Chasnoy, 77. Vide : *Plainchanet.*
Plaiotrum, 261. Vide : *Pleurs.*
Planceii (Milo de), 11 ; Plancetum, 247. Vide : *Plancy.*
Plancy, Aube, a. Arcis-sur-Aube, c. Méry-sur-Seine, 11, 247, 264, 265. — Dominus : Hugo. (Hugo, miles ; Hugo ; Hugo (dominus) ; Milo ; Sarracenus, miles ; Juliana de). Cfr. Planceium, Plancetum.
Pleurs, Marne, a. Epernay, c. Sézanne, 261? — Dominus : Manasses Cfr. Plaiotrum.
Plummeriis (vallis de), prope *Ormes*, 259.
Pogeium, 18 ; Pogiacum, 278. Vide : *Pougy.*
Poissons, Haute-Marne, a. Vassy, 101. Cfr. Piscionem (in).
Ponte (Walterus de), 155.
Ponthion, Marne, a. Vitry-le-François, c. Thiéblemont, 134, 135. Cfr. Pontio, Pontunus.
Pontione (in palatio), 135. Vide : *Ponthion.*
Pontis Mainardi (grangia), 280, 282. Vide : *Pont-Mignard.*
Pont-Mignard, Marne, a. Vitry-le-Francois, c. Saint-Remy-en-Bouzemont, co. Somsois, meteria nuper diruta, 280, 282.
Pontunus, 134. Vide : *Ponthion.*
Porta Marne (Nicholaus de), 252. Vide : *Porte-Marne, et Châlons-sur-Marne.*
Porte-Marne, 252. Vide : *Châlons-sur-Marne.*
Pougy, Aube, a. Arcis-sur-Aube, c. Ramerupt, 18, 30, 35, 205, 278. — Dominus : Odo (?). — Domina : Elisabeth. (Petrus ; Renaudus, miles ; Theobaldus, miles, de). Pogeium, Pogiacum, Pugeium.
Povre (versus), haud procul Maxenna, 22.
Précy-Notre-Dame, Aube, a. Bar-sur-Aube, c. Brienne-le-Château, 236. Cfr. *Prisei Sainte Marie.*

Prisei Sainte Marie, 236. Vide : *Précy-Notre-Dame.*
Précy-Saint-Martin, Aube, a. *Bar-sur-Aube*, c. *Brienne-le-Château*, 94, 128, 132. 172, 211, 236. Cfr. Presseium, Prisciacum, *Prisei*, Prisem (apud).
Premonstratensis (abbatia), 39. Vide : *Prémontré.*
Prémontré, Aisne, a. *Laon*, c. *Coucy-le-Château*, vetus abbatia, 39, 40, 41, 43, 279, 289, 294. — Abbstes : Guillermus, Petrus, Robertus.
Prenestinæ (ecclesia), in Italia, 171. Vide : *Palestrina.*
Presseio (ecclesia Sancti Martini de), 211 ; Prisciaco (mansus in), 94 ; *Prisei*, 236 ; Prisem (apud), 172. Vide : *Précy-Saint-Martin.*
Provins, Seine-et-Marne, 24, 198. (Ansellus Crassus, Rainaudus de).
Pruvinensis [urbs], 198 ; Pruvinum, 24. Vide : *Provins.*
Puellare (monasterium), 90, 162, 231 ; Puellarensis (ecclesia), 1. Vide : *Puellemontier.*
Puellemontier, Haute-Marne, a. *Vassy*, c. *Montierender*, 1, 90, 116, 118, 133, 162, 209, 215, 231.
Pugeium, 35, 205. Vide : *Pougy.*
Puis (le), rivulus affluens Albæ (olim Maxenna), *Aube et Marne*, c. *Sompuis*, et c. *Ramerupt*, 4, 5, 10, 22. Cfr. Maxenna.
Puteolus, 116 ; Puteolus, 122 ; Putiolos, 145. Vide : *Montierender.*
Putiolus (pratum prope Sanctum Leodegarium subtus Brena, quod dicitur), 164.

Queudes, Marne, a. *Epernay*, c. *Sézanne*, 30. Cfr. Cubitis (de).
Quierzy, Aisne, a. *Laon*. c. *Coucy-le-Château*, olim palatium regale, 130, 132, 134, 238. Cfr. Carisiacum, Karisiacum.

Radonvilliers, Aube, a. *Bar-sur-Aube*, c. *Brienne-le-Château*, 214.
Radunvillari (monachi de), 214. Vide : *Radonvilliers.*
Ragecourt-sur-Blaise, Haute-Marne, a. et c. *Vassy*, 92, 131, 146, 171.
Ragisicorte (mansus in), 92. Vide : *Ragecort-sur-Blaise.*
Raidon (nemus quod dicitur *Iou*), prope *Lantilles*, 66.
Raisnourai, haud procul confluente Vigeræ et Sublanæ, 20.
Rambercort, 37. Vide : *Arrembécourt.*
Ramerochum, 12 ; *Ramerru*, 234, 252 ; Ramerucum, 259. Vide : *Ramerupt.*
Ramerucum (prioratus Sancte Marie dependens a Majori Monasterio). Vide : *Ramerupt.*

Ramerupt, Aube, a. *Arcis-sur-Aube*, 12, 234, 252, 259, 298. — Prioratus Sanctæ Mariæ, 6, 28, 29, 262. — Priores : Gaufridus, Johannes. — Presbiter : Stephanus. — Præpositus : Johannes (Nivelo, miles de). Cfr. Ramerochum, *Ramerru*, Ramerucum.

Rances, Aube, a. *Bar-sur-Aube*, c. *Brienne-le-Château*, 115, 131, 211. Cfr. Rancia, Rentia.

Rancia, 211. Vide : *Rances*.

Ratgisicorte (in), 131. Vide : *Ragecourt-sur-Blaise*.

Ravet (le), rivus affluens Albæ, *Aube*, c. *Brienne-le-Château*, 138. Cfr. *Brah*.

Reboudura (census de), 230, 231.

Rec Beate Marie (terræ quæ in finagio de *Chauchericort* vocantur), 269.

Registetensis, alias Registensis (comitatus), 37. Vide : *Rethel*.

Reims, Marne, 120, 165, 297. — Archiepiscopi : Ebalus, Rigobertus, Sanson. — Abbatia Sancti Remigii, 165 — abbas : Airardus. Cfr. Remis.

Remennecourt, Meuse, a. *Bar-le-Duc*, c. *Revigny*, 107. Cfr. Rumenulficurtis.

Remis, 120, 165. Vide : *Reims*.

Rentia, 115. Vide : *Rances*.

Requiniacacorte (de), 143. Vide : *Saint-Léger-sous-Brienne*.

Rethel, Ardennes, 37, 49, 61. — Comites : Hugo [II], Hugo [IV], Manesseiers [IV]. — Comitissa : Felicitas. Cfr. Registetensis (comitatus).

Reynel, Haute-Marne, a. *Chaumont*, c. *Andelot*, 197. — Comes : Arnulfus. Cfr. Risnellensis (comitatus).

Richemont, comitatus in Anglia, 85.

Rimbert-Masnil (apud), 109. Vide : *Robert-Magny*.

Riminiaco (decanus de), 255. Vide : *Rumigny*.

Risnellensis, comitatus, 197. Vide : *Reynel*.

Rizaucourt, Haute-Marne, a. *Chaumont*, c. *Juzennecourt*, 285.

Risoucur (finagium de), 285. Vide : *Rizaucourt*.

Rivo (mansum in), 101, 131. Vide : *Rupt*.

Robert-Magny, Haute-Marne, a. *Vassy*, c. *Montierender*, 109 Cfr. *Rimbert-Masnil*.

Roisnacum, 278. Vide : *Rosnay-l'Hôpital*.

Roma, 42, 190, 203, 220, 225, 241, 248, 255, 290, 291, 294.

Ronnayum, 44; Ronniacum, 16. Vide : *Rosnay-l'Hôpital*.

Roserie, 186. Vide : *Rosières*.

Rosières, Haute-Marne, a. *Vassy*, c. *Montierender*, 186, 284.

Rosnahicum, 10 ; Rosnaicum (castellum), 155 ; Rosnaium, 7, 18. Vide : *Rosnay-l'Hôpital*.

Rosnay-l'Hôpital, Aube, a. *Bar-sur-Aube*, c. *Brienne-le-Château*, 7, 10, 15, 16, 18, 82, 87, 155, 156, 167, 177, 205, 278. — Capitulum postea prioratus et ecclesia Sanctæ Mariæ, 44, 155, 157, 179, 180, 202, 203, 206. — Priores : Albertus, Albricus,

Guiterus. — Canonicus : Gibuinus. — Domus Dei, alias ecclesia Sancti Lupi, 179, 180, 218, 219. — Comitatus alias consulatus. — Comites : Adso, Guarinus, Isembardus, Manasses. — Vicecomes : Dudo. — Major : Raginaudus. — Præpositura, 70. — Præpositi : Hugo de *Montrampon*, Rainaldus, Renaudus. — Custos sigilli : *Renaud d'Yèvre*. — Pagus, 177. (Droco, Petrus, Renardus, Tecelinus de). Cfr. Roisnacum, Ronnayum, Ronniacum, Rosnahicum, Rosnaicum, Rosnaium, Rosniacensis (comitatus), Rosniacum, Rusniacum.

Rosniacensis (comitatus), 15 ; Rosniacum, 18. Vide : *Rosnay-l'Hôpital*.

Rosterie (grangia), 280. Vide : *La Rothière*.

Rothière (la), Aube, a. Bar-sur-Aube, c. Soulaines, 280, 296.

Ru (Rogerus de), 21. Vide : *Rupt*.

Rumenulficurte (mansus in), 107. Vide : *Remennecourt*.

Rumigny, Ardennes, a. Rocroy, 255. Cfr. Riminiacum.

Rumilleium, 199. Vide : *Rumilly*.

Rumilly-les-Vaudes, Aube, a. et c. Bar-sur-Seine, 199. (Manasses, archidiaconus Trecensis de).

Ruppas (pratum ad), 70.

Rupt, Haute-Marne, a. Vassy, c. Joinville, 21, 101, 131. Cfr. Rivus, Ru.

Rusniacum, 179, 180. Vide : *Rosnay-l'Hôpital*.

Saint-Chéron, Marne, a. Vitry-le-François, c. Saint-Remy-en-Bouzemont, 7, 13, 42, 43, 82, 217, 226. — Dominus : Ogerus. (Leobaudus ; Ogerus, canonicus ; *Ogiers*, miles, de). Cfr. Sanctum Caraunum, Senchenon, Sentchenum.

Saint-Christophe, Aube, a. Bar-sur-Aube, c. Brienne-le-Château, 94, 123, 126, 128, 132, 143, 146, 151, 171, 172, 211. Cfr. Dodiniacacortis, Dudiniacacortis, Sanctus Christophorus, alias Xpistophorus.

Saint-Dizier, Haute-Marne, a. Vassy, 53, 111, 131, 133, 135, 136, 204. Cfr. Olonna, Olonensis (finis), Olumna, Sanctus Desiderius.

Saint-Etienne-aux-Ormes, Marne, a. Vitry-le-François, c. Somsuis, co. Saint-Ouen, 3, 5, 8, 17, 22, 27, 29. — Prior : Johannes. Cfr. Bailly, Sanctum Stephanum.

Saint-Florentin, Yonne, a. Auxerre, 80. (*Gilles*, miles, de).

Saint-Georges, Aube, a. Arcis-sur-Aube, c. Méry, co. Vallant-Saint-Georges, vetus prioratus, 3. — Prior : Rogerus. Cfr. Sanctus Georgius.

Saint-Gilles, Aube, a. Bar-sur-Aube, c. Soulaines, co. Vernonvilliers, vetus capella, 292. Cfr. Sanctus Egidius.

Saint-Jehan de Jerusalem (hospitale), 234. — Prior in Campania : Ferris de Fougereulles.

Saint-Just, Marne, a. Epernay, c. Anglure, **271.** — Dominus : Gui de Dampierre.
Saint-Laurent, ecclesia collegialis de *Plancy,* **265.** Vide : *Plancy.* Cfr. Sancti Laurentii.
Saint-Léger-sous-Brienne, Aube, a. Bar-sur-Aube, c. Brienne-le-Château, **132, 143, 158, 163, 164, 191, 194, 205, 212, 219, 236.** — Prioratus ; priores : Radulfus ; Walterus. — Presbiteri : Drogo, T. Cfr. Requiniacacortis, Sanctus Leodegarius, Truchiniacacurtis (?).
Saint-Léger-sous-Margerie, Aube, a. Arcis-sur-Aube, c. Chavanges, **27, 176.** (Gui, miles ; Theobaldus, miles). Cfr. Sanctus Leodegarius.
Saint-Lyé, Aube, a. et c. Troyes, **22.** Cfr. Sanctus Leo.
Saint-Mards-en-Othe, Aube, a. Troyes,, c. Aix-en-Othe, **5.** (Borserus, de). Cfr. Sanctus Medardus.
Saint-Maurice-en-Valais, Suisse, abbatia, **117.** Cfr. Agaunensium Sanctorum (norma).
Saint-Mesmin, Aube, a. Arcis-sur-Aube, c. Méry-sur-Seine, **260.** (Dudo, miles, de). Cfr. Sanctus Memorius.
Saint-Nicolas, Aube, a. et c. Arcis-sur-Aube, co. Allibaudières, prioratus nunc dirutus, **259.** Cfr. Sanctus Nicholaus.
Saint-Ouen, Marne, a. Vitry-le-François, c. Sompuis, **3, 4, 8, 10, 16, 17, 27, 44, 55, 70.** (Achardus, miles ; Guillelmus ; Hugo, miles ; Wido de). Cfr. *Saint-Oyen,* Sanctum Audoenum.
Saint-Oyen, **70.** Vide : *Saint-Ouen.*
Saint-Quentin-les-Beauvais, Oise, abbatia, **3, 10.** — Abbas : Gaufridus. Cfr. Sanctus Quintinus.
Saint-Remy-en-Bouzemont, Marne, a. Vitry-le-François, **21.** Cfr. Bosonomonte (via de).
Sainte-Eulalie, Aube, a, Bar-sur-Aube, c. Vendeuvre-sur-Barse, co. Bligny, **284.** Cfr. Sancta Eulalia.
Sainte-Marie (terraige con dist), in territorio de *Joncreuil,* **54, 80.** Cfr. Beata Maria.
Sainte-Menehould, Marne, **235.** — Curatus : Aubertus. Cfr. Sancta Manehyldis.
Sainte-Tanche, Aube, a. Arcis-sur-Aube, c. Ramerupt, co. Lhuitre, capella, **238.** Cfr. Sancta Tancha.
Sainte-Thuise, Aube, a. Arcis-sur-Aube c. Ramerupt, co. Dommartin-le-Coq, **104.** Cfr. Sancta Theodosia.
Saint-Victor, Aube, a. Arcis-sur-Aube, c. et co. Plancy, **264.** Cfr. Sancto Vitro.
Salnariam (inter viam), prope Sanctum Stephanum et *Brebant,* haud procul fluvio Maxenna, **5.**
Saltibus (terragium de), apud *Outines,* **44.**
Salvaticus Mansionalis (viculus qui dicitur), **161.** Vide : *Sauvage-Magny.*
Sancte Eulalie (ecclesia), **284.** Vide : *Sainte-Eulalie.*

Sancte Genetricis Belvacensis (canonici), 8. Vide : *Beauvais.*
Sancta Manehyldis, 235. Vide : *Sainte-Menehould.*
Sancta Margareta alias Margarita, 3. Vide : *Margerie-Hancourt.*
Sancte Margarite (altare in pago Rosnacense sacratum in honore),
177. Vide : *Magerie-Hancourt.*
Sancta Maria de Capella. Vide : *Chapelle-aux-Planches.*
Sancta Petronilla (locus qui vocatur). 2. Vide : *Pernolle.*
Sancte Tanche (abbatiola), 238. Vide : *Sainte-Tanche.*
Sanctam Theodosiam (mansus ad), 104. Vide : *Sainte-Thuise.*
Sancto Auberto (Jacobus dictus de), 296.
Sanctum Audoenum (apud), grangia, 3. Vide : *Saint-Ouen.*
Sanctus Bartholomeus Noviomensis, abbatia, 39. Vide : *Noyon.*
Sanctus Benignus Divionensis, abbatia, 39. Vide : *Dijon.*
Sanctus Brictius, 134. Vide : *Eclance.*
Sanctum Caraunum, 13. Vide : *Saint-Chéron.*
Sanctus Christophorus, alias Xpistophorus, 146, 151, 172, 211.
Vide : *Saint-Christophe.*
Sanctum Desiderium, 135, 204. Vide : *Saint-Dizier.*
Sancti Egidii (capella), 292. Vide : *Saint-Gilles.*
Sancti Georgii (prioratus), 3. Vide : *Saint-Georges.*
Sancti Laurentii (Godo, presbiter vicarius), scilicet collegialis ec-
clesie Planceii, 263. Vide : Planceium, *Saint-Laurent.*
Sanctus Leodegarius, 194. Vide : *Saint-Léger-sous-Brienne.*
Sanctus Leodegarius, 27, 176. Vide : *Saint-Léger-sous-Margerie.*
Sancti Leonis (Josbertus, villicus), 22. Vide : *Saint-Lyé.*
Sanctus Lupus, abbatia Trecensis. Vide : *Troyes.*
Sancti Lupi (ecclesia, alias Domus Dei), que juxta Rosniacum sita
est, 179, 180, 218, 219. Vide : *Rosnay.*
Sanctus Martinus [in Areis], abbatia. Vide : *Troyes.*
Sanctus Martinus Laudunensis. 40. Vide : *Laon.*
Sanctus Medardus, 5. Vide : *Saint-Mards-en-Othe.*
Sanctus Memorius, 260. Vide : *Saint-Mesmin.*
Sancti Nicholay (domus), 259. Vide : *Saint-Nicolas.*
Sancti Petri [ad montes], abbatia in civitate Cathalaunensi, 247.
Vide : *Châlons-sur-Marne.*
Sanctus Petrus de Cella, alias de Insula Germanica, 19, 25. Vide :
Montier-la-Celle.
Sancti Petri (campus in fine Valentiniaci, qui a nomine possesso-
ris vocatur), 163.
Sancto Quintino (Herbertus de), 288.
Sanctus Quintinus Belvacensis, 3, 10. Vide : *Saint-Quentin-les-
Beauvais.*
Sanctum Stephanum (apud), 3, vetus prioratus dictus quoque de
Bailly et de *Sainte-Colombe,* 29. Vide : *Bailly (Marne), Saint-
Etienne-aux-Ormes.*
Sancti Stephani Cathalaunensis (ecclesia), 237, 247. Vide : *Châ-
lons-sur-Marne.*
Sanctus Stephanus Trecensis, capitulum, 59. Vide : *Troyes.*

Sancto Vitro (Odo), 264. Vide : *Saint-Victor*.
Sartis (Hugo de), 34.
Saturniaco (mansus in), 96.
Sauceii (finagium), 285. Vide : *Saulcy*.
Saulcy, Aube, a. Bar-sur-Aube, c. Soulaines, 285.
Saura Terra (mansus in), 93. Vide : *Ville-sur-Terre*.
Sauvage-Magny, Haute-Marne, a. Vassy, c. Montierender, 161, 210, 218. — Presbiter : Hugo. Cfr. Salvaticus Mansionalis, Sauvage Masnilium, Silvester Masnilum.
Sauvage Masnilio (Hugo, presbiter de), 218. Vide : *Sauvage-Magny*.
Savoie (en notre manoir de), hanc domum habitabat Johannes, dux de *Lancastre*, dominus de *Belloforte*, 86.
Scrupt, Marne, a. Vitry-le-François, c. Thiéblemont, 135.
Scuriacense (in fine), 135. Vide : *Scrupt (?)*.
Sefonte (mansa (apud), 109. Vide : *Ceffonds*.
Seloncurt (vicus qui appellatur de), haud procul Brena, 217.
Senchenon (Ogerus de), 217. Vide : *Saint-Chéron*.
Senonensis (diœcesis), 172. Vide : *Sens*.
Sens, Yonne, 176, 296. — Archiepiscopus : Richerius. (Bonifacius Pineti, de).
Sentchenum (Leibaz de), 7. Vide : *Saint-Chéron*.
Septemfontes (mansum in), 100. Vide : *Ceffonds (?)*.
Septemfontibus (Lambertus, abbas de), 31. Vide : *Septfontaines*.
Sept-Fontaines, Haute-Marne, a. Chaumont, c. Andelot, co. Blancheville, vetus abbatia, 31. — Abbas : Lambertus.
Sesania, 261. Vide : *Sézanne*.
Sexfont (finagium de), 285. Vide : *Sexfontaines*.
Sexfontaines, Haute-Marne, a. Chaumont. c. Juzennecourt, 285.
Sézanne, Marne, a. Epernay, 179, 198, 230, 265, 266, 298. — Præpositus : Alboinus. (Hugo, Rainaudus de). Cfr. Sesania.
Sigisfons, 144. Vide : *Ceffonds*.
Silvestri Maisnili (ecclesia), 210. Vide : *Sauvage-Magny*.
Sirre (Philippus de), 65. Vide : *Cirey-sur-Blaise*.
Sochet, rivulus affluens in Vigera, haud procul Tassunerias, 20, 32. Cfr. Zochei.
Soicleu (Bonellus de), 5.
Sois (La), rivulus cujus fons est apud *Somsois (Marne)*, affluit in *Meldançon (Aube)*, 72. Vide : *Suzémont*.
Sois (fluvius de), 72. Vide : *Sois (La)*.
Soisi (grangia de), 260. Vide : *Soisy-aux-Bois*.
Soissons, Aisne, 147, 184, 251. — Episcopi : Arnulfus, Beroldus. — Abbatia Sancti Medardi ; abbas : Richardus. (Hugo de). Cfr. Suessionensis (diœcesis).
Soizy-aux-Bois, Marne, a. Epernay, c. Montmirail, 260. Cfr. Soisi.
Soldi (Bonnellus de), 4.
Sommevoire, Haute-Marne, a. Vassy, c. Montierender, 68, 71,

73, 89, 109, 126, 128, 138, 234. — Ecclesia Sanctæ Mariæ, 190, 192, 196, 210. — Ecclesia Sancti Petri, 192, 196, 210. — Via quæ dicitur *Valiers*, 234. (Odo de). Cfr. Summavera Summa Vigra.
Sompuis, Marne, a. Vitry-le-François, 239. Cfr. Summos Puteos (ad).
Somsois, Marne, a. Vitry-le-François, 269.
Sonseio (Rainbertus de), 269. Vide : *Somsois*.
Sortes (terræ quæ in fine de Valentiniaco vocantur), 165.
Soublaines, 84, 87. Vide : *Soulaines*.
Soulaines (Fontaine de), rivulus confluens in Vigeram, *Aube, a. Bar-sur-Aube*, 20, 54, 171. Cfr. Sublana, Sublena, Sufflana.
Soulaines, Aube, a. Bar-sur-Aube, 77, 84, 87, 161, 277. — Dominus [Philippus *Le Hardi*], dux Burgundiæ. (Arnulfus de). Cfr. *Soublaines, Subzlaines*, Sufflana, Sufflanna, Sunlena.
Sparnacum, 178. Vide . *Epernay*.
Sublana, Sublena, 20, 54. Vide : *Soulaines (Fontaine de)*.
Submuro (Galterus de), 27.
Subslaines, 77. Vide : *Soulaines*.
Suessionensis (diœcesis), 184. Vide : *Soissons*.
Sufflana, 174. *Soulaines (Fontaine de)*.
Sufflanna, 161. Vide : *Soulaines*.
Summavera, 68 ; Summa Vigra, 89 126. Vide : *Sommevoire*.
Summos Puteos (ad), 239. Vide : *Sompuis*.
Sunlena, 277. Vide : *Soulaines*.
Suzainmont, 6, 7 ; Suzannomonte, 9 ; *Suzaymont*, 72. (molendinum de). Vide : *Suzemont*.
Suzemont (moulin de), Aube, a. Arcis-sur-Aube, c. Chavanges, co. Balignicourt, molendinum situm super hanc partem rivi qui tunc dicebatur *La Sois* et qui nunc dicitur *Meldancon*, 6, 7, 9, 72. Cfr. *Sois (La)*, Suzainmont, Suzannomonte, *Suzaymont*.

Taillebois (grangia apud), 276, 278, 280, 284, 290, 291.
Taignières, 67 ; *Tainières*, 53, 262. Vide : *Tanières*.
Tanières, Aube, a. Arcis-sur-Aube, c. et co. Chavanges, **meteria**, 20, 32, 52, 53, 67, 262. Cfr. *Taignières, Tainières*, Tasneriæ, Tassuneriæ.
Targe, Aube, a. Arcis-sur-Aube, c. Ramerupt, co. Poivre et Trouan-le-Grand, vicus nunc dirutus, 251. (Adam de).
Targes, vicus nunc dirutus juxta *Lassicourt*, 114, 120, 131. Cfr. Taria, Targia.
Targia, 120. Vide : *Targes* juxta *Lassicourt*.
Taria (in villa), 114, 131. Vide : *Targes* juxta *Lassicourt*.
Tasnerie, 52, Tassunerias (ad), 20, 32. Vide : *Tanières*.

TABLE DES NOMS DE LIEUX

Tauro (mansum in), 131. Vide : *Thors.*
Tegnium (Symon de), 222.
Templi (in Francia militia), 234, 235. — Preceptor domorum : Humbertus de *Parant*; — preceptor domus de Tauro : *Demange de Crenay.*
Terracine, Italie, 254.
Teubodimonte (mansus in), 98. Vide : *Thiéblemont.*
Thérouanne, Pas-de-Calais, a. Saint-Omer, vetus diœcesis, 245.
— Archidiaconus : Walterus. Cfr. Morinensis (diœcesis).
Thérouanne, Pas-de-Calais, a. Saint-Omer, vetus diœcesis, 245.
Archidiaconus : Walterus. Cfr. Morinensis (diœcesis).
Thiéblemont, Marne, a. Vitry-le-François, 98. Cfr. Teubodimons.
Thil, Aube, a. Bar-sur-Aube, c. Soulaines, 77, 92, 105, 126, 128, 205, 292. (Anco, miles ; Johannes, miles, de). Cfr. *Til,* Tilium.
Thilleux, Haute-Marne, a. Vassy, c. Montierender, 109. Cfr. Tilloicum.
Thorete, 83 ; *Thorote,* 56. Vide : *Thourotte.*
Thors, Aube, a. Bar-sur-Aube, c. Soulaines, 131, 219, 234. — Preceptoria domus Templi de Tauro, 234, 235. — Preceptor : *Demange de Crenay.* (Rodulfus de). Cfr. Taurum, *Tors,* Vallis Taurorum.
Thourotte, Oise, a. Compiègne, c. Ribecourt, 56, 66, 83. — Dominus : Gaucherus. — Castellanns : *Jehans* (Aubertus, *Jehans, Jehans,* Radulfus de). Cfr. *Thorete, Thorote, Torote.*
Til (Anco de), 205 ; Tilio (mansus in), 92, 105, 126. Vide : *Thil.*
Tilloicum (apud), 109. Vide : *Thilleux.*
Tonnerre, Yonne, 161. Cfr. Tornodorensis (pagus).
Torci, 6 ; Torciaco (mansus in), 107, 161. Vide : *Torcy.*
Torcy, Aube, a. et c. Arcis-sur-Aube, 6, 107, 133, 161, 278. (Giroudus, Hermannus, Hugo, de). Cfr. *Torci,* Torciacum.
Tornacense (capitulum), 296. Vide : *Tournay.*
Tornodorensi [in pago], 161. Vide : *Tonnerre.*
Torote, 56. Vide : *Thourotte.*
Tors, 219, 234. Vide : *Thors.*
Toul, Meurthe-et-Moselle, 196. — Episcopus : [Ricuinus]. Cfr. Tullensis (diœcesis).
Tournay, Belgique, 296. — Capitulum.. canonicus : Jacobus de Sancto Auberto. Cfr. Tornacense (capitulum).
Toussaints-en-l'Isle, ecclesia vel capitulum in Cathalaunensi civitate. Vide : *Châlons-sur-Marne.*
Trainel, Aube, a. et c. Nogent-sur-Seine, 260. — Dominus : Ansellus [I]. Cfr. Triangulum.
Trameleio (ecclesia de), 171 ; Tramilleio (ecclosia de), 195; Tramilliacum, 146. Vide : *Tremilly.*
Tranna (Johannes de), 295. Vide : *Trannes.*
Trannes, Aube, a. Bar-sur-Aube, c. Brienne-le-Château, 236, 275, 276, 292, 293, 295, 296. (Arnulfus, Johannes, Wiardus, carpentarius, de). Cfr. Tranna, Trena.

Trecæ; Trecensis (diœcesis). Vide : *Troyes.*
Tremilly, Haute-Marne, a. Vassy, c. Doulevant, 146, 171, 195, 205, 295. Cfr. Trameleium, Tramilleium, Tramilliacum.
Trenam (inter), 275. Vide : *Trannes.*
Triangulum, 260. Vide : *Trainel.*
Tribus Fontanis (in), 137. Vide : *Trois-Fontaines-la-Ville.*
Trochiniacacurtis, 132. Vide : *Saint-Léger-sous-Brienne* (?).
Trois-Fontaines-la-Ville, Haute-Marne, a. et c. Vassy, 137, Cfr. Tribus Fontanis.
Troyes, Aube, 1, 13, 24, 28, 38, 71, 83, 143, 145, 156, 158, 163, 177, 190, 192, 199, 203, 206, 210, 220, 236, 250, 256, 260, 263, 274, 278.
 Ecclesia Trecensis. — Episcopi : Ansegisus, Bartholomeus, Fromundus [I], Fromundus [II], Garnerius, Gualo, Hato, Henricus, Herveus, Hugo [I], Hugo [II], *Jean Léguisé*, Johannes, Mainardus, Manasses [I], Manasses [II], Matheus, Milo [I], Milo [II] alias Philippus, Nicolaus, Philippus alias Milo [II], Robertus, Waimerus. — Curia episcopalis, 7. — Curia officialis, 55, 232, 296. — Officialis : Johannes. — Præpositi Ecclesiæ [usque ad annum 1167] : Odo, Rainaldus (et archidiaconus), Rainaldus, Rainerus, Stephanus, Varenbaldus. — Decani Ecclesiæ [post annum 1167] : Nicholaus (et archidiaconus Sanctæ Margaretæ), Petrus. — Archidiaconi : Adroldus, Ansellus, Bernardus, Demetrius, Drogo, Falco, Farco, Fromundus, Galterus, Garnerus, Gauterus, Gerricus, Gerardus, Gibuinus, Girardus, Gosbertus, Guido de *Boi*, Herbertus, Heribertus, Hugo, Jocelinus, Manasses, Manasses, Manasses de Rumiliaco, Manasses de Villamauri, Milo, Nicholaus (Sanctæ Margaretæ in ecclesia Trecensi), Nocherus, Odo, Odo, Petrus, Radulfus, Rainaldus, Rainaldus, Rainaudus de Pruvino, Rainerius, Ratoldus, Simon, Theobaldus, Wuido. — Capitulum Trecense — archiclavus : Hadricus. — Cantores vel præcentores : Arnulfus, Gibuinus (archidiaconus), Henricus, Odo — Decani in capitulo Trecensi [ante annum 1167] scilicet, 1° presbiterorum : Goffridus, Hugo, Menardus, Odo, Petrus, Rodulfus, Stephanus, Tegerus ; 2° diaconorum vel subdiaconorum : Alardus, Hugo (?), Lambertus. — Camerarii : Galterus, Joannes. — Cancellarii : Fulco, Gibuinus. — Canonici, 1° presbiteri : Alegrecius, Alexander, Arnoldus, Anno, Beroldus, Burdinus, Constantinus, Eldebertus, Ermenardus, Fulco, Giroldus, Gislebertus, Giso, Gosbertus, Guiardus, Henricus, Herbertus, Heribertus, Josbertus, Otbertus, Ragenaldus, Rainaldus, Stephanus, Tegerus, Teudo, Theodericus, Waterannus ; — 2° levitæ alias diaconi : Agristius, Arnaldus, Bernardus, Buchardus, Constantinus, David, Elezierdus, Ermengardus, Ermenoldus, Galterus, Garnerius, Gauwinus, Gibertus, Giroldus, Goduinus; Iterius, Johannes, Letaldus, Letericus, Manasses de Buceio, Milo, Odo, Odo, Rainerius, Robertus, Rotbertus, Salo; — 3° subdiaconi : Arnulfus, Bernerius, Constantinus, Drogo, Drogo de Bal-

chesio, Eldricus, Gislaudus, Herfredus, Mainerus, Milo de Chamloto, Odo, Rainerus, Tebaudus, Warnerus ; — 4º canonici qui sine Ordinis designatione sunt nuncupati : Bernardus, Drogo, Engelmerus, Galterus de Fossiaco, Girardus de Barro, Johannes, Martinus, Petrus, Petrus de Mariaco, Petrus Strabo, Raynerus Brenensis, Thomas, Walterus, Virricus Bucellus ; — 5º capellani : Alexander ; Petrus, clericus ; Wuido, presbiter.

Dux Campaniæ : Waimerus.

Comitatus Trecensis alias Campaniæ. — Comites : Aledrannus, Edmundus Angliæ, Henricus I, Henricus III, Heribertus, senior (?), Heribertus II, Hugo, Odo I, Odo III, Theobaldus I, Thebaldus II, Theobaldus IV, Theobaldus V. — Comitissæ : Adelaidis alias Alaidis, *Jeanne [de France]*, Maria, Matildis. — Capellanus comitis : Radulfus. — Præpositi : Girardus de Dreia, Gundulfus, Herladius. — Dapifer : Ulricus. — Curia comitis, 266. — Cancellarii : Galterus, Guillermus, Letardus, Vincentius de Petracastri. — Notarius : Theodericus Barrensis. — Clerici : Guillelmus de Vitriaco, Guillermus.

Capitulum Sancti Stephani, 59. — Canonici : Ogerus de *Nouerroie*, Ogerus de Sancto Karauno.

Abbatia Sancti Lupi, 8, 227, 249. — Abbates : Ebrardus, Guiterus. — Prior : Hemolgerius. — Canonici : Christianus, Johannes, Poncius. — Famuli : Martinus, Petrus.

Abbatia Sancti Martini [in Areis]. — Abbates : Jacobus, Vitalis, Willelmus.

Ansellus, causidicus ; Ingelmerus, Petrus Bursaudus de Trecis. Cfr. Trecæ, Trecensis (diœcesis).

Tullensis [diœcesis], 196. Vide : *Toul*.
Tuncrense (in fine), 135.
Turbitione (molendinum de), 260.
Tusculum (in Italia), 10. — Episcopus : Imarus.

Ulmetus (vetus grangia), 219. Vide : *Ormay*.
Ulmi, 270, 271. Vide : *Ormes*.
Unienville, Aube, a. Bar-sur-Aube, c. Vendeuvre-sur-Barse, 205, 236, 296. (Laurentius, miles, de). Cfr. Univilla, *Univille*.
Univilla, 203 ; *Univille*, 236. Vide : *Unienville*.

Vacharia (grangia de), 32. Vide : *La Vacherie*.
Vacherie (La), grangia, Haute-Marne, a. Vassy, c. Montierender, co. Longeville, 32, 46.
Val Bainstor (le padige de), 56.
Valentigniacum, 165 ; Valentigneium, 63 ; Valentineium, 210 ; Valentiniacum, 36, 159. Vide : *Valentigny*.

Valentigny, Aube, a. Bar-sur-Aube, c. Brienne-le-Château, 36, 63, 159, 165, 180, 203, 210, 277. — Capellanus : Constantius. Dominus : Philippus. (Petrus, miles, de). Cfr. Valentigniacum, Valentignieum, Valentineium, Valentiniacum.

Valescurt (Hoduinus de), 6.

Valle Comitis (grangia de), 38, 39, 44. Vide : *Laval-le-Comte*.

Vallis (ecclesia de), 146. Vide : *Vaux-sur-Blaise*.

Vallis Taurorum (militie Templi domus), 234. Vide : *Thors*.

Vangionisrivus, 197. Vide : *Vignory*.

Vasseium, 221. Vide : *Wassy*.

Vaubercey, Aube, a. Bar-sur-Aube, c. Brienne-le-Château, co. Blaincourt, 236. Cfr. Waubercies.

Vaucogne, Aube, a. Bar-sur-Aube, c. Ramerupt, 219. — Presbiter : Herbertus. Cfr. Guascognia.

Vaux-sur-Blaise, Haute-Marne, a. et c. Vassy, 92, 146. Cfr. Milperarium, Vallæ.

Velceniæ, 133 ; Velcianæ, 140. Vide : *Vouciennes*.

Vendeuvre-sur-Barse Aube, a. Bar-sur-Aube, 202, 277. (Hilduinus de).

Vendoil, meteria nunc diruta juxta molendinum de *Suzemont*, 72.

Vendopera, 202. Vide : *Vendeuvre-sur-Barse*.

Venuerias (mansus in), 106.

Verceol, 267 ; *Verceuls*, 176 ; *Vercuel*, 269. Vide : *Verseuil*.

Verduno (ecclesia et capitulum de), 262, 268. Vide : *Verdun*.

Verdun-sur-Meuse, Meuse, 26, 262, 268. Cfr. Verdunum, Virdunensis (ecclesia).

Veriam (ad fluvium), 20. Vide : *La Voire*.

Vernonvilliers, Aube, a. Bar-sur-Aube, c. Soulaines, 292. — Presbiter : Vaalinus. Cfr. Warnovillaris.

Verricourt, Aube, a. Arcis-sur-Aube, c. Ramerupt. (Philippus de). Cfr. Waricult.

Verseuil, Marne, a. Vitry-le-François, c. Saint-Remy-en-Bouzemont, co. Margerie, meteria, 23, 24, 176, 262, 263, 267, 268, 269. Cfr. *Verceol, Verceuls, Vercuel, Verseuel, Verszuel*.

Verseuel, 262 ; *Verszuel*, 262. Vide : *Verseuil*.

Vertus, Marne, a. Châlons-sur-Marne, 86, 245, 261. — Præfatus : Bertran Guasch. (Radulfus Pes canis ; Rainerus, canonicus, de). Cfr. Virtutum.

Vervins, Aisne, 84. (Agnes de).

Verza, rivulus, fluens haud procul *Verseuil* inter finagia de *Chassericourt et de Margerie*, cadit in *Meldançon*, 7.

Verzeoil, 268 ; *Verzol*, 24 ; *Verzuol*, 23. Vide : *Verseuil*.

Vetus Materna (ubi aquæ decursus nominatur), nunc *l'Isson*, qui irrigat *Vouciennes*, 142.

Vetus Navignatio (pastura a loco qui dicitur), haud procul Anglitura, 259.

Via Aspera, 254. Vide : *Viapres-le-Grand*.

Viæ regales, vulgo Romanorum dictæ. Duæ sunt quæ apud *Les-*

mont se intersecant : una a Segessera [*Bar-sur-Aube*] ad Corobolium [*Corbeil*] bene cognita ; altera vero minus cognita est, et ab intersectione ducit ad Tricassium civitatem, 132.

Viapres-le-Grand, Aube, a. Arcis-sur-Aube, c. Méry-sur-Seine, 180, 241, 242, 248, 250, 251, 252, 253, 254, 256, 257. — Presbiteri : Hugo, Hugo, Tegerus. (Hugo, Tegerus de). Cfr. Via Aspera, Viasperum, Viasprum.

Viasperum, 252 ; Viaspro (Hugo de), 18œ. Vide : *Viapres.*

Vieleprée (nemus quod dicitur), 50.

Viera, 122 ; Vigera, 120. Vide : *La Voire.*

Vignory, Haute-Marne, a. Chaumont, 197. (Wido de). Cfr. Vangionisrivus.

Vigora, 116 ; Vigra, 89. Vide : *La Voire.*

Vileretum, 61, 222, 223, 230 ; Villaretum, 193, 199. Vide : *Villeret.*

Vilers, 60. Vide : *Villiers* (castellum).

Vilers (Warnerius de), 278. Vide : *Villiers-le-Bourg.*

Vilers (decima de), juxta Vasseium, 204. Vide : *Villiers-aux-Bois.*

Villa (mansus in), 92. Vide : *Ville-en-Blaisois.*

Villa Saura Terra, 124 ; Villaseroterra, 210. Vide : *Ville-sur-Terre.*

Villamauri (de), 260. Vide : *Villemaur.*

Villare (mansus in), 97, 137. Vide : *Villiers-aux-Bois.*

Ville-en-Blaisois, Haute-Marne, a. et c. Vassy, 92, 129.

Villemaur, Aube, a. Troyes, c. Estissac, 13, 260. (Hugo ; Manasses, de). Cfr. Villamaurum, Villemaurum.

Villemaurum, 13. Vide : *Villemaur.*

Villeret, Aube, a. Arcis-sur-Aube, c. Chavanges, 60, 61, 70, 193, 199, 222, 223, 230, 231. — Parochus : Rainaldus. (Garinus ; Macelin ; Rainnier ; Renaut, miles, de). Cfr. Vileretum, *Vilers,* Villaretum, *Villerez,* Willeyum.

Villerez, 60. Vide : *Villeret.*

Ville-sur-Terre, Aube, a. Bar-sur-Aube, c. Soulaines, 93, 124, 126, 146, 210, 234, 235, 236. (Johannes, miles de). Cfr. Saura Terra, Villa Saura Terra, Villaseroterra.

Villiers-le-Bourg, Aube, a. Bar-sur-Seine, c. Essoyes, co. Magnan, 278. (Warnerius de). Cfr. *Vilers.*

Villiers-aux-Bois, Haute-Marne, a. et c. Vassy, 97, 137, 204. Cfr. *Vilers,* Villare.

Villiers, castellum et viculus : castellum est in finagio de *Villeret*, et viculus in finagio de *Montmorency*, 60. Vide : *Vilers,* Willeyo.

Virdunensis (ecclesia), Virdunense capitulum, 26. Vide : *Verdun.*

Virtuensis (abbatia), 245. Vide : *Vertus.*

Virtuto (de), 261. Vide : *Vertus.*

Viterbe, Italie, 201, 270.

Viterbium, 201. Vide : *Viterbe.*

Vitrei (prepositus de), 16 ; Vitriacum, 66. Vide : *Vitry-en-Perthois.*

Vitry-en-Perthois ou le Brulé, Marne, a. et c. Vitry-le-François, 16, 66. — Præpositus : Hugo. (Guillelmus, clericus, de). Cfr. *Vitrei*, Vitriacum.

Vivarium Comitis (aqua inter Trenam et Albam que dicitur), 275.

Vivifons, 260.

Voire (la), rivus affluens in Albam, *Haute-Marne et Aube*, 20, 32, 33, 60, 61, 69, 89, 116, 120, 122, 135, 144, 154, 167. Cfr. Veria, Viera, Vigera, Vigora, Vigra.

Vouciennes alias *Vauciennes, Marne, a. Châlons-sur-Marne, c. Ecury-sur-Coole*, 108, 133, 140, 142, 234. Cfr. Velceniæ, Velcianæ, Vulceniæ, Vetus Materna.

Vougette (oschia que dicitur *la*), 54.

Vuarembertiacacorte (mansus in), 100.

Vulcenias (mansa in), 108. Vide : *Vouciennes*.

Vuasseium, 188. Vide : *Wassy*.

Vulfinicorte (mansus in), 111.

Waerea, in pago Barrense, 121.

Waricult (Philippus de), 18. Vide : *Verricourt*.

Warnovillari (presbiter), 292. Vide : *Vernonvilliers*.

Wasseacensis (ecclesia), 189. Vide : *Wassy*.

Wassy, alias *Vassy, Haute-Marne*, 188, 189, 204, 221, 234. (Gaufridus, miles, de). Cfr. Vasseium, Vuasseium, Wasseacensis (ecclesia).

Wauberceis, 226. Vide : *Vaubercey*.

Wendalie (grangia), 280.

Willeyo (Oudetus de), 232. Vide : *Villiers* castellum et vicus.

Wiot (campus), 33.

Yèvres, Aube, a. Bar-sur-Aube, c. Brienne-le-Château, 82, 217, 226, 234. (Renaud de). Cfr. *Evre*, Evrea.

Zochei (campi de), haud procul Tassuneriis et Vigera, 20, 32. Vide : *Sochet*.

TABLE DES CHARTES DE LA CHAPELLE-AUX-PLANCHES, etc.

PAR ORDRE CHRONOLOGIQUE

CORRESPONDANT À L'ORDRE DES NUMÉROS DU CARTULAIRE.

Ordre chronologique	LA CHAPELLE-AUX-PLANCHES	Nos d'ordre
1139 (au plus tard)	De decimis in parrochia Puellarensis ecclesie	1
1146 (au plus tard)	De S. Petronilla in Nemore	2
1146 (au plus tard)	De sacerdote Chacericurtis	3
1147 (avant)	De decimis S. Audoeni et S. Stephani	4
1147 (avant)	De terra de Massofrutecti	5
1147 (avant)	De terra inter *Braibant* et S. Stephanum	6
1147 (avant)	De Molendino de *Suzainmont*	7
1147 (avant)	De terragio apud Donnum Amandum	8
1147 (avant)	De decimis in diocesi Trecensi	9
1147 (14 mai)	Privilegium Eugenii pape III	10
1152	Carta Simonis, domini Belfortis	11
1153	De alodio apud *Harembecorth*	12
1155	De grangia in finibus de *Longeville*	13
1155	De terris et usuario nemoris apud Longevillam	14
1156	De grangiis Sancte Petronille et de Autennis	15
1157 (au plus tard)	Carta Oliveri, domini de *Droonay*	16
1157	De curia Machericurtis	17
1157	de S. Petronilla, *Autignes* et *Juncrey*	18
1157	De pace de *Melkerecorth*	19
1157	De dono Rogeri et Gaufridi Jovisville	20
1159	De *Agtignes*, S. Audoeno et S. Stephano	21
1173	De *Charchericurt, Arrembecurt, Orregmont*, ect.	22
1175 (11 mai)	Privilegium Alexandri pape III	23

Ordre chronologique		Nos d'ordr
1175	De concessione juris apud *Horremont*........	24
1176	(au plus tard) Carta Henrici, comitis Trecensis.	25
1177	De *Autignes*, S. Audoeno et S. Stephano......	24
1178	De Mercureicurte, *Chalchericort* et *Jonchere*..	27
1182	De terris et censibus prope filum de *Hert*.....	28
1182	De donatione grangie de Flacennis...........	27
1182	De donatione grangie de *la Loye*.............	30
1182	De donatione grangie de Vacharia...........	31
1183	Carta Symonis, domini Bellifortis............	32
1184	De terragiis de *Donomand*..................	33
1189	De terragio in grangia Bovarie..............	34
1189	De terragio in grangia Sancte Petronille.......	35
1189	(vers) De terragio in grangia Bovarie.........	36
1193	De ecclesiis de *Rambecort* et de *Chachericort*.	37
1194	Grangia Vallecomitis conceditur domino Guidoni.	38
1194	Carta Marie, comitisse, de eodem............	39
1199	Compositio de grangiis cum Cluniacensibus....	40
1205	(24 janv.) De privilegio Innocentii pape III....	41
1206	De grangia *La Chamoye* et decimis S. Carauni.	43
1206	De confirmatione decimarum S. Carauni......	43
1219	De domo Valllecomitis, de S. Audoeno........	44
1219	Confirmatio predicte compositionis..........	45
1233	(mai) De cessione Gaufridi, domini de Dawileio.	46
1234	(16 avril) De Jonquereio, *Otignes* et *Baali*....	47
1250	(déc.) De grossa decima de Junquereio, *Ottignes*	48
1243	(juill.) De haia de *Creteil* et usuariis Bellifortis.	49
1244	(févr. v. st.). De nemore de *Vieleprée*, et Loia.	50
1246	(9 juil.) De quictatione Martini, clerici.......	51
1247	(mai) De Tasneriis, *Labrau*, Chavaingiis.....	52
1247	(juil.) De *Tainières*, *Labrau* et *Chavanges*....	53
1247	(févr. v. st.) De Junquereio et *La Vougelle*....	54
1254	(21 avril) De grangia apud S. Audoenum....	55
1257	(15 avril) De grossa decima de *Chavanges* ...	56
1257	(16 mai) De anniversario Theobaldi (IV)......	58
1258	(avril) De L solidis super *Val Bainstor*......	57
1259	(déc.) De Othigniis, Baaliaco et Junkereio.....	59
1260	(mai) De grossa decima Longeville...........	60
1264	(avril, De donatione aque de Veria...........	61
1264	(1er mai) De donatione aque an *Voire*........	62
1269	(janv. v. st.) De grossa decima de Longevilla..	63
1273	(juil.) De mina bladi apud Valentigneium.....	64
1275	(juin) De blado in decima de Longavilla......	65

Ordre chronologique		Nos d'ordre
1276 (22 déc.)	De amortisatione de aqua *an Voire*...	66
1276 (févr. *v. st.*)	De nemore de *Beaufort*.........	67
1291 (*v. st.*)	De venditione decime de Junquereio...	68
1291 (sans date)	Approbatio venditionis predicte....	69
1293 (1er oct.)	De blado in decima Summe Vere....	70
1295 (janv. *v. st.*)	Littere amortisationis Philippi, regis.	71
1296 (17 mars *v. st.*)	De gardia domus Vallecomitis..	72
1297 (févr. *v. st.*)	De SummaVera, *Susaymont, Vendoil*	73
1298 (21 juil.)	Confirmatio carte precedentis........	74
1298 (*v. st.*)	De Junquereio, *Outignes*, Baileyo.....	75
1299 (avril)	De *Flacineys*, Junquereyo et *Susaymont*.	76
1308 (déc.)	Approbatio ordinacionis supradicte......	77
1312 (juil.)	De donacione domus de *Plain Chasnoy*.	78
1312 (oct.)	De IIII arpentis in nemore de *Beaufort*..	79
1336 (fév. *v. st.*)	De terragio S. Marie apud *Jonguerey*.	81
1336 (19 avril)	De compositione de aqua *Les Pissettes*.	82
1342 (14 avril)	Sentencia de terragiis de *Donnemens*..	83
1342 (29 avril)	De molendis de *Champ* et de *Chasne*.	84
1345 (14 juil.)	De XX solidis census apud *Ottignes*...	85
1357 (5 oct.)	De anniversario Agnetis de *Vervins*....	86
1360 (*v. st.*)	De molendinis *du Champ* et *du Chasne*.	87
1364	Lettres de sauve-garde dou duc de Lanquastre.	88
1373 (24 fév. *v. st.*).	Lettres d'ammortissement......	89
13«3 (9 avr.)	Des moulins du Champ et du Chasne..	90

MONTIERENDER.

ixe-xie s.	Polyptycon Monasterii Dervensis.........	1
692 (15 fév.)	Privilegium Berthoendi..............	2
801-813	Preceptum Karoli Magni..............	3
829 (22 sept.)	Testamentum Harduini, presbiteri....	4
833 (19 oct.)	Privilegium Lucdovici regis..........	5
843	De manso I in Villa Saura Terra	6
845 (5 mai)	Privilegium Karoli regis.............	7
854 (6 fév.)	Privilegium Karoli regis.............	8
854 (6 fév.)	Privilegium de thesauro eccclesie......	9
856 (24 janv.)	Preceptum Karoli regis............	10
856 (10 mai)	Preceptum de Gerulvillare..........	11
876 (8 oct.)	De Bosone, comite, et Olonna.........	12
968 (17 janv.)	De Heriberto, comite, et Olonna......	13
968 (vers)	De dono Adsonis comitis..............	14
971 (6 sept.)	De Summa Vera et *Brah*............	15
980	De villa Vulcenias.......................	16

TABLE DES CHARTES

Ordre chronologique		Nos d'ordre
980	Privilegium Lotharii regis..................	17
994 (9 avril)	De Laderciacacorte. Dodiniacacorte, ect.	18
1027 (15 mai)	De septem ecclesiis................	20
1027 (17 nov.)	Donatio Hugonis..................	21
1027 (vers)	De Dudiniacicorte..................	22
1027 (vers)	De advocaria Blesensi	23
1030 (7 avril)	De altare Sigisfontis..	19
1035 (au plus tard)	De molendino super Albam.. ...	24
1035 (au plus tard)	De villa Blungiscortis...........	25
1025	Pro ecclesia B. M. de Rosniaco..............	26
1035	De Manasse et ecclesia Rosnacensi...........	27
1035 (28 déc.)	De altari Requiniacecurtis.........	28
1050 (au plus tard)	De Corcellis et Valentiniaco.....	29
1050 (au plus tard)	De alodiis fratris Kalonis......	30
1050 (au plus tard)	De curte Torciaci.............	31
1050 (au plus tard)	De Salvatico Mansionali........	32
1050 (30 avril)	De altari Puellarismonasterii........	34
1050 (6 juin)	De villa S. Leodegarii Requiniacecortis.	35
1050 (vers)	De Rodulfo, comite Barri	33
1050-1082	De Valentiniaco..................	36
1050-1082	De Luviniaco villa...................	37
(Sans date)	De bonis que tenet Witerus de Brena....	38
1057 (avant?)	De molendino Rosnacensi...........	39
1057 (au plus tard)	Epistola Victoris pape..........	40
1060-1064 (au plus tard)	De ecclesia S. Margarete...	41
1060-1064 (au plus tard)	De *Belfort* et Brecis.....	52
1060-1064 (au plus tard)	De Sufflana.............	43
1060-1064 (au plus tard)	De Goffrido et ecclesiis	44
1064 (3 mai)	Littera confirmationis Nicholai pape II..	45
1064-1065	Privilegium de III ecclesiis............	46
1065 (vers)	Epistola Alexandri pape	47
1072	De *Espulteimont*.....................	48
1072-1081	De altaribus in episcopatu Trecensi......	49
1072-1082	De furno de Alta Villa.................	50
1074	De altari Sancte Margarete..................	51
1077-1084	Karta Theobaudi comitis	52
1082 (avant)	Compositio cum Waltero comite........	54
1082	De consuetudinibus Breonensis comitis........	55
1083	Karta de alodiis Guarini	56
1083-1124	De canonicis Rusniacensibus...........	53
1088	De alodio apud Hauncortem.................	57
1089	De clamatione ad Theobadum comitem........	58

TABLE DES CHARTES

Ordre chronologique		Nos d'ordre
1090 (vers)	De molendino apud Wuasseium	59
1104-1114	De villa Requiniacecurtis	62
1114 (3 mai)	Karta Hugonis comitis	65
1114 (16 août)	De altari Sigisfontis	60
1114	De altari S. Remigii Sigisfontis	61
1115 (13 mars)	De Summa Vera	63
1121 (au plus tard)	De Belforti et Villareto	64
1121 (au plus tard)	De Longavilla	66
1121 (au plus tard)	De altari Noveville	67
1121 (au plus tard)	De Tramilleio	68
1122	De Summa Vera et Longavilla	69
1124 (13 avril)	Epistola Callisti pape	70
1124 (14 avril)	Epistola Callisti pape	71
1125 (au plus tard)	De consuetudinibus Breonensibus	72
1127	Contra Arnulfum comitem	73
1128 (13 avril)	Privilegium Honorii pape	111
1129 (3 mars *v. st.*)	De Belforte et Villareto	74
1131 (14 janv.)	De prioratu Breonensi	75
1133 (13 avr.)	De confirmatione prioratus Breonensis	76
1139	Karta Teobaudi comitis	77
1140	De ecclesia Rosnacensi	79
1140-1142 (28 nov.)	Confirmatio de eodem	78
1143	De prebenda Gibuini	80
1140-1150	De decima Valentiniaci	81
1176 (6 mai)	Epistola Alexandri pape	82
1179	De decimis de *Vilers*, Costeis, Gigneio	83
1181	De elemosina Erardi comitis	83
1181 (7 nov.)	Epistola Lucii pape	85
1182	De casamento de Summa Vera	86
1185	De controversia de Campo Alberti	87
1185	De ecclesiis in episcopatu Trecensi	88
1175 (vers)	De Puellarismonasteri et Brena Vetula	89
1186	De decimis Sancti Leodegarii	90
1188 (13 avril)	Epistola Clementis pape	91
1189	De consuetudinibus Brenensibus	92
1185-1190	De decima Evree	93
1197	De *Sauvage* Masnilio	94
1197	De Domo Dei Beati Lupi	95
XIIe s. (?)	De donatione Herberti	96
XIIe s. (?)	De manso I in villa Hispanie	97
1200 (26 avril)	De ecclesiis in diocesi Trecensi	98
1211 (fév. *v. st.*)	De *Jusanvine*, et Lassicuria	99

Ordre chronologique	Nos d'ordre
1219 (1er oct.) De decimis de Belloforti............	100
1210 (nov.) De molendino de *Morceis*	101
1219 (déc.) De Villereto et de Chavangiis..........	102
1220 (juil.) De decima Crespeii...................	103
1220 (sept.) De molendino de *Morceis*............	104
1223 (mars) De molendino de *Morceis*	105
1224 (sept.) De prioratu Brene....................	106
1224 (juil.) De Domo Dei Brene...................	108
1224 De elemosina Galteri comitis.................	109
1224 (janv. *v. st.*) De eodem.....................	107
1225 (sept.) De molendino de *Morceis*.............	110
1231 (nov.) De prioratu de Belloforti.............	112
1233 (fév. *v. st.*) De decima de *Evre*............	113
1232-1234 De decima de *Espoutemont*............	114
1235 (sept.) De Domo Dei de Brena............	115
1238 (juil.) De decima de *Belfort*................	116
1239 (oct.) De Belloforti et *Morceis*	117
1241 (14 avril) De Junquereio, *Outignes, Baali*....	118
1243 (déc.) De prioratu Bellifortis.................	119
1250 (nov.) De Domo Dei Brene...................	120
1254 (29 juin) De *Hammetel*.....................	121
1257 (mai) De Johanne de Villa super Terra.......	122
1259 (mai) De prioratu Brene	123
1259 (18 juin) De eodem.........................	124
1260 (sept.) De Dome Dei Brene..................	125
1261 (févr. *v. st.*) De *Vouciennes*, Summavera, *Evre*.	126
1263 (nov.) De Wasseio et de Villa super Terram....	127
Sans date. De blado apud Villam super Terram.....	128
1268 (13 et 14 mars *v. st.*) De decima de Alneto.....	129
1269 (déc.) Carta comitis Grandiprati.............	130
1260 (fév. *v. st.*) Carta Henrici comitis de Ronasco..	131
1269 (3 fév. *v. st.*) Carta comitis Theobaldo........	132
1269 (5 avril *v. st.*) De villa *Hammetel*............	133
1270 (8 mai) Carta Hugonis comitis Brene.........	134
1333 (17 oct.) De nemoribus Ville super Terram....	135

SAINT-ÉTIENNE DE CHALONS

(8 août) Preceptum Karoli regis...................	136
921 (20 sept.) Preceptum Karoli regis.............	137
1008 (au plus tard) De Karneiaco................	138

Ordre chronologique		Nos d'ordre

Toussaints de Chalons.

1062 (16 nov.)	De alodio Viaspere	139
1078 (4 déc.)	Privilegium Gregorii pape	140
1081-1121	De Viaspero	141
1120	De ecclesia Lustriensi	142
1128	De ecclesia Lustre	143
1131-1140	De Manso Tescelino et *Buisoil*	144
1131-1140	De eodem	145
1131-1142	Epistola Innocentii pape	146
1145	De capella Bonnevicine	147
1149	De ecclesia Lustrie	148
1149	De decima Viasperi	149
1151	Littera Ludovici regis	150
1151	De ecclesia Lustrie	151
1154	De Viaspera	152
1154 (vers)	De presbitero de Viaspera	153
1157	De decima Viaspri	154
1161	Epistola Alexandri pape	155
1163-1169	De Via Aspera	156
1175	De eodem	157
1221 (janv.)	De decima Viaspere	158
1240 (juin)	De jure patronatus Viaspere	159
1444	Visitatio D. Johannis *Léguisé*	160

Andecy.

1131	De fundatione Andeceyarum	161
1131	Donatio Simonis, domini Brecarum	162
1131	Carta Theobaldi comitis	163
1135	Donatio Symonis, domini Brecarum	164
1135	De *Nuisement*	165
1135	Carta Theobaldi comitis	166
1169 (au plus tard)	De dono Juliane de *Planci*	167
(Sans date)	De decima ad *Drut* Sancti Balli	168
1171	De grangia de *Chasteler*	169
1195	De domo de *Nuisement*	170
1195	De eodem	171
1196	De *Charchericurt*	172
1196	De domo de *Nuisement*	173
1215 (avril)	De decima de *Nuisement*	174
1218 (mai)	De eodem	175
1220 (mai)	De parrochia Celle	176
1228	De decimis de Ulmis et Cheminis	177
1254 (août)	De grangia de Balneolis	118

TABLE DES CHARTES

Ordre chronologique — Nos d'ordre

BEAULIEU.

1112	De fundatione Belli Loci...................	180
1112	De donatione Erardi comitis................	181
1148 (au plus tard)	De ecclesia de *Blinicort*........	182
1153	De Trenis, *Jarsains* et *Taillebois*............	183
1154	De domo de *Plainchaisnei*................	184
1159	De confirmatione grangie de *Tallebois*........	185
1175 (7 avril)	Privilegium Alexandri pape..........	186
1176	De allodio Pontis Mainardi.................	187
1188	De ecclesia de *Jaulcourt*.................	188
1192	De venditione grangie de *Tallebois*..........	189
1192	De eodem...............................	190
1194	Carta Gualterii, comitis, de eodem	191
1196	De grangia de *Belinfay*...................	192
1196	De eodem...............................	193
1196	De eodem...............................	194
1197	De eodem...............................	195
1202	De administratione Belli Loci	196
1202	De custodia Belli Loci.....................	197
1205 (5 oct.)	Epistola Innocentii pape.............	198
1206	De grangia de *Taillebois*..................	199
1206	De eodem...............................	200
1206	De oodem...............................	201
1207 (5 janv.)	Epistola Innocentii pape	202
1231	De nemoribus de Ferreriis.................	203
1235 (18 mars)	De vineis apud *Arçonval*..........	204
1238 (avril)	De pasturagiis de *Baucencort*.	205
1241	De domo apud Trenas.....................	206
1245 (avril)	De grangia de Fossa Macelini	207
1248 (juil.)	De pasturis de *La Chise*..............	208
1254 (15 mars)	Epistola Innocentii pape...........	209
1262 (oct.)	De decima de Parvo Magnillo..........	210
1269 (fév.)	De grangia apud Tramilleium	211
1270 (avril)	De vinea apud Trenas	212
1270 (nov.)	De molendinis de *Balignicourt*........	213
1270 (juil.)	De terragiis de Chyesia...............	214
1271 (juil.)	De censibus apud Trenas	215
1296 (8 fév.)	De XXX libris ammortisationis	216
1297 (10 janv.)	Quittancia mercatorum Senensium ..	217

RETHEL

1229 (janv. v. st.)	De villa de *Charchericourt*......	219

TABLE DE L'INTRODUCTION

I. Documents renfermés dans ce volume........ v
II. Limites de l'ancien diocèse de Troyes au nord-est (Bulle de Pascal II, 31 janvier 1106).... VIII
III. La Chapelle-aux-Planches................. XIII
IV. Montierender (Privilége de Childerici II, 4 juillet 662 — Pouillé de l'abbaye — Authentique du chef de l'impératrice sainte Hélène — Sauvegarde accordée par Charles VII aux questains de Montierender)...................... xx
V. Beaulieu................................ XXXIX

NOTA

Les noms de personnes et de lieux qui se trouvent dans l'Introduction *n'ont pas été portés dans les* Tables.

ADDITIONS ET CORRECTIONS

                     Au lieu de :   lisez :

P. 4, ligne 12 : abbas de Brena — abbas de Brana.
P. 16, ligne 28 : *Larzeicurt*, probablement Larzicourt (Marne, a. Vitry-le-François, c. Thièblemont).
P. 150, ligne 19 : Duniacicorte — Dudiniacicorte.
P. 153, Le *molendinum super Albam* est le moulin de Brienne-la-Vieille.
P. 166, ligne 10 : donnis — donni
P. 201, ligne 2 : anno II° Philippi — texte fautif.
P. 225, ligne 29 : 1228 — 1128.
P. 237, la charte de Charles le Chauve est du 12 août 859.

Imp^{ie} J. BRUNARD, Troyes, rue Urbain IV, 85.

OUVRAGES DU MÊME AUTEUR

Les Synodes du diocèse de Troyes, in-8°, 1867.
Nouvelles recherches historiques sur Jully-sur-Sarce (Aube) e *Jully-les-Nonnains (Yonne)*, in-8°, 1867.
Optatien, deuxième évêque de Troyes, et les Conciles de Cologn et de Sardique, in-8°, 1868.
Les Frères Mineurs ou Cordeliers de Troyes, in-8°, 1869.
Notice sur les Antonins de Troyes, in-8°, 1869.
Vie de la B. Emeline d'Yèvres (diocèse de Troyes), in-8°, 1869
Les Fêtes chômées dans le diocèse de Troyes, depuis l'origine d christianisme jusqu'en 1802, in-8°, 1869.
Notice sur le Cartulaire de l'abbaye de Boulancourt, de l'ancie diocèse de Troyes, in-8°, 1869.
Les anciens Pouillés des paroisses incorporées au diocèse de Troy en 1801, in-8°, 1870.
Probationes cultus Sanctorum diœcesis Trecensis, in-4°, 1870.
Documents pour servir à la généalogie des anciens seigneurs d Traînel (Aube), in-8°, 1872.
Reciacus, Les Riceys (Aube), in-8°, 1872.
Chartes de l'abbaye de Mores (Aube), in-8°, 1873.
Documents sur l'abbaye de Notre-Dame-aux-Nonnains de Troyes in-8°, 1874.
Le Trésor de Clairvaux, du XII° au XVIII° siècle, in-8°, 187£
Recherches sur le Chef de saint Bernard, de 1153 à 1865 in-8°, 1878.
Le Dragon (vulgairement dit Chair-Salée) de saint Loup, évêqu de Troyes, in-8°, 1876.
Reliques des Trois Tombeaux Saints de Clairvaux : de sain Bernard..., in-8°, 1877.

Les principaux Cartulaires du diocèse de Troyes :
T. I. *Cartulaire de l'abbaye de Saint-Loup de Troyes*, in-8°, 1875
T. II. *Cartulaire de l'abbaye du Paraclet*, in-8°, 1878.
T. III. *Cartulaire de l'abbaye de Basse-Fontaine. Chartes d Beauvoir*, in-8°, 1878.
T. V. *Cartulaire de Saint-Pierre de Troyes. Chartes de Saint-Urbain de Troyes*, in-8°, 1879.

SOUS PRESSE :
T. VI. *Cartulaire de l'abbaye de Montiéramey*, in-8°.

Troyes, imprimerie Brunard, rue Urbain IV, 85.

www.ingramcontent.com/pod-product-compliance
Lightning Source LLC
Chambersburg PA
CBHW050919230426
43666CB00010B/2239